SEBASTIAN WENZEL

Wandern am Neckar

Von der Quelle bis zur Mündung

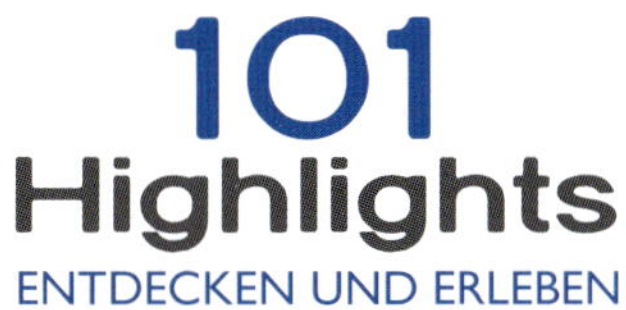

SEBASTIAN WENZEL

Wandern am Neckar

Von der Quelle bis zur Mündung

101 Highlights

ENTDECKEN UND ERLEBEN

Oertel + Spörer

7. Etappe: Horb - Eyach

8. Etappe: Eyach - Rottenburg

2. Abschnitt: Naherholung am Neckar Rottenburg - Plochingen

9. Etappe: Rottenburg - Tübingen

10. Etappe: Tübingen - Neckartenzlingen

11. Etappe: Neckartenzlingen - Nürtingen

12. Etappe: Nürtingen - Plochingen

3. Abschnitt: Der Neckar wird zur Bundeswasserstraße Plochingen – Marbach

13. Etappe: Plochingen – Esslingen

14. Etappe: Esslingen – Stuttgart

15. Etappe: Stuttgart – Neckargröningen

16. Etappe: Neckargröningen – Marbach

4. Abschnitt: Der Neckar gesäumt von Weinbergen Marbach - Gundelsheim

5. Abschnitt: Der Neckar unter den Burgen Gundelsheim - Heidelberg

23. Etappe: Gundelsheim - Mosbach-Neckarelz

24. Etappe: Mosbach-Neckarelz - Neckargerach

25. Etappe: Neckargerach - Zwingenberg

26. Etappe: Zwingenberg - Eberbach

27. Etappe: Eberbach - Hirschhorn

28. Etappe: Hirschhorn - Neckargemünd

29. Etappe: Neckargemünd - Heidelberg

6. Abschnitt: Der Neckar im Kanal und seine Mündung in den Rhein

30. Etappe: Heidelberg - Mannheim

Vorwort

Mit 362 Kilometern ist der Neckar der fünftgrößte Nebenfluss des Rheins, Deutschlands längstem Fluss. Der „heftige, böse, schnelle Fluss", wie die korrekte Übersetzung von Neckar aus dem Keltischen heißt, entspringt im Schwenninger Moos bei Villingen-Schwenningen und mündet bei Mannheim in den Rhein. Dabei legt er circa 617 Höhenmeter zurück und passiert die Großstädte Reutlingen, Stuttgart, Heilbronn und Mannheim. Ab Plochingen ist er eine 202 Kilometer lange Bundeswasserstraße mit Häfen in Plochingen, Stuttgart, Heilbronn und Mannheim.

Klingt nach einem Fluss, der für sein urbanes Umfeld eine große Bedeutung spielt. Aber was genau macht ihn aus, wo und wie verläuft er? Um diese Fragen zu beantworten, beschloss ich zu Beginn des Jahres 2022, den Neckar zu erkunden und erwanderte ihn von der Quelle bis zur Mündung. Im Winter begann die Entdeckungsreise, ging dann in den Frühling und den Sommer über und endete im Spätherbst bei der Mündung in den Rhein bei Mannheim.

Ich teilte für das Buch den Neckar in sechs Abschnitte ein, weil der Fluss seinen Charakter ab seiner Quelle immer wieder ändert. Zuerst nimmt der Neckar im Oberen Neckartal bis Rottweil seinen Lauf, bevor sich viele Naherholungsgebiete an den Ufern ausbreiten. Ab Plochingen wird der Neckar zu einer 202 Kilometer langen Bundeswasserstraße, die vor allem zu Beginn durch Weinanbau, aber auch durch dichte Industrie sehr kontrastreich ist. Nach der Landeshauptstadt Stuttgart bieten viele Weinhänge fantastische Ausblicke auf den Neckar mit wunderschönen Schleifen, bevor der Fluss in einem lang gezogenen, durch Laubwald begrenzten Tal mit vielen Burgen durch den Odenwald bis nach Heidelberg fließt. Die letzten Kilometer bis zur Mündung bei Mannheim in den Rhein verläuft der Neckar relativ geradlinig und kanalisiert.

Der Neckar bietet Vielfältiges. So beschloss ich, nicht nur Wander- und Ausflugsziele in die Highlights aufzunehmen, sondern auch Orte, die durch ihren Anblick hervorstechen und von großer industrieller Bedeutung sind wie zum Beispiel die am Ufer liegenden Kraftwerke. Aber auch bekannte Sehenswürdigkeiten wie das Mercedes-Benz Museum, die Mercedes-Benz Arena, die Wilhelma oder das Salzbergwerk Bad Friedrichshall, für die auf

Wanderungen nicht wirklich ausreichend Zeit ist, sind im Buch vertreten, einfach weil sie direkt am Neckarufer liegen und eine große Bedeutung für den Verlauf des Neckars haben.

Als Stuttgarter hatte ich das Glück, recht gut an die Strecke angebunden zu sein. Mit dem ÖPNV bin ich zum Endpunkt der letzten Etappe gefahren, habe meine Wanderung gemacht und bin wieder mit dem ÖPNV nach Hause gefahren. Zu jedem Highlight gibt es GPS-Koordinaten und einen QR-Code, der die Navigation erleichtert.

Während meiner Wanderung habe ich mit einer Drohne und einer 360-Grad-Kamera gefilmt. Zusätzlich zum Buch erstelle ich einen knapp zwanzigminütigen Film, der den Verlauf des Neckars zeigt. Ich bin sehr froh, hierfür ein professionelles Team gefunden zu haben. Mein Freund Vincenzo Traina, den ich während des Projekts kennenlernen durfte, schneidet den Film. Tobias Becker, Arrangeur, Komponist und Pianist, der für Künstler, Bands und Orchester arbeitet und mit seiner eigenen Tobias Becker Big Band im In- und Ausland konzertiert, wird für den Film eine Komposition für Klavier und Saxofon arrangieren. Einen Trailer des Films gibt es auf meiner Website www.fotografie-wenzel-stuttgart.de zu sehen.

Ich wünsche Ihnen nun viel Spaß bei Ihrer persönlichen Entdeckungstour entlang des Neckars und freue mich über Feedback oder konstruktive Hinweise. Gerne können Sie mich über meine Website kontaktieren:

www.fotografie-wenzel-stuttgart.de

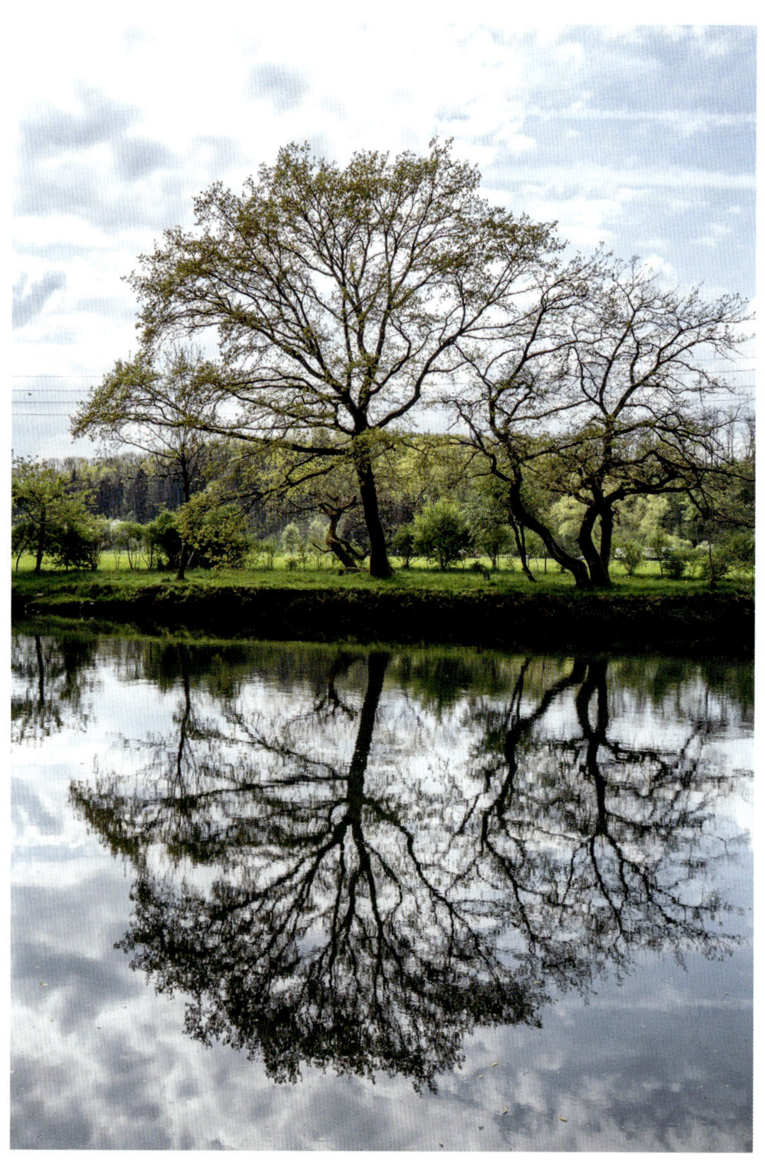

Autor

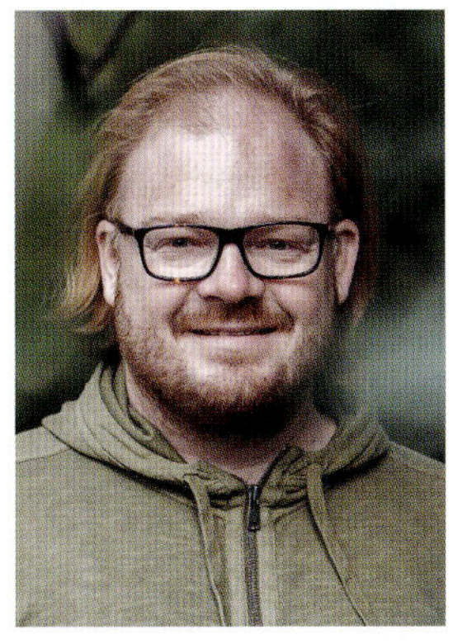
Foto: Martin Stollberg

Sebastian Wenzel
arbeitet als selbstständiger Fotograf und wohnt in Stuttgart. Wenzel ist unter anderem Haus- und Hoffotograf im Literaturhaus Stuttgart und ist für die Werbeagentur Ströer Deutsche Städte Medien GmbH unterwegs. Darüber hinaus fertigt er für verschiedene Immobilienunternehmen Außen- als auch Innenaufnahmen verschiedener Objekte an. Natürlich ist er auch für private Anfragen im Raum Stuttgart buchbar.
Mit dem Reiseführer „Wandern statt Fahren an der A81: Stuttgart – Bodensee", der 2021 im Oertel+Spörer Verlag erschien, veröffentlichte Sebastian Wenzel sein erstes Buch und verbindet somit seine zwei Leidenschaften Fotografie und Wandern.

Danke
Einen ganz besonderen Dank möchte ich meinem Freund Vincenzo Traina aussprechen, den ich während des Projekts kennenlernen durfte! Er stand mir immer bei und war mein treuer Ansprechpartner.
Ebenso möchte ich mich bei Tobias Becker für das wunderbare Filmarrangement bedanken, das er mit Klavier, Keyboard und dem Saxofonisten Christoph Beck vertont hat.
Auch möchte ich mich bei meinen Freunden Rainer und seiner Frau Kristin, Jürgen und Ivo für die schönen Wanderbegleitungen bedanken. Ebenso geht ein großes Dankeschön an meinen ehemaligen Schulfreund Florian Büttner raus, der es mir ermöglichte, den spannenden last-minute Klassenerhalt meines Lieblingsvereins VfB Stuttgart live im Stadion mitzuerleben. So fiel mir im Text über das Stadion eine Überleitung zur Geschichte recht leicht, die in diesem Stadion stattfand.
All das kann aber nur gut werden, wenn auch die Zusammenarbeit mit meiner Lektorin Frau Ulrike Weiler funktioniert. Hiermit möchte ich mich für die ausgesprochen gute Zusammenarbeit bedanken und freue mich auf weitere Projekte mit ihr und dem Verlag!

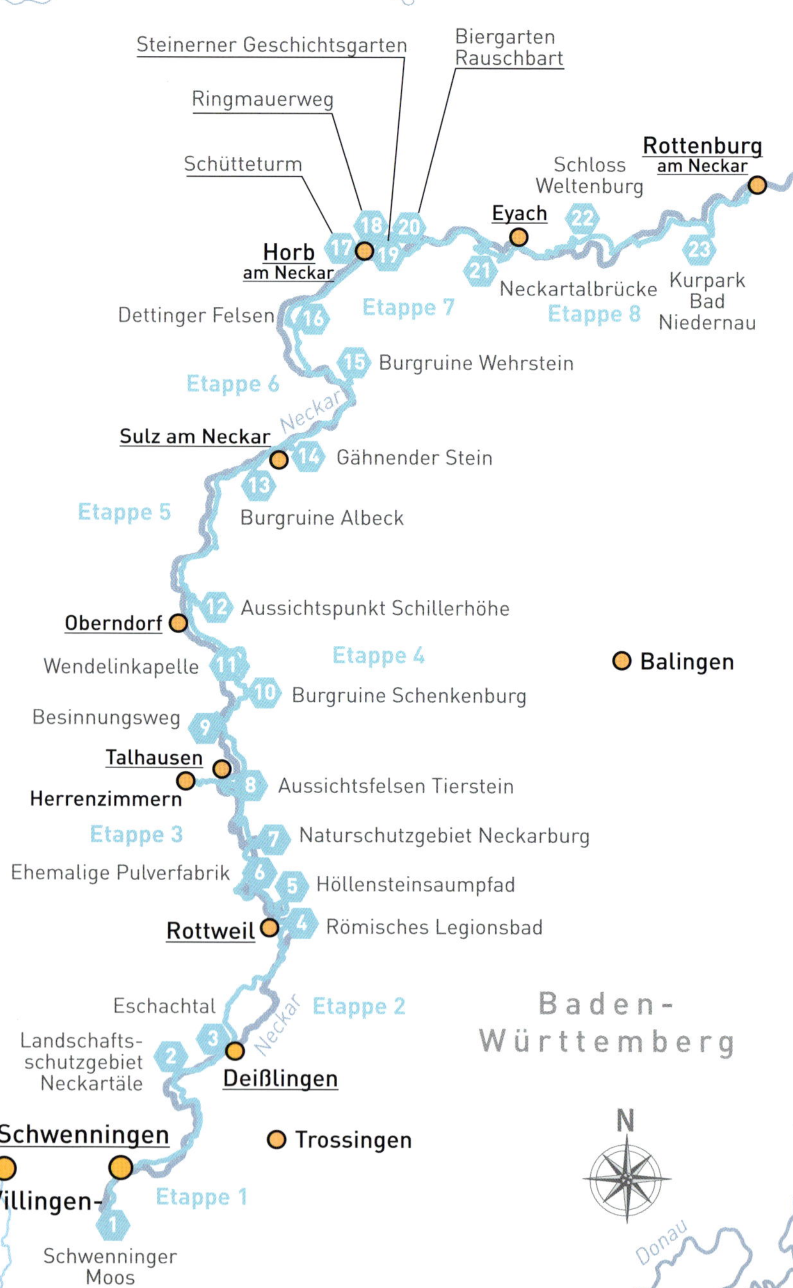

Steinerner Geschichtsgarten
Biergarten Rauschbart
Ringmauerweg
Schütteturm
Rottenburg am Neckar
Schloss Weltenburg
Eyach
Horb am Neckar
Neckartalbrücke
Kurpark Bad Niedernau
Dettinger Felsen
Etappe 7
Etappe 8
Burgruine Wehrstein
Etappe 6
Neckar
Sulz am Neckar
Gähnender Stein
Burgruine Albeck
Etappe 5
Aussichtspunkt Schillerhöhe
Oberndorf
Etappe 4
Balingen
Wendelinkapelle
Burgruine Schenkenburg
Besinnungsweg
Talhausen
Aussichtsfelsen Tierstein
Herrenzimmern
Etappe 3
Naturschutzgebiet Neckarburg
Ehemalige Pulverfabrik
Höllensteinsaumpfad
Rottweil
Römisches Legionsbad
Eschachtal
Etappe 2
Baden-Württemberg
Landschafts-schutzgebiet Neckartäle
Deißlingen
Neckar
Schwenningen
Trossingen
N
Villingen-
Etappe 1
Schwenninger Moos
Donau

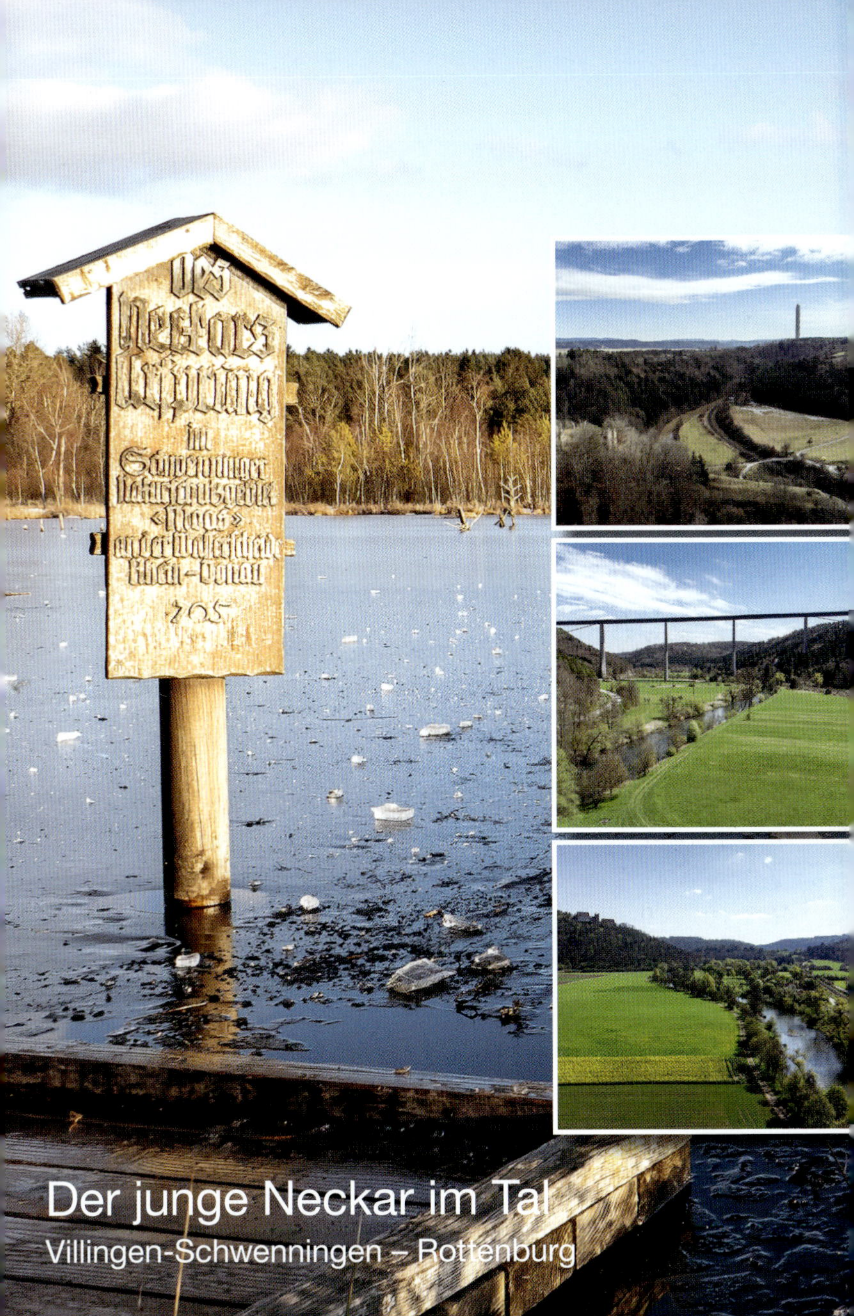

Der junge Neckar im Tal

Villingen-Schwenningen – Rottenburg

1 SCHWENNINGER MOOS, VILLINGEN-SCHWENNINGEN

Der Ursprung des Neckars irgendwo im Moor

Hinkommen:
48°02'40.9"N 8°31'45.1"E

Mit dem Auto:
Zielort Villingen-Schwenningen. Parkmöglichkeiten am Parkplatz beim Restaurant Waldeslust, Moos 6, 78056 Villingen-Schwenningen. **Von dort sind es nur wenige Meter bis zum Schwenninger Moos.**

Mit dem ÖPNV:
Mit der HzL-Bahn von Rottweil Richtung Bräunlingen bzw. von Donaueschingen oder Villingen (Schwarzwald) Richtung Rottweil. Aussteigen in Villingen-Schwenningen Eisstadion. Von dort auf „Zum Mooswäldle" Richtung Stadion und immer geradeaus. Am Parkplatz hinter den Sportplätzen links abbiegen und dem Weg bis zum Schwenninger Moos folgen. **Von der Station „Eisstadion" sind es 1,1 Kilometer bis zum Schwenninger Moos.**

Tourbeschreibung:
Geheimnisvolle Mooslandschaft kann auf gut befestigten Stegen und recht breiten, flachen Waldwegen erkundet werden.

Der Neckar entspringt im Schwenninger Moos am Rande von Villingen-Schwenningen. Mit der Bahn fahre ich an einem schönen, sonnigen Tag im Januar von Stuttgart nach Rottweil und erkenne bereits kurz vor Rottweil ein paar kleine zusammengeschippte Schneehaufen, während der Rest an Schnee schon weggetaut ist. In Rottweil steige ich dann um in die Hohenzollerische Landesbahn (HzL) und fahre weiter Richtung Bräunlingen. Draußen wird der Schnee immer mehr und ich steige im winterlichen Schwenningen am Eisstadion aus. Schon jetzt freue ich mich über mein unverhofftes Glück, meine Tour im Schnee beginnen zu können, da ich auf meiner Strecke entlang des Neckars bis zur Mündung in den Rhein bei Mannheim unbedingt auch den Wechsel der verschiedenen Jahreszeiten erleben möchte.

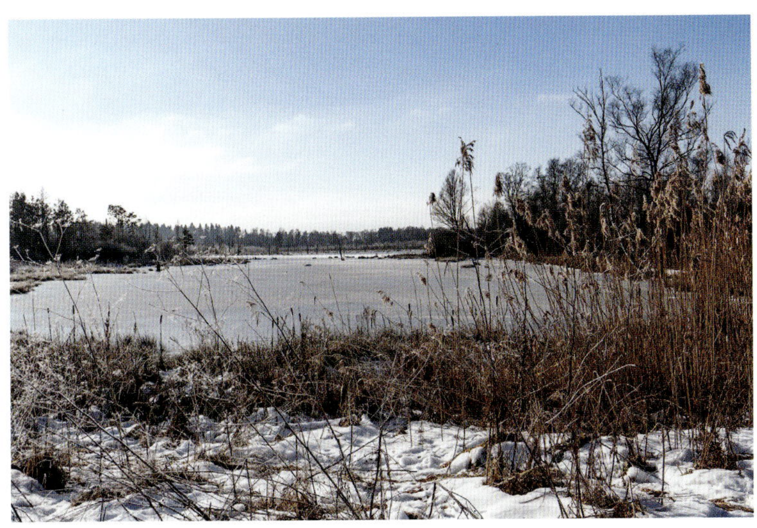

Vergangenes Jahr im Sommer war ich schon einmal im Schwenninger Moos und war ganz begeistert von der schroffen, weiten Moorlandschaft. Doch mit der heutigen winterlichen Atmosphäre, dem zugefrorenen Wasser und den vereisten Pflanzen, die mit Raureif überdeckt sind, bekomme ich nun ganz andere Eindrücke. Auf dem vereisten Holzsteg gehe ich vorsichtig voran, um nicht auszurutschen. Auf Infotafeln, die vor allem in einem kleinen Holzpavillon am Rande des Mooses stehen, erfahre ich, wie das Moos entstanden ist. Es war nämlich ursprünglich ein See, in dem es vor über 7000 Jahren zu einem Torfwachstum kam. Mit der Zeit stieg der Anteil des Regenwassers und konnte so das Grundwasser verdrängen. Etwa 3000 Jahre später kam es zu einer Trennung der Torfpflanzen vom mineralstoffreichen Grundwasser und es entstand ein Hochmoor. Ab 1748 wurde dann 200 Jahre lang Torf abgebaut – hierfür musste das Hochmoor mittels Gräben entwässert werden und wurde dadurch stark geschädigt. Doch zu Beginn des 20. Jahrhunderts fand ein Umdenken statt, man wollte das Moor erhalten. Seit 1939 ist das Schwenninger Moos als Naturschutzgebiet ausgewiesen.

Hier, irgendwo im Moor und unsichtbar für den Besucher, befindet sich auch die Neckarquelle, die wenig später in Schwenningen durch eine symbolhafte Brunnenquelle sichtbar gemacht wird. Nur eine Infotafel direkt am Steg weist auf diese Quelle hin. Ich gehe am Moor vorbei, genieße noch einmal die liebliche Weite und beginne meine Wanderung am Neckar, der am östlichen Ende aus dem Moor seinen Lauf nimmt. Dabei folge ich dem Symbol des Neckarweges – einem geschwungenen blauen N auf weißem Hintergrund – bis zur Mündung des Neckars in den Rhein in Mannheim. Entlang des jungen Neckars, der hier eher noch ein kleiner Bach ist, gehe ich durch den Stadtpark Möglingshöhe bis zur Neckarquelle. Selbst für mich als Stuttgarter, der zum Neckar natürlich einen starken Bezug hat, ist es kaum zu glauben, dass dieses doch eher beschauliche Bächlein sich im Laufe der Kilometer so stark verändern wird.

Tipp

Einkehrmöglichkeit im griechischen Restaurant Waldeslust direkt am Sportplatz FSV Schwenningen (direkt am Parkplatz des Schwenninger Moos). Schwenninger Moos 6, 78056 Villingen-Schwenningen, Tel. 07720/9669827. Die unterschiedlichen Öffnungszeiten sind der Website zu entnehmen.
www.waldeslustschwenningen.de

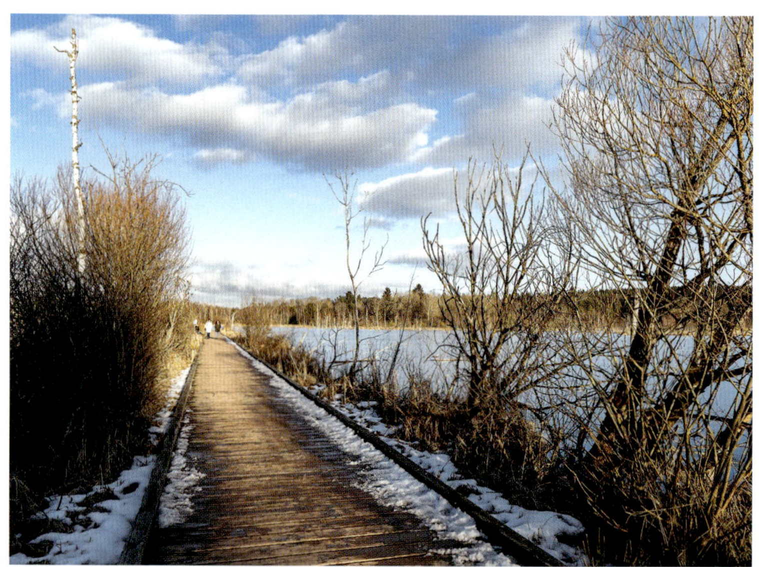

2

LANDSCHAFTSSCHUTZGEBIET NECKARTÄLE, DAUCHINGEN

Das erste Tal des jungen Neckars

Hinkommen:
48°06'16.5"N 8°35'11.0"E

Mit dem Auto:
Von Schwenningen kommend auf die Rottweiler Straße Richtung Dauchingen. Von der Rottweiler Straße leicht rechts auf Spittelstraße, dann wieder rechts und gleich links auf Brandenburger Ring. Geradeaus auf August-Bebel-Straße, dann rechts auf Dauchinger Straße. Geradeaus auf Schwenninger Straße, am Kreisverkehr geradeaus weiter und der Schwenninger Straße folgen bis Dauchingen. In Dauchingen rechts auf Vordere Straße. Dem Straßenverlauf folgen bis zur nächsten großen Kreuzung. Dort rechts auf Deißlinger Straße. Circa 300 Meter vor der Bahn links auf Ladeshalde, nächste Möglichkeit rechts, dann wieder links bis zum Wanderparkplatz. Vom Wanderparkplatz zu Fuß weiter nach rechts, nächste Möglichkeit links in den Wald und dem Weg folgen bis zu den Keckquellen, die sich bereits im Neckartäle befinden. **Vom Wanderparkplatz bis zu den Keckquellen sind es 700 Meter.**

Mit dem ÖPNV:
Von Rottweil kommend mit der Hohenzollerischen Landesbahn Richtung Bräunlingen, von Donaueschingen oder Villingen-Schwenningen kommend mit der HzL-Bahn Richtung Rottweil. Aussteigen in Trossingen. Zu Fuß an der Bahnstrecke entlang Richtung Rottweil und auf Brücke diese überqueren. Dann rechts und Weg immer geradeaus bis Wanderparkplatz folgen. Dann rechts und links in den Wald bis Keckquellen. **Ab dem Bahnhof Trossingen bis zu den Keckquellen im Neckartäle sind es 2,2 Kilometer.**

Tourbeschreibung:
Im kleinen, engen, aber dennoch recht flachen Neckartäle geht es angenehm eben auf breiten Wegen stets am jungen Neckar entlang.

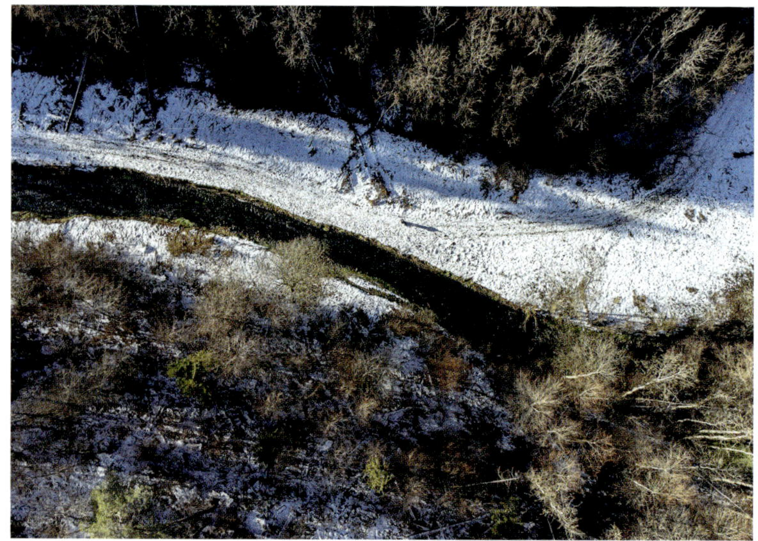

In Schwenningen gehe ich entlang des schmalen Neckars, der hier noch als kleiner Bach fließt. Dann verlasse ich die Stadt durch das Wohngebiet und könnte direkt am Neckar entlangwandern. Ich entscheide mich jedoch, den Neckar kurz zu verlassen und geradeaus weiterzugehen, um direkt am Flugplatz Schwenningen vorbeizukommen. Die Überlegung, den Flugplatz mitsamt dem internationalen Luftfahrtmuseum in meine Highlightliste aufzunehmen, zerschlägt sich jedoch sehr schnell, weil das Museum wegen Umbaumaßnahmen für längere Zeit geschlossen bleiben wird. Nichtsdestotrotz bekomme ich eine Sicht auf den Flugplatz und stoße wenig später wieder auf den Neckar.

Schwenningen habe ich nun hinter mir gelassen, und ich wandere gemütlich auf einem breiten, asphaltierten Weg durch den Wald linksseitig des Neckars. Ich genieße die flache, tief stehende, winterliche Sonne und stelle fest, dass auch der Winter eine absolut reizvolle Jahreszeit zum Wandern ist. Für ein paar Hundert Meter wandere ich direkt neben der Bahnstrecke entlang und erreiche schon bald das Neckartäle. Es ist das erste Tal, durch welches der Neckar fließt, und ich bin begeistert von der jungfräulichen Idylle. Leicht oberhalb des Flusses geht es auf einem Pfad im Wald stetig voran, bevor ich wieder direkt am Fluss entlang weitergehe. Schon jetzt merke ich, wie der Neckar und ich fast so etwas wie eine Partnerschaft eingegangen sind, und ich habe das Gefühl, der Fluss hat mir noch sehr viel zu „erzählen". Das Tal hier ist sehr schmal, die Hänge sind bewaldet und nicht sehr hoch. Deswegen wohl die schwäbische Verniedlichung des Tals, da mich ja das eigentliche Neckartal noch erwartet. Ich genieße einfach nur das Wandern und erfreue mich an der winterlichen, schneereichen Landschaft.

Wenig später passiere ich eine imposante, frei stehende Steinwand, deren Felsstrukturen ich mir natürlich näher anschaue. Es macht unheimlich Spaß, das weitläufige Gelände unter die Lupe zu nehmen und die Sonne steht dafür genau richtig. Sie strahlt die Felswand schön an. Kurze Zeit danach komme ich an den Keckquellen vorbei, an denen ich mich mit frischem Trinkwasser bedienen könnte. Leider kommt heute jedoch kein Wasser aus dem Hahn. Ich unterquere die A81 und schaue nach wenigen Minuten zurück zur Brücke, bei der sich die tief stehende Sonne dra-

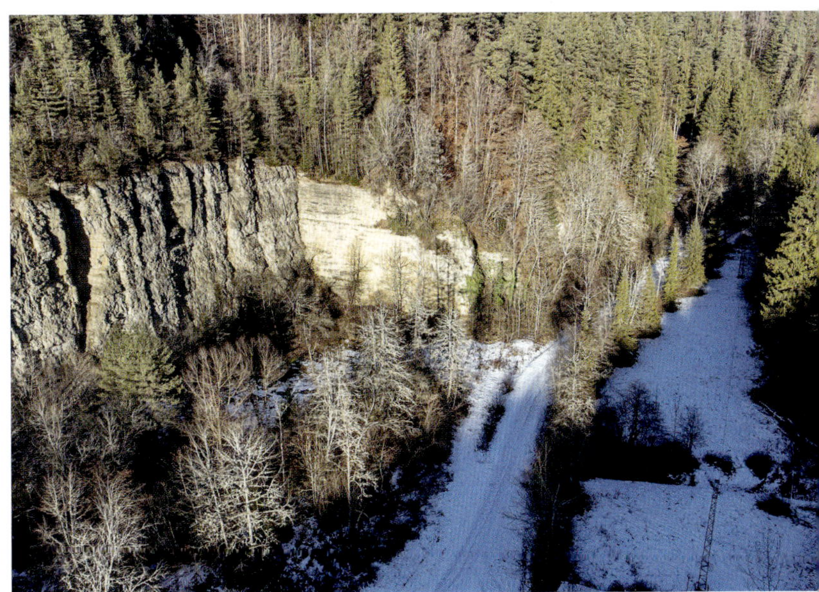

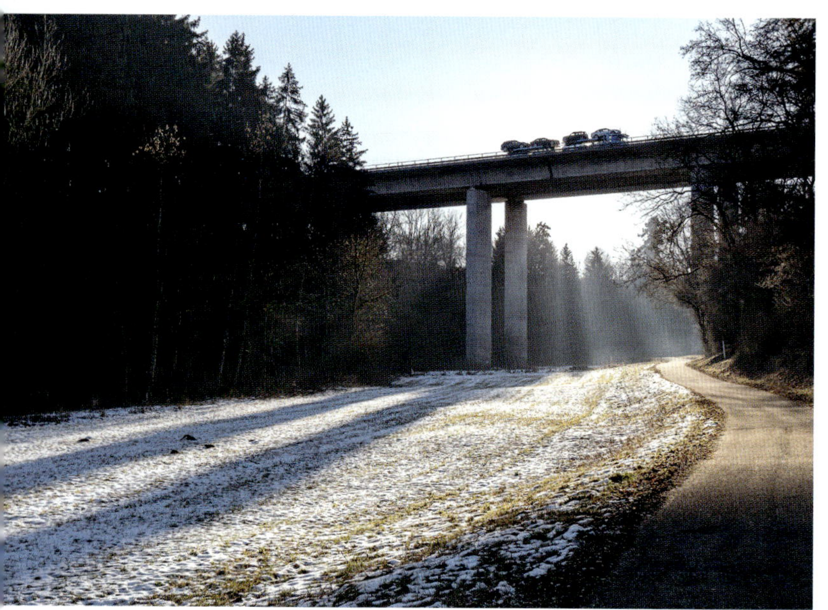

matisch bricht. Ein Zeichen, dass es bald dunkel wird. Nach einem Wasserlauf über eine idyllische Steinrinne endet das Neckartäle auch schon, und ich gehe durch den Ort Deißlingen zur Bahnstation. Eine schöne Einstiegsetappe geht zu Ende.

Tipp

Die teilweise bewirtete „Hütte im Neckartäle" direkt am Steinbruch zwischen Deißlingen und Dauchingen lädt zu einer Rast ein. Öffnungszeiten: 1. Mai ab 10 Uhr, Handwerkerferien (die ersten drei Sommerferienwochen) jeweils am Sonntag und Mittwochnachmittag ab 13 Uhr.

www.heubergbaar-grau.albverein.eu/region-gau/deisslingen

3

ESCHACHTAL, ROTTWEIL

Der erste Zufluss des Neckars

Hinkommen:
48°08'22.3"N 8°34'43.2"E

Mit dem Auto:
Zielort Rottweil. In Rottweil auf Königstraße Richtung Deißlingen. Am Kreisverkehr erste Ausfahrt rechts auf Stadionstraße und folgen bis Bühlingen. In Bühlingen rechts auf Darrenbaum und geradeaus weiter auf Eckhofstraße. Am Ende der Eckhofstraße links und weiter bis zum Wanderparkplatz Trimm-dich-Pfad. Am Parkplatz den zweiten Abzweig vom Hauptweg in den Wald folgen. Nach 150 Metern leicht links abbiegen und weiter bis ins Eschachtal. Um zum beschriebenen Höhenweg zu gelangen, am Ende des Weges rechts abbiegen und bei nächster Möglichkeit scharf links. **Vom Parkplatz bis zum Höhenweg sind es circa 750 Meter.**

Mit dem ÖPNV:
Von Rottweil kommend mit der HzL-Bahn Richtung Bräunlingen, von Donaueschingen oder Villingen-Schwenningen kommend mit der HzL-Bahn Richtung Rottweil. Aussteigen in Deißlingen Mitte. Zu Fuß rechts auf Kirchbergstraße. Geradeaus weiter auf Stauffenbergstraße, rechts auf Rottweiler Straße und zweite Möglichkeit links auf Schwärzenstraße. Weg folgen bis in den Wald. An Gabelung links und geradeaus über Kreuzung. Weiter bis zum Landgasthof Eckhof. Ab hier gibt es verschiedene Wanderwege sowohl nach links und nach rechts ins Eschachtal. **Vom Bahnhof Deißlingen Mitte bis ins Eschachtal sind es 2,9 Kilometer.**

Tourbeschreibung:
Im Eschachtal fließt die Eschach, der erste Zufluss des Neckars. Ein Traumpfad führt oberhalb der Eschach entlang, teilweise durch Wald und Dickicht, aber auch mit fantastischen Aussichten auf das Tal.

Nur wenige Tage nach der ersten Wanderung geht es direkt weiter nach Rottweil. Heute nehme ich einen guten Freund mit, den ich aus gemeinsamen Zivildienstzeiten vor fünfzehn Jahren kenne. Wir fahren mit dem Auto von Stuttgart über die A81 nach Rottweil. Das Licht um diese Jahreszeit ist einfach phänomenal und wir freuen uns auf un-

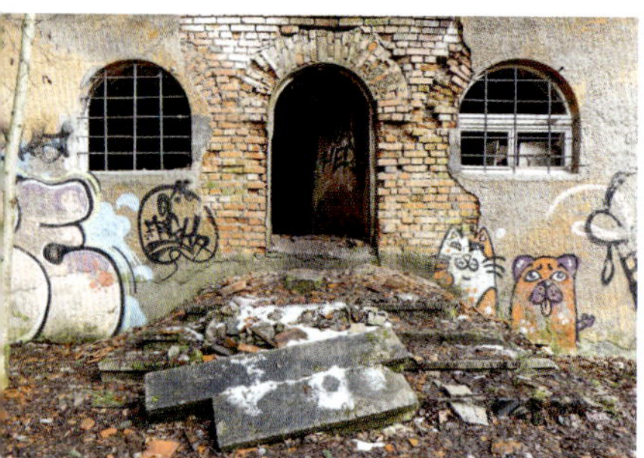

sere Fotomotive. In Rottweil geht es mit der HzL-Bahn Richtung Bräunlingen weiter, in Deißlingen Mitte steigen wir aber bereits wieder aus. Die heutige Etappe geht leider gar nicht am Neckar entlang, da es auf diesem Abschnitt keinen Weg direkt am Fluss gibt. Aber das benachbarte Eschachtal ist hier auch viel schöner. Mit der Eschach, dem ersten Zufluss des Neckars, bekommt das Tal auch einen besonderen Stellenwert. Der offizielle Neckarweg führt auch durch das Eschachtal, sodass ich für mein Buch beschließe, dass meine Highlights entweder direkt am Neckar liegen beziehungsweise einen Bezug zu ihm haben sollten oder sich entlang des Neckarwegs befinden.

Wir verlassen zügig den kleinen Ort Deißlingen und gehen auf einem breiten Weg leicht ansteigend hinauf zum Waldrand. Dort befindet sich ein superschöner Wanderparkplatz mit mehreren Ruhebänken und sogar einer kleinen Hütte.

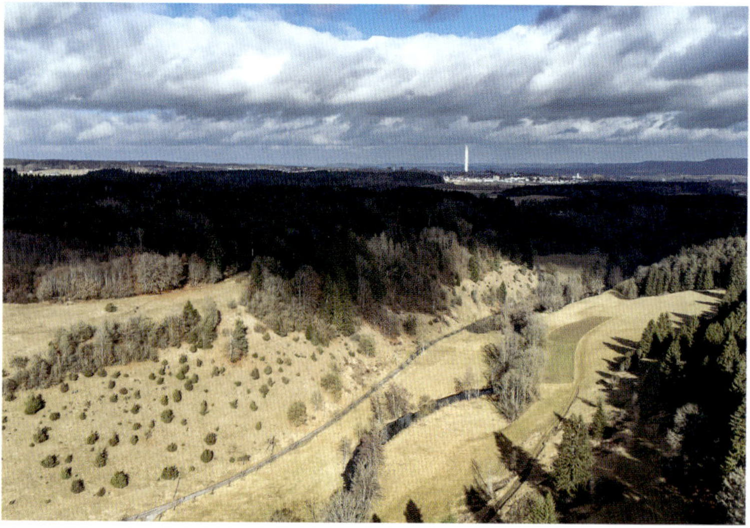

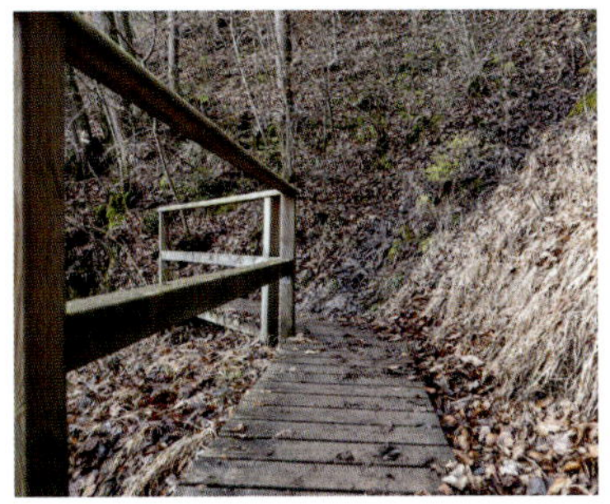

Wir genießen erst einmal die Aussicht bis weit in die Baar hinein und bestaunen die dramatischen Lichtsituationen, da die Sonne immer wieder aus dunklen Wolken heraussticht. Das Wetter soll immer schöner werden, je länger der Tag wird.
Nach der kurzen Pause geht es in den Wald hinein und wir erreichen wenig später das Eschachtal. Am Landgasthof Eckhof führt der Neckarweg nach rechts, wir gehen aber nach links ein Stück in das Eschachtal hinein, da rund einen Kilometer weiter an der Eschach eine verfallene Wirtschaft steht, die ich auf der Karte in Komoot entdeckt hatte. Zuerst führt ein breiter Feldweg direkt an der Eschach entlang. Nach circa 500 Metern führt er als schmaler Pfad in den Wald hinein, den wir an einer grünen Wiese auf Höhe der Eschach wieder verlassen. Wenige Schritte geht es auf der Wiese direkt am Bach weiter, bevor wir das kleine Häuschen am Waldrand erkennen. Wir gehen in den geheimnisvollen Raum hinein, der am Ende eines Waldes an eine etwas größere Wiese grenzt und ich stelle fest, dass er viel heller ist als im Sommer, da die unbelaubten Bäume mehr Licht hineinfallen lassen.
Nach spannenden Augenblicken und interessanten Funden, wie zum Beispiel ein uraltes Radio, gehen wir nun wieder zurück zum Landgasthof Eckhof und dort geradeaus weiter auf einen wunderschönen Höhenweg. Zuerst bekommen wir noch freie Sichten hinunter ins Tal und auf die Eschach, bestaunen die vielen Maulwurfshügel und philosophieren, ob die Maulwürfe nun zum Fluss gehen oder vom Fluss gekommen sind. Dann verläuft der Pfad immer weiter ins Gestrüpp, teilweise sogar auf Behelfsstegen und an einer Stelle dient eine Kette um einen mächtigen Baum als Geländer. Wir verlassen das wildromantische Eschachtal und gehen über Bühlingen weiter nach Rottweil.

Tipp

Das Wildgehege beim Landgasthof Eckhof verspricht garantierten Pirscherfolg für große und kleine Kinder. Der Gasthof selbst bietet dabei eine gute Gelegenheit, sich kulinarisch zu stärken. Eckhof 3, 78628 Rottweil, Tel. 0741/15405.

4 RÖMISCHES LEGIONSBAD, ROTTWEIL

Wichtigstes Baudenkmal aus römischer Vergangenheit Rottweils

Hinkommen:
48°09'42.1"N 8°38'19.9"E

Mit dem Auto:
Mit dem Auto nach Rottweil. Vom Zentrum kommend auf die Königstraße und weiter Richtung Villingen-Schwenningen. Etwa 200 Meter nach dem ersten Kreisverkehr links abbiegen in die Eisenbahnstraße. Parkmöglichkeiten vor der Friedhofskapelle. Zu Fuß zurück und links auf Königstraße. **Das Bad befindet sich wenige Meter weiter.**

Mit dem ÖPNV:
Mit der Bahn nach Rottweil. Zu Fuß weiter auf Bahnhofstraße Richtung Rottweil. Am Ende des Bahnhofs links auf Weg und weiter auf Eisenbahnstraße. Dann links auf Königstraße. **Vom Bahnhof zum Römerbad ist es etwa 1 Kilometer.**

Tourbeschreibung:
Das römische Legionsbad befindet sich am östlichen Stadtrand von Rottweil und ist ein spannender Ort, wo es vieles zu entdecken gibt. Infotafeln klären über die Bedeutung des Baudenkmals auf und zeigen in Grundrissen die ehemaligen Räume.

Mit jedem Schritt verlassen wir auf dem gut markierten Neckarweg das wildromantische Eschachtal und nähern uns sowohl dem Neckar als auch der ehemaligen Reichsstadt Rottweil. Die älteste Stadt Baden-Württembergs ist vor allem für ihre Fastnacht überregional bekannt, welche zu den prächtigsten Straßenfastnachten des schwäbisch-alemannischen Raums zählt.

Vom Neckar werden wir heute leider nichts mehr sehen, da er leicht versetzt rechts von uns parallel zu unserem Hauptweg fließt. Der Neckarweg biegt von der Schwenninger Straße kurz nach der Klinik für Neurologie links ab, wir gehen jedoch geradeaus weiter auf die

Tuttlinger Straße, die nach einem ansteigenden Linksbogen in die Königstraße führt, der Hauptstraße von Rottweil. Am Ende des Linksbogens befindet sich direkt am Straßenrand auf der rechten Seite das 45 x 42 Meter große römische Legionsbad, das erst im Rahmen der Friedhofserweiterung im Jahre 1967 entdeckt wurde und auf dem Gelände des ehemaligen Legionskastells liegt. Die vermutlich aus dem Jahre 74 n. Chr. stammende Anlage zählt zu den bedeutendsten ihrer Art in ganz Baden-Württemberg. Auf zahlreichen Informationstafeln sind die Funktionen der unterschiedlichen Räume des Bades verständlich erklärt. Es macht

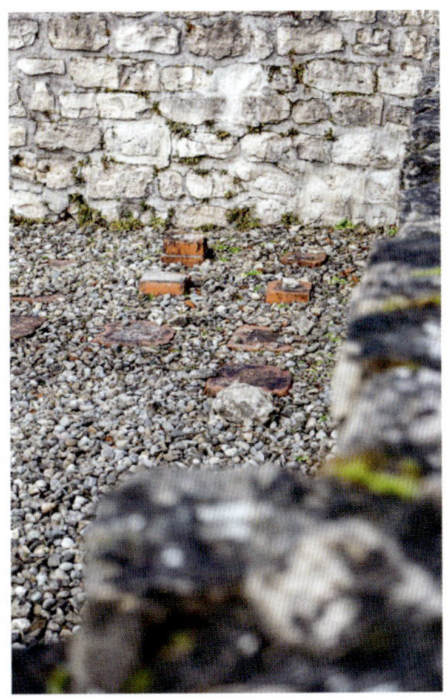

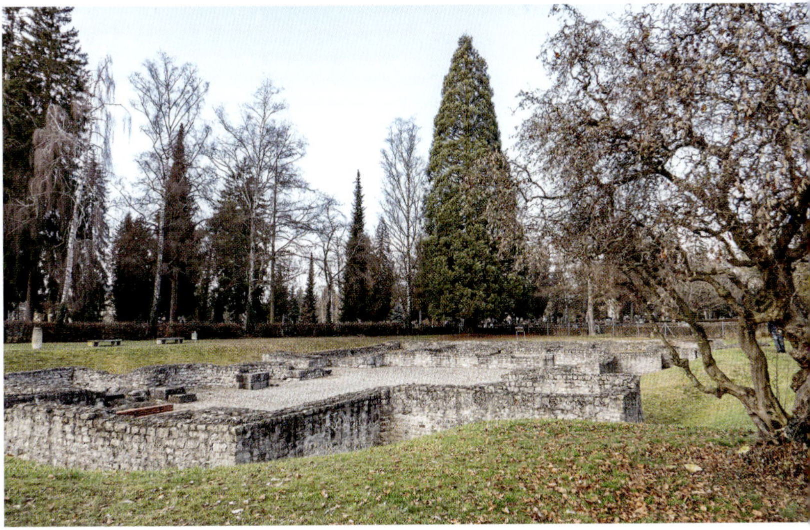

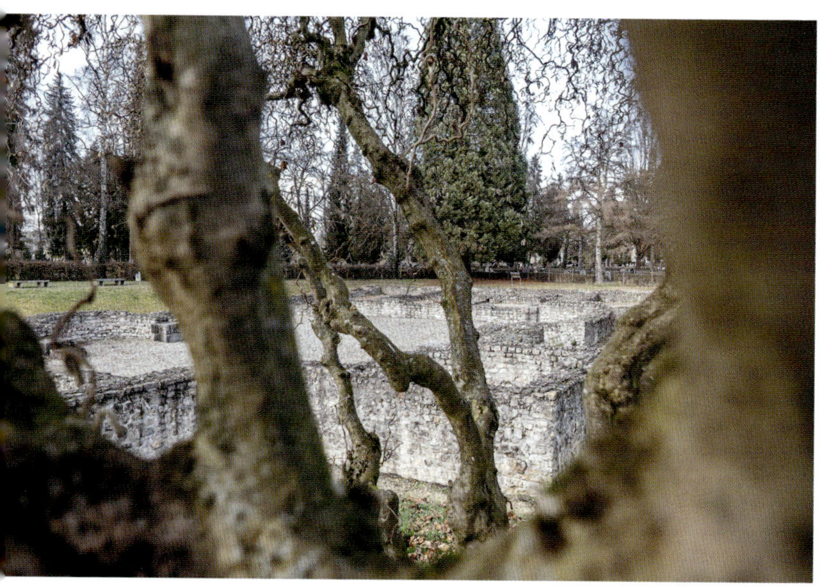

Spaß, auf diesem verwinkelten Gelände zu fotografieren und mit Schärfe und Unschärfe sowie Vorder- und Hintergrund zu spielen. Das diffuse Licht sorgt für harmonische Bilder. Die Anlage ist jederzeit geöffnet, der Eintritt frei.

Weiter geht's erst mal noch ein kurzes Stück auf der Königstraße, dann biegen wir in die Eisenbahnstraße ab und die schöne Wanderung endet hier direkt am Bahnhof.

Tipp

Römerpfad Rottweil Altstadt, der an verschiedenen wichtigen Punkten der ehemaligen römischen Stadt vorbeiführt. Kann jederzeit selbstständig oder mit Führungen begangen werden, Telefon 0741/494-280, tourist-information@rottweil.de.

HÖLLENSTEINSAUMPFAD, ROTTWEIL

5

Aussichtsreich auf Baden-Württembergs älteste Stadt

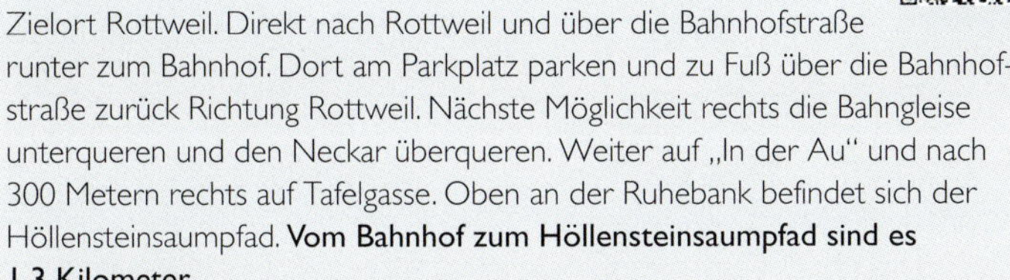

Hinkommen:
48°10'25.6"N 8°38'10.1"E

Mit dem Auto:
Zielort Rottweil. Direkt nach Rottweil und über die Bahnhofstraße runter zum Bahnhof. Dort am Parkplatz parken und zu Fuß über die Bahnhofstraße zurück Richtung Rottweil. Nächste Möglichkeit rechts die Bahngleise unterqueren und den Neckar überqueren. Weiter auf „In der Au“ und nach 300 Metern rechts auf Tafelgasse. Oben an der Ruhebank befindet sich der Höllensteinsaumpfad. **Vom Bahnhof zum Höllensteinsaumpfad sind es 1,3 Kilometer.**

Mit dem ÖPNV:
Mit der Bahn nach Rottweil. Zu Fuß weiter wie oben.

Tourbeschreibung:
Nach Bahnhofstraße überwiegend Pfade im Wald, die an und nach Regentagen rutschig sein können, festes Schuhwerk. Immer wieder tolle Ausblicke auf das historische Rottweil.

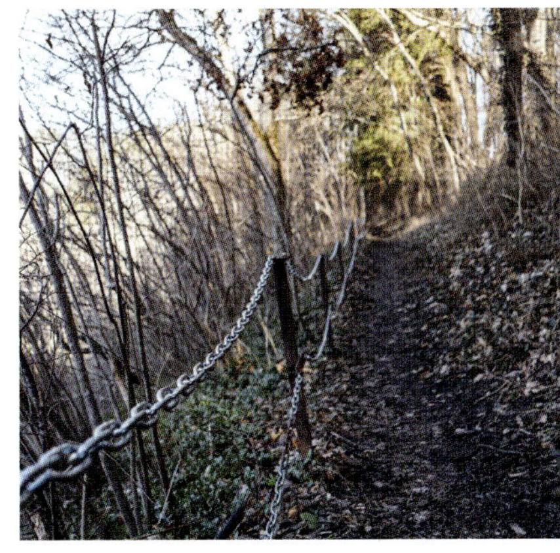

Heute fahre ich noch einmal mit meinem Freund Rainer von Stuttgart mit dem Zug nach Rottweil. Es ist wieder ein klarer, winterlicher Tag und wir freuen uns auf das, was uns bei heutigen, knapp 19 Kilometer langen Wanderung nach Herrenzimmern erwarten wird. Da diese Etappe recht kurz ist, machen wir zu Beginn eine zusätzliche Schleife und gehen hinauf auf den Höllensteinsaumpfad, um von dort fantastische Ausblicke auf die ehemalige Reichsstadt zu bekommen,

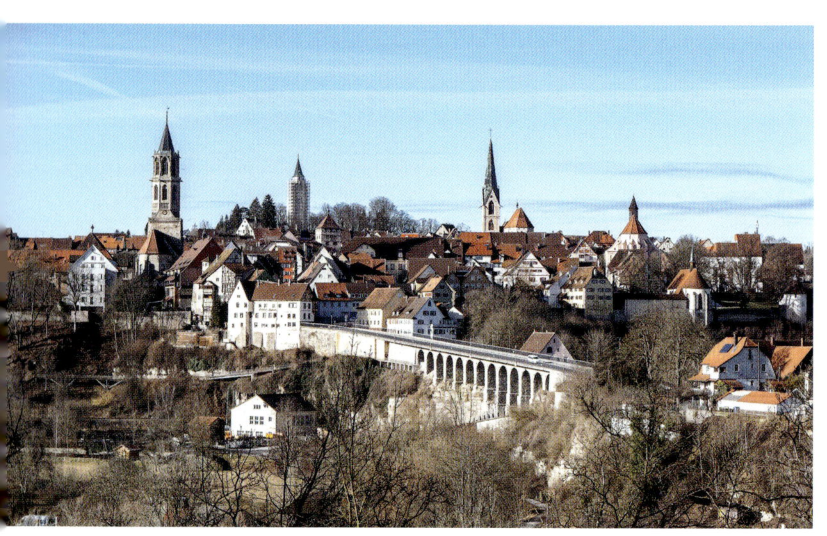

die vor allem morgens sehr schön angeleuchtet wird. In Rottweil angekommen, gehen wir ein paar Meter entlang der Bahnstrecke zurück und erblicken vor uns die Altstadt, biegen dann gleich rechts ab, unterqueren die Bahnstrecke und überqueren den Neckar. Sofort wird es idyllisch und ein leicht ansteigender Weg führt uns zum Höllensteinsaumpfad.

Schon auf dem Anstieg bekommen wir so einige reizvolle Aussichten auf Rottweil und erblicken den markanten TK Elevator Turm. An einer Gabelung lädt eine Ruhebank zum Verweilen ein, ein paar Meter weiter befindet sich ein symbolischer Rahmen, durch den wir malerisch auf Rottweil schauen können. Hier geht es links auf einem schmalen Pfad leicht oberhalb des Neckars weiter und wir erreichen wenig später die Höllsteinquelle, die verwunschen abseits des Hauptweges aus dem Wurzelbereich eines Baumes entspringt. Staunend stehen wir davor und verfolgen fasziniert das Wasser, wie es auf Felsen den Hang hinunterplätschert. Wir nehmen unsere Wanderung wieder auf, folgen dem Wasser und gehen ebenfalls, teils auf Stufen, den Hang hinunter zum Neckar, der dann auf unserer linken Seite weiterfließt, während rechter Hand steile Felsen emporragen. Es ist unglaublich, auf so viel Natur in unmittelbarer Nähe einer Stadt zu treffen. Nach einigen Metern am Neckar entlang, überqueren wir diesen dann auf der Balinger Straße und biegen gleich rechts wieder ab Richtung ehemalige Pulverfabrik. Dieser Abstecher hat sich allemal gelohnt!

Tipp

Der Rottweiler Höllensteinsaumpfad ist eine knapp zweistündige und ausgeschilderte Tour, die reizvolle Blicke zur Stadtkulisse Rottweils bietet. Start ist in der Balinger Straße stadtauswärts rechts neben dem Haus der ehemaligen Gärtnerei. Einen Flyer zur Tour gibt es in der Rottweiler Tourist-Info oder in den städtischen Museen. Weitere Infos zur Tour und Führungen gibt es unter https://www.rottweil.de.

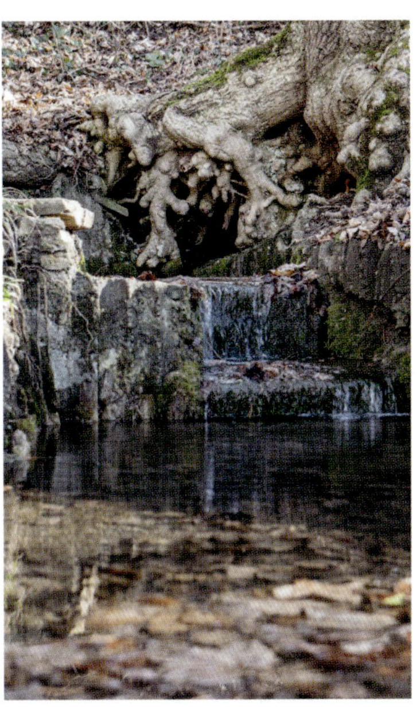

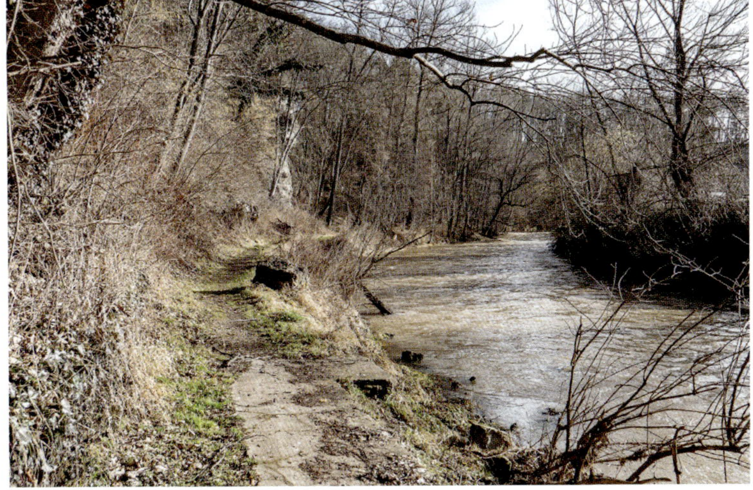

6 EHEMALIGE PULVERFABRIK, ROTTWEIL

Eine traditionsreiche Fabrik

Hinkommen:
48°10'44.6"N 8°36'52.2"E

Mit dem Auto:
Zielort Rottweil. Neckartal 142, 78628 Rottweil.

Mit dem ÖPNV:
Mit der Bahn zum Bahnhof Rottweil. Über die Bahnhofstraße Richtung Innenstadt. Am Ende der Bahnhofstraße rechts auf Hochbrückenstraße und weiter über Friedrichsplatz, der in den Kriegsdamm mündet. Diesem bis zum Kreisverkehr folgen, erste Ausfahrt Duttenhoferstraße. Dieser folgen bis zur Pulverfabrik. **Fußweg vom Bahnhof zur Pulverfabrik 3,2 Kilometer.** Alternativ fährt der Bus 5007 direkt auf das Gelände. Die Buslinien 5002 und 5004 halten am Omsdorfer Hang Rottweil. Von dort zu Fuß auf die Durschstraße, rechter Hand befindet sich ein Spielplatz. Gleich danach rechts abbiegen auf Weg und gleich rechts auf Omsdorfer Hang. Nach 300 Metern links auf Duttenhoferstraße und dieser bis zur Fabrik folgen. **Von der Bushaltestelle Omsdorfer Hang bis zur Fabrik sind es 1,6 Kilometer.**

Tourbeschreibung:
Asphaltierte, gut zu begehende Wege, barrierefrei. Faszinierende architektonische Industrieanlage.

Aus der Idylle geht es kontrastreich über in das unmittelbar angrenzende Gebiet der traditionsreichen, ehemaligen Pulverfabrik aus dem 16. Jahrhundert. Auf dem kurzen Weg dorthin blicken wir immer wieder rechts hoch zum imposanten TK Elevator Turm. Auf dem frei zugänglichen Gelände der Pulverfabrik angekommen, erfährt man auf zahlreichen bebilderten Tafeln direkt vor dem ersten Gebäude an einem Parkplatz die wichtigsten Eckdaten über diese ehemalige, sehr bedeutende Fabrik. Unter dem Gründer Max Duttenhofer, an den vor dem chemischen Laboratorium eine Plastik erinnert, wurde bis 1917 mit speziellen Mühlen Schießpulver hergestellt. Eine dieser Mühlen galt sogar als die größte Pulvermühle in Württemberg. Nach dem verlorenen Zweiten Weltkrieg wurde die Produktion von Militärpulvern eingestellt und es durften nur noch Jagdpatronen hergestellt werden. Auf dem Areal der Pulverfabrik sind von den insgesamt 110 Gebäuden rund 40 als Kulturdenkmäler klassifiziert, einige andere gelten als erhaltenswert. Nennenswert sind vor allem das Pumpenhaus sowie die mechanische Werkstatt, die von der Denkmalstiftung Baden-Württembergs ausgezeichnet wurden.

Weitere acht Stationen, die uns über die Geschichte, Funktionsweise, Organisation und Produkte der Fabrik sowie deren Bedeutung für die Stadt Rottweil und darüber hinaus aufklären, führen uns auf dem „IndustriePfad" entlang der Hauptstraße über das ausgedehnte Fab-

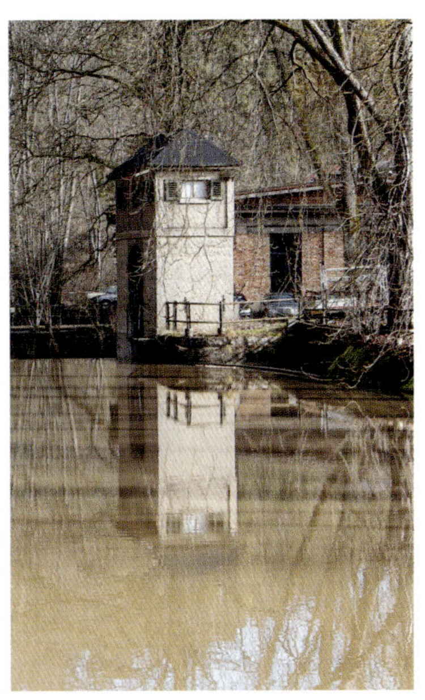

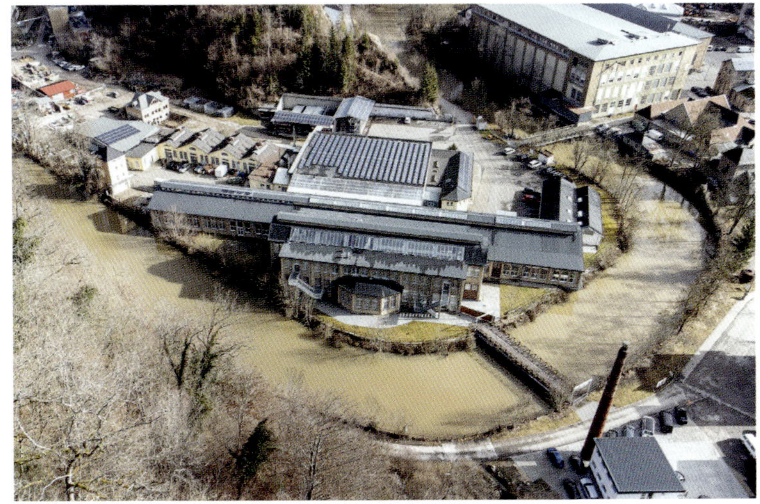

rikgelände. Es ist atemberaubend, zwischen diesen historischen Fabrikgebäuden auf- und abzugehen und das weitläufige Gelände direkt am Ufer des Neckars zu erkunden. Das Herzstück der Pulverfabrik ist die Kathedrale, die sich auf der anderen Neckarseite befindet. Leider können wir nicht hinein, sie ist aber für private Veranstaltungen jederzeit buchbar. Wir vergessen schon fast das Wandern und bleiben an jeder Ecke stehen, um zu fotografieren. Zu spannend ist das alles hier. Aber wir müssen weiter, sind doch noch einige Kilometer zu wandern. Während rechts der heute schmutzig-braune und reißende Neckar fließt, ragen links steile Hänge empor und es wird mit jedem Schritt wieder naturbelassener.

Tipp

Die öffentliche Führung „Gewerbepark Neckartal" gibt Einblicke in ein interessantes Kapitel Rottweiler Industriegeschichte: Von der Pulverherstellung unter Max von Duttenhofer über die Kunstseidenfabrik zur Nutzung des Areals in heutiger Zeit. Sie kostet 9 Euro und ist unter www.schwarzwald-tourismus.info buchbar.

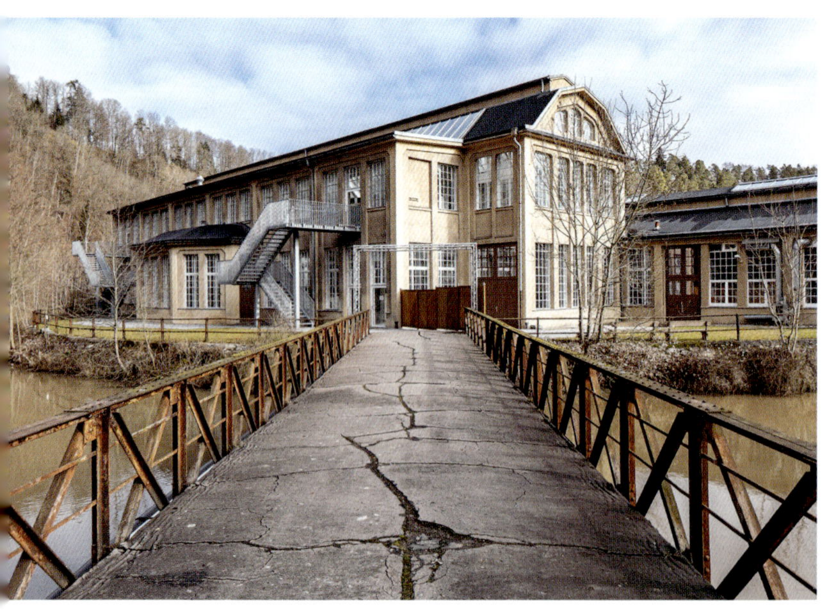

NATURSCHUTZGEBIET NECKARBURG, DIETINGEN

7

Schönste Wacholderwiesen und älteste Burg Baden-Württembergs

Hinkommen:
48°11'53.6"N 8°37'07.1"E

Mit dem Auto:
Zielort Rottweil. Parkmöglichkeiten am Hofgut Neckarburg.
Neckarburg 1, 78628 Rottweil.
Um zur Burgruine zu gelangen, die Bahn überqueren, nach links abbiegen und den Hügel hinauf zur Burg. **Der Parkplatz befindet sich mitten im Naturschutzgebiet Neckarburg.**

Mit dem ÖPNV:
Mit der Bahn nach Rottweil. Umsteigen in Bus 2021 (Dorfplatz, Bösingen). Aussteigen in Linde-Villingendorf. Zu Fuß zurück auf Rottweiler Straße. Dann links auf Neckarburger Weg. Nach Überquerung der B 14 zweite Möglichkeit links und weiter auf Soldatenwegle. Am Weiher rechts, Neckarburgbrücke und später Bahnlinie unterqueren. Nach Wasserversorgungsstation scharf rechts, dann links auf Pfad. **Ab Linde-Villingendorf bis zur Burg sind es 4,5 Kilometer.** Am Wochenende oder Feiertag Anrufsammeltaxi (AST oder RUF, 01806/777272 bis eine Stunde vorher).

Tourbeschreibung:
Das Naturschutzgebiet Neckarburg befindet sich am Rande der A81 und wird von der Neckarburgbrücke überspannt. Es besticht vor allem durch seine Wacholderwiesen, die zu den schönsten und wertvollsten außerhalb der Schwäbischen Alb zählen. Die überwiegend asphaltierten Wege laden ein für familienfreundliche Ausflüge.

Wir verlassen die ehemalige Pulverfabrik, unterqueren wenig später die B27 und gehen gleich links im Wald den Berg hinauf. Eigentlich sollten wir bei der nächsten Möglichkeit rechts auf einen Pfad abbiegen, doch ein Hinweisschild informiert, dass eine Brücke, über

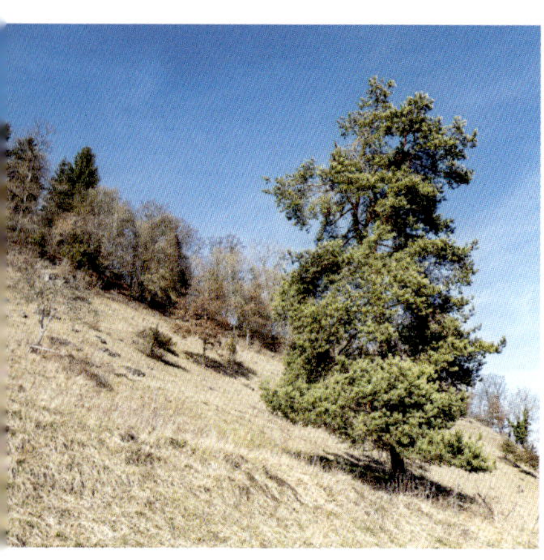

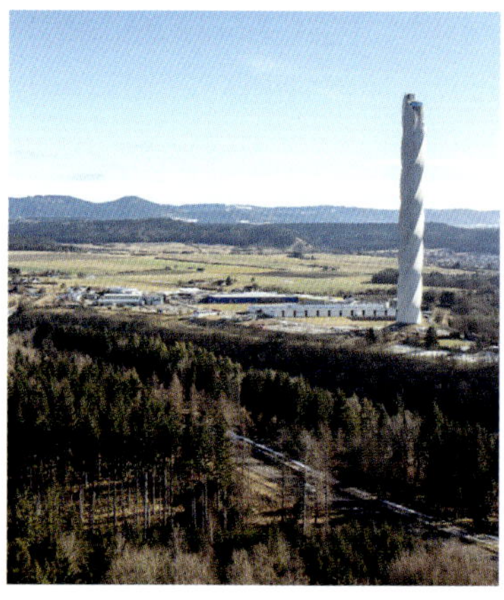

die wir den Neckar später überqueren sollten, abgebrannt ist. So müssen wir einen doch recht langen, aber nicht sehr anstrengenden und durchaus lohnenden Umweg in Kauf nehmen. Immer dem Weg folgend, verlassen wir den Wald wenig später und stoßen auf eine unheimlich weite Ackerlandschaft. Während wir rechts noch einmal zum TK Elevator Turm blicken, überquert die durch ihr schwungvoll gebogenes Viadukt harmonisch wirkende Neckarburgbrücke der A81 das Naturschutzgebiet Neckarburg. Wenig später erreichen wir auch schon das in einem Tal liegende, schleifenförmige Naturschutzgebiet, das einst der Neckar geformt hat. Heute fließt der Neckar in einem Seitenarm an diesem Tal vorbei. Das 1988 ausgewiesene und rund 64 Hektar große Naturschutzgebiet besticht durch seine Wacholderwiesen, die dank einer über Jahrhunderte währenden Schafbeweidung zu den schönsten und wertvollsten außerhalb der Schwäbischen Alb zählen. Auf einem geschotterten, breiten Weg gehen wir romantisch am Hang immer weiter hinab ins Tal, um dann auf einem Hügel die Burgruine Neckarburg zu bestaunen.

Die am Rande eines aufsteigenden, schmalen Pfades stehende, 793 erstmals urkundlich erwähnte Burg, gilt als einer der ältesten Befestigungsanlagen des Landes. Sie besticht vor allem durch hoch aufragende Mauerteile mit teilweise noch erhaltenen Rundbogenfenstern, die aus der Renaissancezeit stammen. Von älteren Bauten ist kaum mehr etwas zu erkennen.

Das fehlende Grün an den Ästen macht die Sicht auf die Burg noch besser und wir verbringen erneut viel Zeit mit Fotografieren und dem Erkunden versteckter Ecken.
Wieder zurück auf dem Pfad, geht es noch wenige Meter den Hügel hinauf zu einer weiten Wiese, an deren rechten Rand zum Wald idyllisch die Neckarburgkapelle residiert, deren Ursprünge sich bis ins Jahr 1275 zurückverfolgen lassen. Leider ist sie verschlossen, sodass wir umkehren und uns Richtung Heimweg machen. Am Fuße des Hügels, auf dem auch die Burg steht, entdecken wir noch die Überreste der abgebrannten Brücke, die uns den lohnenden Umweg beschert hat. Hier biegen wir rechts ab und wandern wieder direkt am Neckar entlang. Dabei unterqueren wir die Neckarburgbrücke und beenden unsere Etappe in Talhausen.

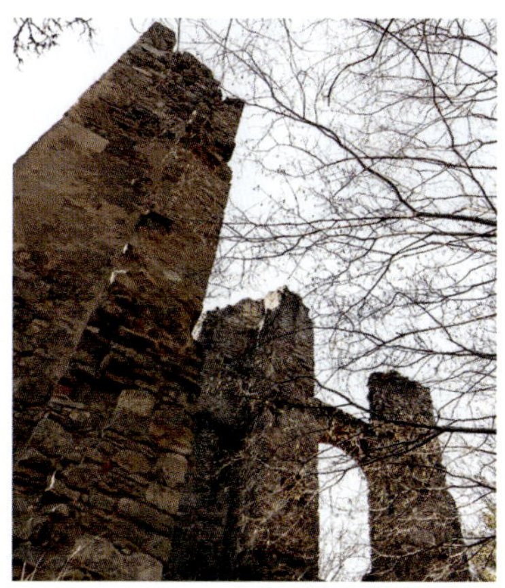

Tipp

Ausgeschilderte Känzele-Runde oberhalb des Naturschutzgebiets Neckarburg, 8 Kilometer lang. Sonntags hat das Hofgut Neckarburg mit Biergarten, gutbürgerlicher Küche von 9 bis 19 Uhr geöffnet.

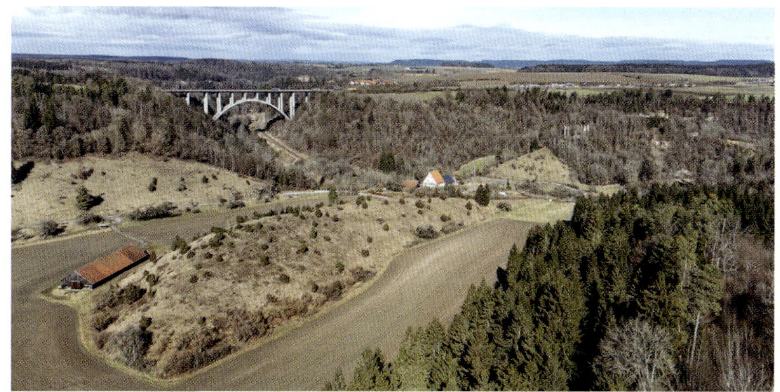

8 AUSSICHTSFELSEN TIERSTEIN, TALHAUSEN

Schwindelerregende Aussichten ins Neckartal

Hinkommen:
48°13'17.7"N 8°36'09.1"E

Mit dem Auto:
Parkmöglichkeiten gibt es im kleinen Ort Talhausen. Zu Fuß auf die Rottweiler Straße und auf Höhe Ortskern abbiegen auf Irslinger Straße. Nächste Möglichkeit links und den Neckar überqueren, dann rechts. Nach wenigen Metern links auf Pfad. Vorsicht: Steiler An- und Abstieg. **Ab Ortsmitte bis zum Aussichtsfelsen ist es etwa 1 Kilometer.**

Mit ÖPNV:
Mit der Bahn nach Rottweil. Weiter mit Bus 7444 Richtung Oberndorf bis Talhausen, Gasthaus Sonne. An Wochenenden oder Feiertagen Anrufsammeltaxi (AST oder RUF, 07721/9927948 bis eine Stunde vorher). Weiter zu Fuß zurück auf Rottweiler Straße, dann links auf Irslinger Straße und Bahnlinie und Neckar überqueren. Dann rechts und weiter wie oben. **Ab Gasthaus Sonne zu Fuß etwa 3,5 Kilometer.**

Tourbeschreibung:
Steiler, aber lohnender An- und Abstieg. Schöne Impressionen des Neckartals. Wege können vor allem an und nach Regentagen rutschig sein. Festes Schuhwerk.

Die heutige bereits vierte Etappe von Talhausen nach Oberndorf ist mit knapp 18 Kilometern recht angenehm. Mit dem Zug fahre ich von Stuttgart nach Oberndorf, steige in den Bus um und fahre weiter nach Talhausen. Dort starte ich meine Wanderung an einem wiederum schönen, sonnigen Tag. Es geht bereits auf Ende März zu, und ich merke schon die ersten warmen Sonnenstrahlen, auch wenn es nach Süden hin unglaublich diesig ist. Frohgemut steige ich aus dem Bus, überquere den noch jungen Neckar und biege gleich danach rechts ab. Der Weg verläuft rechts an einem Wald, in den ich nach circa 100 Metern vor der nächsten Gabelung über einen schmalen Pfad gelange. Er führt mich über einen sehr steilen, bewaldeten Hang hinauf zu meinem ersten heutigen Highlight, dem spektakulären Aussichtsfelsen Tierstein.

Ich staune erst einmal nicht schlecht über die nicht sehr vertrauenswürdige Absicherung, begebe mich aber dennoch mutig und Schritt für Schritt nach vorne. Und bin überrascht, dass ich scheinbar doch schwindelfreier bin als gedacht, denn ich stehe nun unmittelbar auf einem hohen Felsen, an dem es links, rechts und nach vorne rund 100 Meter tief hinab geht. Die Aussicht, die ich habe, ist einfach unglaublich. Nach links erkenne ich im Dunst noch die Spitze des TK Elevator Turms und blicke tief hinab ins Tal, in dem sich der schmale Neckar neben der Bahnstrecke nach Singen den Weg sucht. Leicht rechts vor mir liegt unten der kleine Ort Talhausen, dahinter ragt die Burgruine Herrenzimmern aus dem 11. Jahrhundert empor. Ich bleibe noch ein wenig

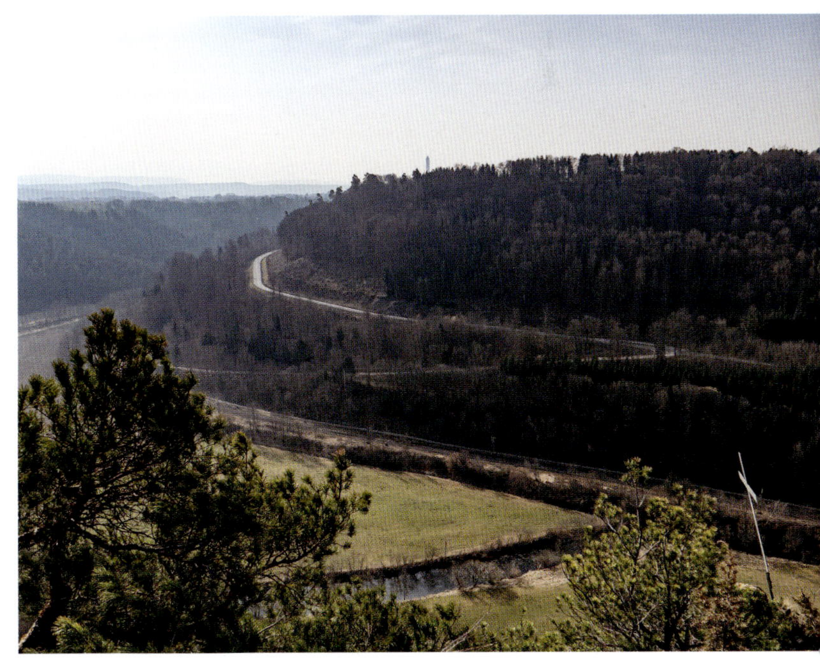

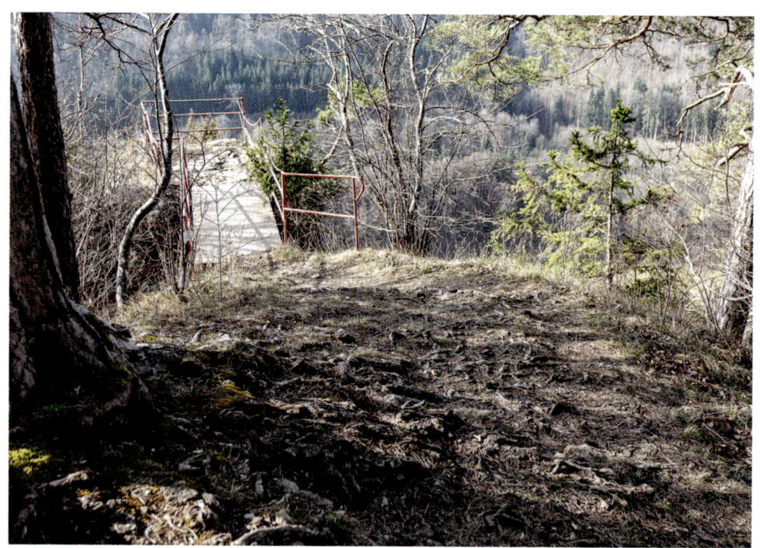

stehen, lasse meine Drohne starten und genieße einfach die Stille und die Weite der Natur.

Nach einem genussvollen Aufenthalt gehe ich – teilweise rutschend auf dem Hosenboden – den gleichen, steilen Hang wieder hinab, den ich mühsam erklommen habe, und bin wieder unten im Ort Talhausen angekommen. Ich freue mich, dass es nun erst einmal ein paar Kilometer wesentlich entspannter immer am plätschernden Wasser entlang gehen wird.

Tipp

Café und Lebensmittelladen Heimatliebe in Talhausen ermöglicht gemütliches, einladendes Einkaufen und Verweilen mit Genuss. Obst und Gemüse ist frisch, saisonal und regional. Der leckere Kaffee wird aus fair gehandeltem Bio-Kaffee gemahlen. Öffnungszeiten Mo bis Fr 9–18 Uhr, Sa 8–16 Uhr und So 13.30–17.30 Uhr. Tel. 07404/920981 l, www.Heimatliebe-epfendorf.de.

BESINNUNGSWEG, EPFENDORF

9

Erfahrungsräume für innere Einkehr

Hinkommen:
48°15'01.1"N 8°35'45.1"E

Mit dem Auto:
Zielort Epfendorf. Parkmöglichkeiten im kleinen Ort Epfendorf, zum Beispiel am Friedhof an der Ecke Adenauerstraße/Hinter der Kirche. **Hier beginnt auch gleich der Besinnungsweg.**

Mit dem ÖPNV:
Mit der Bahn nach Oberndorf. Dann umsteigen in Bus 7444 Richtung Rottweil. Ausstieg am Bahnhof Epfendorf. An Wochenenden und Feiertagen Anrufsammeltaxi AST oder RUF, Tel. 0772 1/9927948 bis eine Stunde vorher. Zu Fuß weiter entlang der B 14 nach Epfendorf. Nach dem Friedhof rechts auf Bösinger Straße, dann rechts auf Krumme Steige. **Ab Bahnhof bis zur Aussichtsplattform sind es 1,8 Kilometer Wegstrecke.**

Tourbeschreibung:
Im Flyer zum Besinnungsweg steht die Einladung „Einfach mal abbiegen vom Alltag – mit Gedanken bergauf". Das trifft es sehr gut! Man klinkt sich für Augenblicke aus und lässt sich auf neue Blickwinkel ein. Der Besinnungsweg liegt auf einer Hanglage oberhalb des Neckartals. Wege sind zum Teil nicht barrierefrei.

Nach dem steilen, aber lohnenden Auf- und Abstieg hoch zum spektakulären Aussichtsfelsen Tierstein freu ich mich, dass es nun für knapp vier Kilometer weniger anstrengend eben am Neckar entlang geht. In einem ruhigen Waldabschnitt rechts am Ufer des Neckars folge ich meinen Gedanken, bis ich den Hauptweg über einen Pfad nach links verlasse und auf eine

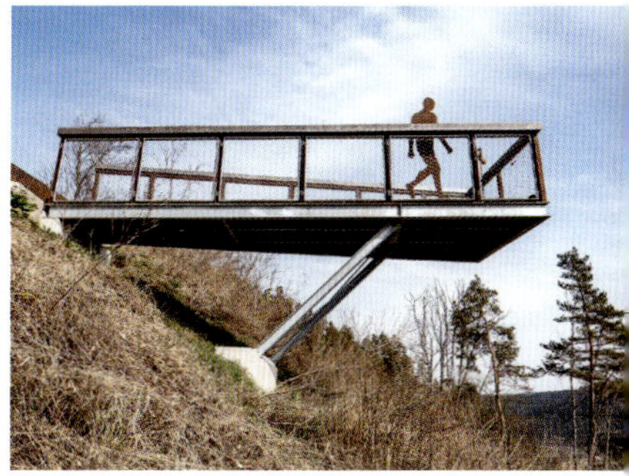

freie Wiese stoße, wo ich wieder meine Drohne starte. Ich lasse sie direkt auf mein nächstes Highlight, das sich am Südhang von Epfendorf befindet, zufliegen: Der Besinnungsweg, bestehend aus zehn Stationen zu den Themen Natur, Kultur und Spiritualität.

Die erste Station befindet sich direkt am Neckar und trägt den Namen „Den Neckar erleben".

Zum Thema Natur ist hier zum Beispiel zu lesen, dass Kirchtürme ideale Brutstätten für Turmfalken, Fledermäuse und Insekten sind. Zum Thema Kultur wird erklärt, dass Epfendorf im Jahre 994 erstmalig urkundlich erwähnt wurde. Ein Gedicht über einen Kirchturm, einen Baum und eine Mauer möchte zum Thema Spiritualität hinführen. Erst wenige Meter später in Epfendorf am Dorfkirchplatz stoße ich auf das Symbol des Besinnungswegs. Ein aus einer Metallplatte herausgeschnittener Mensch scheint seinem Gefängnis entfliehen zu wollen und strebt nach Freiheit. Er gibt die Richtung des 2,7 Kilometer langen Besinnungsweg vor. Ich schaue mir die einzelnen Stationen genau an, spüre in mich hinein und komme nach einem ersten Anstieg auf halber Höhe an einer sehr modernen Aussichtsplattform an, die ebenfalls eine Station des Weges ist und den Namen „Weitblick" bekommen hat. Von hier habe ich eine wundervolle Aussicht auf Epfendorf und das Neckartal. Ich bleibe für einen

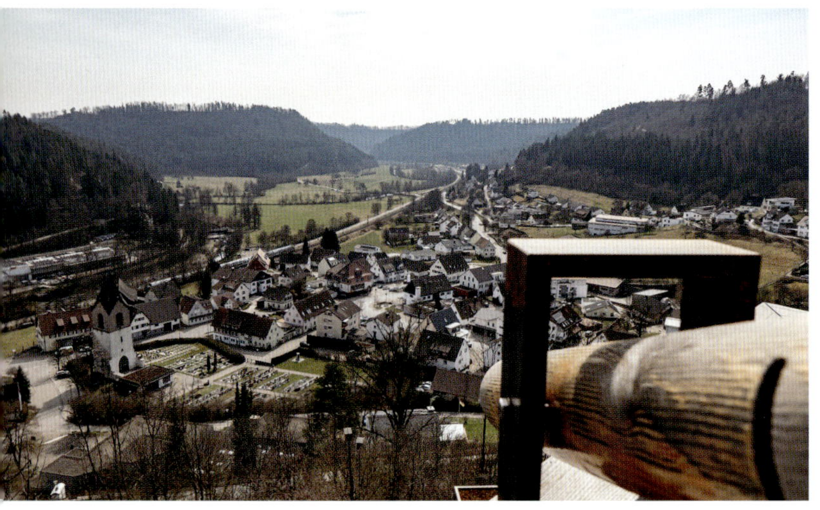

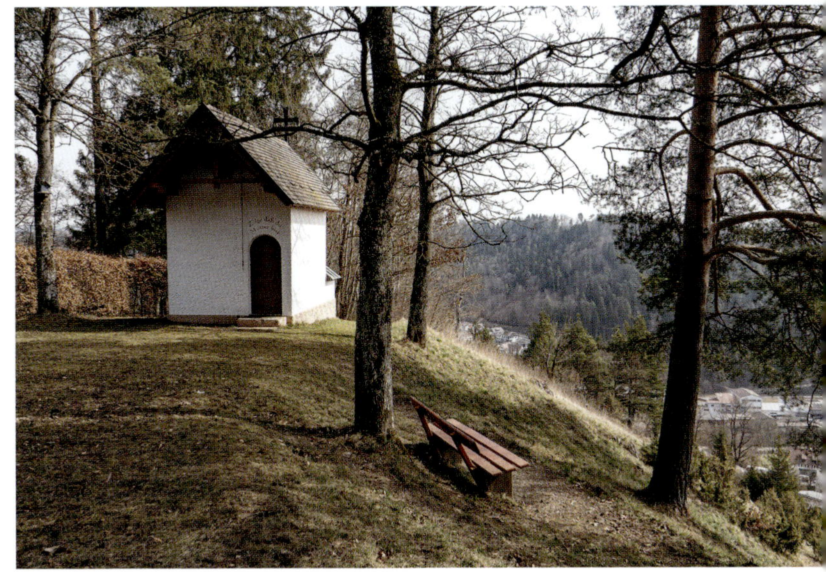

Moment stehen, halte inne, genieße und gehe den Besinnungsweg weiter hinauf bis zur zehnten Station: eine kleine, idyllisch liegende Kapelle mit einem Vorplatz. Hier hängen Holztafeln, in die Menschen ihre Gedanken eingraviert haben. Etwas erschöpft setze ich mich auf eine der schönen Bänke. Vielleicht ist es auch das immer noch sehr diesige Wetter, was mich heute anstrengt. Nach einer ausgiebigen Pause mit Blicken in das Neckartal gehe ich auf dem Besinnungsweg wieder hinunter nach Epfendorf und setze meine Wanderung Richtung Oberndorf, meinem heutigen Zielort, fort.

Tipp

Führungen für den Besinnungsweg können über das Pfarrbüro der katholischen Kirchengemeinde gebucht werden. Telefon 07404/9210830 oder per Mail stremigius.epfendorf@drs.de, www.besinnungsweg-epfendorf.de.

10 BURGRUINE SCHENKENBURG, EPFENDORF

Imposante Mauerreste mit Weitblick

Hinkommen:
48°15'39.1"N 8°36'35.5"E

Mit dem Auto:
Zielort Epfendorf. Parkmöglichkeiten an B 14 kurz vor Neckarstraße, am Bahnhof Epfendorf. Zu Fuß wenige Meter weiter auf B 14, dann links auf Neckarstraße. Rechts auf Kapfstraße und weiter auf Am Tischfelsen. Diesem Weg folgen und zweite Möglichkeit links nehmen. K 5506 überqueren und geradeaus. **Vom Parkplatz bis zur Burg etwa 2,5 Kilometer**, gegebenenfalls Wanderweg (Zeichen rotes Kreuz) und Beschilderung folgen.

Mit dem ÖPNV:
Mit der Bahn nach Oberndorf. Dann umsteigen in Bus 7444 Richtung Rottweil. Ausstieg am Bahnhof Epfendorf. An Wochenenden und Feiertagen Anrufsammeltaxi (AST). Anmeldung unter Tel. 07721/9927948 bis eine Stunde vorher. Zu Fuß weiter wie oben.

Tourbeschreibung:
Mit Bahn/Bus schöne Anfahrt durch das Neckartal. Teilweise gerölliges Gelände, fantastische Aussichten auf das Neckartal. Wege können vor allem an und nach Regentagen rutschig sein. Festes Schuhwerk.

Ich verlasse Epfendorf und gehe so nah wie möglich am Ufer des Neckars weiter. Schon bald führt der Neckar meinen Blick geradezu auf einen kegelförmigen Hügel, auf dem die Burgruine Schenkenburg steht, mein nächstes Highlight. Ich folge dem blauen N, der Markierung des Neckarwegs, bis hoch zur Ruine, die am Fuße des Berges auch ausgeschildert ist. Zumindest von der Richtung, aus der ich komme. Nach einem kurzen Anstieg komme ich an einen weitläufigen Hang, an dessen Fuße sich ein großer Grillplatz befindet. Oben ragen einige Mauerreste der Burg aus dem 14. Jahrhundert empor, die mich natürlich sehr anlocken. Erst einmal bleibe ich aber einen kurzen

Moment stehen und lasse das Gelände auf mich wirken. Wann und von wem die Burg gebaut wurde, ist nicht genau bekannt. Burgreste und Grabungen sind jedoch Hinweise dafür, dass auf einen gut befestigten Adelssitz ohne Burgfried geschlossen werden kann. Auf dem Weg hoch zur Burg überquere ich noch den Burggraben, bis ich schließlich die Mauerreste erreiche. Von hier oben habe ich wiederum einen gigantischen Ausblick ins Neckartal und auf die Bahnstrecke nach Singen.

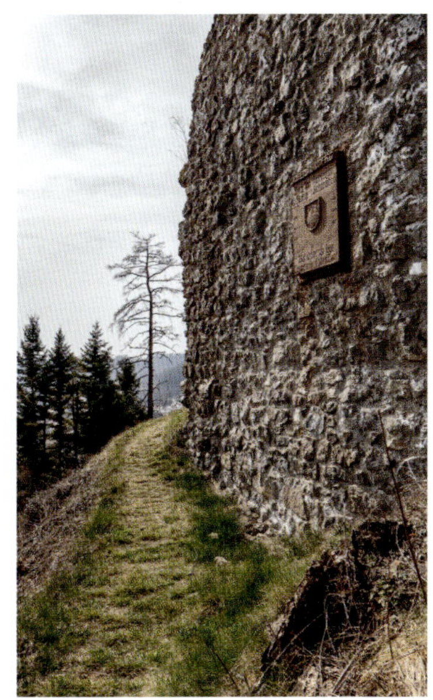

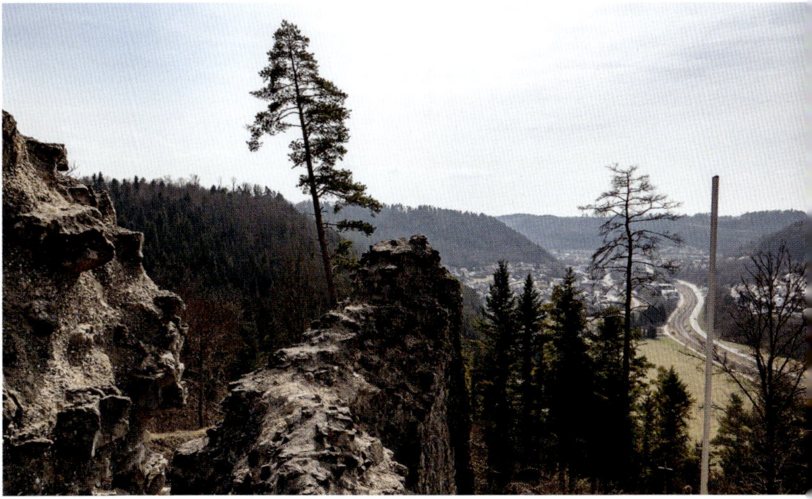

Ich schaue mir noch einen weiteren ausgeschilderten Aussichtspunkt an, von dem ich allerdings etwas enttäuscht bin. Er ist sehr verwachsen und trotz des fehlen-

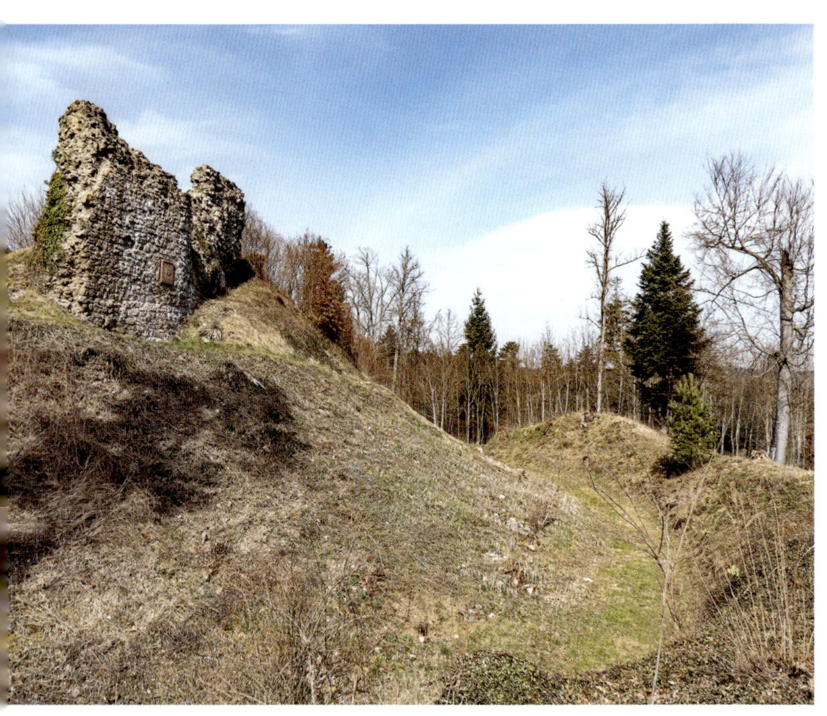

den Laubs bekomme ich kaum freie Sicht. Drehe ich mich um, erkenne ich dafür deutlich den Burggraben. Ich gehe wieder zurück auf den Weg, auf dem ich gekommen bin, und folge dem blauen N weiter, bis ich den Schenkenbach überquere und danach links abbiege, um bei nächster Möglichkeit wieder rechts abzubiegen. Neben einer ruhigen Landstraße geht es für ein paar Meter geradeaus weiter Richtung Altoberndorf.

Tipp

Ein Spaziergang im angrenzenden Schenkenbachtal entlang des gleichnamigen Bachs lohnt sich zu jeder Jahreszeit.

WENDELINKAPELLE, ALTOBERNDORF

11

Bewegte Geschichte an einem malerischen Platz

Hinkommen:
48°15'02.7"N 8°35'39.5"E

Mit dem Auto:
Zielort Epfendorf. Parkmöglichkeiten an B 14 kurz vor Neckarstraße, am Bahnhof Epfendorf. Zu Fuß weiter entlang der B 14 und rechts auf „Hinter der Kirche" und Besinnungsweg folgen. **Von der Neckarstraße bis zur Kapelle ist es 1 Kilometer.**

Mit dem ÖPNV:
Mit der Bahn nach Oberndorf. Dann umsteigen in Bus 7444 Richtung Rottweil. Ausstieg am Bahnhof Epfendorf, an Wochenenden und Feiertagen Anrufsammeltaxi AST oder RUF, Anmeldung unter Telefon 07721/9927948 bis eine Stunde vorher. Zu Fuß weiter wie oben.

Tourbeschreibung:
Besinnliche Impressionen. Der letzte Wegabschnitt hoch zur Kapelle auf dem Kreuzberg geht über einen schmalen, ansteigenden Pfad, an dessen Ende man mit einer tollen Aussicht auf Epfendorf belohnt wird.

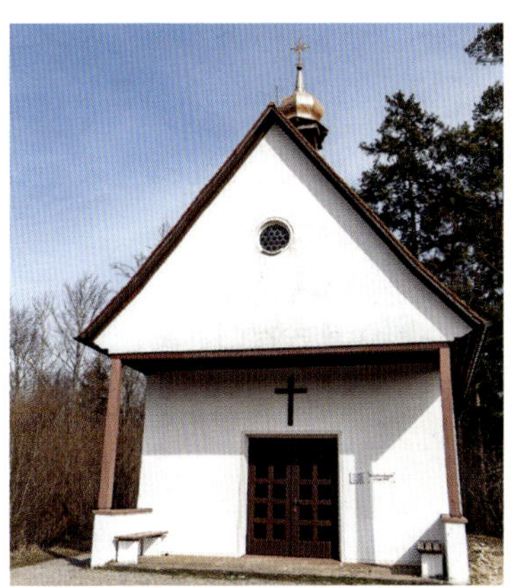

Im ruhigen, flachen Neckartal geht es für einige Meter an einer nicht stark befahrenen Landstraße Richtung Altoberndorf. Kurz bevor ich den Neckar überquere, biege ich rechts ab und gehe parallel zum Ufer geradeaus. Bei der nächsten Gabelung bleibe ich weiter am Ufer, bis ich wenig später nach einem Linksbogen rechts auf einen Pfad abbiege. Dieser führt mich direkt zu einer Lourdesgrotte, die lieblich in den Hang eingebaut wurde. Eine Kniebank vor einer Madonnenfigur

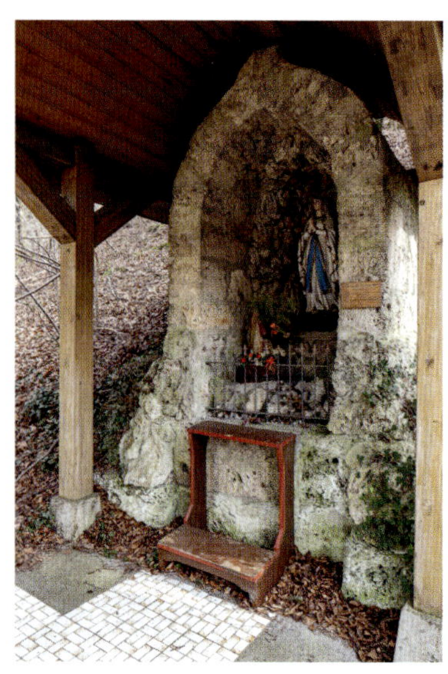

ermöglicht ein Gebet. Auf einer Sitzbank kann man sich ausruhen und einfach die Stille genießen. Daneben befindet sich eine weitere hüttenähnliche Gedenkstätte, die allerdings stark einsturzgefährdet scheint. Einzig ein Madonnenbild ist zu erkennen, das zwei weitere Rahmen verdeckt.

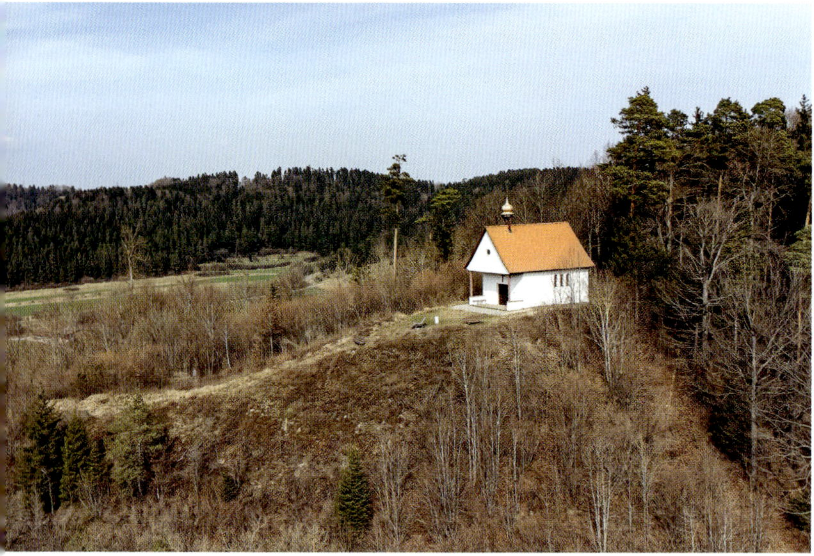

Vorbei an 14 Kreuzwegstationen aus Gusseisen, gehe ich einen schmalen Pfad serpentinenartig den Berg hinauf und komme an meinem letzten Highlight für heute an, der Wendelinkapelle. Sie steht auf einer freien Fläche und ich habe wieder gute Sicht ins Neckartal. Die Kapelle wirkt sehr massiv mit

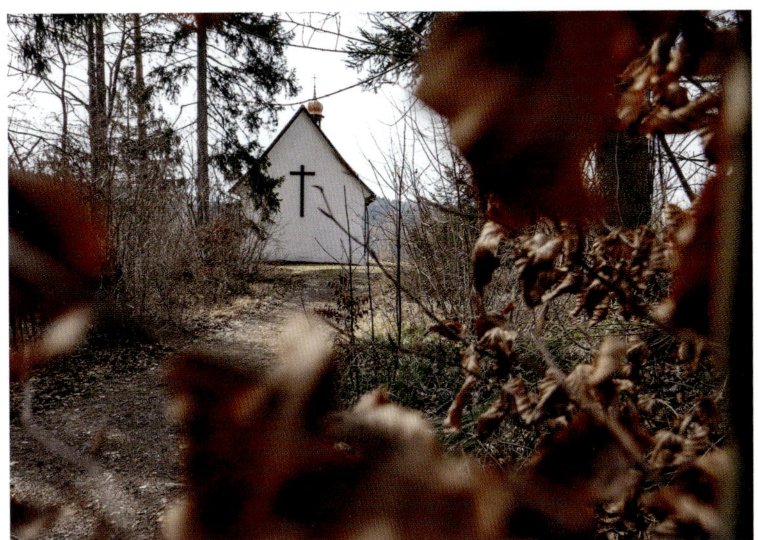

ihrem mächtigen Vordach. Dieses Kleinod verdanken die Altoberndorfer einer verheerenden Viehseuche, sodass sie der Gemeinde gelobten, zu Ehren des Schutzpatrons des Viehs – des heiligen Wendelin – eine Kapelle zu erbauen. Ich gehe den Kreuzweg wieder hinunter zum Neckar, um parallel zum Fluss an seinem Ufer nach Oberndorf zu gelangen. Im Zug erst bemerke ich, dass mich die Wanderung heute doch mehr angestrengt hat, als erwartet. Habe ich das Wetter unterschätzt?

Tipp

Das Naturschutzgebiet Kälberhalde bietet mit seinen vielen, wild wachsenden Wacholdersträuchern ein einzigartiges Naherholungsgebiet. Eine sanfte Steigung in einem lang gezogenen Bogen mit asphaltierten und angenehm zu begehenden Wegen verbindet die Kapelle mit dem Tal und ist für die ganze Familie geeignet.

12 AUSSICHTSPUNKT SCHILLERHÖHE, OBERNDORF

Eindrücklicher Ort der Geschichte

Hinkommen:
48°17'53.7"N 8°34'56.5"E

Mit dem Auto:
Nach Oberndorf. Parkmöglichkeiten an Spitzkehre der L 415 (Balinger Straße) und zu Fuß rechts auf Pfad (Beschilderung Schillerhöhe folgen). An Gabelung links, dann gleich rechts. Über Kreuzung geradeaus und weiter dem Pfad folgen bis zur Aussicht Schillerhöhe. **Vom Parkplatz bis zur Schillerhöhe sind es 450 Meter.**

Mit dem ÖPNV:
Mit der Bahn nach Oberndorf. Richtung Norden am Neckar entlang auf Neckarstraße, dann Neckar überqueren. Links auf Hölderlinstraße und rechts auf Hölderlinstraße bleiben. Dann rechts Treppe hinauf und oben wieder rechts auf Eichendorffstraße. Am Wanderparkplatz links den Berg hinauf und weiter wie oben. **Vom Bahnhof bis zur Schillerhöhe sind es rund 1,8 Kilometer.**

Tourbeschreibung:
Hanglage im Wald, knapp 90 Meter Höhendifferenz. Vor allem an und nach Regentagen rutschig. Festes Schuhwerk. Wirklich schöne Aussicht auf Oberndorf und das Neckartal.

Knapp vier Wochen später geht es mit der Wanderung am Neckar nun endlich wieder weiter. Heute ist Karfreitag und mein guter Freund Rainer begleitet mich, worüber ich mich sehr freue. Wir fahren wieder mit dem Zug von Stuttgart nach Oberndorf und stellen fest, dass die Fahrtstrecke schon deutlich kürzer wird als noch bis zur Quelle, am Anfang der Streckenwanderung. Mit knapp 16 Kilometern ist die Wanderstrecke heute recht überschaubar, also genau richtig, um wieder ins Wandern reinzukommen.

In Oberndorf überqueren wir den Neckar und gehen rechtsseitig für wenige Meter auf der Hölderlinstraße voran, biegen nach der Erlenstraße rechts ab, bleiben rechts

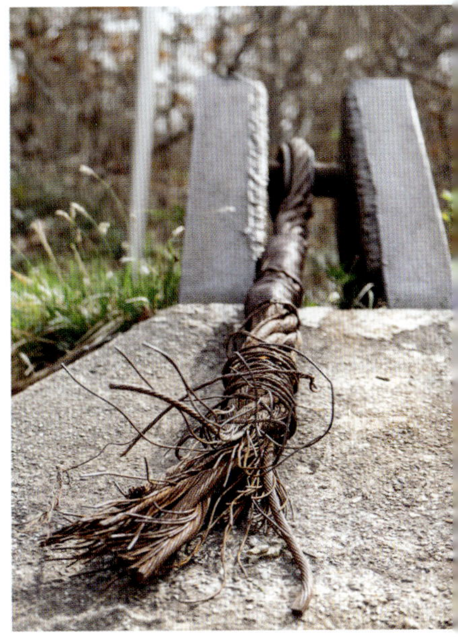

und folgen der Beschilderung „Schillerhöhe" zu unserem ersten Highlight für heute, dem gleichnamigen Aussichtspunkt. Ein schmaler Pfad führt uns bergauf und wir bekommen auf der Schillerhöhe eine freie, herrlich weite Sicht auf Oberndorf bis hinüber zum gegenüberliegenden Hang mit dem Lindenhof. Hier, an einer Rasthütte, lasse ich erst einmal meine Drohne starten, während Rainer etwas weiter nach oben geht und sich die Oberndorfer Fliegersperre genauer anschaut. Sie ist ein Denkmal, das daran erinnern soll, wie Oberndorf und vor allem die Mauserwerke, Deutschlands ältester und international bekanntester Waffenhersteller, im Zweiten Weltkrieg vor

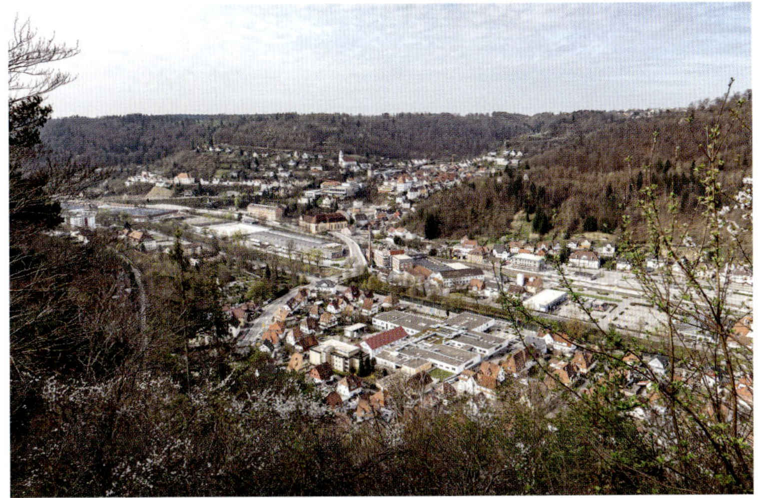

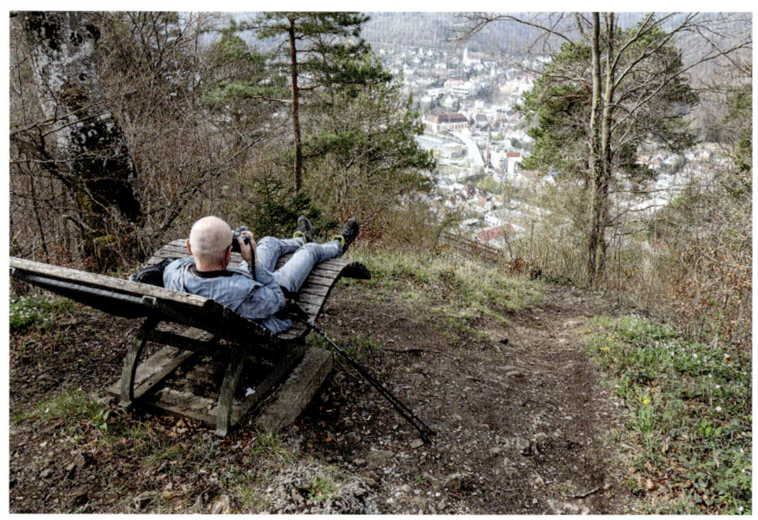

Fliegerangriffen geschützt werden sollten. Hierzu hat man ein Stahlseil von einem Ende an das andere Ende des Tals gespannt und davon senkrecht weitere Seile hängen lassen. Das hat auch wunderbar geklappt, bis drei Kunstpiloten an ihren Herausforderungen, die Seile als Slalomhindernisse zu nutzen, gescheitert und tödlich verunglückt sind. Wir drehen wieder um, folgen dem Pfad hinab ins Tal und gehen für einige Zeit direkt am Neckar auf der rechten Uferseite weiter Richtung Aistaig.

Tipp

Der rund 23 Kilometer lange Scheffelweg lädt auf insgesamt 13 Waldsofas an den schönsten und spektakulärsten Aussichtspunkten die Wanderer zum Verweilen und zum entspannten Genießen der Natur ein. Ein besonderes Natur- und Kulturerlebnis bieten die Gedichte schwäbischer Dichter mit Bezug zur herrlichen Landschaft beziehungsweise zur Geschichte Oberndorfs. Der Panoramaweg rund um Oberndorf besteht aus drei Teilstrecken und ist nach dem Dichter Joseph Victor von Scheffel benannt. Parkmöglichkeiten und gleichzeitig dann auch Einstiegsmöglichkeiten sind am Lindenhof, Stockbrunnen oder Schützenhaus. Weitere Informationen unter www.oberndorf.de.

13

BURGRUINE ALBECK, SULZ

Eine der schönsten im Oberen Neckartal

Hinkommen:
48°21'16.6"N 8°36'58.1"E

Mit dem Auto:
Nach Sulz. In Sulz links auf Weilerstraße. Parkmöglichkeiten am Wanderparkplatz der Burg. Zu Fuß weiter und der Beschilderung bis hoch zur Ruine folgen. **Vom Parkplatz bis zur Ruine sind es etwa 500 Meter.**

Mit dem ÖPNV:
Mit der Bahn nach Sulz. Zu Fuß rechts auf Bahnhofstraße und weiter auf Untere Hauptstraße, Marktplatz und Obere Hauptstraße. Geradeaus auf Weilerstraße. Vom Wanderparkplatz weiter wie oben. **Vom Bahnhof Sulz bis zur Burg sind es 2,3 Kilometer.**

Tourbeschreibung:
Die Burgruine Albeck befindet sich kurz vor dem Ende einer Bergzunge auf der rechten Seite zwischen dem Neckartal und dem Weilertal. Sie bietet fantastische Blicke auf das Weilertal und die Stadt Sulz. Absolut interessanter und kurzweiliger Ausflug für die ganze Familie.

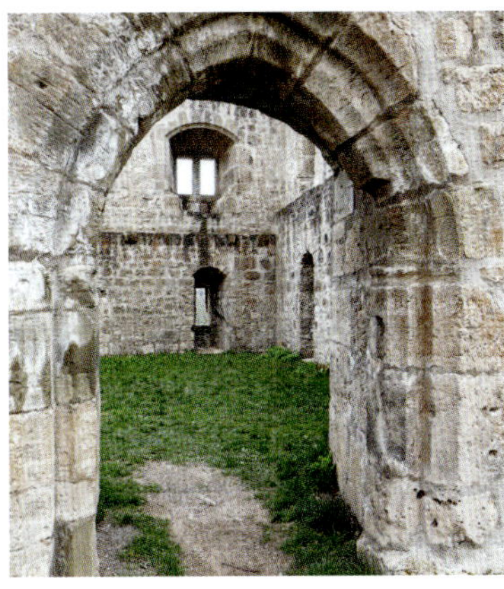

Nach dem kleinen Ort Aistaig geht es für lange Zeit stets auf der rechten Uferseite des immer noch jungen Neckars entlang, der auf diesem Abschnitt eigentlich vielmehr ein kleiner Bach ist. Unser Weg führt abwechselnd durch den Wald oder am Waldrand entlang – ohne viele Höhenmeter nach Sulz. Unterdessen starte ich mal wieder meine Drohne und lasse sie ganz flach über dem Neckar fliegen. Ich muss nur aufpassen, dass sie sich in keinem Baum verfängt, denn eine Hin-

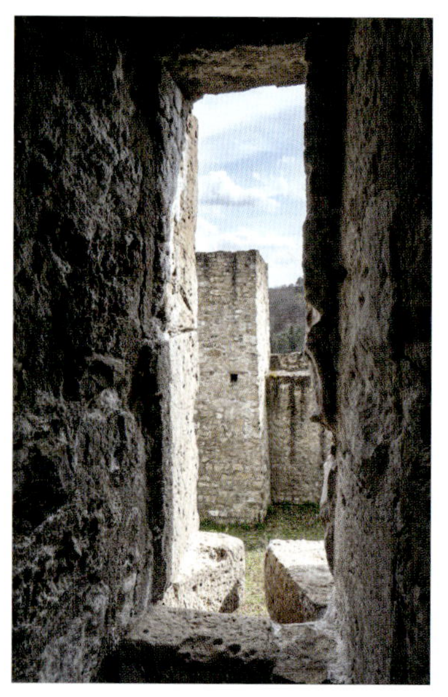

derniserkennung hat meine DJI Mini 2 noch nicht. Wenige Kilometer vor Sulz folgen wir der Beschilderung Richtung Bochingen und Sigmarswangen und stoßen wenig später auf ein kleines Holztäfelchen, das uns den Weg zur Burgruine Albeck zeigt.

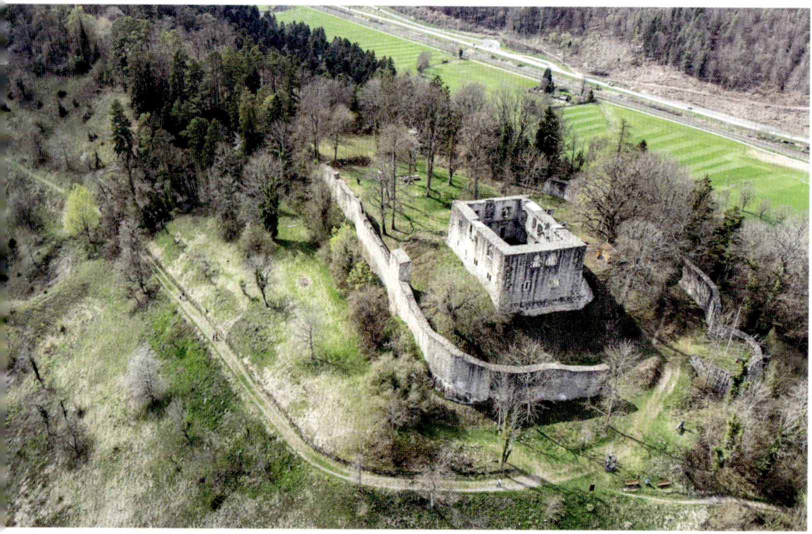

Nach einem 1,5 Kilometer langen Anstieg bekommen wir nun wieder wunderbare Blicke auf Sulz und das weite malerische Tal des Oberen Neckars und stehen vor der im Jahr 1420 erstmals erwähnten Burg Albeck, die für ihr beeindruckendes Alter doch sehr gut erhalten ist. Wann genau sie erbaut wurde, ist ebenso unklar wie die Namensherkunft. Auf dem Palast

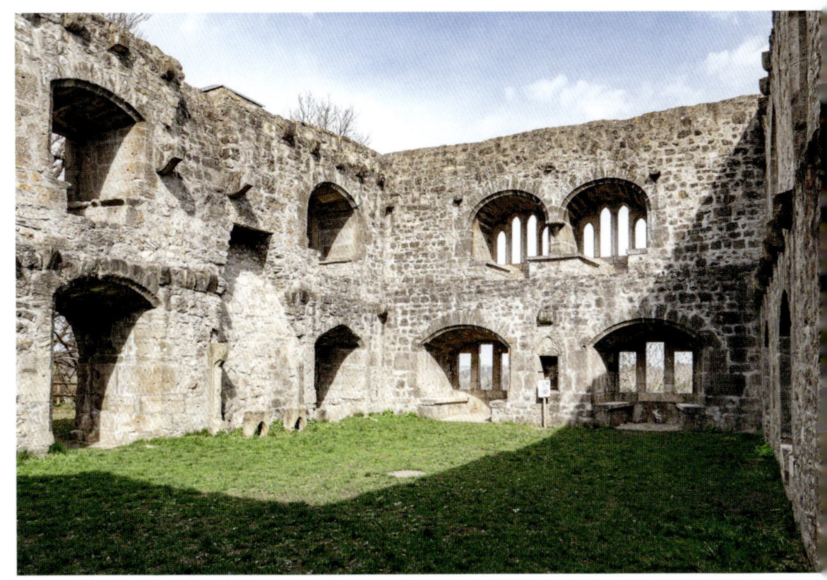

mit seiner Ringmauer, dem ältesten bestimmbaren Bauteil der Burg, ist jedoch eindeutig abzulesen, dass sie zwischen 1225 und 1250 erbaut wurde. Die Außenmauern mit den gotischen Fenstern sind zweistöckig erhalten. Wir sind nicht die einzigen Menschen heute hier oben auf dem Burggelände. Den Feiertag nutzen zahlreiche Wanderer für einen Ausflug hoch zu dieser imposanten Ruine. Von hier aus liegen nur noch knapp drei Kilometer bis zum Bahnhof Sulz vor uns – wir haben also noch genügend Zeit, das Gelände in und um die Ruine zu erkunden. So geht ein weiterer erfüllter Wandertag dem Ende zu und wir erreichen glücklich den Zug nach Stuttgart.

Tipp

Ausreichend Proviant für ein Picknick am Grillplatz direkt an der Burg mitnehmen.

14 GÄHNENDER STEIN, SULZ

Wunderschöner Blick auf Sulz

Hinkommen:
48°21'52.5"N 8°38'28.3"E

Mit dem Auto:
Bis zum Ort Holzhausen. Vom „Roter Weg" geradeaus weiter auf Holzhauser Hauptstraße, dann links auf Stadionstraße. Parkmöglichkeiten an der Panoramahalle/Panoramastadion. Zu Fuß geradeaus weiter bis zum Waldrand, dann rechts abbiegen und bei nächster Möglichkeit links zur Hütte mit dem roten Dach. **Vom Parkplatz bis zur Hütte sind es 300 Meter.**

Mit dem ÖPNV:
Mit der Bahn nach Sulz. Zu Fuß rechts auf Bahnhofstraße, dann links auf Ludwigstraße. Nochmals links auf Zeppelinstraße und Fußgängersteg über den Neckar. Über Holzhauser Straße rechts auf Liebeswegle. **Vom Bahnhof bis hoch zum Aussichtspunkt sind es 900 Meter.**

Tourbeschreibung:
Ansteigender, idyllisch-verwunschener Pfad, der an und nach Regentagen recht rutschig sein kann. Gutes Schuhwerk. Geologisch interessantes Phänomen. Besonders schöne Aussicht auf Sulz und Neckartal.

Zwei Tage nach meiner letzten Wanderung, die ich mit meinem Freund Rainer unternommen habe, geht es heute am Ostersonntag wieder allein weiter, und ich wandere gut zwanzig Kilometer von Sulz nach Horb. Kurz vor Horb macht der Neckar einen leichten Rechtsknick und verlässt das obere Neckartal. Ich freue mich schon auf den kommenden Neckarabschnitt. Angekommen in Sulz, überquere ich den Neckar, folge der Bezeichnung des Neckarwegs und gehe auf einem schmalen, steilen Pfad hinauf zum Aussichtspunkt Gähnender Stein. Hier oben steht auf einer kleinen Lichtung eine Rasthütte, die ein auffallend rotes Dach trägt, und ich komme in den Genuss einer unglaublich schönen Weitsicht auf die historische Altstadt Sulz blicke noch einmal nach links hinüber zur gut sichtbaren Burgruine Albeck, von der ich gekommen bin, und verfolge den Verlauf des Neckars, der sich durch Sulz schlängelt. Auf der Gegenhangseite befindet sich der Stockenberg.

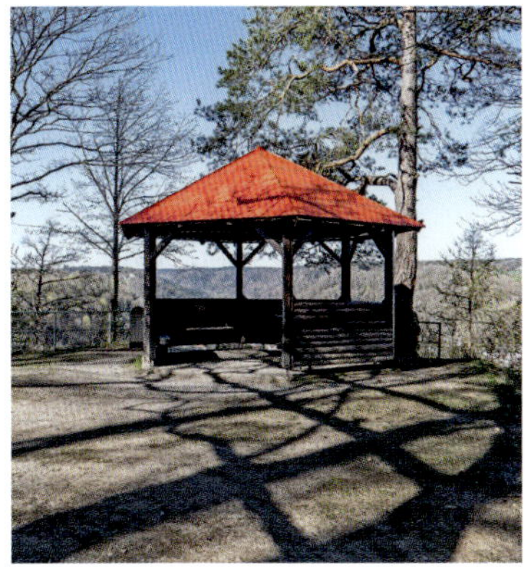

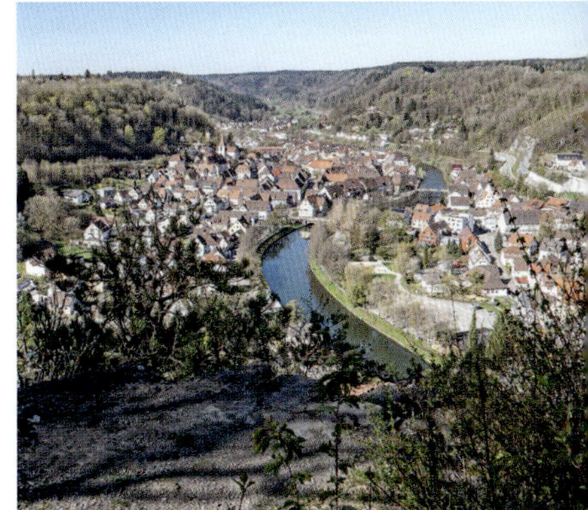

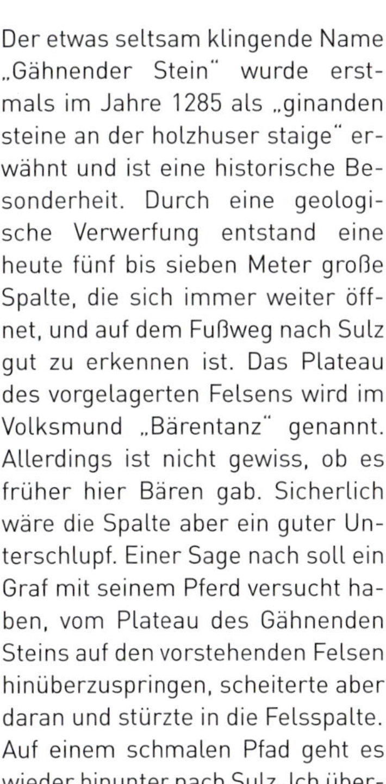

Der etwas seltsam klingende Name „Gähnender Stein“ wurde erstmals im Jahre 1285 als „ginanden steine an der holzhuser staige“ erwähnt und ist eine historische Besonderheit. Durch eine geologische Verwerfung entstand eine heute fünf bis sieben Meter große Spalte, die sich immer weiter öffnet, und auf dem Fußweg nach Sulz gut zu erkennen ist. Das Plateau des vorgelagerten Felsens wird im Volksmund „Bärentanz“ genannt. Allerdings ist nicht gewiss, ob es früher hier Bären gab. Sicherlich wäre die Spalte aber ein guter Unterschlupf. Einer Sage nach soll ein Graf mit seinem Pferd versucht haben, vom Plateau des Gähnenden Steins auf den vorstehenden Felsen hinüberzuspringen, scheiterte aber daran und stürzte in die Felsspalte. Auf einem schmalen Pfad geht es wieder hinunter nach Sulz. Ich überquere den Neckar, wandere für ein paar Meter linksseitig am Ufer entlang, um bei nächster Gelegenheit den Neckar wieder zu überqueren. Ab jetzt folge ich dem Neckar im Neckartal bis zum Ort Fischingen.

Tipp

Römerkeller aus dem ersten oder zweiten Jahrhundert n. Chr. im Stadtteil Kastell, etwa 500 Meter südlich vom Aussichtspunkt. Ungewöhnliche Größe und aufwendige Gestaltung. Wurde erst in den 1970er-Jahren freigelegt. Museum Römerkeller geöffnet von Mai bis Oktober am ersten und letzten Sonntag im Monat von 10 bis 12 Uhr.
www.kulturundheimatverein-sulz.de

15 BURGRUINE WEHRSTEIN, FISCHINGEN

1250-jähriges Jubiläum

Hinkommen:
48°23'33.4"N 8°40'35.8"E

Mit dem Auto:
Nach Empfingen. Von Empfingen aus weiter auf der L 410 (Rotwiesen) Richtung Fischingen. Nach rund 1 Kilometer links auf Wanderparkplatz. **Vom Wanderparkplatz geht es direkt rund 1 Kilometer zur Burg.**

Mit dem ÖPNV:
Mit der Bahn nach Sulz und weiter mit Bus 7403 oder 7410 Richtung Fischingen. An Sonn- und Feiertagen Anrufsammeltaxi (AST). Anmeldung unter Telefon 01806/777272 bis eine Stunde vorher. Vom Rathausplatz geradeaus weiter, dann rechts auf Schloßbergstraße. Nach 150 Metern der Beschilderung „Burgruine Wehrstein" folgen und weiter bis hoch zur Burg. **Vom Rathausplatz bis hoch zur Burg sind es etwa 500 Meter.**

Tourbeschreibung:
Geniale Aussichten auf den Ort Fischingen und das Neckartal.

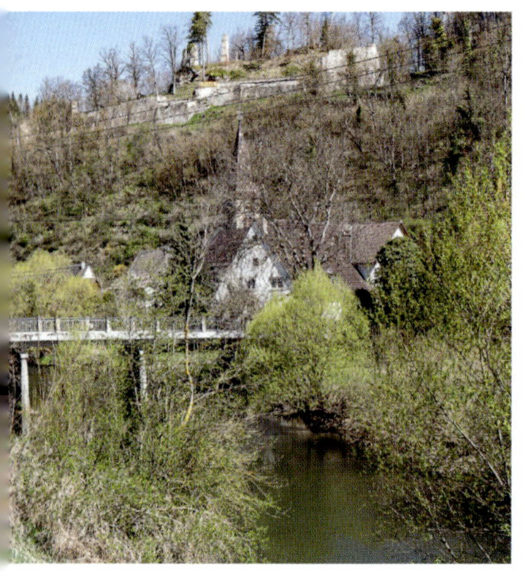

Nach dem steilen Abstieg am Gähnenden Stein geht es nun für knapp fünf Kilometer immer am Neckar entlang. Ich erfreue mich an den nun schon deutlich wärmeren Sonnenstrahlen als noch ganz zu Beginn meiner Wanderung bei der Quelle. Es ist schön zu erleben, wie der Frühling langsam erwacht und die ersten Pflanzen anfangen zu blühen. Ich erreiche den Ort Fischingen, der direkt am Neckar liegt und erblicke die Burgruine Wehrstein oben auf einem Hang thronen. Auffallend ist die große orangefarbene Jahreszahl 1250, die an der Burgmauer angebracht ist. Ich überquere den Neckar Richtung Ortskern, biege dann auf der Burg-Wehrstein-Straße rechts ab und folge wenig später nach links der Beschilderung zur „Burgruine Wehrstein". Nach einem kurzen Anstieg befinde ich mich auf dem Burggelände und vor mir erstreckt sich ein einladender Rastplatz, von dem aus ich einen fantastischen Blick hinab zum Ort Fischingen und ins Neckartal bekomme. Hinter mir ragt die Burg hinauf. Hier, an diesem wunderschönen Ort, lege ich eine Pause ein und bleibe eine Weile einfach nur sitzen und freu mich.

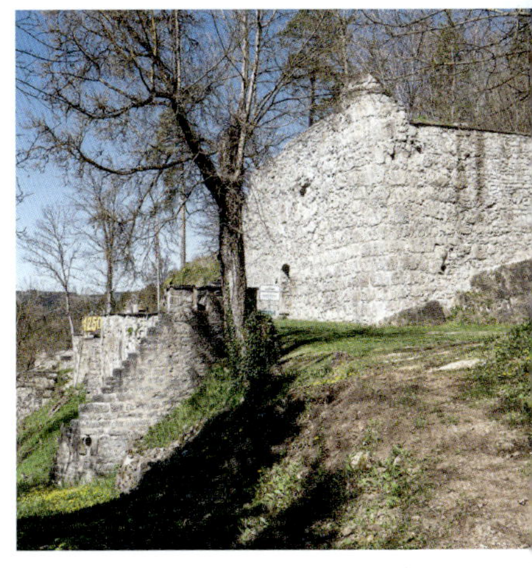

Über die Burg ist zu erfahren, dass vor allem das Wappen eine große Bedeutung hat, auf dem ein goldener Anker zu erkennen ist. Nach der erstmaligen Erwähnung im Jahre 1100 durch die Edelfreien von Wehrstein soll ein Wehrsteiner an einem Kreuzzug von Bar-

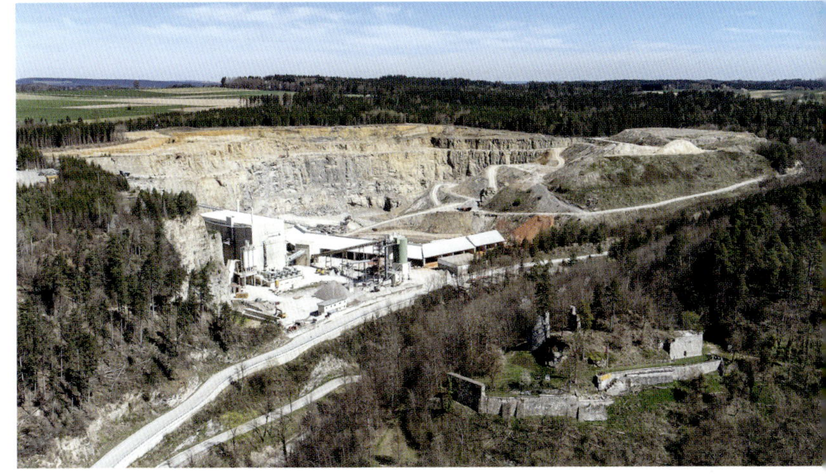

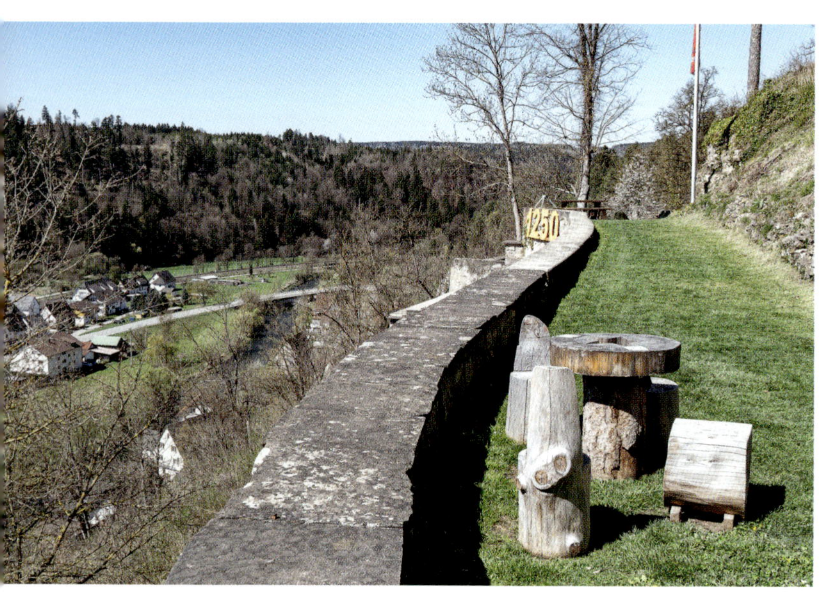

barossa teilgenommen haben. Bei einem Sturm kam er auf See in Lebensgefahr, konnte jedoch gerettet werden. Seitdem ist der Anker als Erinnerung im Wappen. Blieb die Burg Wehrstein im Bauernkrieg im Jahre 1525 noch unversehrt, wurde sie im Dreißigjährigen Krieg durch kurbayrische Truppen größtenteils zerstört. 1806 geht die Burg in den Besitz des Hauses Hohenzollern-Sigmaringen über. Seit 2006 gehört die ehemalige Burg dem Schotterwerksbesitzer Gfrörer. Ab diesem Zeitpunkt wird die Burg über die Jahre umfassend restauriert, ein Zerfall wird so verhindert. Die unübersehbare, orangefarbene Jahreszahl 1250 ist übrigens gar keine Jahreszahl, sondern verweist auf das 1250-jährige Jubiläum der Burg, das vom 24. bis 26. Juni 2022 gefeiert wurde. Nach meiner ausgiebigen Rast schaue ich mir das Burggelände noch etwas genauer an und gehe dann zurück hinunter nach Fischingen.

Tipp

Leckere regionale Backwaren gibt es in der Backstube von Tilmann Schwind in Fischingen. Öffnungszeiten sind Dienstag bis Samstag, 6.30 bis 10 Uhr.

DETTINGER FELSEN, DETTINGEN

16

Gipfelkreuz mit genialer Aussicht

Hinkommen:
48°24'55.3"N 8°38'30.4"E

Mit dem Auto:
Parkplatz direkt an L 424 kurz vor Dettingen auf Höhe Sulzer Straße. Von dort direkt links am Waldrand und nach knapp 200 m rechts abbiegen. Dann nächste wieder rechts. Bei der folgenden Gabelung geradeaus bleiben (nicht links abbiegen). Nach Rechtsbogen links auf Pfad und diesem folgen (einmal den Hauptweg überqueren). **Vom Parkplatz zum Aussichtspunkt sind es 1,5 Kilometer.**

Mit ÖPNV:
Mit der Bahn nach Horb. Zu Fuß weiter und links auf Bahnhofplatz. Am Aldi vorbei und am Neckar entlang. Nächste Möglichkeit links (Unterführung) nach Isenburg. Am Forellengasthof Waldeck rechts vorbei. Nach Linksbogen wieder links und gleich rechts. Zweite Möglichkeit rechts. Dem Weg folgen Richtung Motocross-Strecke Betra. Danach rechts in Wald und geradeaus bis zum Dettinger Felsen. **Vom Bahnhof bis zum Aussichtsfelsen sind es 5,5 Kilometer.**

Tourbeschreibung:
Der Dettinger Fels ist ein 545 Meter hoher Aussichtspunkt in einem Wald und bietet auf einem freien Felsen fantastische Aussichten auf das Obere Neckartal und den Ort Dettingen. Auf einer Sitzbank lässt sich die Aussicht herrlich genießen.

Von der Burgruine Wehrstein gehe ich den leichten Anstieg wieder hinunter, durchquere den kleinen Ort Fischingen, überquere den Neckar und wandere erst einmal links neben der Bahnstrecke weiter Richtung Neckarhausen. Für rund zwei Kilometer geht's nun rechts am Waldrand in einem schönen schattigen Abschnitt immer weiter, bis ich kurz vor Neckarhausen rechts abbiege und den Neckar auf einer historischen Pfahljochbrücke aus dem Jahre 1257 überquere. Durch den wiederum kleinen Ort Neckarhausen, dessen auffallend große Kapelle durch ihre exponierte Lage auf einem kleinen Hügel besonders hervorsticht, gehe ich im Wald rechtsseitig leicht ansteigend oberhalb des Neckars auf dem ausgeschilderten Horber Kultur- und Heimatpfad weiter.

Nach rund 1,5 Kilometern biege ich kurz vor der Ortschaft Dettingen rechts auf einen schmalen, steilen Pfad und folge ihm in einem idyllischen Waldabschnitt bis hinauf zum Aussichtspunkt Dettinger Felsen. Auf einmal stehe ich oben auf einem ungesicherten Aussichtspunkt, der sogar mit einem Gipfelkreuz markiert ist. Ich setze mich auf eine Bank und genieße die weite, besonders schöne Aussicht hinunter auf den Ort Fischingen und das weite Neckartal bis nach Horb, meinem heutigen Zielort. Ich gehe wieder hinab Richtung Dettingen. Die letzten fünf Kilometer bis nach Horb sind ein gemütliches Wandern zwischen Neckar und Bahnstrecke. Vor mir wird die historische Stadt Horb immer größer und ich nehme so langsam Abschied von dem mir sehr lieb gewonnenen, imposanten Oberen Neckartal.

Tipp

Grillhütte oberhalb des Dettinger Felsens. Schöne, aussichtsreiche Picknickmöglichkeit auch für größere Gruppen.

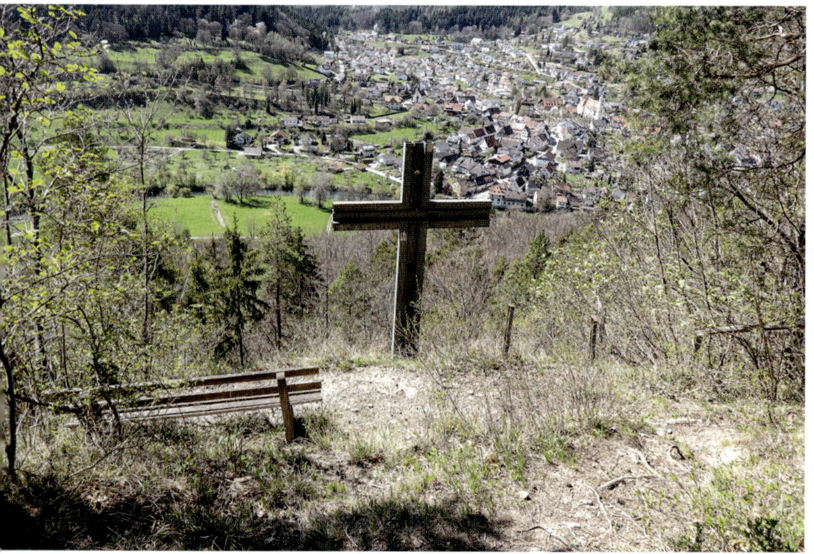

17

SCHÜTTETURM, HORB

Faszinierende Aussicht auf Horb und das Neckartal

Hinkommen:
48°26'43.9"N 8°40'54.3"E

Mit dem Auto:
Nach Horb. Parkmöglichkeiten auf P17 Flößerwasen. Zu Fuß weiter, Mühlkanal überqueren und auf Neckarstraße. Rechts auf Marktsteige und gleich links hoch zum Kakteengarten. Weiter auf Sommerhaldenweg und rechts auf Oberamteigasse. Am Finanzamt links zur Burg Hohenberg, dann rechts und wieder links. Panoramastraße überqueren und links auf den Weg zur Ottilienkapelle. **Vom Parkplatz zum Schütteturm sind es 800 Meter.**

Mit dem ÖPNV:
Mit Regionalzug nach Horb. Zu Fuß weiter auf Lindenstraße und Neckar überqueren. Dann links auf Schillerstraße und am Parkplatz P17 Flößerwasen vorbei. Von hier zu Fuß weiter wie oben. **Vom Bahnhof zum Schütteturm etwa 1 Kilometer.**

Tourbeschreibung:
Städtisches Flair im lebendigen Horb. Steiler Anstieg mit insgesamt gut 100 Höhenmetern von der Innenstadt hinauf zum Turm. Am Turm famose Aussicht auf Horb und Neckartal.

Zurzeit habe ich einen richtig guten Lauf. Das Wetter ist sehr stabil, trocken und sonnig. Es sind Osterferien, die Gesundheit macht mit und arbeitsmäßig ist es auch gerade eher ruhig. So nutze ich die Zeit und gehe nur zwei Tage später nach meiner letzten Wanderung von Sulz nach Horb weiter. Heute mit dem Ziel Eyach. Auf der einen Seite trauere ich dem lieb gewonnenen, schönen Oberen Neckartal nach, das ich heute verlasse, auf der anderen Seite freue ich mich aber, einen neuen Streckenabschnitt zu erkunden. Ab hier wird der Neckar aus einem kleinen Bach zu einem wesentlich bedeutenderen Fluss.

So mache ich mich in Horb auf und gehe hinauf zum Schütteturm, der vom Bahnhof aus bereits gut zu sehen ist. Neben der markanten Stiftskirche Heilig Kreuz sticht be-

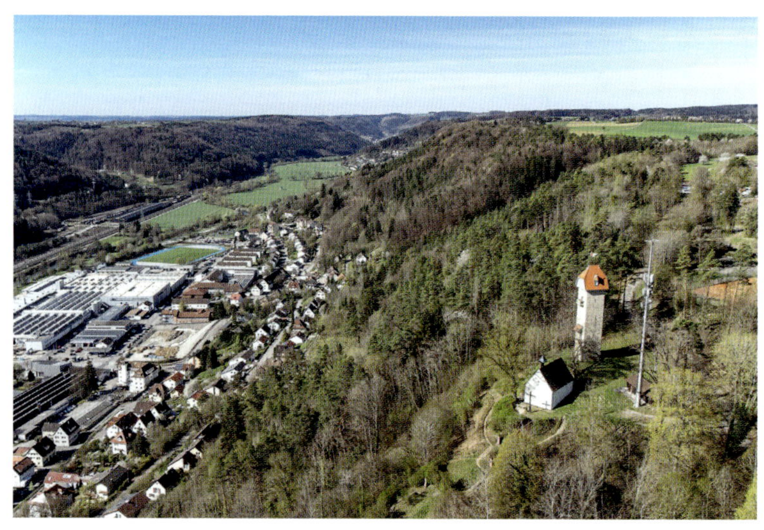

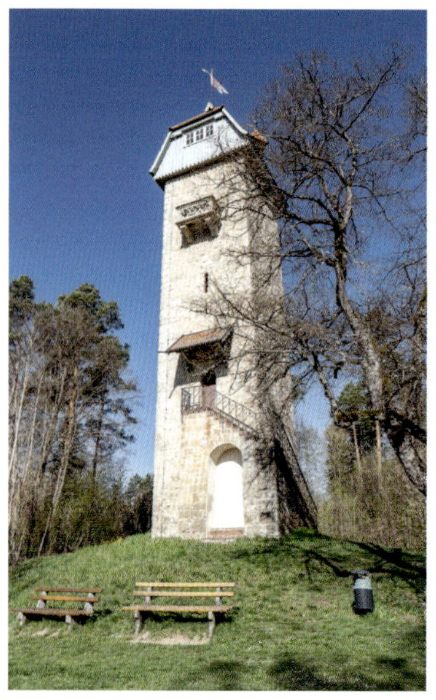

sonders dieser Turm im Stadtbild hervor. Über den Flößersteg überquere ich zweimal den Neckar, gehe dann gleich an der Neckarstraße rechts die Treppen hinauf, folge wenige Meter dem Sommerhaldenweg, um dann nach rechts noch einmal die Treppen zu erklimmen. An der Stiftskirche biege ich nach der Oberamteigasse links auf einen Pfad, überquere die Panoramastraße und erreiche einen äußerst einladenden Kreuzweg, der mich an den einzelnen Kreuzwegstationen vorbei auf Treppen hinauf zur Ottilienkapelle führt. Von hier aus erkenne ich auch schon mein übernächstes Highlight, den Ringmauerweg mit dem herausstechenden runden Wachtturm.

Ich steige aber die Treppen des Kreuzwegs weiter hinauf bis zu einer Lichtung, an der ich auf die Ottilienkapelle und den danebenstehenden Schütteturm stoße. Schon von hier habe ich eine tolle Aussicht auf Horb, doch ein paar Außenstufen des eckigen Turms bieten sich an, einen noch besseren Blick auf die Stadt und das Neckartal zu bekommen. Der Turm wurde zur Zeit der Städtekriege im 15. Jahrhundert erbaut und diente bis in das 19. Jahrhundert hinein als Wachtturm. Der Wächter kam nur von außen über eine Leiter an seinen Platz. Um sich zu schützen, zog er sie anschließend in den Turm zurück. Erst ab 1825 entstand als bequemerer Zugang eine steinerne Außentreppe. Im Jahr 1900 erfolgte die Erneuerung des baufälligen Turms als Aussichtsturm durch drei Horber Vereine. Ich verlasse den Schütteturm und die liebliche Lichtung und gehe bis zur Bußgasse wieder zurück Richtung Stiftskirche.

Tipp

Der Turm öffnet seine Tür am Tag des offenen Denkmals im September.

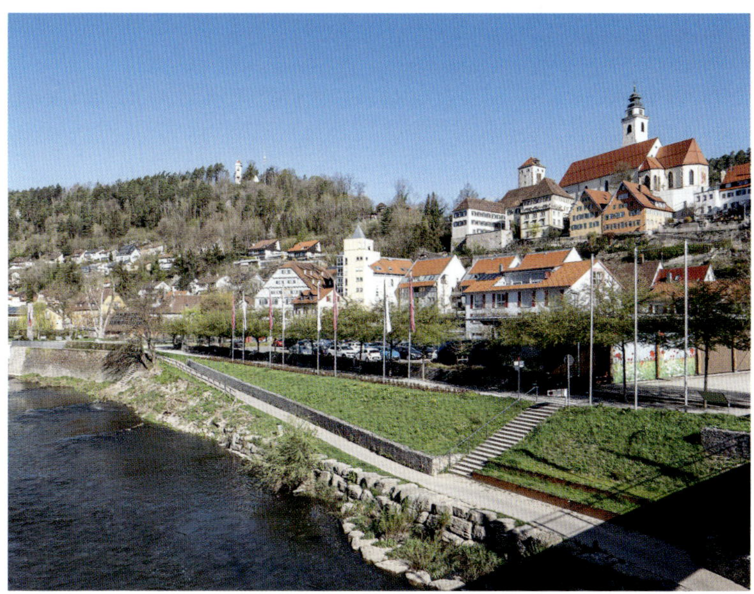

18

RINGMAUERWEG, HORB

Einer der schönsten Spaziergänge Horbs

Hinkommen:
48°26'48.7"N 8°41'11.0"E

Mit dem Auto:
Zielort Horb. Parkmöglichkeiten im P10 Parkhaus Marktplatz, Wintergasse 4. Zu Fuß zurück auf Wintergasse und weiter auf Bildechinger Steige. **Vom Parkplatz bis zum Beginn des Ringmauerwegs sind es 500 Meter.**

Mit dem ÖPNV:
Mit Regionalzug nach Horb. Zu Fuß weiter auf Lindenstraße und den Neckar überqueren. Dann rechts auf Neckarstraße und gleich links auf Weg (links an Porto Pizza vorbei). Weiter auf Burgstall und geradeaus auf Bildechinger Steige. Auf Höhe Weingasse links auf Ringmauerweg. **Vom Bahnhof bis zum Beginn des Ringmauerwegs sind es rund 800 Meter.**

Tourbeschreibung:
Städtisches Flair in Horb. Wild bewachsener, leicht ansteigender, aber bequemer und sehr idyllischer Ringmauerweg mit zahlreichen tollen Aussichten auf Horb. Der Ringmauerweg ist auch Teil des Rundwanderwegs „Durch die Horber Unterstadt". Weitere Informationen zum Ringmauerweg und dem Äußeren und Inneren Ringmauerturm: https://www.horb.de/de/Freizeit-Tourismus/Natur-Geschichte/Sehenswuerdigkeiten/Tuerme

Über den Kreuzweg gehe ich zurück Richtung Horb und blicke wieder hinüber zum kleinen, runden mittleren Ringmauerturm am gegenüberliegenden Kuglerhang. Er ist der besterhaltene Turm der Stadtbefestigung aus dem 15. Jahrhundert. Und jetzt erkenne ich auch ein Reiterbild und die Jahreszahl 1480, die an die Fertigstellung des Turmes erinnert.

Gleich werde ich direkt am Turm auf dem Ringmauerweg vorbeikommen. Hierfür überquere ich die Panoramastraße und biege wenig später nach links ab in die Bußgasse. Dieser folge ich, bis ich die imposanten Reste der Stadtmauer quere und unmittelbar danach rechts auf den Ringmauerweg gelange, einer der schönsten Spaziergänge Horbs. Der 440 Meter lange Weg ist ausgeschildert. Das Stadtbild mit den Mauerresten ist fotografisch sehr einladend und ich spiele mit vielen Perspektiven. Etwas oberhalb von Horb verläuft der historische Ringmauerweg auf einem breiten Schotterwiesenweg, der unheimlich romantisch leicht bergab führt und ich schaue immer wieder hinüber zur Horber Stiftskirche, bis ich dann viel zu schnell wieder am mittleren Ringmauerturm ankomme. Heute befindet sich darin ein wehrgeschichtliches Museum, das im Rahmen einer Führung besichtigt werden kann. Im Museum ist ein Modell der mittelalterlichen Stadt Horb zu sehen. Schautafeln geben Informationen

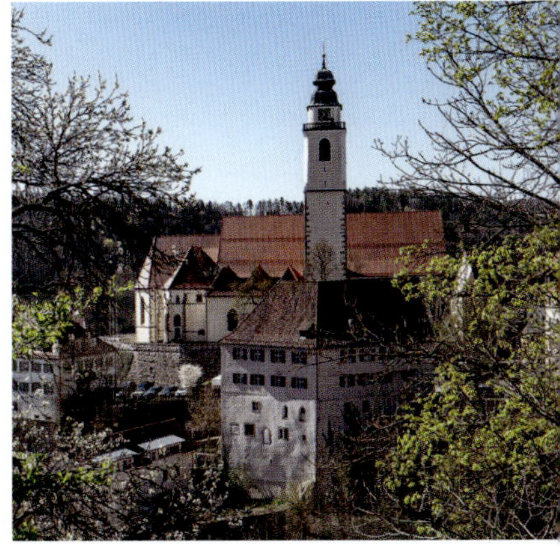

zu den Stadttoren und Wehranlagen der Stadtmauer. Auch die Türmerwohnung mit originalem Fußboden ist erhalten. Mit zur Museumsan-

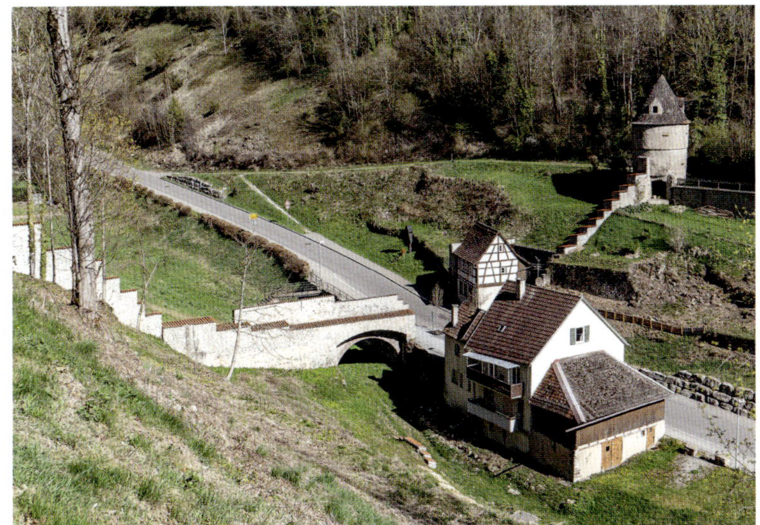

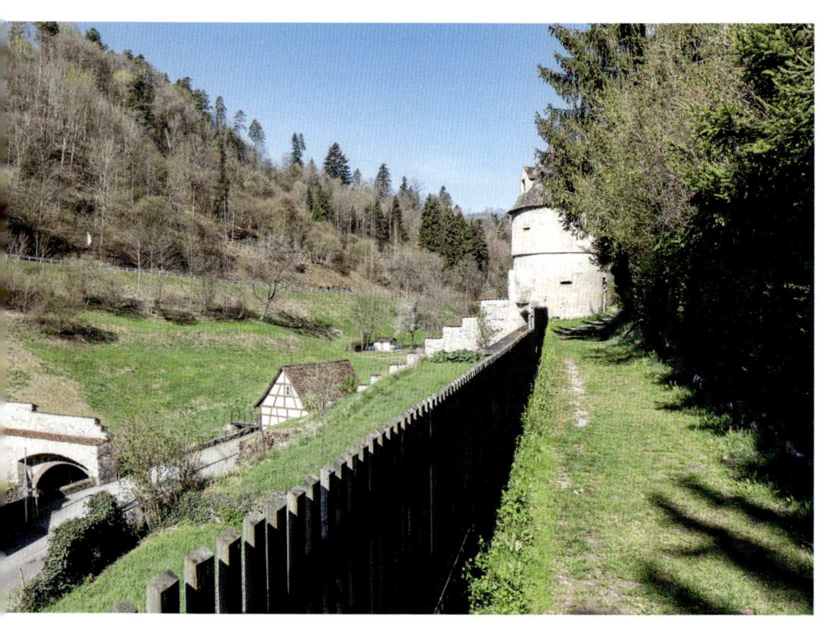

lage gehört auch ein ehemaliges Torwärterhäuschen an der Straße nach Altheim.

Ich lasse den mittleren Ringmauerturm hinter mir, genieße immer wieder freie Sichten auf Horb und wandere auf dem Ringmauerweg weiter zum Steinernen Geschichtsgarten.

Auf folgendem Link finden Sie weitere Informationen zum Ringmauerweg und dem Äußeren und Inneren Ringmauerturm: www.horb.de/de/Freizeit-Tourismus/Natur-Geschichte/Sehenswuerdigkeiten/Tuerme

Tipp

Wehrgeschichtliches Museum – Führung nach Vereinbarung, Tel. 07451/4205. Am Tag der offenen Turmtür, Mitte Mai, wird zum Abschluss der Führungen eine historische Hakenbüchse abgefeuert, die gegen Ende des 15. Jahrhunderts in den Wehrtürmen zur Verteidigung der Stadtmauer im Altheimer Tal zum Einsatz kam.

STEINERNER GESCHICHTSGARTEN, HORB

19

Ungewöhnliches Freilichtmuseum

Hinkommen:
48°26'53.3"N 8°41'35.8"E

Mit dem Auto:
Zielort Horb. In Horb auf Höhe Neckarstraße (B 14)/Stuttgarter Straße auf Gutermannstraße abbiegen, dann rechts auf Bildechinger Steige. Nach Weingasse wenig später rechts auf Kreuzerstraße. Parkmöglichkeiten im Linksbogen des Straßenverlaufs. **Zu Fuß 100 Meter weiter auf dem Pfad durch einen Wald bis zum Steinernen Geschichtsgarten.**

Mit dem ÖPNV:
Mit Regionalzug nach Horb. Dann zu Fuß rechts auf Bahnhofplatz. Bahnhofplatz folgen und Neckar überqueren. Weiter auf Neckarstraße (B 14). Nach Gutermannstraße links auf Weg und rechts auf Weingasse. Am Wohngebietsende nach links. Dann scharf links. **Vom Bahnhof zum Steinernen Geschichtsgarten sind es 1,2 Kilometer.**

Tourbeschreibung:
Städtisches Flair in Horb. Der Steinerne Geschichtsgarten ist eine kulturhistorische Besonderheit und bietet eine schöne Aussicht auf Horb und das Neckartal.

Nach einem scharfen Linksbogen verlasse ich den historischen Ringmauerweg und gehe nur ein paar wenige Schritte an der Bildechinger Straße entlang, bis ich an einen Wegweiser stoße, der mir mein nächstes Ziel ankündigt: den Steinernen Geschichtsgarten von Horb. Ein schmaler Pfad führt mich über einen kurzen, steilen Anstieg hinauf zur Kreuzerstraße, an der ich kurz den Wald verlasse und scharf rechts abbiege, um dann gleich wieder in den Wald hineinzugehen. Nach wenigen Metern öffnet sich der Wald jedoch wieder und ich stehe auf einer Lichtung, an der sich ein ganz ungewöhnliches Freilichtmuseum befindet.

Hier oben auf dem Kreuzkapellenberg, einem der Horber „Hausberge", stehen zahlreiche histo-

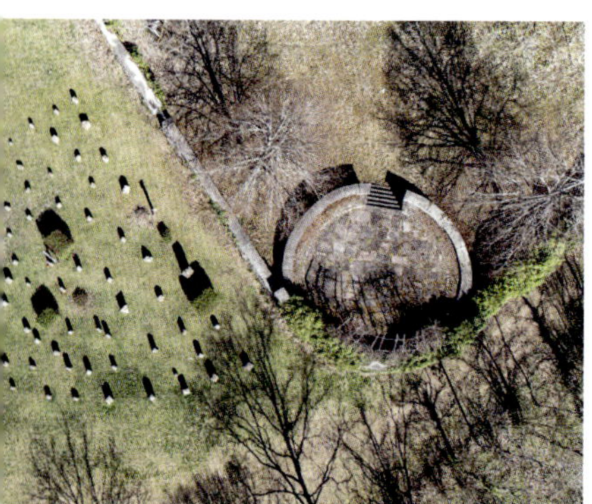

rische Steine in Reih und Glied aufgestellt und erinnern eindrücklich an die historische Vergangenheit von Horb. Seit 1979 wurden über 80 steinerne Geschichtszeugen zusammengetragen. Die Kleindenkmale sind mit ihren Gravuren sichtbare, spannende Heimatgeschichte: sie erzählen von Grenzverläufen, erinnern aber auch an Unglücke, Kriege, Hungersnöte, Morde oder Hinrichtungen. Kurze Infos zu jedem Stein gibt es auf der Internetseite der Stadt Horb.

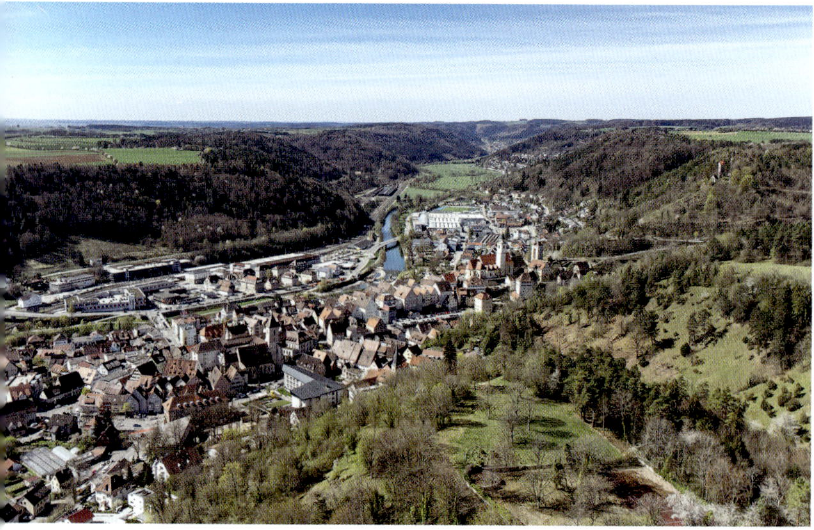

Die Lichtung verspricht mir weiter vorne noch eine fantastische Sicht auf Horb und das weite Neckartal. Ich blicke zurück in die Richtung, aus der ich vor zwei Tagen gekommen bin. Eine Tafel auf einem Gedenkstein erinnert an die Kreuzkapelle, die hier früher einmal stand. Das Ensemble ist mit dem nahe gelegenen Aussichtspunkt ein sehr idealer Standort für dieses wirklich besondere Freilichtmuseum. Ich gehe auf der rechten Seite des Steinernen Geschichtsgartens weiter, passiere einen Wasserturm, an dem ich rechts abbiege, und steige einen Pfad hinab, von dem ich am gegenüberliegenden Hang bereits mein nächstes Highlight erkenne, den beliebten Biergarten Rauschbart.

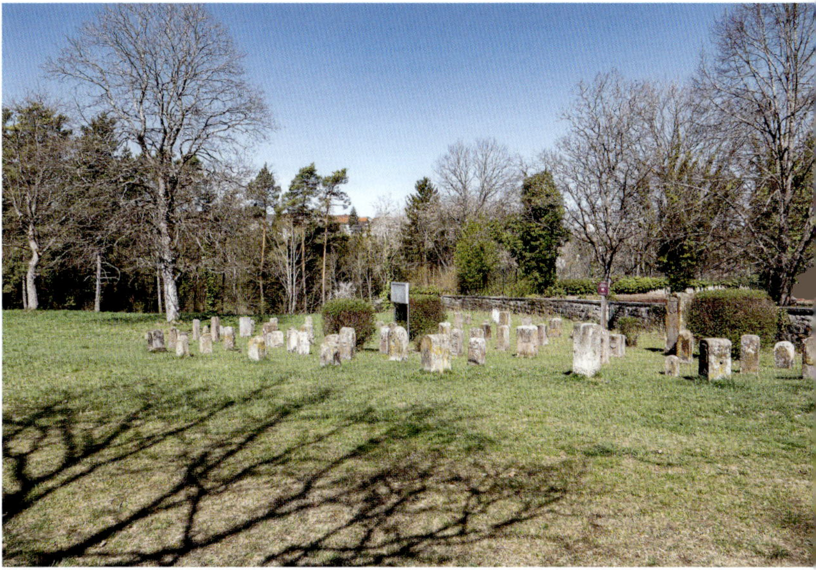

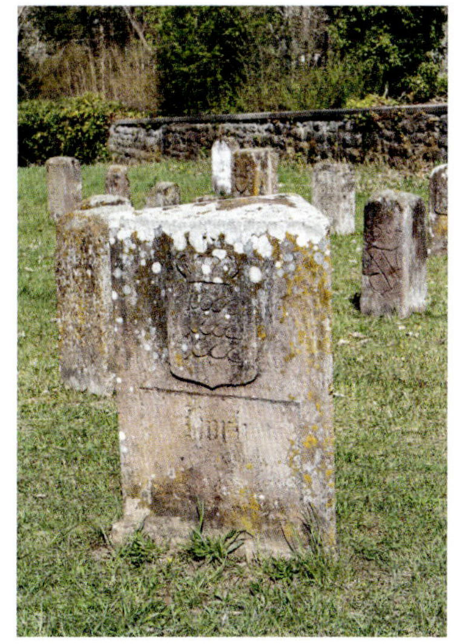

Tipp

Führungen durch den Steinernen Geschichtsgarten können bei der Stadt Horb angefragt werden:
Tel. 07451/901200, stadtinfo@horb.de.

20 BIERGARTEN RAUSCHBART, BEI HORB

Aussichtsreich genießen unter Linden und Eichen

Hinkommen:
48°27'02.7"N 8°42'13.8"E

Mit dem Auto:
Zielort Horb. In Horb rechts auf Neckarstraße (B 14). Der B 14 folgen bis Parkplatz. Von dort zu Fuß rechts auf ausgeschriebenen Wanderweg. **Vom Wanderparkplatz bis zum Rauschbart sind es nur 100 Meter.**

Mit dem ÖPNV:
Mit Regionalzug nach Horb. Dann zu Fuß rechts auf Bahnhofplatz. Bahnhofplatz folgen und Neckar überqueren. Weiter auf Neckarstraße (B 14) und rechts auf Mühlener Straße. Dann links auf Starzelbachweg, vorbei am Friedhof. **Vom Bahnhof bis zum Biergarten sind es 2,2 Kilometer.**

Tourbeschreibung:
Der Biergarten befindet sich in einem Naturschutzgebiet und liegt schön schattig mit imposanter Aussicht auf Horb und in das Neckartal. Daher ist er nahezu autofrei, ist aber über Wanderwege oder mit dem Fahrrad beziehungsweise dem E-Bike erreichbar. Für letzteres gibt es kostenlose Ladestationen. Auf einem angrenzenden Spielplatz mit Sandkasten, Rutsche, Wippe und der beliebten Bierkistenrutsche können sich die kleinen Gäste austoben.

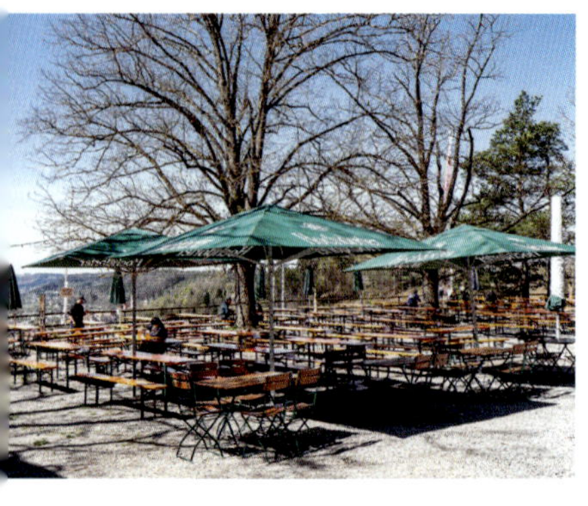

Direkt im Anschluss an den steilen Abhang kurz nach dem Steinernen Geschichtsgarten überquere ich sowohl die Stuttgarter Straße als auch einen direkt angrenzenden großen Parkplatz, der vor allem für die Besucher meines nächsten Highlights gedacht ist: der beliebte Biergarten Rauschbart. Wegweiser bringen mich über einen kurzen, steilen Anstieg direkt hoch zum aussichtsreichen, herrlich ge-

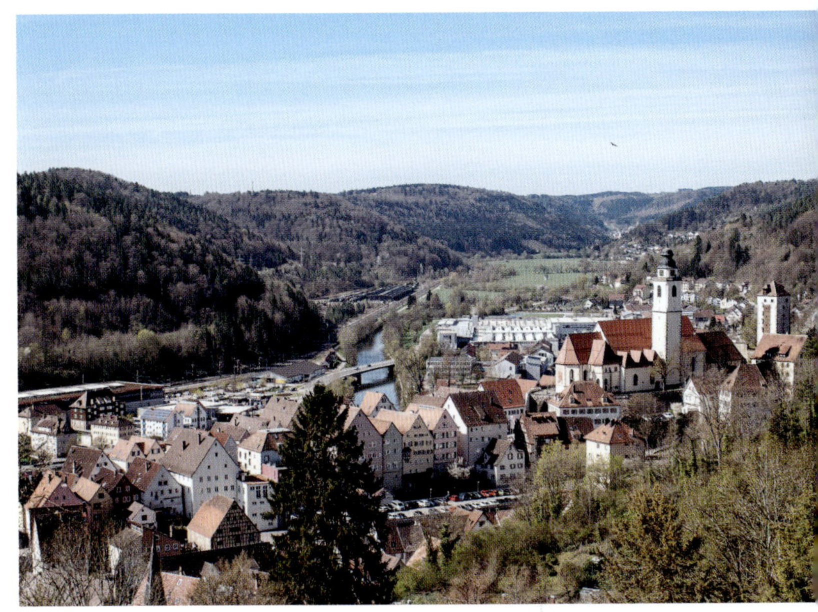

legenen Biergarten. Heute habe ich zwar noch nicht viel Strecke gemacht, aber der Biergarten ist bereits mein viertes Highlight, sodass ich beschließe, mich hier bei dieser gigantischen Aussicht auf das Neckartal und Horb mit einer Currywurst zu stärken. Es ist schließlich auch schon halb zwölf! Natürlich suche ich mir auch ein Plätzchen ganz vorne an der Aussichtsplattform, um meine Mahlzeit genießen zu können. Der große Ansturm an Gästen kommt wohl erst später, sodass ich mehr oder weniger freie Platzwahl habe. Während ich die wunderbare Aussicht genieße, schaue ich auf eine große Baustelle direkt vor mir und bin gespannt, wie die geplante zukünftige Autobrücke die Sicht beeinflussen wird.

Nach einer ausgiebigen Pause setze ich meine Wanderung fort und gehe wieder hinunter zum Neckar, um weiter nach Rottenburg zu gelangen.

Tipp

Weitere Informationen zu Öffnungszeiten und zur Speisekarte: https://rauschbart.de

21 NECKARTALBRÜCKE, BEI HORB

Überbrückung eines wunderschönen Tals

Hinkommen:
48°26'44.0"N 8°45'44.4"E

Mit dem Auto:
A81, Parkplatz Neckarblick.

Mit dem ÖPNV:
Mit der Bahn nach Eyach. Ab hier bieten sich einige Spaziergänge rund um die Brücke an.

Tourbeschreibung:
Überwiegend Laubwald und freie Sichten auf die Brücke.
Meist breite Wanderwege.

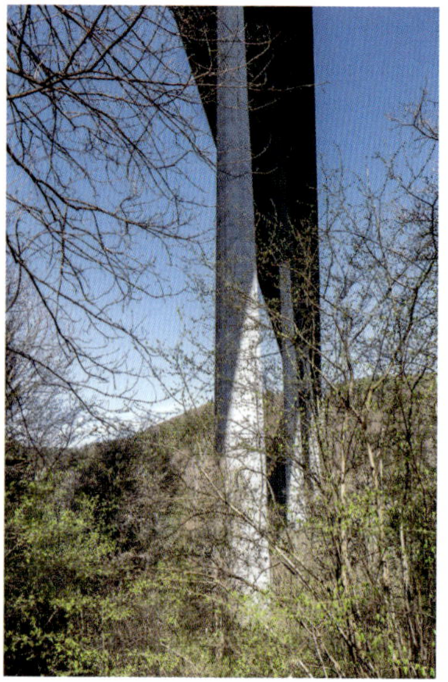

Gut gestärkt geht es vom Rauschbart wieder hinab, und ich folge rechts einem steilen Pfad hinunter ins Tal. Der Pfad mündet etwas später auf einen breiteren Wanderweg, den Jakobsweg. Ich biege aber gleich danach rechts auf einen schmalen Pfad, der mich zurück ins Tal führt – direkt an eine Unterführung der Bahnstrecke. Ich unterquere sowohl die Bahn als auch die Mühlener Straße sowie wenig später auch den Neckar. Hier folgen meine Blicke dem Verlauf des Flusses bis hoch zum Schütteturm, bei dem ich heute schon war.
Nach meinen verschiedenen Highlights gleich zu Beginn der Etappe kann ich nun wieder „richtig"

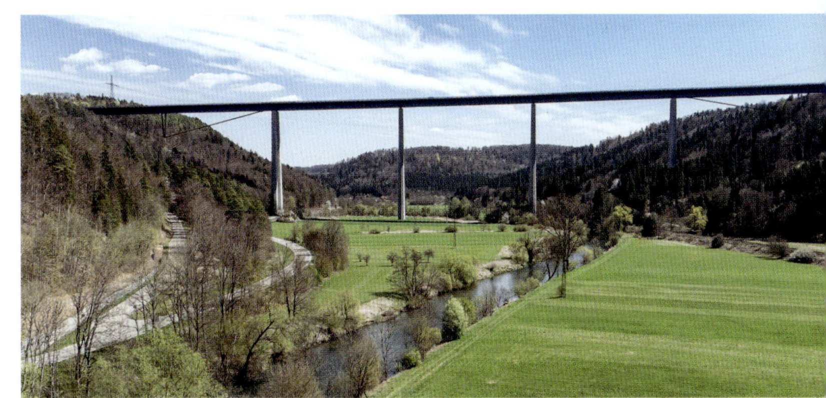

Strecke machen. So geht es für rund fünf Kilometer einfach nur geradeaus, stets auf der rechten Seite der Bahnstrecke nach Tübingen. Vom Neckar bekomme ich auf diesem Streckenabschnitt nicht viel mit, weil er sich auf der linken Seite der Bahnlinie befindet. Dadurch wird das Wandern aber auch mal meditativ, Schritt für Schritt geht es gemächlich voran, bis ich aus einem kleinen Waldstück herauskomme und die imposante Neckartalbrücke vor mir auftaucht. Auf den nächsten Schritten ist sie für mich ein wahrer Blickfang, der immer größer und noch beeindruckender wird, je mehr ich mich dem Bauwerk nähere, indem ich unmittelbar an der Bahnstrecke auf einem geteerten Fußweg entlang marschiere. Kurz vor der Brücke ermöglicht mir ein Bahnübergang zum Ufer des Neckars zu gelangen, sodass ich das reizvolle Thema Natur und Technik wunderbar in einem Bild einfangen kann. Selbst ein Drohnenflug ist hier möglich.

Nach einer etwas längeren Fotopause unterquere ich nun direkt die Brücke und strecke meinen Kopf immer wieder nach oben, um diese imposante Architektur zu bewundern. Wenig später erreiche ich meinen Zielort Eyach, und ich nehme die Bahn zurück nach Horb, um von dort nach Stuttgart weiterzufahren.

Tipp

Jüdischer Friedhof bei Mühlen, Egelstaler Weg 5. Der Friedhof ist geschlossen, bei der Stadtverwaltung Mühlen kann man aber nach dem Schlüssel fragen, Tel. 07451/2405.

22 SCHLOSS WEITENBURG, STARZACH

Majestätisch schön über dem jungen Neckar

Hinkommen:
48°26'56.1"N 8°49'17.2"E

Mit dem Auto:
Zielort Börstingen. Auf Höhe Horber Straße/Rottenburger Straße auf Weitenburger Straße. Nach dem Waldstück rechts. Parkmöglichkeiten direkt am Schloss.

Mit dem ÖPNV:
Mit RB, IRE oder HZL nach Eyach. Dort weiter zu Fuß auf „Am Hauptbahnhof" Richtung Börstingen. Links halten und am Autohaus Börstingen vorbei. Folgen auf Lohmühle und links abbiegen. Direkt nach Überquerung des Neckars rechts auf Neckar-Natur-Weg und immer am Neckar entlang. Dann links abbiegen und L 370 überqueren. Dem Pfad folgen und bei nächster Möglichkeit rechts, dann wieder rechts und kurz darauf links. **Vom Bahnhof bis zum Schloss sind es 4 Kilometer.**

Tourbeschreibung:
Erlebnisreich am Neckar im Neckartal entlang. Das Schloss ist ein sehr schöner Verweilort mit wunderbaren Blicken hinab ins Neckartal.

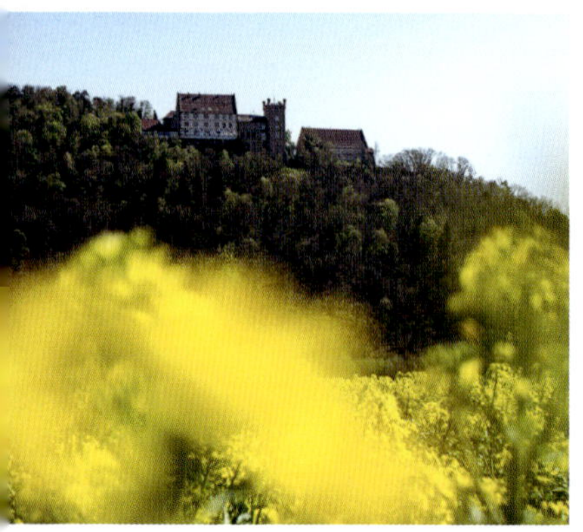

Nach dem zuletzt guten Lauf mit einigen Etappen am Stück vergehen knapp zwei Wochen, bis ich Ende April wieder weiter wandere. Heute geht es gut 18 Kilometer von Eyach zur römisch-katholischen Diözese Rottenburg. Ich fahre mit dem Zug von Stuttgart nach Horb, steige dort um in den regionalen Zug nach Rottenburg und beginne in Eyach meine Wanderung. Der Frühling ist nun eindeutig gekommen, auch wenn noch nicht alle Bäume Grün

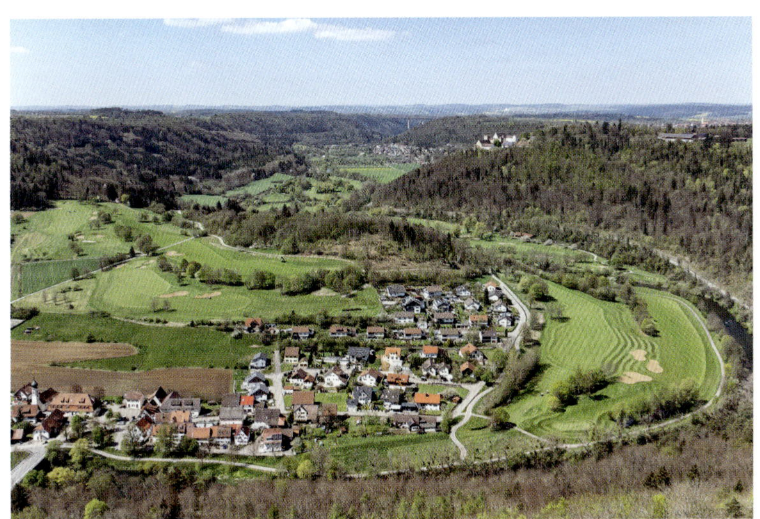

tragen. Aber die Wiesen sind schon sehr saftig, Pflanzen haben vermehrt Knospen und blühen auch schon. Es ist angenehm warm. Ich freu mich, den Wechsel der Jahreszeiten so intensiv erleben zu können – immerhin habe ich meine Neckarwanderung im Schnee begonnen.

Ich wandere ein paar Meter rechts von der Bahnstrecke nach Rottenburg entlang, bis ich nach knapp 1,5 Kilometern die Bahn und auf einer Brücke den Neckar überquere. Der Neckarverlauf führt meine Blicke bis hin zum Schloss Weitenburg, das gut sichtbar oben auf einem Hang thront. Auf der linken Neckarseite wandere ich auf einer weiten Wiese, vorbei an einigen Infotafeln des Neckar-Natur-Weges, ein ausgeschilderter Rundweg zwischen den Orten Starzach und Börstingen. Hier lasse ich auch meine Drohne wieder starten, ganz knapp fliegt sie über ein blühendes, gelbes Rapsfeld, startet dann nach oben und nimmt Kurs auf Schloss Weitenburg. Auch durch die blühenden Bäume lässt sich mein nächstes Highlight hier schon wunderbar fotografisch einfangen. Ich überquere die Rottenburger Straße und ein schmaler Pfad führt mich hinauf zum modern wirkenden Schloss, obwohl es bereits im Jahre 1062 das erste Mal urkundlich erwähnt wurde.

Bis zum 18. Jahrhundert war das Schloss eine Burg und ist erst dann

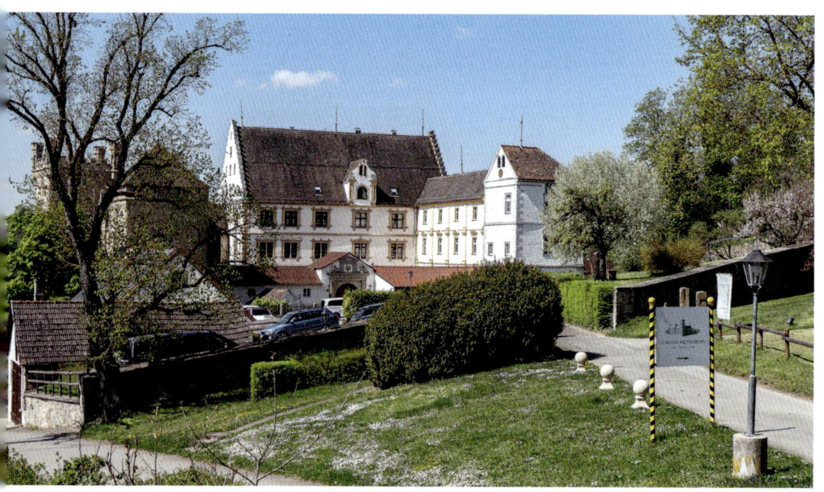

zu einem Wohnschloss geworden, welches heute in neunter Generation in Familienbesitz ist. Im charmanten Hotel kann man sich stilvoll verwöhnen lassen. Die gehobene Restaurantküche, nicht nur für Hotelgäste, wartet mit regionalen Spezialitäten, Wild aus eigener Jagd auf. Vor allem der Schlosspark erstrahlt seit dem 300-jährigem Jubiläum im Jahr 2020 in neuem Glanz – er wurde nach alten Plänen wieder liebevoll angelegt. Große Wasserbecken, Wege, Bänke und Illuminationen sowie herrliche Ausblicke über das Neckartal laden zum Flanieren ein. Auf dem ausgeschilderten Neckarweg geht es nun weiter Richtung Rottenburg und ich kann immer wieder Blicke nach unten ins Tal und auf den Neckar genießen.

Tipp

Im Schlosspark kann man ein Picknick mit dreierlei Sandwiches, einer hausgemachten Tarte und frischem Obst mit Sekt, Saft und Mineralwasser buchen. Kosten 25 Euro pro Person.

Im besonderen Angebot ist auch ein stilvoller Afternoon Tea: ein Glas Sekt, ein Kännchen frisch aufgebrühter Tee aus dem reichhaltigen Teesortiment, zwei Scones mit verschiedenen Fruchtmarmeladen, Butter und Crème double, ein Muffin und ein Schokoladen-Eclair sowie dreierlei Fingersandwiches. Kosten 29 Euro pro Person. Anmeldung unter www.schloss-weitenburg.de bis spätestens am Vortag.

KURPARK BAD NIEDERNAU

Ein stillgelegter Kurort

23

Hinkommen:
48°27'02.4"N 8°54'21.3"E

Mit dem Auto:
Zielort Bad Niedernau. In Bad Niedernau auf Höhe Obernauer Straße/Niedere-Au-Straße auf Bachstraße (rechts vom Katzenbach). Weiter auf Bachstraße und links auf Wanderparkplatz. Der Kurpark grenzt direkt an.

Mit dem ÖPNV:
Mit der Bahn nach Bad Niedernau. Auf Bahnallee den Neckar überqueren, rechts auf Niedere-Au-Straße, dann links auf Kanalstraße. Wieder links auf Badstraße und immer geradeaus bis zum Kurpark. **Vom Bahnhof bis zum Kurpark sind es 1,5 Kilometer.**

Tourbeschreibung:
Ruhige und weite, idyllische Parkanlage mit Teichanlage und natürlichem Bachlauf.

Von Schloss Weitenburg geht es entlang des ausgeschilderten Neckarwegs für einige Zeit in einem lang gezogenen Rechtsknick gemütlich durch den Wald – auch hier kann ich in einer kleinen Lichtung meine Drohne starten lassen. Aus der Luft mache ich einen Schwenk, der den Verlauf des Neckars von Schloss Weitenburg bis fast nach Rottenburg zeigt. Während des Wanderns gibt es immer wieder reizvolle Blicke hinab ins Neckartal, das hier aber nun endgültig endet. Der Wald lichtet sich immer mehr, und ich gehe an privaten, wunderschön angelegten Gartenanlagen hinunter Richtung Bieringen, über-

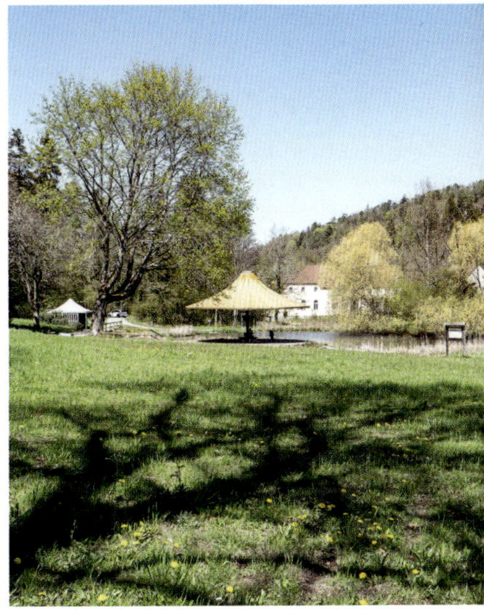

quere dort den Neckar und wandere nun für einige Zeit rechts direkt an der Bahnstrecke Richtung Rottenburg zum Kurort Bad Niedernau.

Der Kurpark liegt direkt am Neckarweg und ist eine öffentliche Parkanlage beim ehemaligen Kurhaus, landschaftlich sehr reizvoll am Eingang zum Katzenbachtal eingebettet. Die Kurklinik ist jedoch nicht mehr in Betrieb, sodass der einstige Kurpark von den Bad Niedernauern heute einfach „nur" als beliebtes Naherholungsgebiet genutzt wird. Ich nehme mir Zeit, diesen Ort genauer anzuschauen. An einer Teichanlage, die direkt am Eingang des Parks liegt, verbringe ich viel Zeit mit Fotografieren. Ein Pavillon mit einem auffallend orangefarbenen Dach direkt neben dem Teich scheint wohl ein besonderer Ort im weiten Park gewesen zu sein. Bei meinem Spaziergang durch die Parkanlage faszinieren mich vor allem die großen, alten Bäume, die in dieser Jahreszeit unheimlich imposante Schatten werfen. Mein kleiner Rundgang durch den Park bringt mich noch am plätschernden Katzenbach vorbei, ehe ich meine Wanderung auf dem Neckarweg fortsetze. Mein weiterer Weg führt mich angenehm im Wald leicht steigend bergan und ich

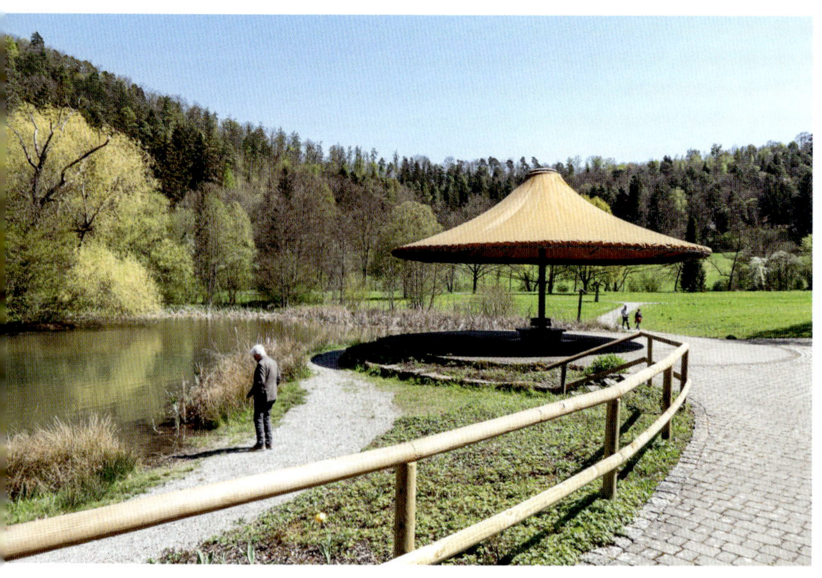

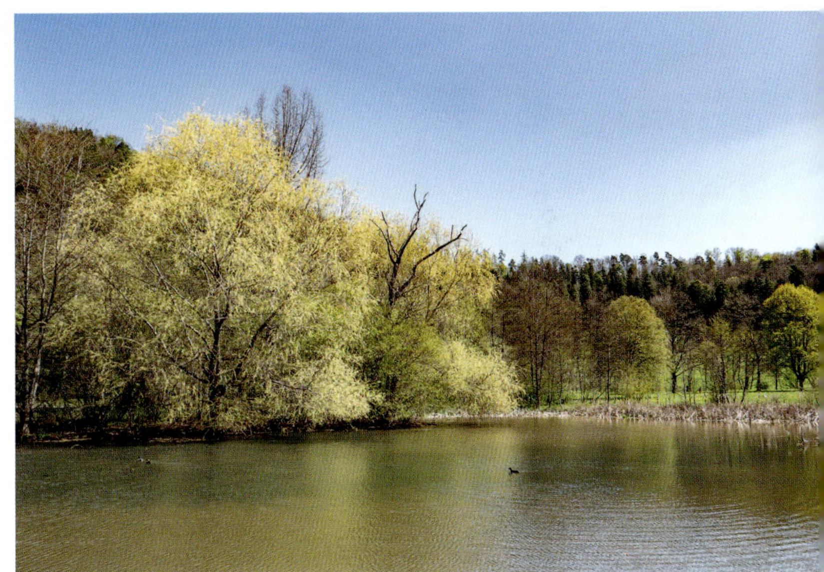

bekomme ganz fantastische Blicke auf Rottenburg und den Neckar, der nun zu einem „richtigen" Fluss geworden ist. Im Hintergrund ist die Wurmlinger Kapelle zu erkennen, die auf einem markanten, zylindrischen Hügel thront. Dahinter liegt der Naturpark Schönbuch. Hier hört das Obere Neckartal auf, ein neuer Streckenabschnitt beginnt. Der Bach wird zu einem ordentlichen Fluss und bietet einige Naherholungsgebiete. Ich stelle mit Freuden fest, dass ich mich meiner Heimatstadt Stuttgart immer mehr nähere.

Tipp

Auf der Sieben-Täler-Runde (Rundweg), ein ausgewiesener, rund 6 Kilometer langer Premiumwanderweg, gibt es viel zu entdecken. Sei es die Römerquelle, die Wolfsschlucht, die Sieben-Täler-Höhle, das Katzenbachtal oder weite Aussichten. Und stärken kann man sich mittwochs, freitags und samstags von 16 bis 21 Uhr sowie sonntags von 10 bis 20 Uhr im Schützenhaus mit schwäbischer und junger deutscher Küche. Bachstraße 105, 72108 Rottenburg am Neckar.

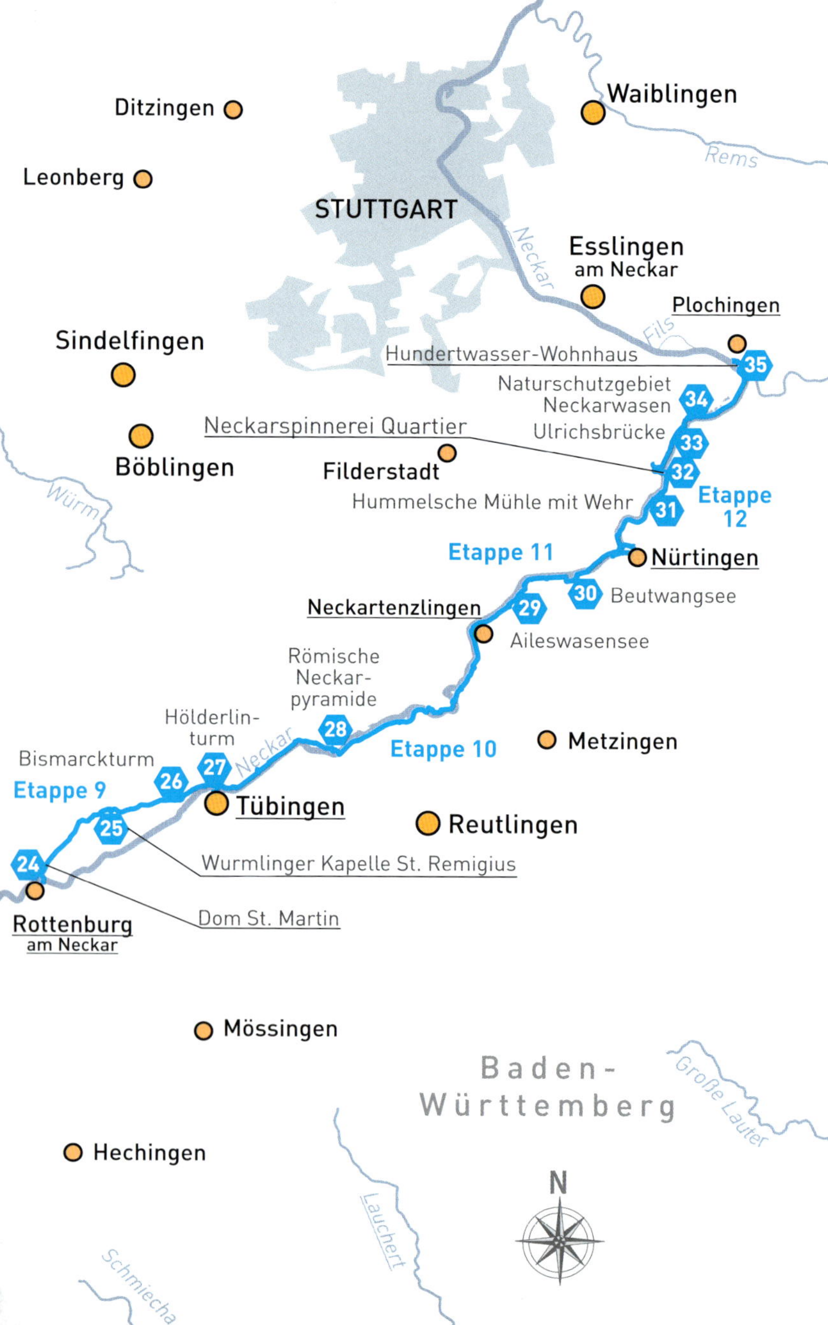

Ditzingen
Waiblingen
Rems
Leonberg
STUTTGART
Neckar
Esslingen am Neckar
Plochingen
Fils
Sindelfingen
Hundertwasser-Wohnhaus
35
Naturschutzgebiet Neckarwasen
34
Neckarspinnerei Quartier
Ulrichsbrücke
33
Böblingen
Filderstadt
32
Würm
Hummelsche Mühle mit Wehr
31
Etappe 12
Etappe 11
Nürtingen
30
Beutwangsee
Neckartenzlingen
29
Aileswasensee
Römische Neckar-pyramide
Hölderlin-turm
28
Neckar
Etappe 10
Metzingen
Bismarckturm
27
26
Etappe 9
Tübingen
Reutlingen
25
Wurmlinger Kapelle St. Remigius
24
Dom St. Martin
Rottenburg am Neckar
Mössingen
Baden-Württemberg
Große Lauter
Hechingen
N
Lauchert
Schmiecha

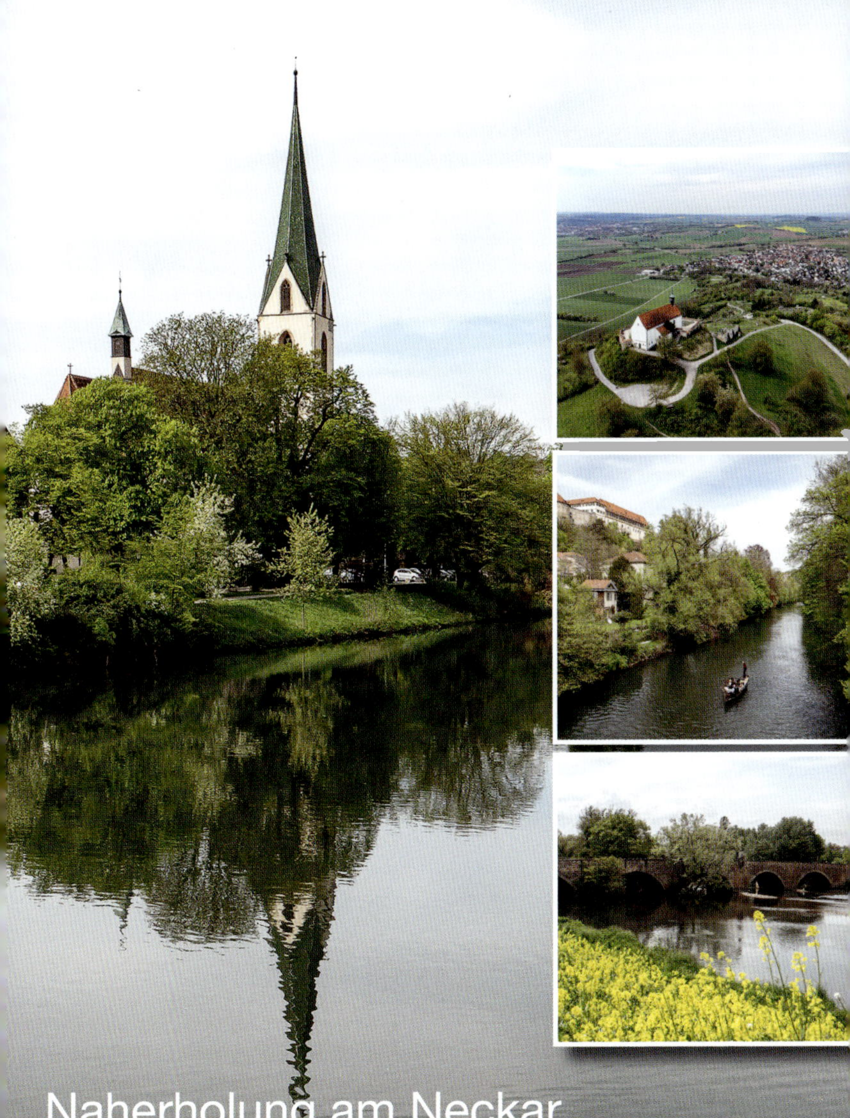

Naherholung am Neckar

Rottenburg – Plochingen

24

DOM ST. MARTIN, ROTTENBURG

Wahrzeichen der Römer- und Bischofsstadt

Hinkommen:
48°28'39.3"N 8°56'04.3"E

Mit dem Auto:
Zielort Rottenburg, Marktplatz 3. In Rottenburg Richtung Diözese Rottenburg (Eugen-Bolz-Platz 1). Am Kreisverkehr auf Eugen-Bolz-Platz und weiter auf Sprollstraße. Den Neckar überqueren und am Kreisverkehr dritte Ausfahrt auf Tübinger Straße. Weiter auf Ehinger Straße und rechts auf Königstraße. Neckar wieder überqueren und am Kreisverkehr weiter auf Königstraße (zweite Ausfahrt). Links auf „Schütte". Parkmöglichkeiten im Parkhaus Schütte. Zu Fuß weiter über Königstraße Richtung Dom.
Vom Parkhaus bis zum Dom sind es 300 Meter.

Mit dem ÖPNV:
Mit der Bahn nach Rottenburg. Weiter auf Bahnhofstraße, den Neckar überqueren und auf Bahnhofstraße bleiben. Geradeaus auf Marktstraße bis zum Dom. **Vom Bahnhof bis zum Dom sind es rund 600 Meter.**

Tourbeschreibung:
Römer- und Bischofsstadt Rottenburg. Lebendige und malerische Innenstadt mit schönen Fachwerk-Ensembles. Reizvolle Lage direkt am Neckar.

Heute beginne ich einen neuen Streckenabschnitt und freue mich darauf, die vielen Naherholungsgebiete am Neckar zu erkunden. Mit nur knapp 14 Kilometern ist die neunte Etappe von Rottenburg nach Tübingen relativ kurz. Unglaublich, wie weit ich schon von der Quelle entfernt bin. Außerdem fahre ich heute das erste Mal nicht mehr mit der Gäubahn bis ins Neckartal Richtung Singen, sondern ich nehme die Zugverbindung über Esslingen, Nürtingen und Tübingen, bewege mich also in der Region Neckar-Alb. Somit lerne ich einen neuen Streckenabschnitt kennen und kann mir auf der Hinfahrt zum Etappenstart ein Bild meiner künftigen Wanderungen machen, da ich mit der Bahn annähernd dem Neckarverlauf bis zu meinem Ausgangspunkt Rottenburg folgen werde.

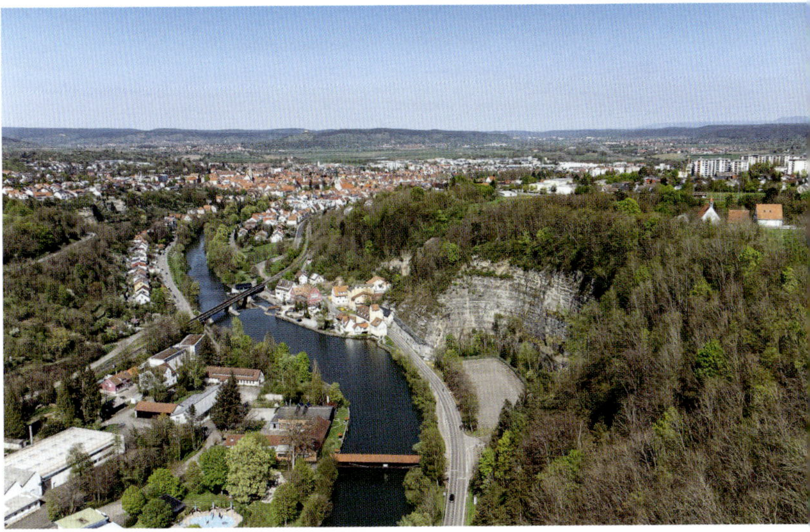

In Rottenburg steige ich aus dem Zug, überquere nach nur wenigen Metern den Neckar, der nun zu einem richtig breiten Fluss geworden ist, und bestaune die vielen Spiegelungen im ruhigen Wasser. Ich gehe weiter und folge der Bahnhofstraße sowie der Marktstraße, ehe ich das Highlight der Römer- und Bischofsstadt bestaune, den Dom St. Martin, der direkt am Marktplatz steht. Der Dom ist äußerst fotogen und es bieten sich viele verschiedene Perspektiven an, um spannende Fotos zu machen. Gerade durch die Schaufenster der anliegenden Geschäfte auf dem Marktplatz ergeben sich reizvolle Spiegelungen. Im Anschluss

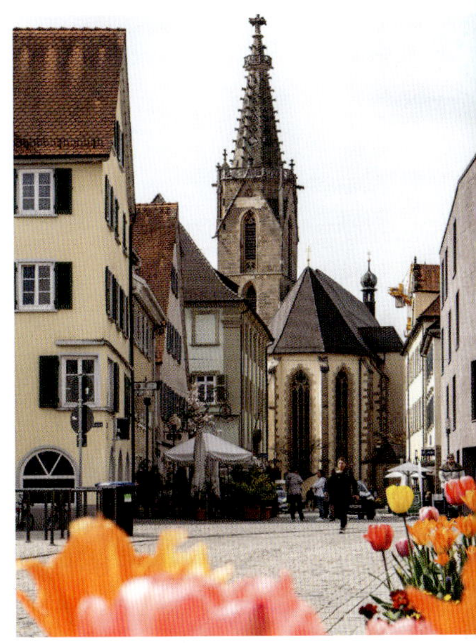

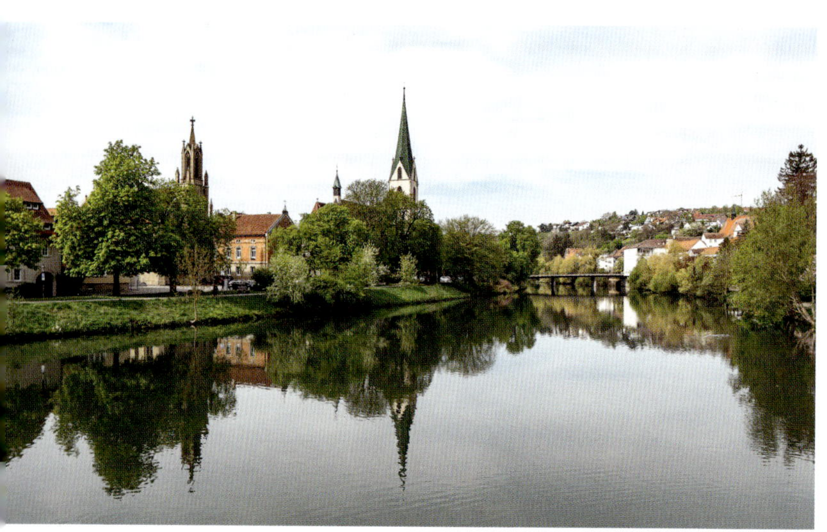

an die kleine Fotosession gehe ich in den Dom, dessen Geschichte im Jahre 1280 als frühgotische Liebfrauenkapelle begann. Im Jahre 1424 wurde dann mit dem Bau der dreischiffigen Basilika begonnen, deren 58 Meter hohe Turm wurde 1491 fertiggestellt. Nach einem Stadtbrand 1644 wurde die Kirche in barockisierter Form wieder aufgebaut. Das Ungewöhnliche an diesem Dom ist der unregelmäßige Grundriss durch den anliegenden Straßenverlauf. So ragt der Sockel des romanischen Turms trotz des grundlegenden Wiederaufbaus bis heute in den Chor der Kirche hinein. Auf dem ausgeschilderten Neckarweg gehe ich weiter Richtung Tübingen, vorbei am wiederum sehenswerten Bischöflichen Ordinariat, das am Rande der Stadt liegt. Spannend zu sehen, wie hier ein moderner Anbau mit dem Palais-Altbau harmoniert.

Tipp

Das Diözesanmuseum Rottenburg zeigt eine umfangreiche Sammlung herausragender und einzigartiger Zeugnisse aus verschiedenen Jahrhunderten. Im Zusammenspiel mit begleitenden, wechselnden Kunstausstellungen versteht es sich als „Ort der Begegnung“ und des lebendigen Austauschs. Karmeliterstraße 9, 72108 Rottenburg am Neckar. Öffnungszeiten und weitere Infos unter www.dioezesanmuseum-rottenburg.de.

KAPELLE ST. REMIGIUS, WURMLINGEN

25

„Droben stehet die Kapelle, schauet still hinab ins Tal."

Hinkommen:
48°30'25.0"N 8°59'01.3"E

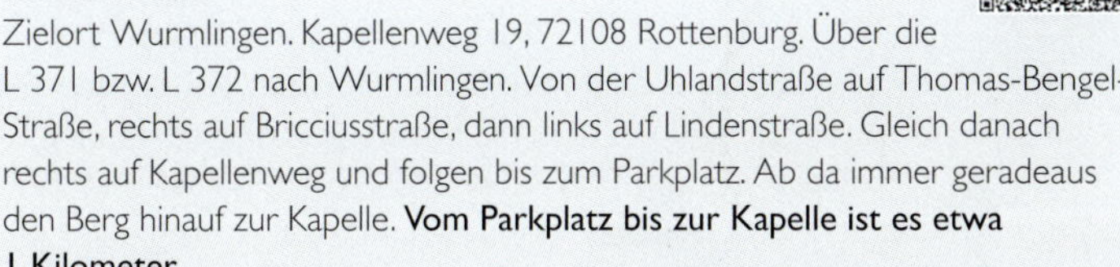

Mit dem Auto:
Zielort Wurmlingen. Kapellenweg 19, 72108 Rottenburg. Über die L 371 bzw. L 372 nach Wurmlingen. Von der Uhlandstraße auf Thomas-Bengel-Straße, rechts auf Bricciusstraße, dann links auf Lindenstraße. Gleich danach rechts auf Kapellenweg und folgen bis zum Parkplatz. Ab da immer geradeaus den Berg hinauf zur Kapelle. **Vom Parkplatz bis zur Kapelle ist es etwa 1 Kilometer.**

Mit dem ÖPNV:
Mit der Bahn nach Tübingen. Weiter mit Bus Linie 18, Richtung Eugen-Bolz-Platz, Rottenburg am Neckar, Ausstieg Haltestelle Lindenstraße. Zu Fuß weiter auf Ammertalstraße, dann rechts auf Graf-Anselm-Straße. Dann immer geradeaus und bei nächster Möglichkeit scharf rechts (bei „Toilette am Sattel"). Weiter zur Kapelle. **Von der Bushaltestelle bis zur Kapelle sind es 1,6 Kilometer.**

Tourbeschreibung:
Breite, geteerte und angenehm zu gehende Fußwege bis hoch zur Kapelle. Tolle und weite Aussichten und Rundumblicke übers Ammertal zur Schwäbischen Alb, zum Schönbuch und in den Schwarzwald.

Vom Dom setze ich meinen Weg fort, verlasse den Stadtkern von Rottenburg und folge den Wegweisern des Neckarwegs, der auf diesem Abschnitt allerdings ein Stück weit weg vom Fluss verläuft. Ich freu mich nun ganz besonders auf mein nächstes Highlight, die Wurmlinger Kapelle, die eigentlich Sankt-Remigius-Kapelle heißt. Da aber am Fuße des Berges die beschauliche Ortschaft Wurmlingen liegt, hat sich im Laufe der Zeit der Name Wurmlinger Kapelle durchgesetzt. Schon kurz nach dem Verlassen von Rottenburg erkenne ich die kleine Kapelle, die mit ihrem auffallenden roten Dach herrlich oben auf einem Hügel über dem Ammertal thront. Die heutige Kapelle wurde 1680 erbaut, von der ehemaligen Grabkapelle ist die

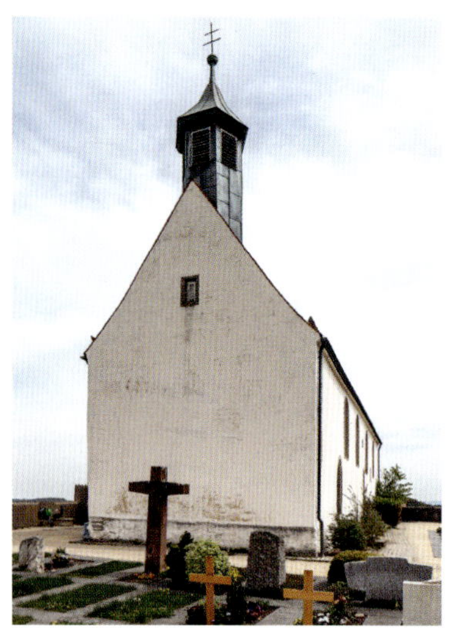

romanische Krypta (12. Jahrhundert) erhalten.

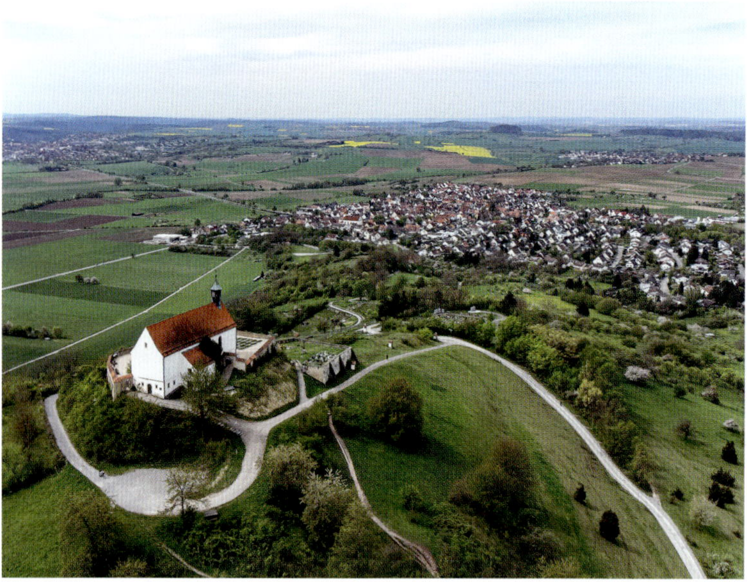

Auf dem breiten, flachen Wanderweg bis hin zum Kapellenberg bieten sich mir einige Fotoperspektiven und ich nutze die Äste und Blätter der umliegenden Bäume und Sträucher als Berahmung meiner Bilder. Von der am Fuße des Berges gelegenen Ortschaft Wurmlingen führt mich ein bereits 1687 errichteter Kreuzweg hinauf zur etwa 130 Meter höher gelegenen Kapelle, die auf einmal gar nicht mehr so klein ist. Sogar ein Friedhof ist hier oben, von dem aus ich eine wunderbare Sicht auf die nä-

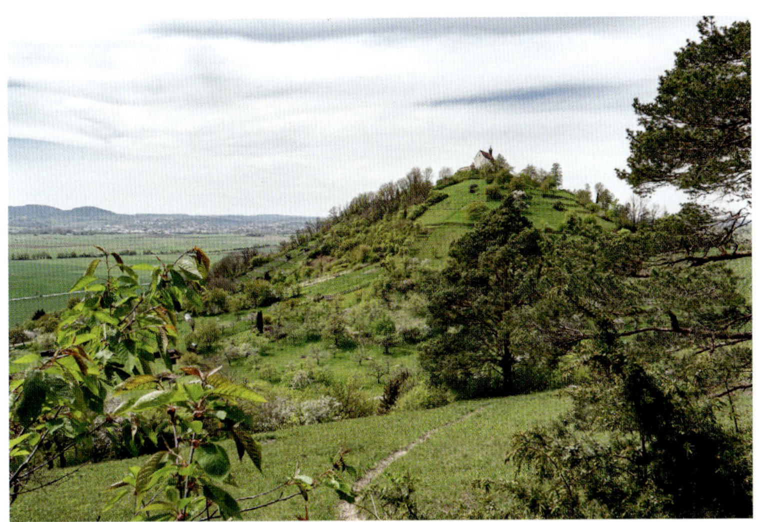

here Umgebung bis Rottenburg und hinüber zur Schwäbischen Alb bekomme. Auf der anderen Seite blicke ich zum südlichen Rand des Schönbuchs und meine auch, den Schwarzwald zu erkennen. Von einem solch besonderen Ort aufzubrechen, fällt nicht ganz leicht, aber ich sollte weiter und wandere im Wald auf dem Neckarweg, der hier auch auf dem Jakobsweg liegt, Richtung Tübingen. Wenig später eröffnen sich mir noch einmal wunderschöne Blicke auf den Kapellenberg.

Tipp

Die Wurmlinger Kapelle ist von Mai bis Oktober in der Regel jeden Sonntag von 10 bis 16 Uhr geöffnet. Regelmäßig finden Führungen und Kapellenserenaden statt. Beim Pfarramt Wurmlingen ist auch eine Anmeldung zu Führungen möglich. Besucher, die zu anderen Zeiten in die Kapelle möchten, können den Schlüssel im Pfarrbüro zu den Öffnungszeiten erhalten. Führungen für Gruppen sind auch bei der Tourist-Information buchbar: WTG Rottenburg am Neckar mbH, Tel. 07472/916236.

26 BISMARCKTURM, TÜBINGEN

Exponierte Lage mit toller Aussicht auf die Stadt

Hinkommen:
48°30'51.1"N 9°02'03.7"E

Mit dem Auto:
Zielort Tübingen. In Tübingen von der B28 auf B296, den Neckar überqueren und nach dem Tunnel rechts auf Westbahnhofstraße. Dann wieder rechts auf Rappstraße und geradeaus auf Gerstenmühlstraße. Scharf rechts auf Burgholzhofweg. Parkmöglichkeiten am Ende des Burgholzhofwegs auf dem Parkplatz. Am Ende des Burgholzhofwegs links abbiegen und weiter bis zum Turm. **Vom Parkplatz bis zum Turm sind es 200 Meter.**

Mit dem ÖPNV:
Mit der Bahn nach Tübingen. Links auf Europastraße, dann rechts auf Alleenbrücke. Den Neckar überqueren, dann die Neckarhalde überqueren und leicht rechts den Berg hinauf (rechts am Fußgängertunnel entlang). Dann links auf Schloßbergstraße und später an Kreuzung leicht links auf Lichtenberger Weg. Folgen bis zum Turm. **Vom Bahnhof bis zum Bismarckturm sind es 2,1 Kilometer.**

Tourbeschreibung:
Am Rande des Wohngebiets von Tübingen auf dem malerischen Schlossberg bieten sich immer wieder tolle Aussichten auf Tübingen und das Neckartal.

Auf einem Bergrücken zwischen Wurmlingen und Tübingen geht es nun für einige Zeit im Wald geradeaus und immer entlang des Neckarwegs, bis sich der Wald etwas lichtet und ich auf einen von insgesamt 240 Bismarcktürmen stoße, die in Deutschland zwischen den Jahren 1869 und 1943 zu Ehren des Gründers des Deutschen Reiches, Otto von Bismarck, erbaut wurden.

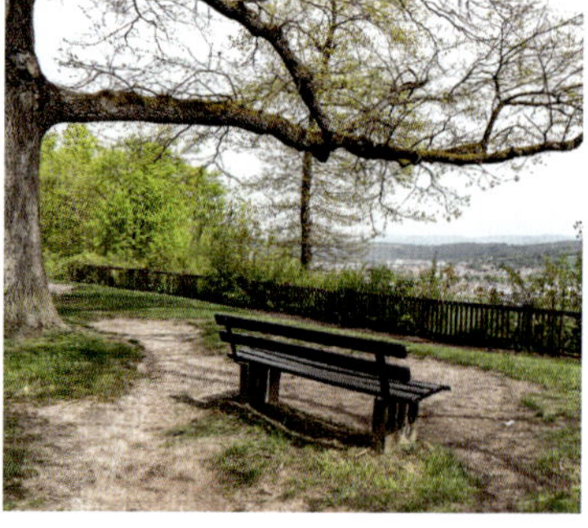

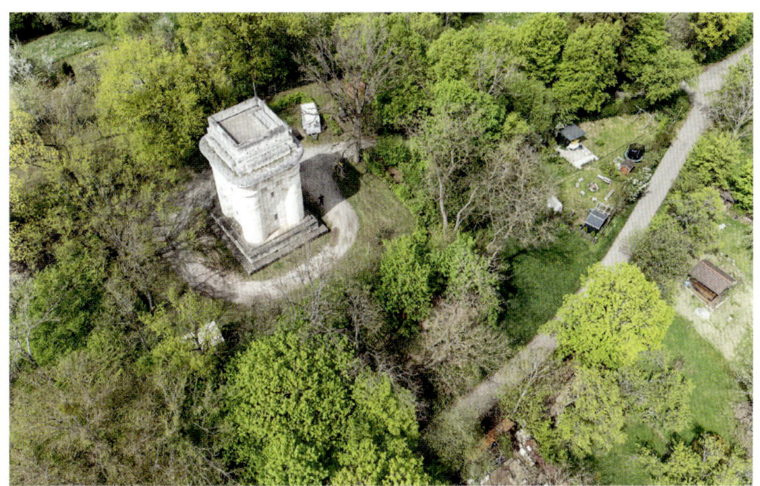

Im Inneren des Turms befindet sich eine kleine Ausstellung, die sich mit der Geschichte des Bauwerks befasst und die kritische Auseinandersetzung mit der Bismarckverehrung aufgreift. Leider ist der Turm, der auf dem höchsten Punkt des Schlossbergs steht, heute geschlossen, sodass ich mir den aus Granit, Kalk- und Sandstein gebauten Turm von „unten" anschaue. Dabei stelle ich fest, dass der Turm sehr ähnlich ist zu dem Bismarckturm in Stuttgart, meiner Heimatstadt. Das liegt daran, dass der ursprüngliche Entwurf mit dem Namen „Götterdämmerung" in Form einer wuchtigen Feuersäule von Architekt Wilhelm Kreis das Vorbild für alle Bismarcktürme sein sollte. Aber auch bereits be-

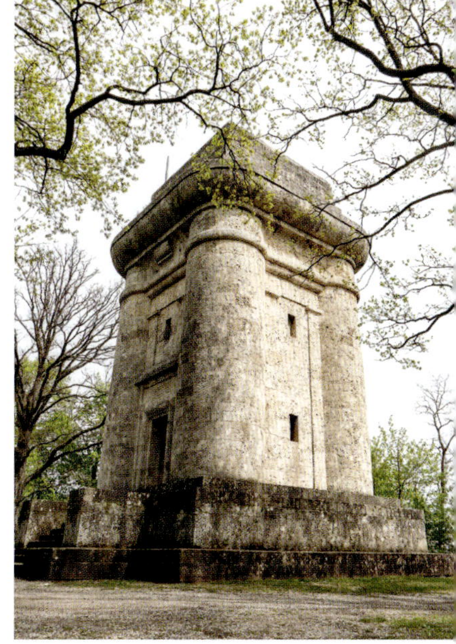

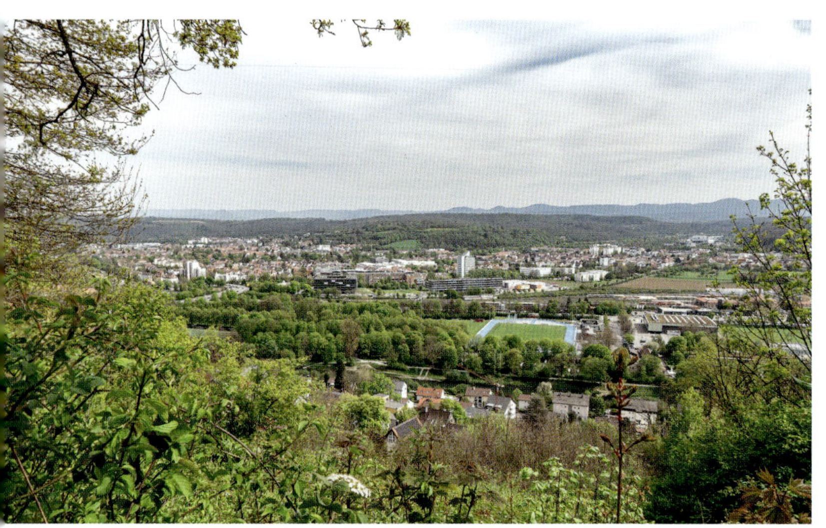

stehende Türme wurden teilweise in Bismarcktürme umbenannt. Die Bismarcktürme waren nie als Aussichtstürme gedacht. Vielmehr sollten auf ihnen „Flammen über ganz Deutschland zu Ehren Bismarcks" entzündet werden, zu denen ursprünglich nur die Brandmeister Zugang hatten.

Hier starte ich meine Drohne und bekomme weite Aussichten auf Tübingen bis hin zur Schwäbischen Alb. Das reizvolle an diesem Standort ist die Sicht vom Dach des Turms sowohl ins Neckar- wie auch ins Ammertal. Ich gehe weiter hinunter nach Tübingen und wenig später eröffnet sich mir auf der Lichtenberger Höhe nochmals die herrliche Sicht auf Tübingen.

Tipp

Um das Bauwerk zu schützen, ist der Turm nur unter Aufsicht geöffnet. Es besteht die Möglichkeit, einen Schlüssel für den Turmbesuch auszuleihen. Anfragen bei: Bettina Peters, c/o DIE KAVALLERIE GmbH, Rosentalstraße 8/1, 72070 Tübingen, Tel. 07071/40729-0, montags und mittwochs, 9 bis 15 Uhr.

HÖLDERLINTURM, TÜBINGEN

27

Historischer Turm mit Dichtermuseum

Hinkommen:
48°31'10.0"N 9°03'22.5"E

Mit dem Auto:
Zielort Tübingen. Bursagasse 6, 72070 Tübingen.

Mit dem ÖPNV:
Mit der Bahn nach Tübingen. Rechts auf Europaplatz, dann links auf Karlstraße und auf Eberhardsbrücke den Neckar überqueren. Links auf Neckargasse, danach wieder links auf Bursagasse und weiter bis zum Hölderlinhaus (Bursagasse 6). **Vom Bahnhof bis zum Hölderlinhaus sind es 800 Meter.**

Tourbeschreibung:
Der Hölderlinturm ist Teil der berühmten Stadtansicht Tübingens mit dem Neckar. Am Ufer des Flusses lässt es sich wunderbar flanieren. Bänke und ruhige, schattige Plätzchen laden ein, das Treiben auf dem Neckar zu beobachten.

Mit jedem Schritt nähere ich mich nun rasch der Altstadt von Tübingen, meinem heutigen Zielort. Von der Lichtenberger Höhe gehe ich die Schloßbergstraße weiter hinab, um wenig später rechts auf die Schlossbergstaffel zu gelangen, die mich vollends hinunter zum Neckar bringt. Über die Alleenbrücke überquere ich den Neckar und bekomme nach links das wunderschöne Altstadtpanorama zu sehen, das mich auf den letzten Metern meiner heutigen Wanderung begleitet.

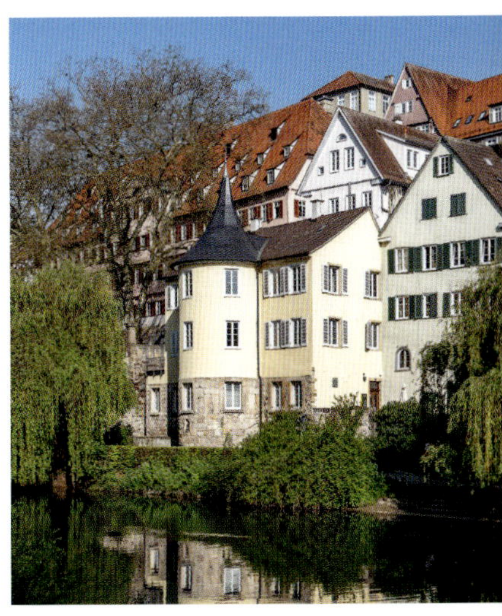

Auffallend ist das gelbe Hölderlinhaus mit seinem halbrunden Vor-

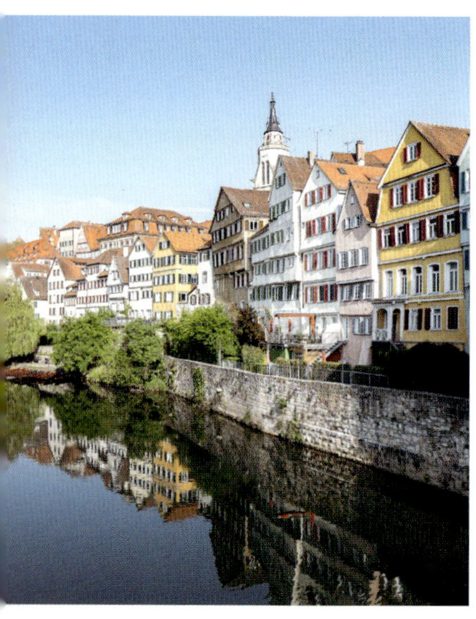

bau in der Mitte, in dem der Dichter Friedrich Hölderlin (1770–1843) die Hälfte seines Lebens verbracht hat. Der Hölderlinturm ist nicht nur die bekannteste Gedenkstätte Tübingens, sondern sogar einer der bedeutendsten Erinnerungsorte der Literaturgeschichte. So bedeutend, dass der Turm es sogar mit einem kleinen „t" in das Stadtwappen von Tübingen geschafft hat. Heute ist das Hölderlinhaus ein Literaturmuseum mit einer fantastischen multimedialen Dauerausstellung, die sich Hölderlins letzten 36 Lebensjahren im Turm widmet. Hier wird Literatur sinnlich erfahrbar gemacht. Der Turm ist nicht nur

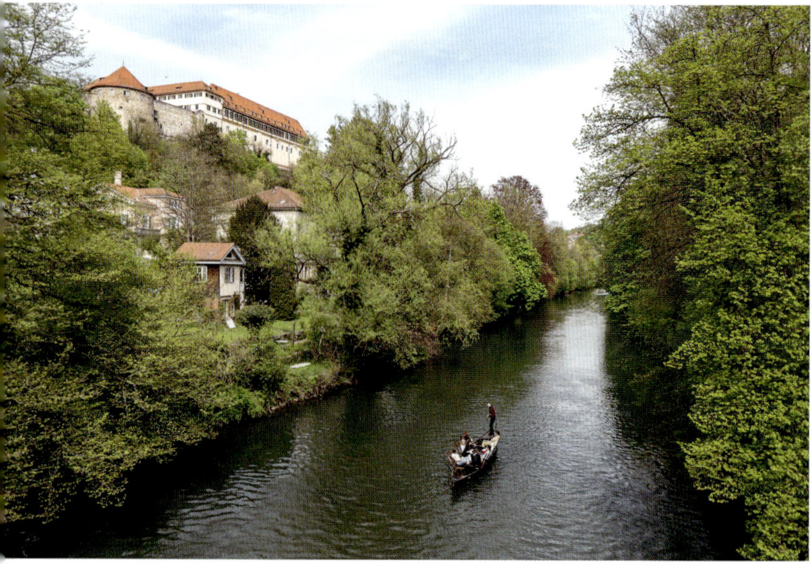

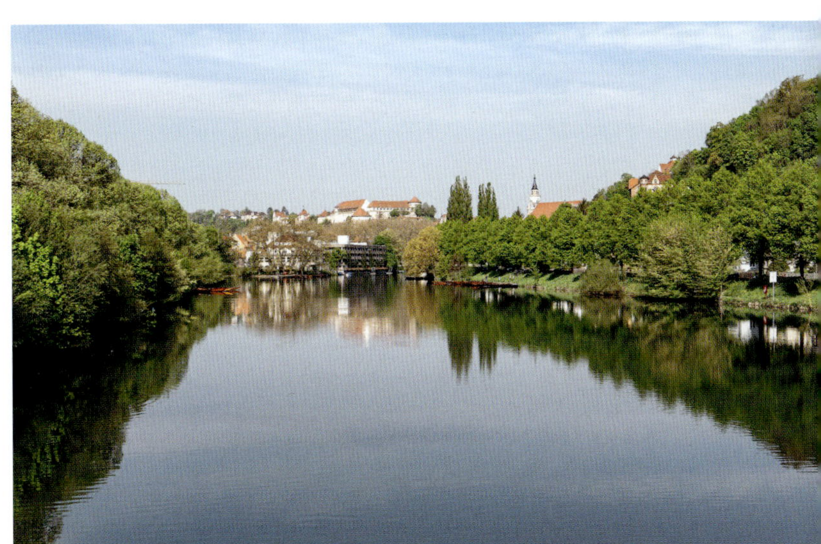

Dichterwohnhaus, sondern auch Schreibwerkstatt und Veranstaltungshaus. Ein bedeutender literarischer Ort, der zur Auseinandersetzung mit Literatur einlädt.

Ich gehe am Hölderlinhaus weiter, biege links auf die Eberhardsbrücke (bekannt als Neckarbrücke) und genieße das prächtige und weltbekannte Stadtpanorama und Postkartenmotiv direkt am Neckar.

Tipp

Direkt vor dem Hölderlinhaus befindet sich die Hauptanlegestelle der beliebten Stocherkähne. Ähnlich wie bei den Gondeln in Venedig hat der Steuermann ein „Paddel" in der Hand, das allerdings, wie der Name schon sagt, beim Stochern eine Holzstange ist, damit man bis auf den Grund kommt, um den Kahn anzuschieben.

28 RÖMISCHE NECKARPYRAMIDE, KIRCHENTELLINSFURT

Die Römer in Baden-Württemberg

Hinkommen:
48°32'12.6"N 9°08'19.8"E

Mit dem Auto:
Zielort Kirchentellinsfurt. Parkmöglichkeiten am Parkplatz direkt an der B 27 vor Kirchentellinsfurt. Über die B 27 rechts auf L 379, dann links Richtung „Pfeilergrab" (ausgeschrieben). **Das Denkmal befindet sich direkt am Parkplatz.**

Mit dem ÖPNV:
Mit den regionalen Zügen nach Kirchentellinsfurt. Links auf Bahnhofstraße und nächste Möglichkeit rechts (weiter auf Bahnhofstraße). Links auf L 379 und nach der Neckarüberquerung rechts zum Parkplatz Richtung „Pfeilergrab" (ausgeschrieben). **Vom Parkplatz zum Pfeilergrab sind es 950 Meter.**

Tourbeschreibung:
Breite, familiengerechte Wege stets direkt am Neckar, kaum Höhenunterschiede, kulturelle Besonderheit aus der römischen Vergangenheit.

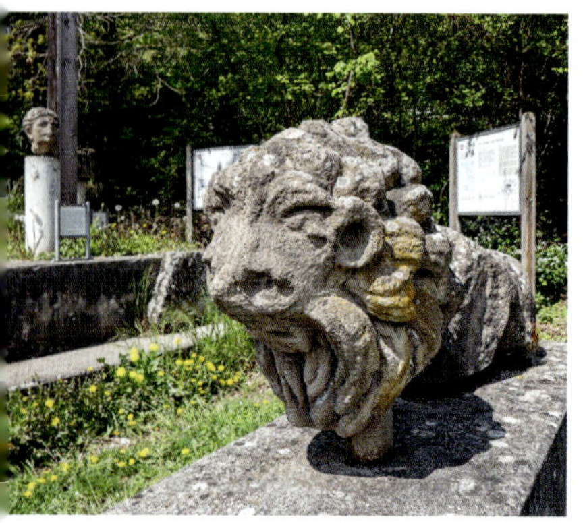

Anfang Mai wandere ich weiter von Tübingen nach Kirchentellinsfurt. Die Jahreszeit ist wunderschön, ich bin von frischem zartem Grün und vielen Knospen und Blüten umgeben. Die heutige Etappe ist mit gut 20 Kilometern relativ lange, dafür gibt es aber kaum Höhenmeter zu bewältigen, weil es fast ausschließlich am Neckar entlanggeht. Auf dieser grünen Wegstrecke am Fluss gibt es allerdings nur ein Highlight, das es jedoch in sich hat:

Eine römische Pyramide erinnert an die Zeit der römischen Besetzung Baden-Württembergs!
Um dorthin zu kommen, verlasse ich Tübingen, gehe an der linken Neckarseite rechts an Tübingen-Lustnau vorbei und überquere die Ammer, die hier in den Neckar fließt. So geht es gut acht Kilometer meditativ und idyllisch grün am Neckarufer weiter, ehe ich an einem Parkplatz vor Kirchentellinsfurt die römische Neckarpyramide erreiche. Ein kleines viereckiges Dach steht auf vier Holzpfeilern, ringsherum wachen verschiedene Skulpturen wie zum Beispiel ein eindrücklicher Löwe. Dieser sollte nicht nur die Toten vor Grabräubern und Dämonen, sondern vor allem auch die Lebenden vor den Geistern der Toten schützen. Er galt als Grabwächter im ganzen römischen Imperium. Auf Infotafeln erfahre ich weitere spannende Geschichten über die Römer, die hier vom 2. bis ins 3. Jahrhundert geherrscht haben.
Rhein und Donau waren zu Beginn des 1. Jahrhunderts die natürliche Grenze des Römischen Reiches gegen das freie Germanien, in die das Obere Neckartal wie ein Keil in das römische Herrschaftsgebiet hineinragte. Daraus entstand in der Mitte des 2. Jahrhunderts, die endgültige Grenze, der Limes. Die darauffolgende wirtschaftliche Blüte wurde

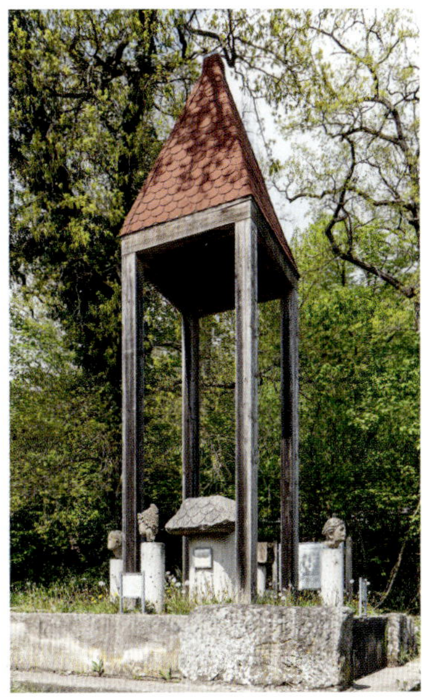

durch die beginnenden Germaneneinfälle und Unruhen an anderen Grenzen des Römischen Reiches gestört und nach über 200 Jahren endete dann auch die römische Besetzung. Die Römer glaubten an Totengötter, die über die Verstorbenen wachten. Deswegen wurden Grabschänder streng verfolgt und mussten mit der Rache der Totengötter rechnen. Schon alleine die Vernachlässigung der Verstorbenen galt als Sünde. Deshalb war es wichtig, die Verstorbenen so nah wie möglich bei sich zu haben. Da der Bau von Grabstätten in Städten aber verboten war, wurden Gräber

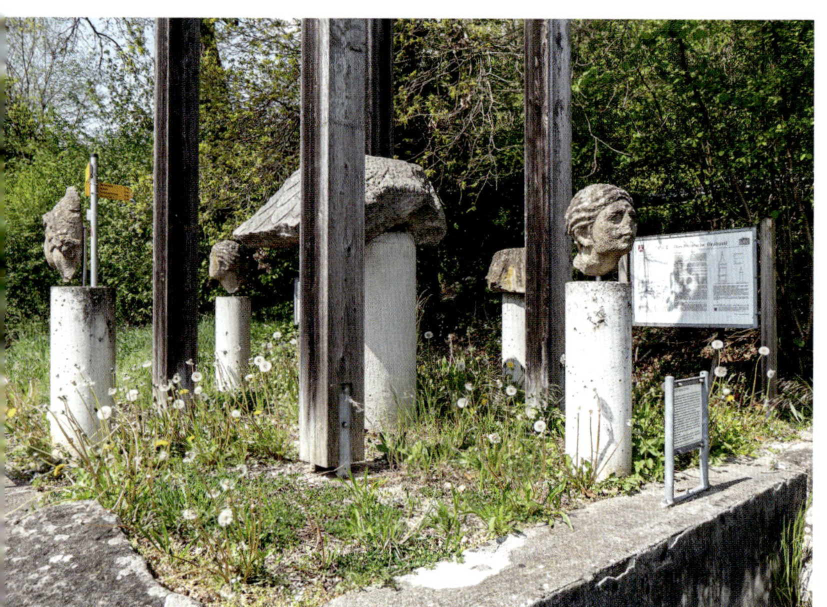

an Zufahrtstraßen zu den Städten gebaut, so wie dieses hier in Kirchentellinsfurt, das etwa 1,8 Kilometer vom Ort entfernt an der römischen Straße Rottenburg – Köngen errichtet und spätestens im Mittelalter zerstört wurde. Die 23 Meter hohe Igeler Säule bei Trier gilt als Vorbild für den Wiederaufbau des Grabmals bei Kirchentellinsfurt. Hier überquere ich dann auch den Neckar, passiere wenig später die Ortschaft Pliezhausen, stärke mich im Biergarten bei der Klostermühle Mittelstadt mit einer Currywurst, und erreiche wenig später meinen Zielort Neckartenzlingen.

Tipp

Im idyllisch angelegten Baggersee „Epple" ist das Baden auf eigene Gefahr während der Saison von Anfang Mai bis Mitte September erlaubt. www.kirchentellinsfurt.de.

AILESWASENSEE, NECKARTAILFINGEN

29

Naherholungsgebiet und beliebter Badesee

Hinkommen:
48°36'10.9"N 9°15'46.5"E

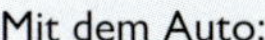
Mit dem Auto:
Zielort Neckartailfingen. Von der B297 auf Tübinger Straße, dann rechts auf Reutlinger Straße und wieder rechts auf Seestraße.
Der Parkplatz befindet sich direkt am See.

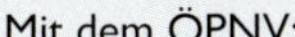
Mit dem ÖPNV:
Mit dem Bus 188, 188A oder 808 nach Neckartailfingen, Bushaltestelle Schule – Neckartailfingen. Von der Reutlinger Straße rechts auf Seestraße und folgen bis zum See. **Von der Bushaltestelle bis zum See sind es 500 Meter.**

Tourbeschreibung:
Gemütliches Schlendern am Neckarufer, familienfreundlicher Badesee inmitten eines schönen Naherholungsgebietes.

Am nächsten Tag mache ich mich mit meinem guten Freund Rainer und seiner Frau auf zum nächsten Highlight. Zusammen fahren wir mit der Bahn von Stuttgart nach Nürtingen, unserem heutigen Zielort, um dort in den Bus umzusteigen, der uns weiter nach Neckartailfingen bringt. Das Wetter ist wieder herrlich, erst heute Nachmittag soll es etwas regnen. Da die Etappe aber mit 11 Kilometern recht kurz ist und topfeben verläuft, muss uns das jetzt nicht stören.

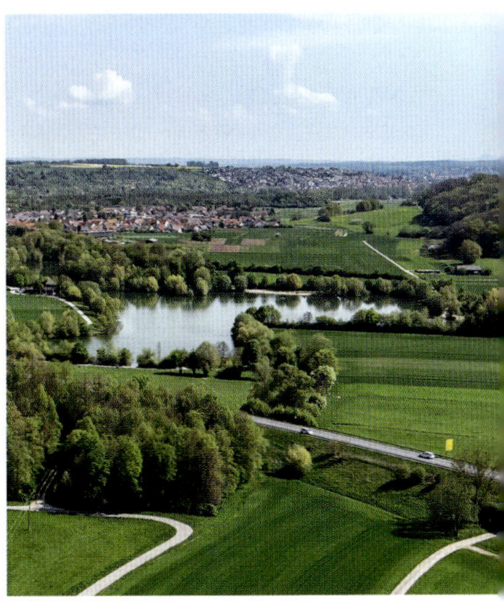

In Neckartenzlingen starten wir unsere Wanderung auf der rechten Uferseite des Neckars. Nachdem

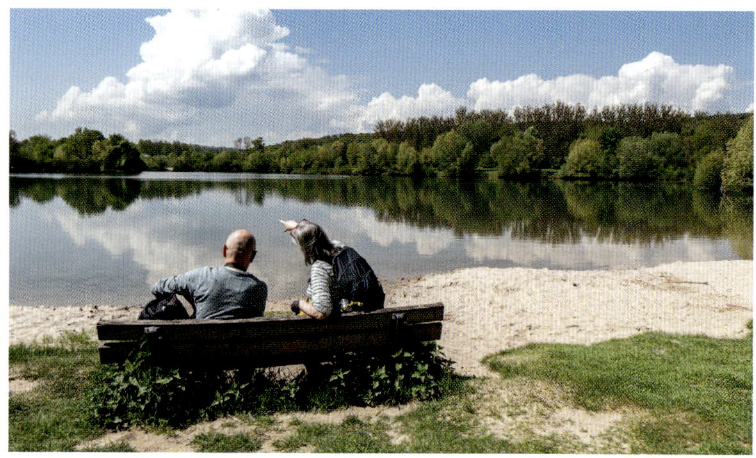

wir den kleinen Ort Neckartenzlingen verlassen haben, unterqueren wir wenig später die B312 und passieren gleich danach in gebührendem Abstand den FKK-Strand. Unser Wanderweg führt direkt am Aileswasensee vorbei, der der zentrale Punkt des Naherholungsgebiets der Gemeinde Neckartailfingen ist. Er ist kein natürlicher See, sondern aus einer ehemaligen Kiesgrube entstanden. Nachdem Badeseen in der Region rar sind, ist der Aileswasensee natürlich an warmen Sommertagen stark frequentiert. Gut, dass an den Wochenenden die DLRG vor Ort ist. Besonders die Südseite mit Flachwasserzone und Sandstrand ist bei den kleinen Badegästen beliebt, ungefährliches Planschen und Buddeln ist angesagt.

Wir setzen uns auf eine Bank, genießen das heute ruhige Treiben am friedlichen See und können es uns aber sehr gut vorstellen, dass es hier am Wochenende und in den Ferien wahrlich voll sein kann. Währenddessen türmen sich hinter dem See die ersten einzelnen Wolken auf. Nach einem ausgiebigen Aufenthalt, der sich wie ein Kurzurlaub anfühlt, geht's direkt am Neckar weiter ins nahe gelegene Nürtingen.

Tipp

Das bewirtschaftete Seehaus bietet Umkleide- und Sanitärräume sowie einen Kiosk mit schöner Seeterrasse.

BEUTWANGSEE, NÜRTINGEN-NECKARHAUSEN

30

Naturidyll mit buntem Freizeitangebot

Hinkommen:
48°36'47.0"N 9°18'06.6"E

Mit dem Auto:
Zielort Nürtingen-Neckarhausen. Über die B297 auf Raidwainger Straße den Neckar überqueren, dann zweite Möglichkeit rechts auf „Beutwang". **Parkmöglichkeiten auf dem Parkplatz direkt am See.**

Mit dem ÖPNV:
Mit den Bussen 182A, 188 und 189 nach Neckarhausen, Haltestelle „Neckarhausen Rathaus – Nürtingen". Weiter auf Brückenstraße, dann auf Raidwainger Straße den Neckar überqueren. Gleich dann rechts und direkt am Neckar weiter. Am Tennisclub Neckarhausen rechts. **Von der Bushaltestelle bis zum See ist es etwa 1 Kilometer.**

Tourbeschreibung:
Breite, familienfreundliche Wege am See entlang. Tolles Freizeitangebot, nahe gelegener Pferdehof.

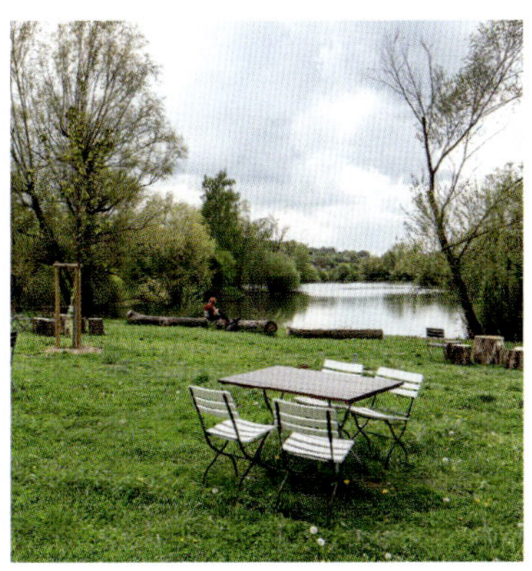

Auf dem Weg nach Nürtingen zieht es nun doch etwas stärker zu und wir hoffen, unseren zweiten See für heute, den Beutwangsee, noch bei trockenem Wetter erleben zu können. Also nehmen wir doch ein wenig die Beine in die Hand, um ihn zügig zu erreichen. Der Beutwangsee ist, genau wie der Aileswasensee, auch ein Baggersee. Aber hier ist das Baden aufgrund der geringen Wassertiefe seit 1996 verboten. Dennoch ist der sechs Hektar große

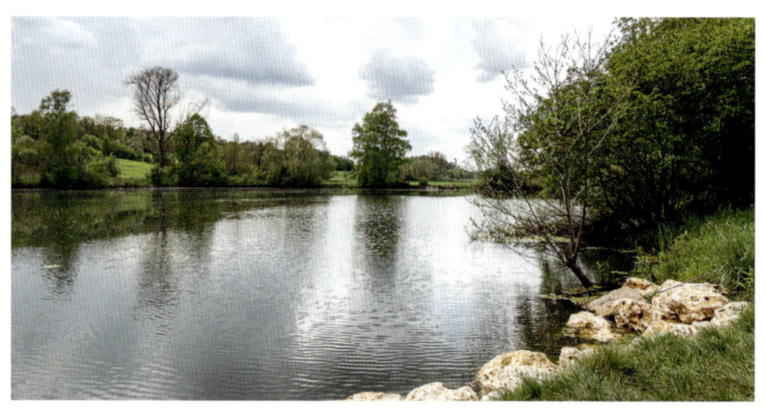

See mit Minigolf, Tennisplatz, Fußballfeld und Adventure-Golf ein beliebtes Naherholungsgebiet. Weitläufige Liegewiesen und Grillplätze laden zum Verweilen ein. Bei schönem Wetter hat der ansprechend nette Kiosk mit Biergarten täglich offen und bietet ein vielfältiges kulinarisches Angebot.

Wir lassen uns auch nieder, verweilen, genießen, fotografieren und machen uns erst auf den Weg, als der Himmel bedrohlich dunkel wird. Unterwegs öffnet Petrus alle seine Schleusen, sodass wir von einem kurzen Sommergewitter doch noch erwischt werden. Durchnässt, aber sehr zufrieden, lassen wir unseren Tag genüsslich bei einem Griechen in Nürtingen ausklingen und sind froh, uns hier ein wenig trocknen zu können. Für einen Stuttgarter, der mit Seen wahrlich nicht verwöhnt ist, bringt die heutige Wanderung die schöne Erkenntnis, es doch nicht ganz so weit zum Wasser zu haben.

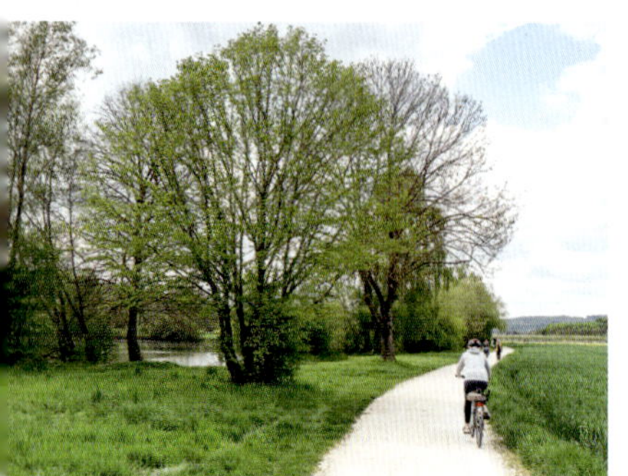

Tipp

Am Beutwangsee können auch private Veranstaltungen gebucht werden: Beutesee, Beutwang 15, 72622 Neckarhausen, info@beutesee.de, Tel. 01573-7379423.

HUMMELSCHE MÜHLE MIT WEHR, OBERBOIHINGEN

31

Hochwasserschutzgebiete kurz vor Stuttgart

Hinkommen:
48°38'57.4"N 9°21'19.6"E

Mit dem Auto:
Zielort Oberboihingen. Parkplatzmöglichkeiten beim TSV Oberboihingen (Neckarstraße/Max-Eyth-Straße). Zu Fuß links auf Neckarstraße und rechts am Sportplatz weiter. Dem Weg folgen bis zum Neckar. **Vom Parkplatz bis zum Wehr sind es 350 Meter.**

Mit dem ÖPNV:
Mit der Bahn nach Oberboihingen. Bahnstrecke auf Mörikestraße unterqueren, dann links auf Moltkestraße. Wieder links auf Hindenburgstraße, dann auf Höhe Uhlandstraße rechts auf Feldweg. Am Marbach rechts, dann auf Höhe Neckarstraße links zur Wiese und weiter bis zum Wehr. **Vom Bahnhof bis zum Wehr sind es 850 Meter.**

Tourbeschreibung:
Breite, familienfreundliche Wege direkt am Neckar entlang, kaum Steigung. Der Picknickort gegenüber der historischen Mühle lädt zur Rast ein, bei der sich prima eine Fischtreppe beobachten lässt.

Nach ein paar Tagen geht es von Nürtingen weiter und ich erreiche bereits am Ende der Etappe die Stadt Plochingen, zu der ich einen ganz besonderen Bezug habe. Denn hier haben meine verstorbenen Großeltern, Oma und Opa, gewohnt und sind hier auch beerdigt. Erst einmal fahre ich aber bis nach Nürtingen und überquere den Neckar nicht über die Galgenberg-

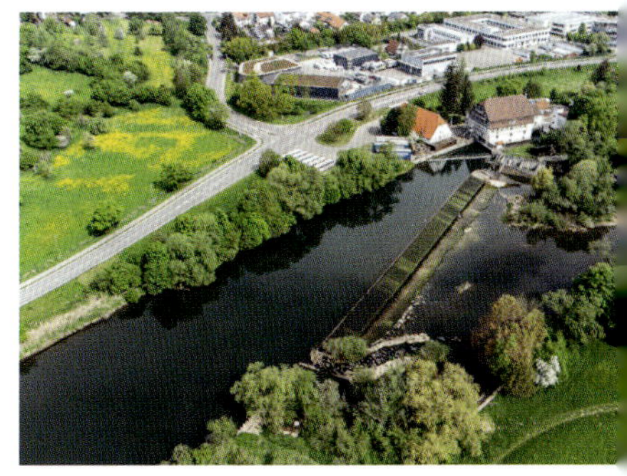

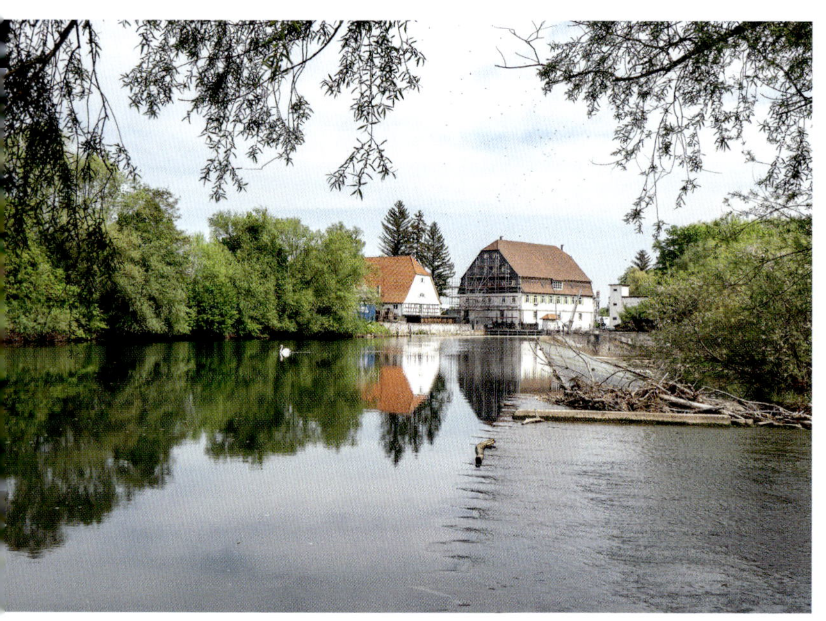

straße, sondern eine Brücke weiter flussaufwärts, um von der idyllischen Stadtansicht ein paar Fotos zu machen. Dann wandere ich auf der linken Seite flussabwärts und habe dabei stets die schöne Stadtansicht im Blick. Kurz nach Nürtingen überquere ich den Neckar und gehe auf der rechten Uferseite weiter Richtung Oberboihingen, um dort einen guten Freund zu treffen, mit dem ich gemeinsam Musik mache. Er erzählt mir, dass die weiten Wiesenlandschaften rings um uns herum Hochwasserschutzgebiete sind, die nicht bebaut werden dürfen, da sie bei steigendem Flusspegel überschwemmt werden, um das nahe gelegene Stuttgarter Industriegebiet vor Hochwasser zu schützen.

Kurz bevor der Hauptweg einen Rechtsknick macht, führt nach links ein sichtbar erkennbarer Pfad an einen wundervollen, wild verwachsenen romantischen Platz, von dem wir die Hummelsche Mühle auf der gegenüberliegenden Seite erblicken. Die Mühle ist erstmals im 15. Jahrhundert urkundlich erwähnt und heute noch in Betrieb. Während sie bis in die 60er-Jahre als Getreidemühle diente, wird dort mittlerweile durch

Wasserkraft Strom erzeugt. Leider können wir hier nicht den Neckar überqueren und uns die Mühle genauer anschauen. Sie bietet aber mit dem Neckar, der hier eine Wehr ist und eine Fischtreppe hat, ein reizvolles Fotomotiv. So lassen wir uns an diesem schattigen und wildromantischem Platz auf einer Bank nieder, genießen das Rauschen des Wassers und beobachten die Fischtreppe, während der Hund von meinem Freund seine wahre Freude hat, am seichten Wasser zu schnuppern. Nach dieser wohltuenden Pause verabschieden wir uns wieder und ich setze meine Wanderung fort Richtung Wendlingen.

Tipp

Das Rathaus Hohentwiel von 1467 in Oberboihingen ist das älteste im Landkreis Esslingen.
Ebenso ist der Bahnhof erwähnenswert, der bis ins Jahr 2012 über eine von Hand betriebene Schrankenanlage verfügte.

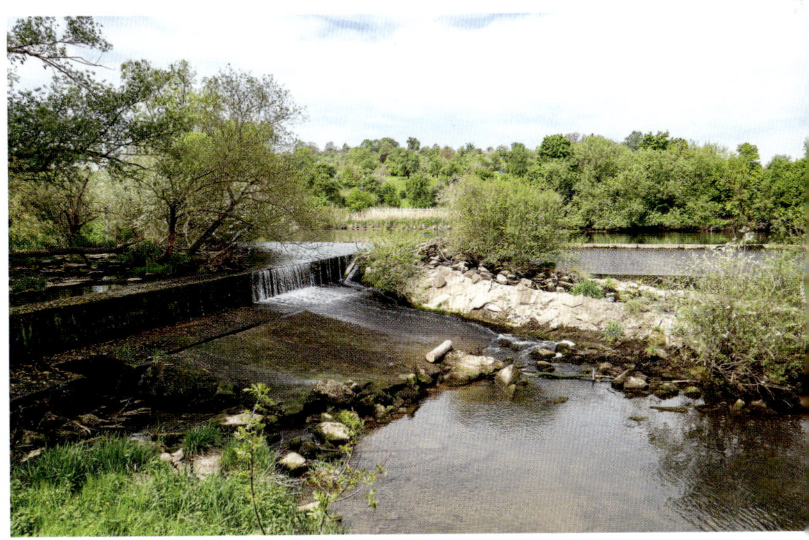

32 NECKARSPINNEREI QUARTIER, WENDLINGEN A.N.

Zukunft mit Geschichte

Hinkommen:
48°39'49.2"N 9°21'56.1"E

Mit dem Auto:
Zielort Wendlingen A.N., Heinrich-Otto-Straße 64, 73240 Wendlingen A.N.

Mit dem ÖPNV:
Mit der Bahn nach Wendlingen. Weiter über den Park&Ride-Parkplatz und links auf Heinrich-Otto-Straße. Geradeaus weiter bis Heinrich-Otto-Straße 64. **Vom Bahnhof bis zur Neckarspinnerei sind es 1,6 Kilometer.**

Tourbeschreibung:
Direkt am Neckar, familienfreundliche Wege, denkmalgeschützte Industriegeschichte.

In Oberboihingen verabschiede ich mich von meinem Freund und gehe stets auf der rechten Uferseite des Neckars weiter Richtung Wendlingen. Kurz bevor ich die Autobahn A8 unterquere, überquere ich auf einer imposanten Holzbrücke den Neckar und mir fällt auf der rechten Neckarseite ein auffallendes, rotes Backsteingebäude auf, das an ein altes Industriegebäude erinnert, zurzeit aber wohl nicht genutzt wird. Erst bei der Recherche erfahre ich, dass 160 Jahre Firmengeschichte hier im Jahre 2020 erst mal endeten: Die bekannte Spinnerei Otto, ein Spezialanbieter von

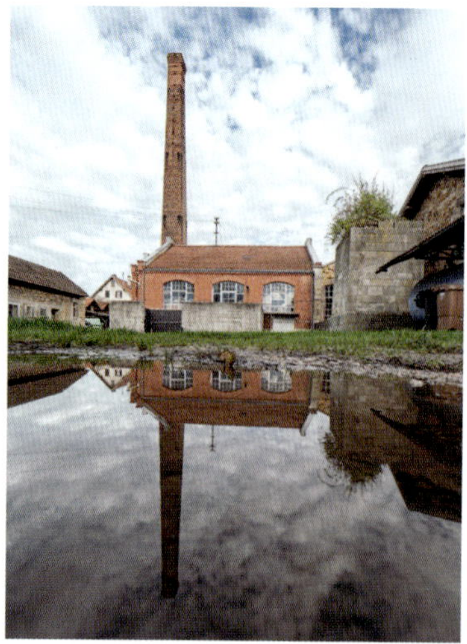

Garnen für Bekleidung-, Haus- und Heimtextilien sowie für medizinische Anwendungen, hatte hier ihren Standort. Hervorgegangen war diese aus einer im Jahre 1816 von Immanuel Friedrich Otto gegründeten Färberei, die nach Maschinenbauplänen aus England errichtet wurde. Einen Einfluss auf das Ende hatte durchaus auch die Corona-Pandemie, die für einen dramatischen Umsatzrückgang sorgte. Die HOS-Gruppe (Heinrich Otto und Söhne, seit 1816) ist bereits in der siebten Generation und gestaltet aktuell das denkmalgeschützte Neckarspinnerei-Areal neu. Es soll gemeinschaftlich und mit internationaler Begleitung zu einem zukunftsweisenden, gemischt genutzten Quartier entwickelt werden, verbunden mit einem CO_2-neutralem Energie- und Mobilitätskonzept. In dem urbanen Quartier sollen die thermische Energie des Neckars, eine Wasserkraftanlage, Plusenergiebauweise und Fotovol-

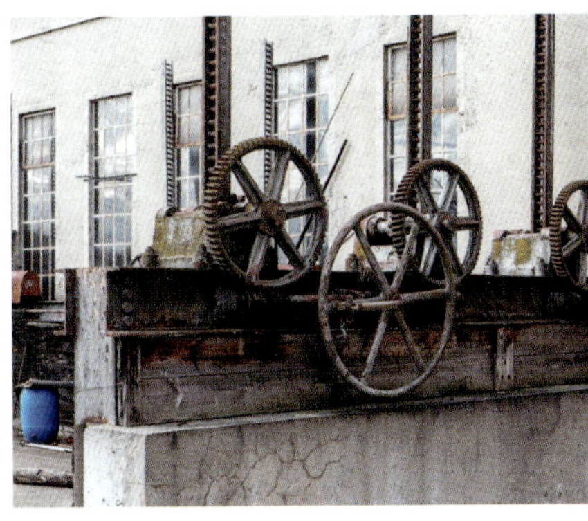

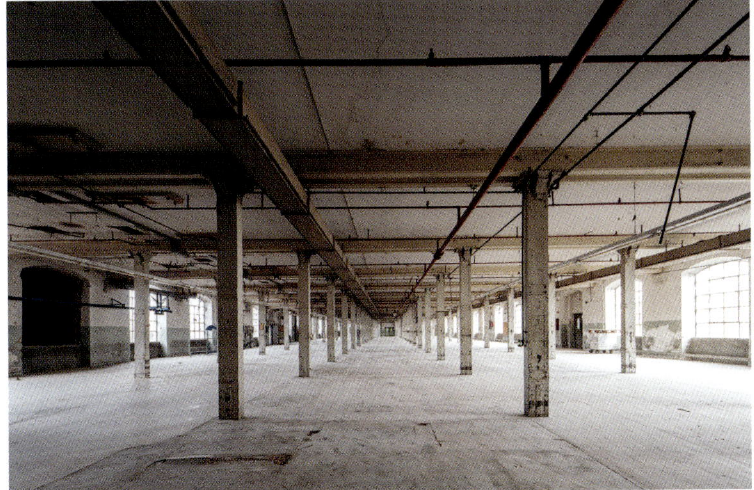

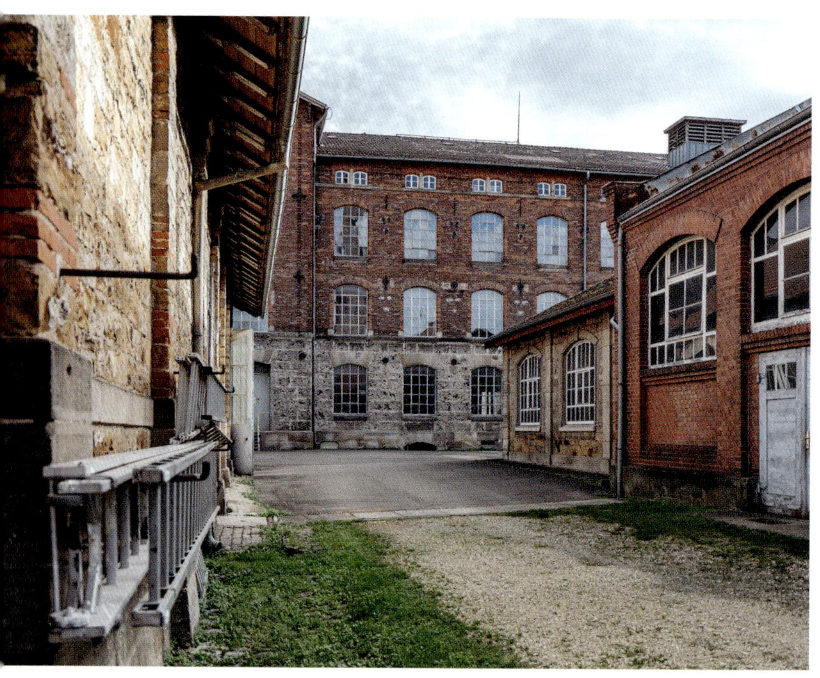

taik zum Einsatz kommen. Bürgerinnen und Bürger sind eingeladen, bei der Gestaltung des Neckarspinnerei-Quartiers der Zukunft mitzuwirken. Vorschläge und Ideen sind auf der Website www.neckarspinnerei-quartier.de einzureichen.

Dieses reizvolle Highlight hatte ich bei der Planung für die heutige Tour nicht auf dem Schirm und ich bin freudig überrascht, solch einen spannenden und aufregenden Ort entdeckt zu haben. Er deutet auch an, dass von nun an der Neckar eine immer größer werdende industrielle Bedeutung bekommt. Auch die Holzbrücke, über die ich nun den Neckar überquere, ist fotografisch interessant. Auf der linken Neckarseite gehe ich weiter Richtung Köngen.

Tipp

Einzelne Räume können für Privatveranstaltungen auch gemietet werden: Peter Fix, Tel. 07024/946-181, fix@hos-gruppe.de.

ULRICHSBRÜCKE, KÖNGEN
Historische Brücke

33

Hinkommen:
48°40'28.3"N 9°22'11.9"E

Mit dem Auto:
Zielort Wendlingen. Parkmöglichkeiten auf Parkplatz am Schwanenweg. **Von dort sind es nur wenige Meter zur Ulrichsbrücke.**

Mit dem ÖPNV:
Mit der Bahn nach Wendlingen. Rechts auf Heinrich-Otto-Straße und weiter zur Brücke. **Vom Bahnhof bis zur Ulrichsbrücke sind es 350 Meter.**

Tourbeschreibung:
Familienfreundliche Wege direkt am Neckar. Tolles Brückenerlebnis.

Habe ich vorhin ein unverhofftes Highlight entdeckt, bekomme ich mit meinem nächsten Highlight ein Problem. Der Röhmsee, an dem ich unmittelbar nach der Neckarspinnerei vorbeikomme, liegt zwischen Unterensingen und der Autobahn A8. Leider ergibt sich an nur einer Stelle freie Sicht auf den See und es lohnt sich nicht, ihn als Ausflugsziel aufzunehmen. Im Gegensatz zum Aileswasensee und Beutwangsee, die ich auf meiner letzten Tour besucht habe, gibt es hier nur hochgewachsenes Gras und keinerlei Freizeitangebote. So gehe ich weiter, unterquere die A8 und komme als Nächstes bei der aus Backstein gebauten historischen Ulrichsbrücke an, die durch den Roman „Lichtenstein" von Wilhelm Hauff Bekannt-

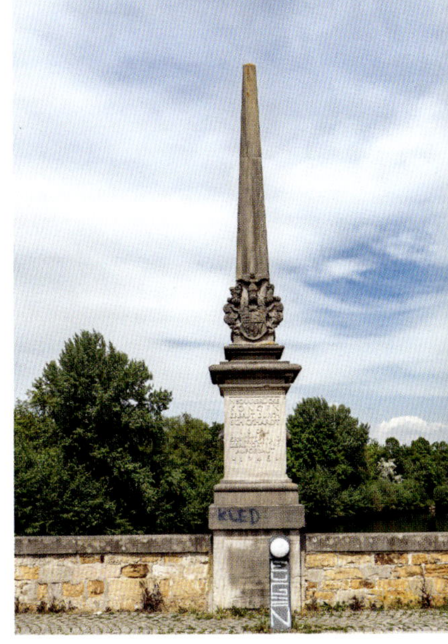

heit erlang. Hauff schrieb 1826: „Mit einem majestätischen Sprung setzte das Pferd über die Brüstung der Brücke und trug seinen fürstlichen Reiter hinab in die Wogen des Neckars." Der fürstliche Reiter war der Herzog von Württemberg, der nach dem Tod seiner letzten Getreuen auf der Brücke von Feinden umringt wurde, mit seinem Pferd in die Fluten des Neckars sprang und entkommen konnte.

Die heute denkmalgeschützte Ulrichsbrücke entstand 1603 nach Plänen von Heinrich Schickhardt, Baumeister des württembergischen Herzogs. Sie wurde aber erst seit dem Erscheinen des Hauff Romans 1826 Ulrichsbrücke genannt und leider in den letzten Tagen des Zweiten Weltkrieges durch deutsche Pioniere gesprengt. Auf dem originalen Wiederaufbau dürfen seit 1975 aufgrund des zunehmenden Verkehrs nur noch Fußgänger und Radfahrer den Neckar überqueren, für den restlichen Verkehr wurde die neue Römerbrücke gebaut.

Auf der Brücke rufe ich meinen ehemaligen besten Schulfreund an, der im nur wenige Kilometer entfernten Wernau wohnt. Anstatt ihn wie erhofft zu besuchen, bietet

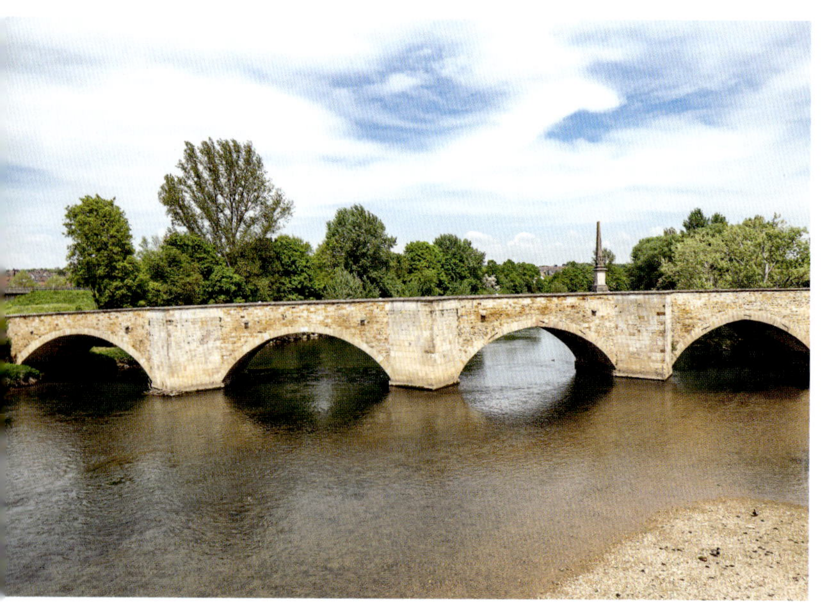

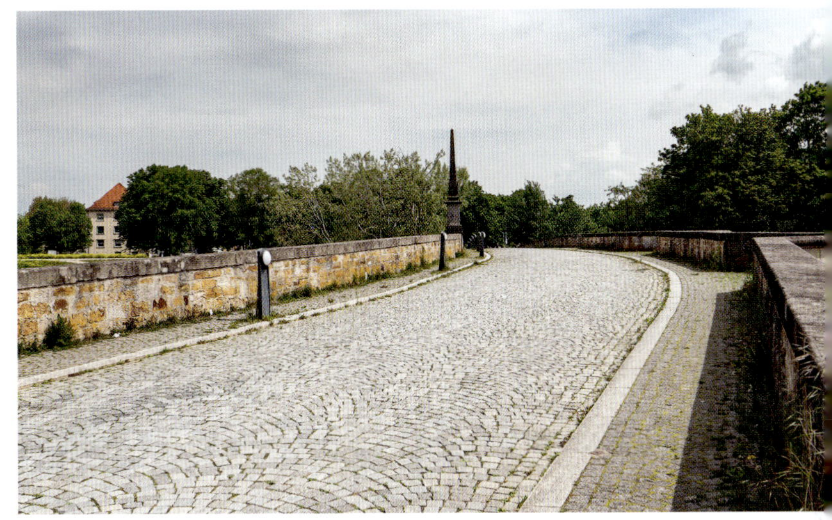

er mir eine Freikarte für das kommende Heimspiel des VfB an, das zugleich das letzte Spiel der Saison ist. Es geht um den Klassenerhalt. Natürlich sage ich sofort zu. Nach dem Telefonat mache ich noch mehr Bilder von der interessanten Brücke und setze meine Wanderung dann Richtung Wendlingen fort, eine Ortschaft vor Wernau.

Tipp

In einem denkmalgeschützten ehemaligen Pfarrhausensemble wird im Stadtmuseum Wendlingen eine stadtgeschichtliche Sammlung ausgestellt. Die Exponate zeigen das Leben seit dem Mittelalter in drei sehr unterschiedlichen Stadtteilen: dem früh württembergisch gewordenen Städtchen Wendlingen, dem Rittergut Bodelshofen sowie der kleinen Landgemeinde Unterboihingen. Wie ein roter Faden zieht sich die Frage nach der Bedeutung von Verkehrswegen durch die Ausstellung. Kirchstraße 4–6, 73240 Wendlingen a.N., www.museum-wendlingen.de.

34 NATURSCHUTZGEBIET NECKARWASEN, WERNAU

Was der Neckar nicht mehr schafft

Hinkommen:
48°41'22.1"N 9°23'46.4"E

Mit dem Auto:
Zielort Wendlingen A.N. Parkmöglichkeiten auf dem P+R Wendlingen, über die Neckarstraße beziehungsweise Gottlieb-Daimler-Straße zu erreichen. **Der Parkplatz befindet sich direkt am Rande des Hüttensees, der bereits Teil des Naturschutzgebiets ist.** Weitere Parkmöglichkeiten auf Höhe Eisstadion beziehungsweise Freibad Wernau. Von dort über die Köngener Straße Richtung Wernauer Baggerseen.

Mit dem ÖPNV:
Mit der Bahn nach Wernau. Dann den Neckar auf der Kirchheimer Straße überqueren, danach links auf Köngener Straße. Nach dem Freibad beziehungsweise der Fischerei links auf Weg und diesem bis zum Naturschutzgebiet folgen. **Vom Bahnhof bis zum Naturschutzgebiet sind es 2 Kilometer.**

Tourbeschreibung:
Das Naturschutzgebiet Neckarwasen ist ein weiteres Naherholungsgebiet direkt am Neckar kurz vor Plochingen, das mit breiten, schottrigen Wegen bequem erlebbar gemacht wird.

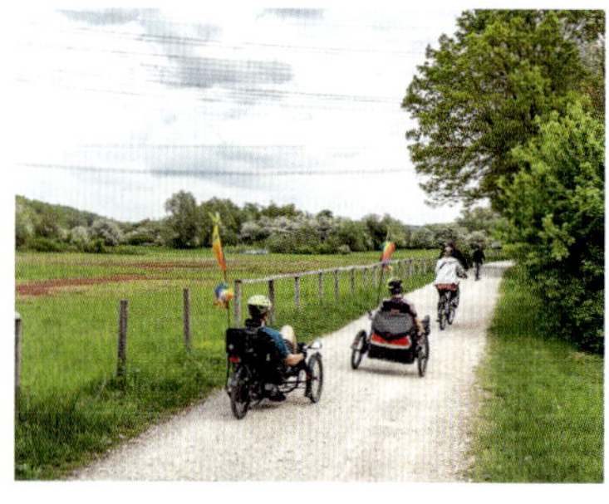

Nach der Ulrichsbrücke gehe ich auf der linken Neckarseite weiter, verlasse wenig später Köngen und trete unmittelbar am Ortsrand in das seit 1992 ausgewiesene Naturschutzgebiet Neckarwasen ein, das durch viele kleine Seen besticht und direkt zwischen der Stadt Wendlingen und der Gemeinde Köngen liegt. Unverhofft stoße ich auf den

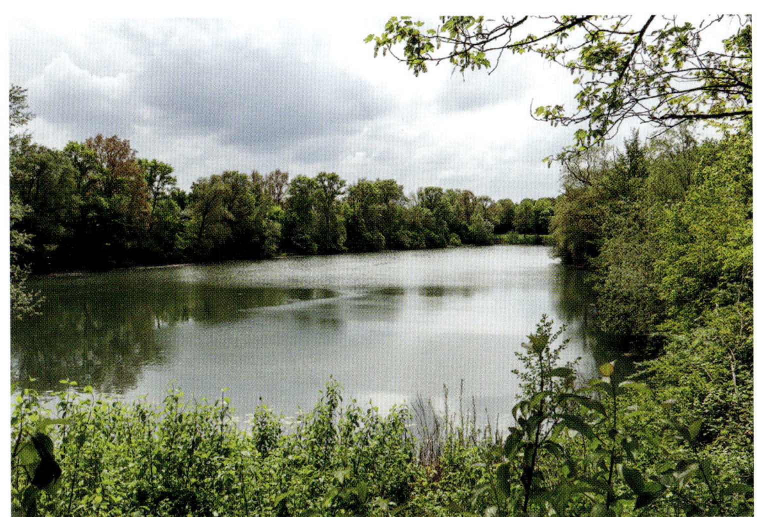

heute stark frequentierten Hüttensee, der anscheinend vor allem bei Radfahrern sehr beliebt ist, und stärke mich mit meinem Lieblingsimbiss Currywurst und einem kühlen Getränk. Ein wenig beneide ich die Fahrradfahrer schon für ihr schnelles Vorankommen. Dafür habe ich aber die Möglichkeit, mir für meine Eindrücke mehr Zeit nehmen zu können und ich bin doch froh, mich für das Wandern entschieden zu haben, um den Neckar zu erkunden.

Nach einer ausgiebigen Rast gehe ich auf einer Art Damm weiter, der sowohl den Hüttensee als auch das Naturschutzgebiet vom Neckar trennt. Dabei komme ich an einigen Infotafeln vorbei, die über die Besonderheit dieses Naturschutzgebiets aufklären: So erfahre ich, dass Kiesflächen zu den typischen Lebensräumen ursprünglicher Flusslandschaften gehört haben. Die karge Vegetation, die periodischen Überschwemmungen, die kaum vorhandenen Versteckmöglichkeiten und der wenige Schat-

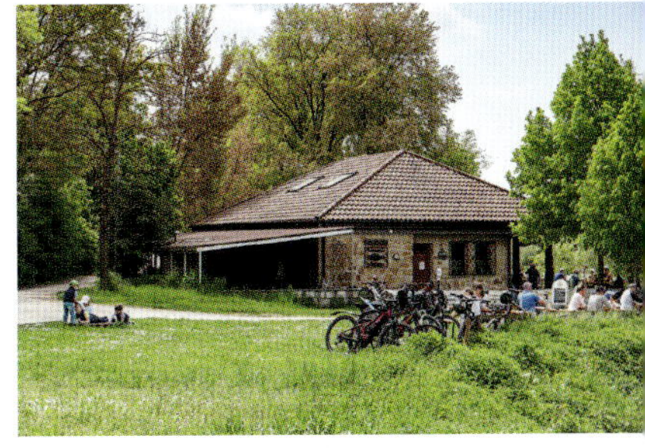

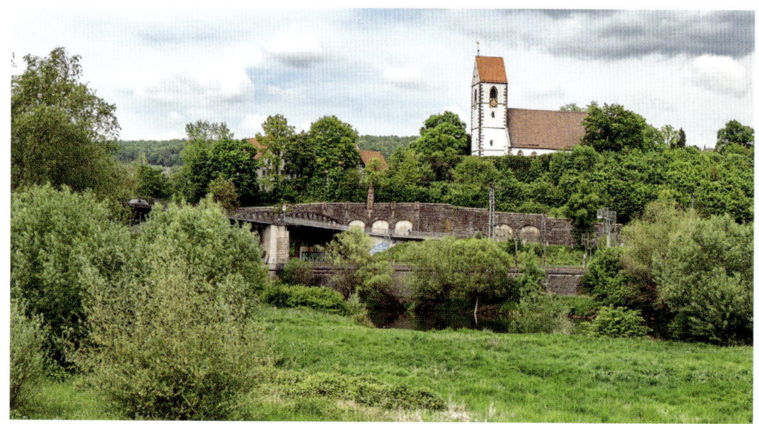

ten machten es den Lebewesen an der Ufernähe jedoch recht schwer. Der Flussregenpfeifer zum Beispiel macht sich diese Charakteristika jedoch zum Vorteil, indem er seine Nester auf leicht erhöhten Punkten baut und dadurch seine Feinde schneller erkennen kann. Doch ohne die Dynamik des Flusses beziehungsweise der Bagger würden diese Flächen innerhalb weniger Jahre von Weiden überwuchert werden und Lebensraum ginge verloren. Man mag den Eindruck haben, dass hier ein Stück heile Welt vorherrscht. Doch schließe ich die Augen, höre ich weit entfernt den Lärm der B313, die im Westen an das Naturschutzgebiet grenzt. Durch diese Zerschneidung und nachfolgende Isolierung ist es Amphibien nicht mehr möglich, ungehindert zwischen Winterquartier und Laichgewässer zu wandern, zusammenhängende Brutareale wurden getrennt. Ebenso bildeten die Hochspannungsleitungen bis zu ihrer Erhöhung im Frühjahr 1992 ein gefährliches Hindernis für verschiedene Großvögel.

Ich gehe weiter Richtung Wernau, lasse einige Ruhebänke im wahrsten Sinne des Wortes links liegen und erreiche über den Landschaftspark Bruckenwasen, in dem einst 1998 die Landesgartenschau stattgefunden hat, die kleine Stadt Plochingen.

Tipp

Wer sich nicht im Biergarten am Hüttensee stärken möchte, kann mit eigenem Rucksackvesper herrlich am Grillplatz direkt am See picknicken.

HUNDERTWASSER-WOHNHAUS, PLOCHINGEN

35

Wohnen unterm Regenturm

Hinkommen:
48°42'36.2"N 9°24'54.0"E

Mit dem Auto:
Zielort Plochingen. Unterm Regenturm 3, 73207 Plochingen.
Parkmöglichkeiten im Parkhaus des Hundertwasserhaus.

Mit der Bahn:
Mit der Bahn nach Plochingen. Dann rechts auf Eisenbahnstraße und immer geradeaus bis zum Hundertwasserhaus. **Vom Bahnhof bis zum Hundertwasserhaus sind es circa 1,2 Kilometer.**

Tourbeschreibung:
Gemütliches Schlendern auf schönen Spazierwegen übers ehemalige Landesgartenschaugelände, Spielplätze, verschiedene Gastro-Angebote und Einblicke in die märchenhafte Welt des Künstlers Friedensreich Hundertwasser in der Wohnanlage „Unterm Regenturm".

Kurz vor den Toren Plochingens ist mein Wandern jetzt eigentlich kein Wandern mehr, sondern vielmehr ein Beobachten der vielen Ausflügler, die hier auf dem ehemaligen Landesgartenschaugelände ihren Sonntagnachmittag verbringen. Einige Freizeitangebote wie zum Beispiel die damals installierte Gartenbahnanlage oder eine archimedische Schraube, die das Wasser aus dem Neckar in einen künstlich angelegten Bachlauf befördert, existieren heute noch und sind vor allem bei Familien mit kleinen Kindern sehr beliebt.

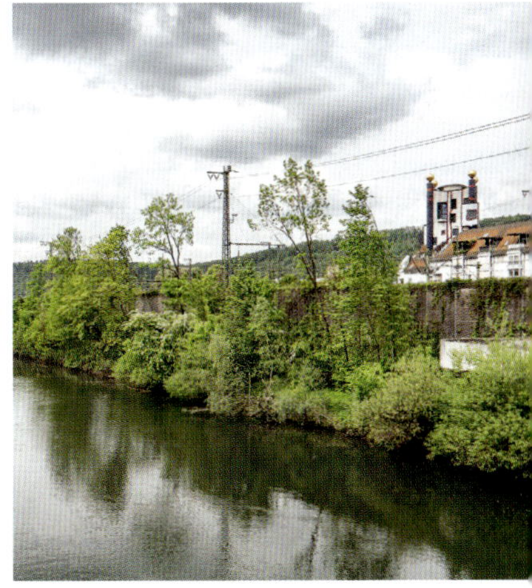

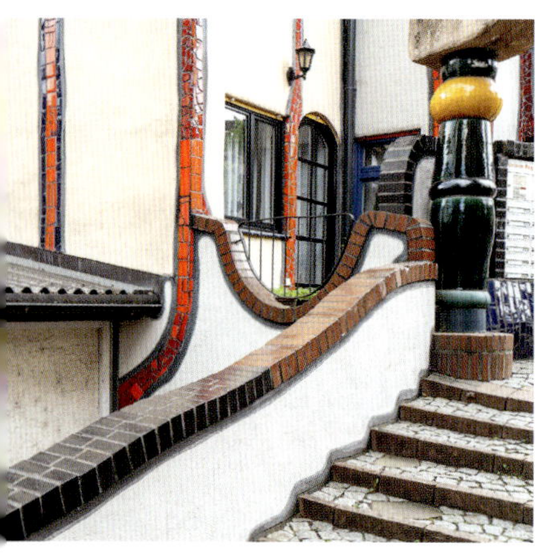

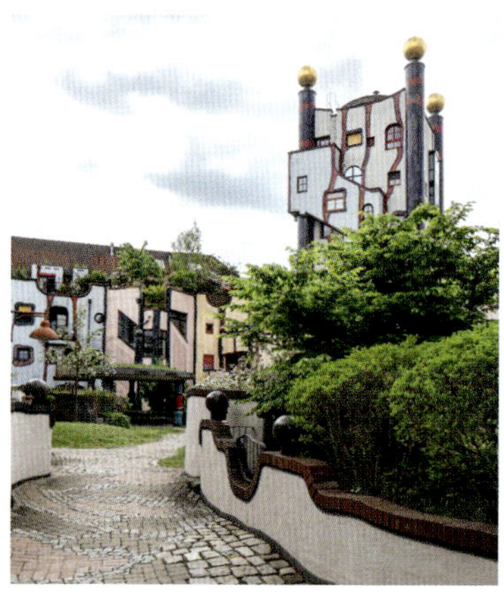

Ich überquere auf einem Holzsteg den Neckar. Dabei schaue ich immer wieder hinüber zur Stadtkirche von Plochingen und denke an meine Oma und meinen Opa, die hier beerdigt sind. Wir haben damals sehr viel Zeit zusammen auf dem Gelände hier verbracht, denn als mein Opa gestorben ist, fand gerade die Landesgartenschau statt.

Nun bin ich gleich am Bahnhof angekommen und beende meine Wanderung, nicht aber ohne mir vorher noch das mittlerweile sehr

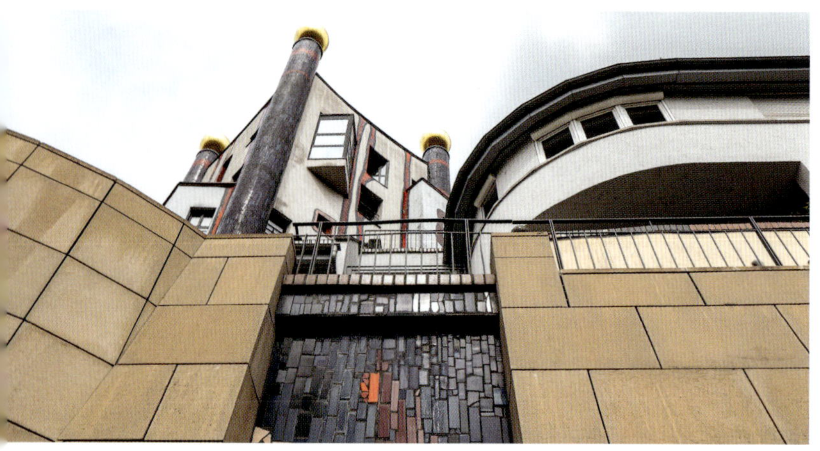

bekannte Hundertwasser-Wohnhaus des gleichnamigen Künstlers Friedensreich Hundertwasser anzuschauen. Beim Betrachten des Gebäudes mit seinem markanten 33 Meter hohen „Regenturm“ und seinen vier goldenen Kugeln fallen mir natürlich sofort die geschwungenen und unsymmetrischen Formen und Linien auf. Das ist auch nicht sehr verwunderlich, denn Hundertwasser (1928 bis 2000) galt als Gegner der geraden Linien und jeglicher Standardisierung. 1992 gelang es der Stadt Plochingen doch tatsächlich, den österreichischen Künstler für die Gestaltung der Fassade des Innenhofs der architektonisch sehr besonderen Wohnanlage zu gewinnen. Hundertwasser reizte es, den Bewohnern eine eigene Hundertwasserwelt zu erschaffen: Bunt-leuchtende Mosaiken, typische Formen und Farben, verspielte Balkone strahlen so viel Fröhlichkeit aus, rot-blaue Keramikbänder symbolisieren den herabrinnenden Regen, Bäume wachsen aus den Erkern – man fühlt sich beim Betrachten wie in einer wunderbaren Märchenwelt. Hier endet der für mich zweite Abschnitt des Neckars, der vor allem geprägt war durch seine vielen schönen und vielseitigen Naherholungsgebiete. Ein neuer, spannender Abschnitt beginnt nun – der Neckar bekommt ab jetzt vor allem

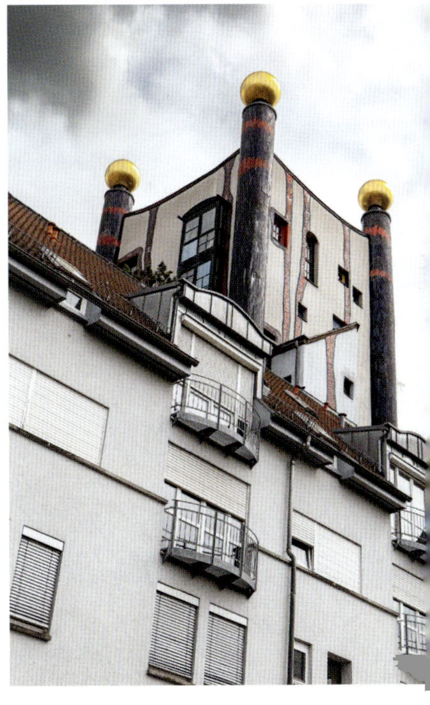

für die Industrie und Arbeit immer mehr Bedeutung!

Tipp

Wer mehr über die Philosophie von Hundertwasser erfahren möchte, kann an den angebotenen, einstündigen Führungen in der Wohnanlage teilnehmen. Treffpunkt: PlochingenInfo, Marktstraße 36, 73207 Plochingen,
E-Mail: tourismus@plochingen.de,
Tel. 07153/7005-250, Eintritt 5 Euro.

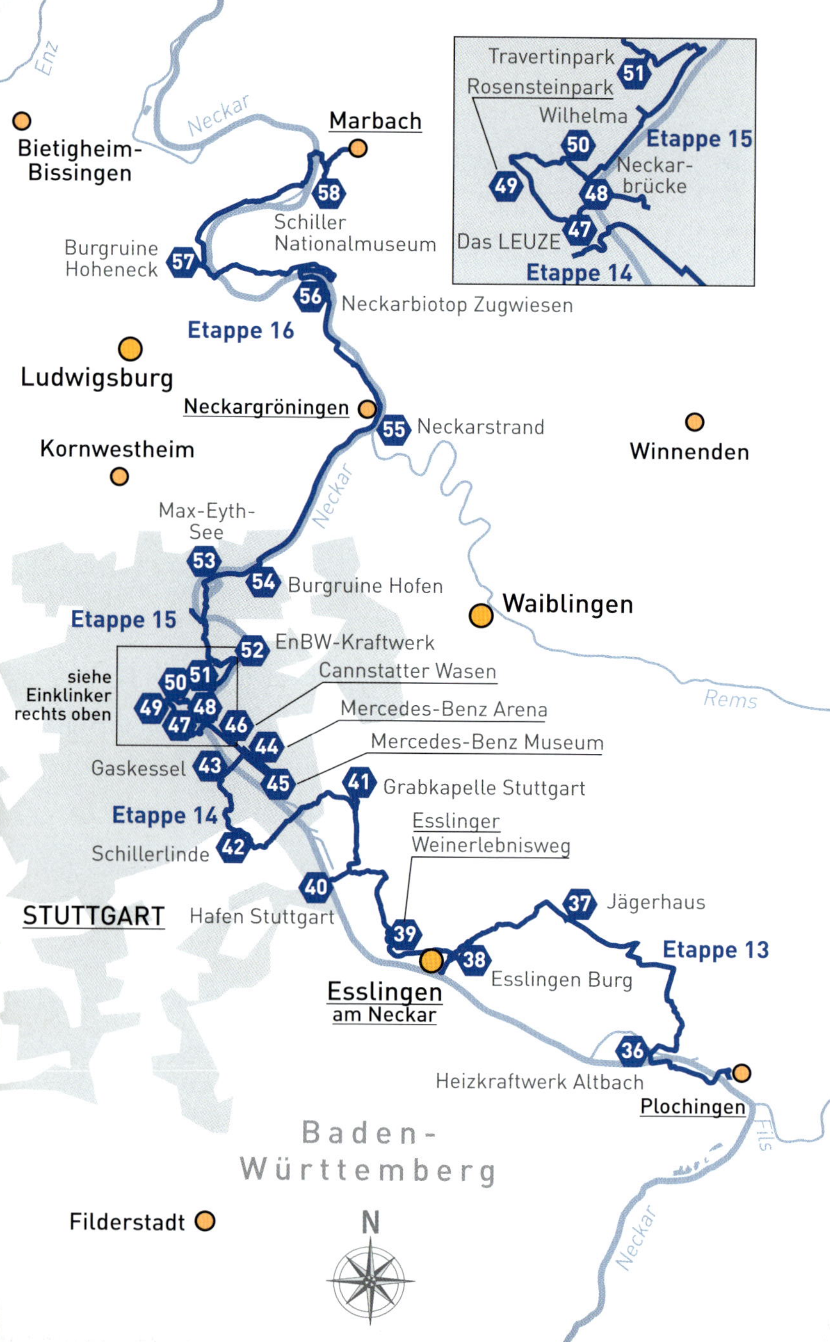
Enz
Neckar
Bietigheim-
Bissingen
Marbach
58
Schiller
Nationalmuseum
Burgruine
Hoheneck
57
56
Neckarbiotop Zugwiesen
Etappe 16
Ludwigsburg
Neckargröningen
55
Neckarstrand
Winnenden
Kornwestheim
Neckar
Max-Eyth-
See
53
54
Burgruine Hofen
Waiblingen
Etappe 15
52
EnBW-Kraftwerk
siehe
Einklinker
rechts oben
50
51
49
48
47
46
Cannstatter Wasen
Mercedes-Benz Arena
44
Mercedes-Benz Museum
Gaskessel
43
45
41
Grabkapelle Stuttgart
Rems
Etappe 14
42
Schillerlinde
Esslinger
Weinerlebnisweg
40
STUTTGART
Hafen Stuttgart
37
Jägerhaus
39
Etappe 13
38
Esslingen Burg
Esslingen
am Neckar
36
Heizkraftwerk Altbach
Plochingen
Fils
Baden-
Württemberg
Filderstadt
Neckar
N
Travertinpark
51
Rosensteinpark
Wilhelma
50
Etappe 15
Neckar-
brücke
49
48
47
Das LEUZE
Etappe 14

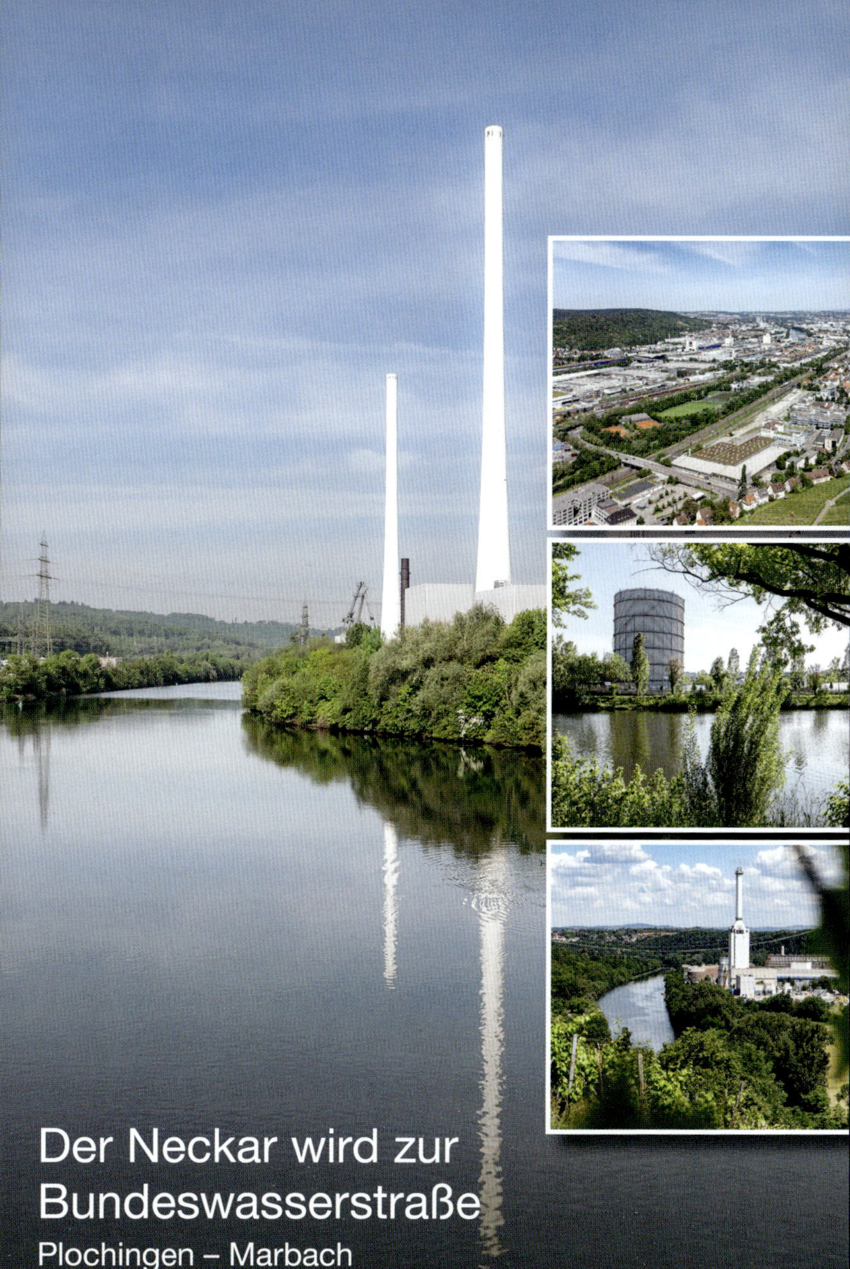
Der Neckar wird zur
Bundeswasserstraße
Plochingen – Marbach

36 HEIZKRAFTWERK, ALTBACH/DEIZISAU

Denkmalschutz für ein Kraftwerk

Hinkommen:
48°43'14.1"N 9°22'37.2"E

Mit dem Auto:
Zielort Altbach. Industriestraße 11, 73776 Altbach.

Mit dem ÖPNV:
Mit der S-Bahn nach Altbach. Über Neckarwasen auf L 1204, den Neckar überqueren und dann rechts auf Industriestraße und weiter bis zum Kraftwerk. **Vom Bahnhof zum Kraftwerk sind es 1,2 Kilometer.**

Tourbeschreibung:
Eindrucksvolle Industrieimpressionen direkt am Neckar. Landesamt für Denkmalpflege hat die Gebäude des Kraftwerks als Kulturdenkmal eingestuft.

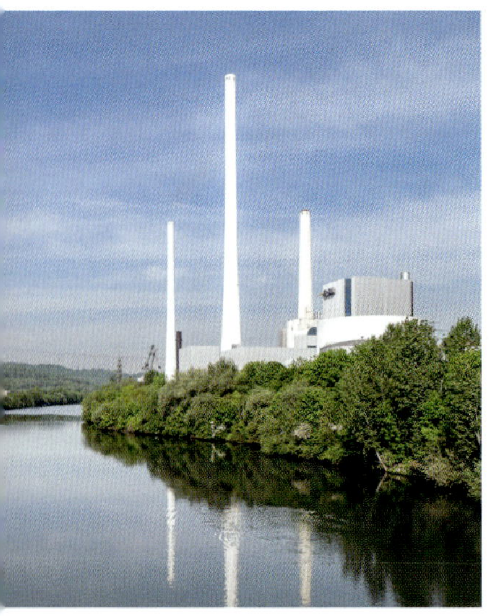

Heute bin ich wieder zu dritt wandern – Rainer und seine Frau sind meine treuen Weggefährten und wir wandern bis nach Esslingen. Theoretisch könnten wir auch direkt am Flussufer nach Stuttgart wandern, doch an diesem Streckenabschnitt liegen sehr viele Highlights in der näheren Umgebung des Neckars und sie bieten vielmehr als das Flussufer.

Die vor uns liegende 16 Kilometer lange Etappe starten wir in Plochingen. Bereits auf der Hinfahrt mit dem Zug erblicken wir die imposanten Türme des Heizkraftwerks, die für mich immer ein Hingucker waren, als wir meine Oma

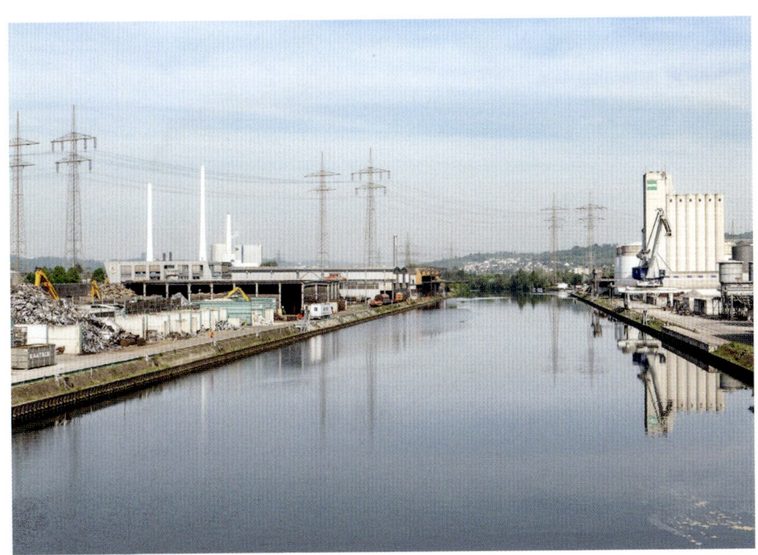

in Plochingen besucht haben. Auch ist der Anblick der hochragenden Türme eine Erinnerung an meinen Opa, der hier gearbeitet hat.

Wir überqueren den Neckar Richtung Deizisau und schauen hinunter auf den Hafen, der Anfang und zugleich Ende der 202 Kilometer langen Bundeswasserstraße des Neckars ist.

Bedenkt man, dass es über den Rhein und die westdeutschen Kanäle eine direkte Verbindung zu den deutschen, holländischen und belgischen Nordseehäfen gibt und von dort zu allen Tiefseehäfen der Welt, ist dies schon ein besonderer Ort für den Neckar! Auch hier blicken wir über das Industriegebiet und den Fluss hinüber zu den hochragenden Türmen, während wir durch die Ortschaft Deizisau gehen und uns den Türmen Schritt für Schritt nähern. Am Ortsrand von Deizisau überqueren wir den Neckar erneut und haben nun freie Sicht auf das Heizkraftwerk, das sich mit seinen Türmen reizvoll im Neckar spiegelt. Das Heizkraftwerk wurde 1899 im Rahmen der Gründung der Neckarwerke als Steinkohlekraftwerk erbaut und wird von der EnBW Kraftwerk AG betrieben. Es besteht aus zwei Blöcken und versorgt Privathaushalte in Esslingen, Altbach, Deizisau, Plochingen und Stuttgart sowie ein Großteil der Industriebetriebe in Esslingen und Stuttgart mit Fernwärme. Außerdem ist das Kraftwerk über eine Fernwärmeleitung mit dem Heizkraftwerk Stuttgart-Gaisburg in Stuttgart-Ost und dem Müllheizkraftwerk Stuttgart-Münster verbunden, bei dem ich später auch noch vorbei gehen werde. Der 45 Meter hohe Kühlturm diente als Prototyp des Kernkraftwerks Neckarwestheim 2. Doch spätestens bis 2038 sollen laut dem Kohleausstiegsgesetz von 2020 Kohlekraftwerke ausgeschaltet werden. Deshalb ist eine Gas- und Dampfturbinenanlage bereits in Planung, die langfristig für die Fernwärmeversorgung sorgen soll. Ein bedeutsamer Vorteil dieser zukünftigen Anlage ist, dass sie auch mit „grünem Gas", also erneuerbaren Energien, betrieben werden kann. Durch den Umstieg auf Gas und Wasserstoff wird zwar weniger Fläche benötigt – abgerissen werden darf aber dennoch nichts, denn die Architektur der Anlage ist aus Sicht des Landesamts für Denkmalpflege erhaltenswert und wurde zum Kulturdenkmal eingestuft. Die Architekten Fred Angerer und Gerhard Feuser zeigten Anfang der 1980er-Jahre erstmals, wie die Akzeptanz der Bevölkerung gegenüber qualitätvoller, einbindender Architektur gesteigert werden konnte.

Wir gehen weiter nach Altbach, kommen an dem Haus vorbei, in

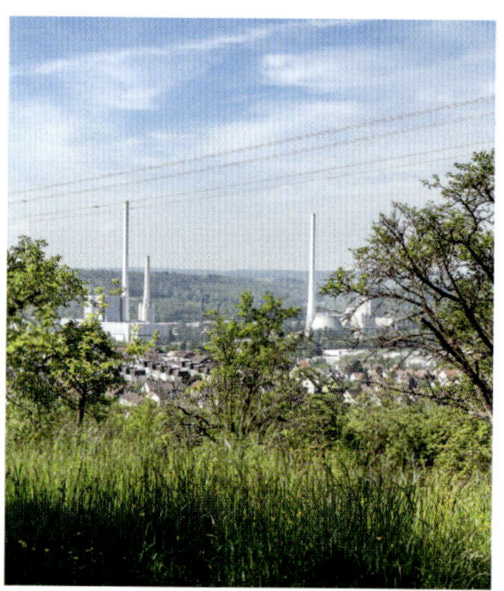

dem mein Vater aufgewachsen ist, und verlassen allmählich die Wohngebiete. Ein Anstieg führt uns hinauf zum ausgeschilderten Neckarweg, der hier auch nicht direkt am Neckar verläuft, aber immer mal wieder Blicke auf die Türme des Kraftwerks, die hier nun in einem spannenden Kontrast zur schönen Natur stehen, bietet.

Tipp

Der anliegende Heinrich-Mayer-Park ist ein beliebtes Naherholungsgebiet, auf dem einst die Elektrifizierung des Neckar- und Filstals begann. Vor allem ein frisch eingeweihtes Labyrinth und eine Fischtreppe, die sogar ein landesweites Vorzeigeprojekt ist, sind beliebte Besucherziele, Esslinger Straße 65, 73776 Altbach, www.altbach.de.

JÄGERHAUS, ESSLINGEN

37

Gigantische Aussichten bis zur Schwäbischen Alb

Hinkommen:
48°45'09.2"N 9°21'01.7"E

Mit dem Auto:
Zielort Liebersbronn, Römerstraße 7, 73732 Esslingen.
Parkplatzmöglichkeiten gibt es direkt vor dem Jägerhaus.

Mit dem ÖPNV:
Mit der Bahn nach Esslingen und weiter mit Bus 108 Richtung Liebersbronn Jägerhaus und weiter auf Römerstraße Richtung Sporthalle.
Von der Busstation zum Jägerhaus sind es noch 200 Meter.

Tourbeschreibung:
Breite, familienfreundliche Gehwege mit gigantischen Aussichten auf das Neckartal und an klaren Tagen bis hinüber zur Schwäbischen Alb – direkt am Jägerhaus.

Meter für Meter führt uns nun ein angenehmer Anstieg zuerst im Wald, dann an einem Waldrand und später in einer Schneise bergauf, und wir blicken immer wieder hinunter zu den immer kleiner werdenden Türmen des Kraftwerks. Schließlich biegen wir auf dem Saißleshauweg links ab, gehen erneut in den Wald hinein und folgen den Beschilderungen des Neckarwegs, bis wir auf die Römerstraße stoßen. Hier folgen wir dem Neckarweg, der uns wieder tiefer in den Wald bringt, um wenig später ein zweites Mal auf die Römerstraße zu stoßen.

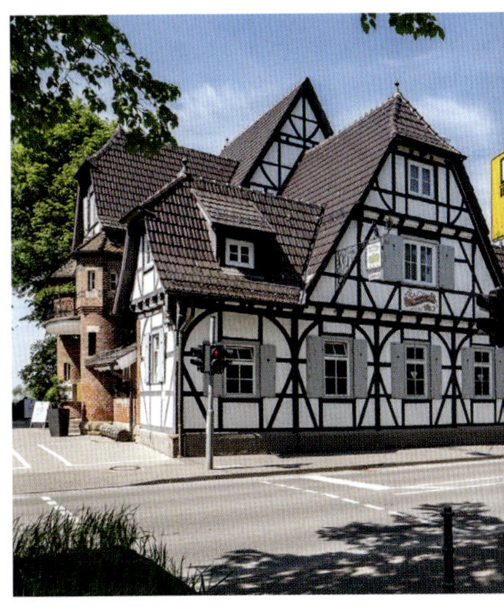

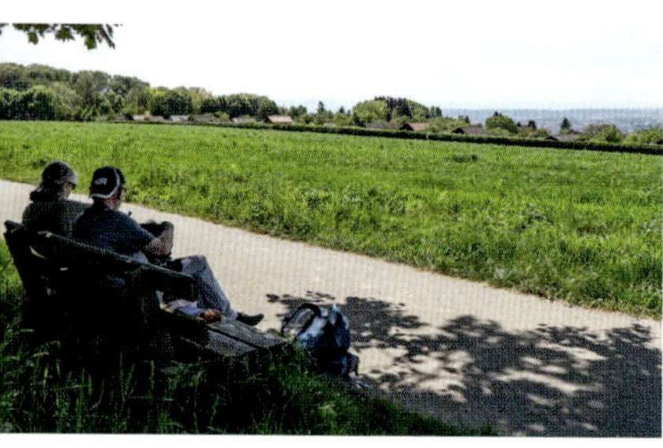

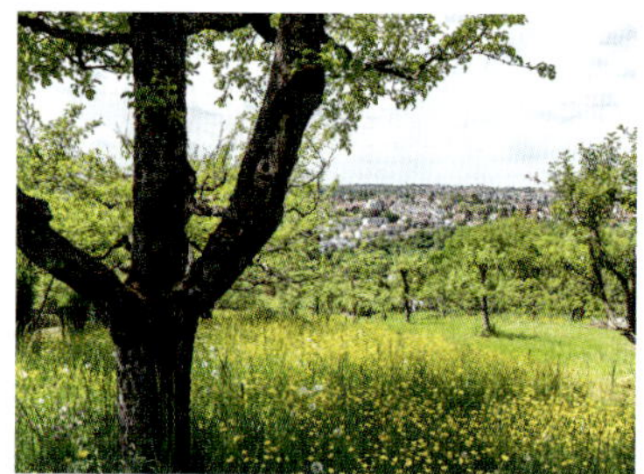

Genau hier, hoch oben über der alten Reichsstadt Esslingen am Neckar und mit einem gigantischen Blick bis hinüber zum Flughafen Stuttgart und an klaren Tagen sogar bis zur Schwäbischen Alb, liegt das beliebte, familiengeführte Hotel Jägerhaus mit 35 stilvollen Zimmern und einem Biergarten. Auch zu diesem Highlight habe ich einen speziellen Bezug, denn hier bin ich oft mit meiner Familie zu festlichen Anlässen gewesen. Die weite, flache Hochebene mit den gigantischen Ausblicken und der schwäbisch regionalen Küche sind einfach unwiderstehlich und bieten ein einladendes Naherholungsgebiet für die ganze Familie.

Auf der Suche nach einem aussichtsreichen Rastplätzchen wandern wir noch einige Meter an der Römerstraße entlang, bis wir an einem Flugplatz für Modellflieger ankommen, bei dem mein Vater als Modellflieger einst auch aktives Mitglied war. Heute sehen wir nur zwei Flieger in der Luft, genießen aber nach wie vor die unheimlich weite Landschaft mit der atemberaubenden Aussicht. Leicht unterhalb des Flugplatzes finden wir ein schattiges Plätzchen mit einer Bank, lassen es uns hier so richtig gut gehen und beobachten die Flieger bei ihrem Landeanflug auf Stuttgart. Nach einer ausgiebigen Pause geht es hinunter nach Esslingen.

Tipp

Die Waldgaststätte Dulkhäusle ist ein weiteres beliebtes, gutbürgerliches Lokal mit Gartenterrasse. Das Besondere ist die einzigartige Lage hoch über Esslingen am südlichen Rande des Schurwaldes. Mit herrlichem Blick zur Filderebene und an klaren Tagen sogar bis zur Schwäbischen Alb und eingerahmt vom Segelflugplatz Jägerhaus und einem großen Sportplatz bietet es ein tolles Ausflugsziel für die ganze Familie. Römerstraße 42, 73732 Esslingen, Tel. 0711/9012018, www.dulkhaeusle.de.

ESSLINGER BURG, ESSLINGEN

38

Wahrzeichen hoch über der Stadt

Hinkommen:
48°44'42.6"N 9°18'35.6"E

Mit dem Auto:
Zielort Esslingen. Auf der L 1150 den Neckar überqueren und weiter über Kiesstraße. Geradeaus weiter auf Entengrabenstraße und Grabbrunnenstraße. Dann rechts auf Mülbergstraße und dieser folgen bis zum Parkplatz an der Burg. **Der Parkplatz befindet sich direkt an der Burg.**

Mit dem ÖPNV:
Mit der Bahn nach Esslingen. Weiter zu Fuß über die Bahnhofstraße Richtung Marktplatz Esslingen. Augustinerstraße unterqueren und geradeaus auf „Ob. Beutau". Dann rechts auf Seilergang. **Vom Bahnhof zur Burg ist es etwa 1 Kilometer.**

Tourbeschreibung:
Mittelalterliches Flair oberhalb Esslingens mit gigantischen Weitblicken bis hin zur Schwäbischen Alb. Die mittelalterliche Altstadt mit ihren vielen Fachwerkhäusern ist ein besonders schönes Etappenziel und bietet viele Einkehrmöglichkeiten. Gehen Sie auf Entdeckungstour.

Wir verabschieden uns von der fantastischen Hochebene leicht oberhalb von Wiflingshausen und gehen durch die idyllischen Gartenanlagen hinunter nach Esslingen. Dabei führt uns der ausgeschilderte Neckarweg direkt zur Esslinger Burg, die wir vom äußeren Burgplatz über eine Brücke zwischen dem Kanonenbuckel links, auf dem die alten Festungskanonen stehen, und den jüngeren Wirtschaftsgebäuden mit der Burgschenke rechts erreichen.

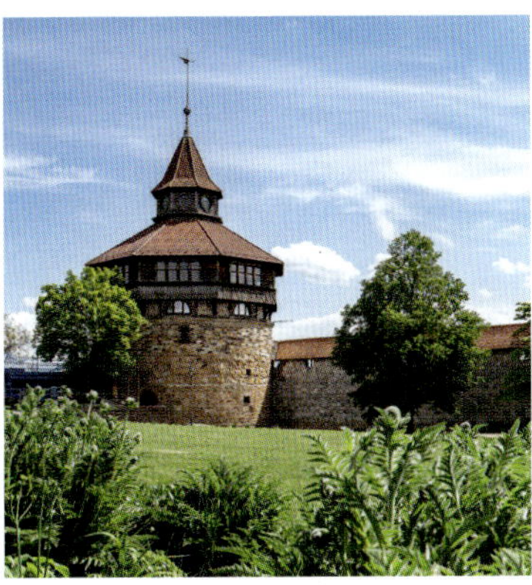

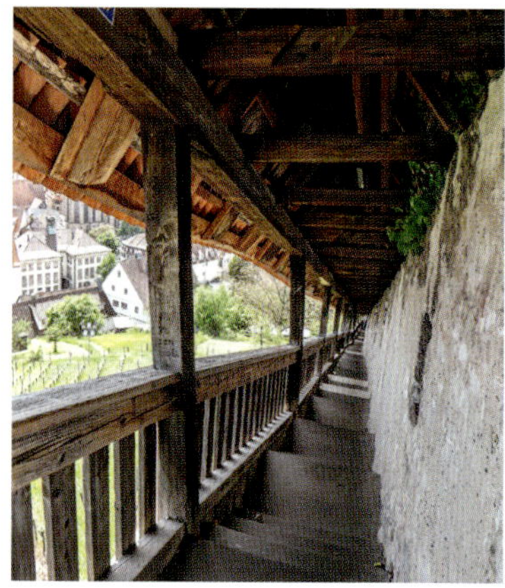

Uns begrüßt eine weite und leicht abschüssige Festwiese, auf der vor allem die überregional bekannten Open-Air-Kinos und Konzerte stattfinden. Der innere Burgplatz wurde in den 1970er-Jahren zu dieser offenen Parkanlage umgestaltet. Die mittelalterliche Burg direkt über der Innenstadt ließ Friedrich II. im Jahre 1219 erbauen. Streng genommen ist sie im eigentlichen Sinne gar keine Burg, sondern vielmehr Teil einer mittelalterlichen Stadtbefestigung, die Esslingen vor Angriffen schützen sollte. Dabei hielt diese auch den Angriffen von Ulrich von Württemberg im Jahr 1519 stand, der zuvor bereits die nahe gelegene Stadt Reutlingen eingenommen hatte.

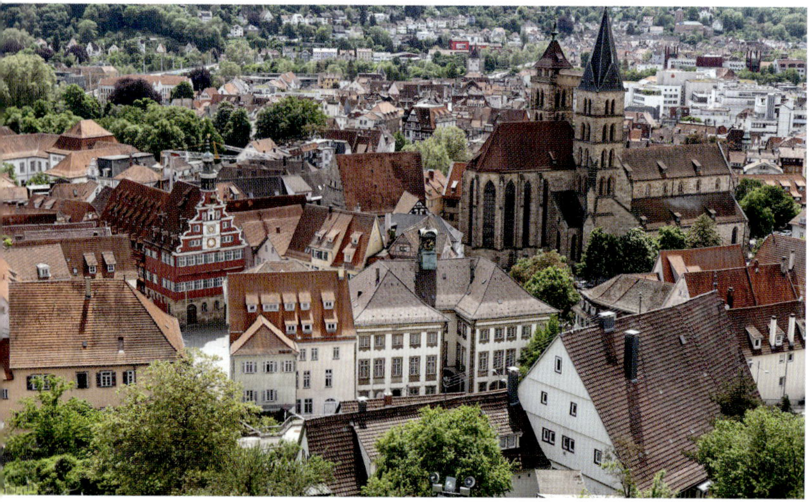

Am Ende der Parkanlage steht der „Dicke Turm", der erst im Jahre 1525 errichtet wurde. Darin soll sich im Jahre 1688 eine Esslingerin dem französischen General Mélac

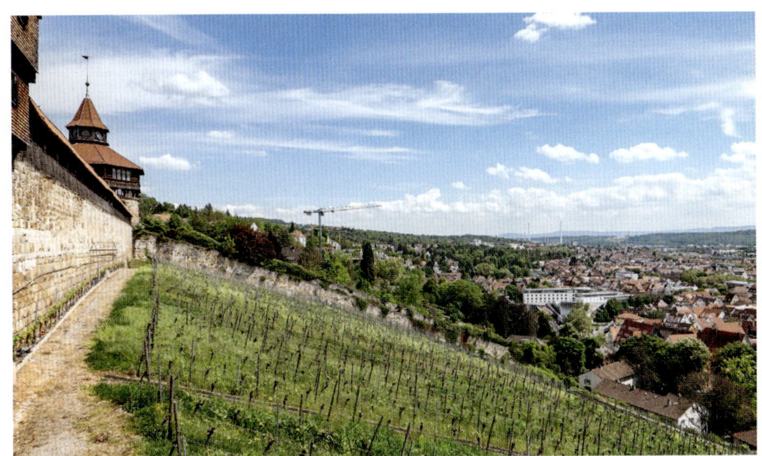

geopfert haben, um die Stadt zu schützen. Der Versuch scheiterte allerdings und Mélac richtete erheblichen Schaden an. Der „Dicke Turm“ ist Wahrzeichen der Stadt Esslingen und wurde bis 2011 als Restaurant genutzt. Seitdem ist er für die Öffentlichkeit geschlossen.

Wir schlendern über das weite Burggelände und gelangen durch ein Tor in der Burgmauer zum Seilergang, der auf den Resten der Stadtmauer liegt und uns über 300 Stufen hinunter zur Stadt bringt. Umgeben von diesem historischen Ambiente ringsherum bekommen wir noch einmal ganz besonders herrliche Ausblicke auf Esslingen bis hin zur Schwäbischen Alb.

Stufe für Stufe steigen wir hinunter in die ehemalige freie Reichsstadt, überqueren auf der Agnesbrücke den Neckar und schauen zwischen den Fachwerkhäusern hinauf zu den Weinhängen und zur Burgmauer. Wir genießen das mittelalterliche Flair der Stadt, schlendern noch ein wenig über den wunderschönen Marktplatz mit seinem so besonderen roten Alten Rathaus mit astronomischer Uhr und belohnen uns zum Abschluss auf der Inneren Brücke mit einem großen Eisbecher.

Tipp

Im Rahmen von Führungen wird der „Dicke Turm“ der Öffentlichkeit zugänglich gemacht. Marktplatz 16, 73728 Esslingen A. N., Tel. 0711/39693969, info@esslingen-marketing.de, www.esslingen-marketing.de.

39 WEINERLEBNISWEG, ESSLINGEN

Mit Panoramablick durch die Steillagen oberhalb der Stadt

Hinkommen:
48°44'38.4"N 9°18'13.8"E

Mit dem Auto:
Zielort Esslingen. Parkmöglichkeiten im Parkhaus Marktplatz oder in der Innenstadt. Zu Fuß Richtung Berliner Straße und bei der Frauenkirche links auf Neckarhaldenweg. **Vom Parkhaus Marktplatz zum Start des Weinerlebniswegs sind es nur wenige Meter.**

Mit dem ÖPNV:
Mit der Bahn nach Esslingen. Dann weiter auf Berliner Straße Richtung Frauenkirche. Links auf Neckarhaldenweg. **Vom Bahnhof zum Start des Weinerlebniswegs sind es 900 Meter.**

Tourbeschreibung:
Breite, familientaugliche Wege in hügeligem Weinanbaugebiet. Weite Aussichten auf Esslingen bis hin zur Schwäbischen Alb.

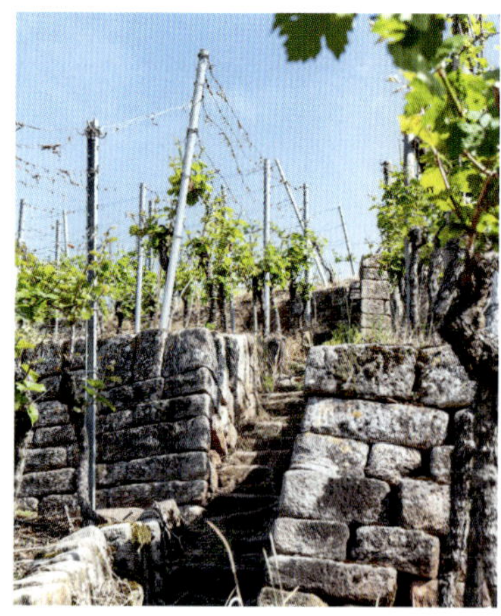

Auf der heutigen Wanderung von Esslingen nach Stuttgart, meiner Heimat- und Wohnstadt, geht es das erste Mal in die Weinberge hinein. Der Weinanbau hat für die Region einen unheimlich großen Stellenwert und ist aufs Engste mit der Stadtgeschichte Esslingens verknüpft.
In Esslingen gehe ich über die Bahnhofstraße Richtung Marktplatz und folge hierbei wieder der Markierung des Neckarwegs, der mich nach der Überquerung der Berliner Straße weiter auf den Neckar-

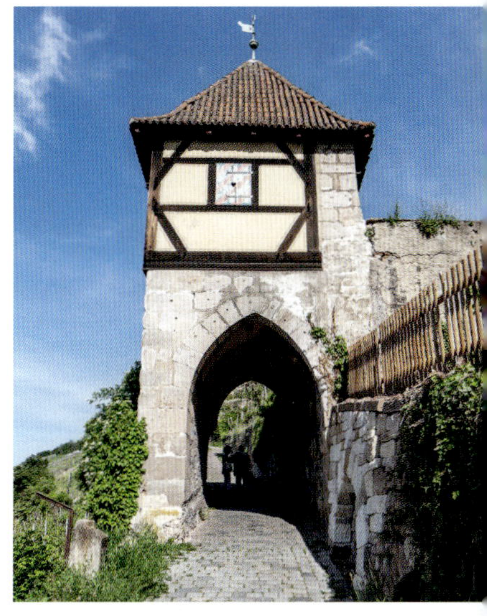

haldenweg bringt. Durch das aus dem 14. Jahrhundert stammende Neckarhaldentor, das als vorgeschobenes Bauwerk der Stadtbefestigung den Zugang zur Stadt von den Weinbergen her sicherte, gelange ich zum Schenkenberg, auf dem sich der markierte Esslinger Weinerlebnisweg befindet, der zugleich auch auf dem ausgeschilderten Neckarweg verläuft. Ein mittelalterlicher Pflastersteinweg führt mich immer tiefer in die Weinberge hinein und ich bekomme fantastische Blicke zurück auf Esslingen, den Neckar, der unterhalb von mir fließt, bis hinüber zur Schwäbischen Alb.

Der Weinerlebnisweg informiert an 20 Stationen über die Geschichte der Terrassenweinberge und über die Arbeit im Weinberg. Themen sind zum Beispiel Trockenmauern, Pflanzenschutz im Weinberg, die Weinjahreszeiten oder die Pflan-

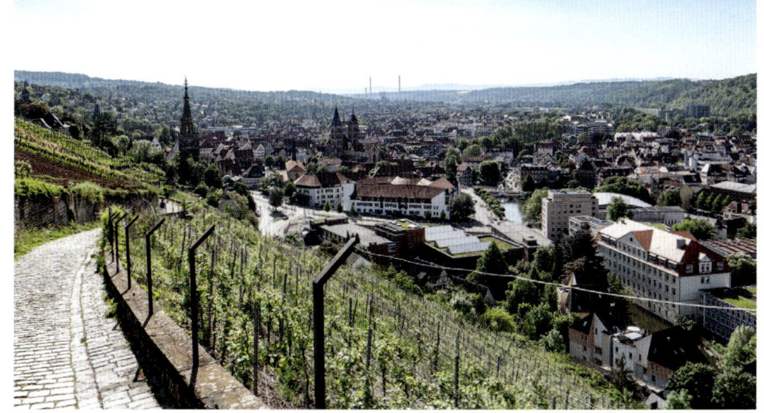

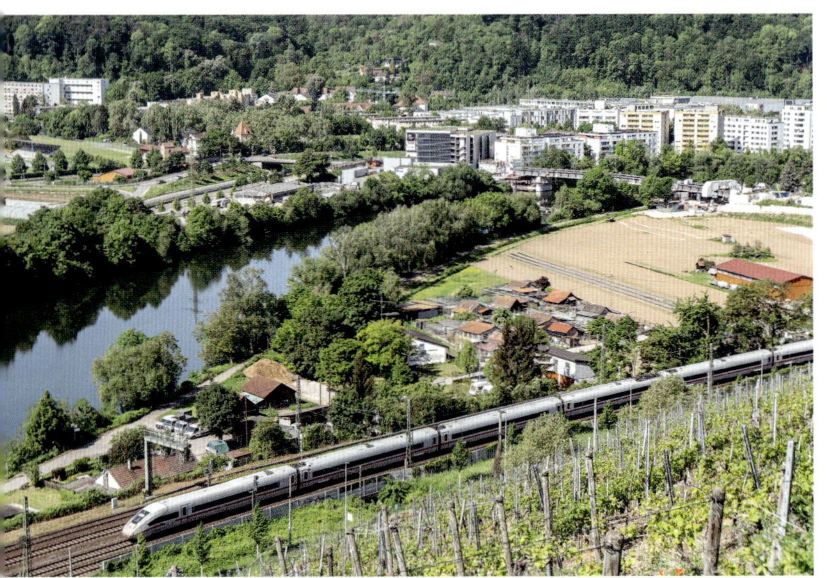

zen und Tiere, die auf den über 500 Jahre alten, unter Denkmalschutz stehenden, Trockenmauern leben. Durch den in großen Mengen erzeugten Wein errang die Stadt Esslingen Bedeutung. Gleich mehrere Klöster hatten hier ihre Keltern. Über weite Handelswege wurde der Esslinger Wein sogar bis nach Italien geliefert. Der Weinerlebnisweg soll verdeutlichen, wie mühsam der Weinanbau auf den wahrlich steilen Weinbergen ist – was den meisten Weintrinkern oft nicht bewusst ist. Dennoch gilt: Wein ist nicht nur Kultur, sondern auch Genuss und Lebensfreude! Ich folge dem Neckarweg und genieße noch eine ganze Weile diese besondere Weinlandschaft und die Aussicht, passiere Mettingen, das leicht unter mir liegt, und gehe weiter Richtung Stuttgart-Obertürkheim.

Tipp

An verschiedenen Tagen im Jahr gibt es offizielle Weinwandertage. Infos: www.weingaertneresslingen.de; Empfehlungen verschiedener Weinverkäufe: http://staffelsteiger-verein.de/weg20/.

HAFEN STUTTGART, OBERTÜRKHEIM
Wasser – Schiene – Straße

40

Hinkommen:
48°45'41.1"N 9°15'33.7"E

Mit dem Auto:
Zielort Stuttgart-Obertürkheim. Parkmöglichkeiten am Parkplatz an der Hafenbahnstraße gegenüber Gebäudenummer 22. Dann Abstecher hoch zu Otto-Hirsch-Brücken. **Der Parkplatz befindet sich am Rande des Hafens.**

Mit dem ÖPNV:
Mit der S-Bahn oder den regionalen Zügen nach Stuttgart-Obertürkheim. Weiter Richtung Hafenbahnstraße auf der gegenüberliegenden Seite von Obertürkheim. Dann Abstecher hoch zu Otto-Hirsch-Brücken.
Vom Bahnhof zum Hafen sind es 800 Meter.

Tourbeschreibung:
Sehr eindrückliche Ansichten auf den Hafen Stuttgart.

Oberhalb von Mettingen verlasse ich allmählich die schöne Weinwanderung und begrüße in Stuttgart-Obertürkheim meine Heimat- und Wohnstadt Stuttgart. Es ist schon ein besonderes Gefühl, von so weit her zu Fuß den eigenen Wohnort zu erreichen. Es liegen bereits knapp 200 Kilometer hinter mir, die ich ab der Quelle gewandert bin! In Obertürkheim biege ich links auf die Otto-Hirsch-Brücken, um von dort aus Sicht auf den stets umtriebigen und lebhaften Stuttgarter Hafen zu bekommen, der zwischen Unter- und Obertürkheim beziehungsweise Mettingen und Stuttgart-Wangen liegt. Das Plural der

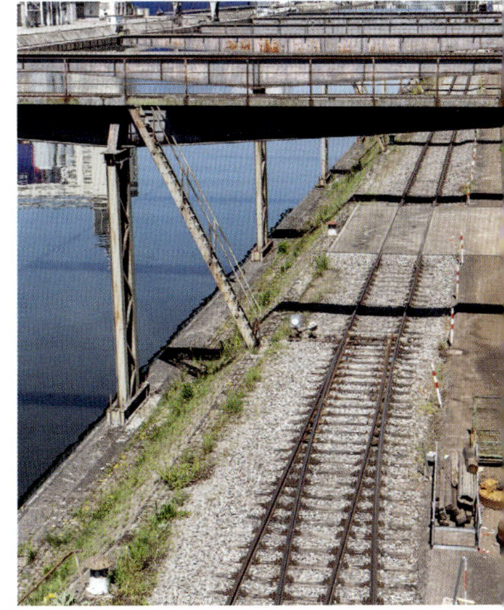

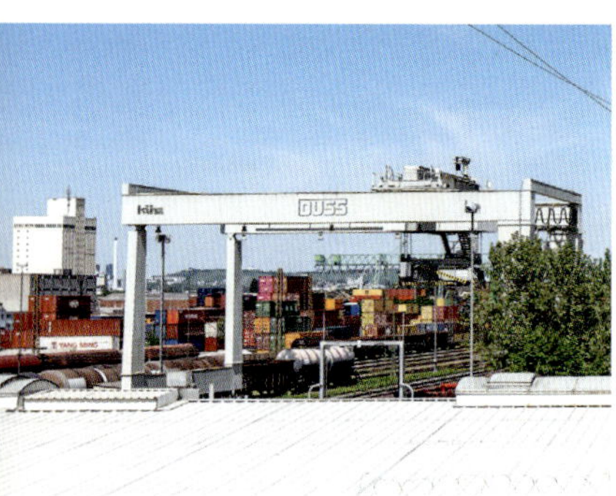

Brücken kommt daher, dass sie sowohl den Neckar als auch das Industriegebiet überspannen und von mehreren Auffahrrampen angesteuert und verlassen werden können. Mir war lange Zeit nicht klar, dass Stuttgart überhaupt einen Hafen hat, der für die Region wichtigster trimodaler Verkehrsknotenpunkt ist: Wasser-, Schienen- und Straßenverkehr treffen hier aufeinander.

Gebaut sollte der Hafen im Rahmen eines ausgeschriebenen Wettbewerbs zur städtebaulichen Gestaltung des Neckarufers werden. Dieses Vorhaben verzögerte sich jedoch durch den Nationalsozialismus, den Zweiten Weltkrieg und die Nachkriegszeit. So begann der Bau erst 1954 durch den Spatenstich des damaligen Stuttgarter Oberbürgermeisters Arnulf Klett. Vier Jahre später von Bundespräsident

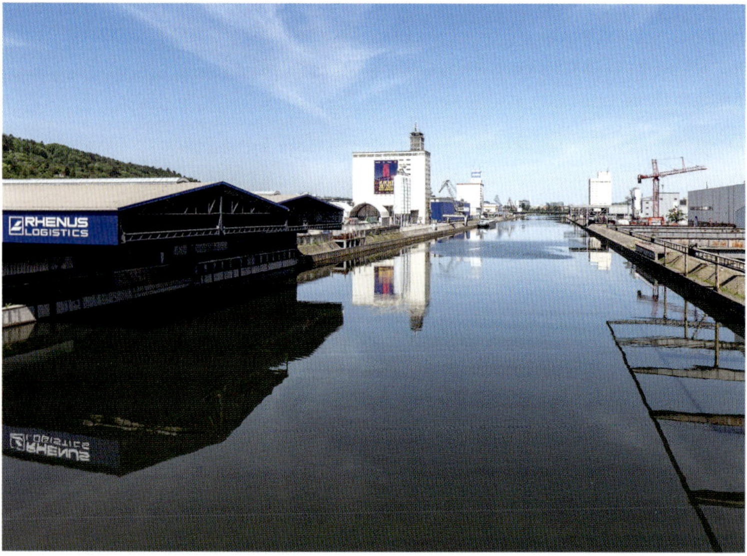

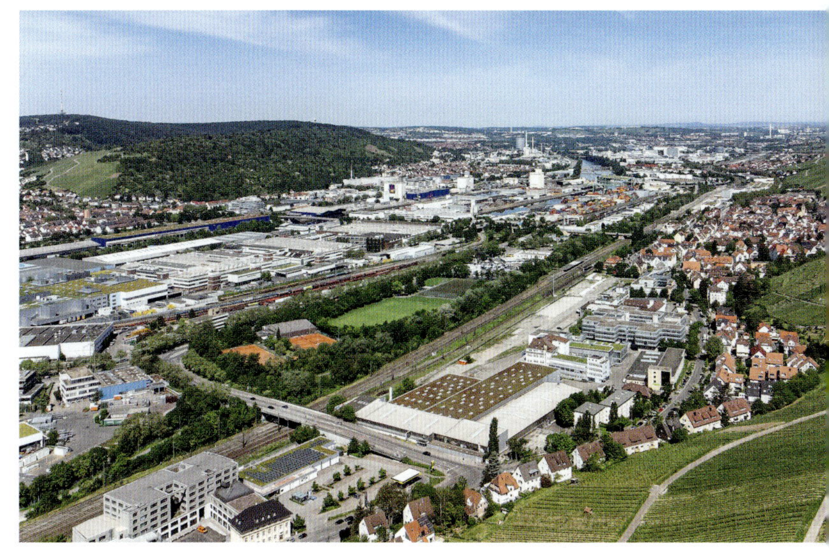

Theodor Heuss eröffnet, wurde er durch einen zweiten Bauabschnitt zum zweitgrößten Binnenhafen am Neckar. Heute bedeutet der Hafen für die Wirtschaft in der Region Stuttgart eine hohe Standortqualität und ist die Logistikdrehscheibe für die Region. Die hervorragende Verkehrsinfrastruktur ermöglicht ein Verladen von Gütern zwischen Straße, Schiene und Wasser.

Der Ausblick von den Otto-Hirsch-Brücken hat sich definitiv gelohnt und ich gehe wieder zurück nach Obertürkheim, um dort dem ausgeschilderten Neckarweg zu folgen, der mich in einem längeren Anstieg wieder zurück in die Weinberge führt.

Tipp

Am angrenzenden Mittelkai und den sich anschließenden Otto-Konz-Brücken lässt sich die spannende Hafenwelt auch nochmals gut beobachten.

41 GRABKAPELLE STUTTGART, STUTTGART-ROTENBERG

„Die Liebe höret nimmer auf."

Hinkommen:
48°46'56.1"N 9°16'09.0"E

Mit dem Auto:
Zielort Rotenberg. Parkmöglichkeiten gibt es auf der Württembergstraße unterhalb der Grabkapelle. **Von dort sind es nur noch wenige Meter hinauf zur Grabkapelle.**

Mit dem ÖPNV:
Mit der S-Bahn nach Untertürkheim. Dann mit Bus 61 weiter Richtung Grabkapelle. Zu Fuß weiter über die Württembergstraße zur Grabkapelle. **Von der Bushaltestelle zur Grabkapelle sind es 500 Meter.**

Tourbeschreibung:
Familienfreundliche Wege in den Weinbergen mit fantastischen Blicken ins Neckartal, Stuttgart und bis hinüber zur Schwäbischen Alb. Ein sehr romantischer und berührender Ort.

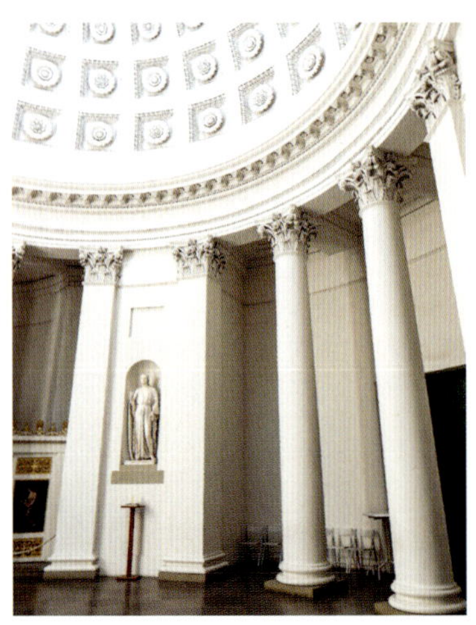

In Obertürkheim folge ich am Bahnhof der Göppinger Straße nach rechts, über die ich zuerst in die Augsburger Straße und wenig später nach rechts in die Uhlbacher Straße gelange. Hier ist der Neckarweg wieder ausgeschildert, und ich gehe am Friedhof Obertürkheim vorbei, der mit seiner Kirche wunderschön in die Landschaft eingebettet ist. Schritt für Schritt gelange ich wieder zurück in die Weinberge und ein Anstieg bringt mich noch weiter nach oben. Ich schau noch einmal zurück auf den Hafen, der hier spannend mit der

Natur im Kontrast steht. Der ausgeschilderte Neckarweg führt mich direkt zur Grabkapelle Württemberg. Ihre exponierte Lage oberhalb des Neckartals schenkt mir erneut eine gigantische Aussicht. Während ich nach rechts tief nach Stuttgart-Ost schaue, sehe ich links wieder die Schwäbische Alb.

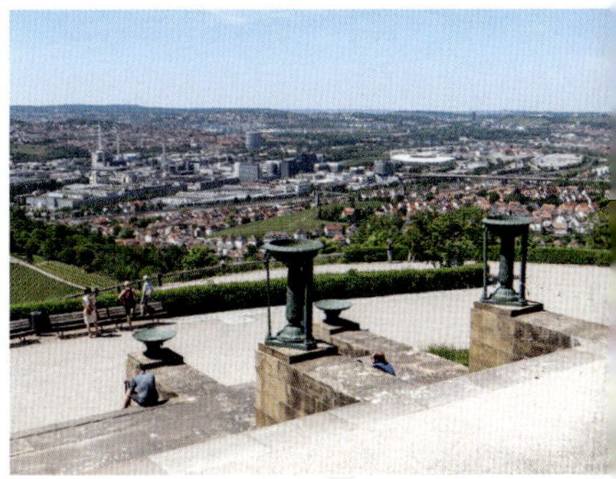

Die aus heimischem Sandstein gebaute Grabkapelle wird auch liebevoll „Schwäbisches Taj Mahal" genannt – ist sie doch ebenso wie das weltbekannte Mausoleum in Indien ein Monument der großen Liebe. Der württembergische König Wilhelm I. heiratete 1816 seine Cousine Katharina Pawlowna, die nur drei Jahre nach der Hochzeit verstarb. Die Liebe zu ihr war aber so stark, dass er ihr an ihrem Lieblingsplatz ein Denkmal nach einem Entwurf des württembergischen Hofbaumeisters Giovanni Salucci setzte. Der klassizistische Bau verkörpert das moderne Württemberg, das Katharina Pawlowna und König Wilhelm I. gestalteten. Für den Bau

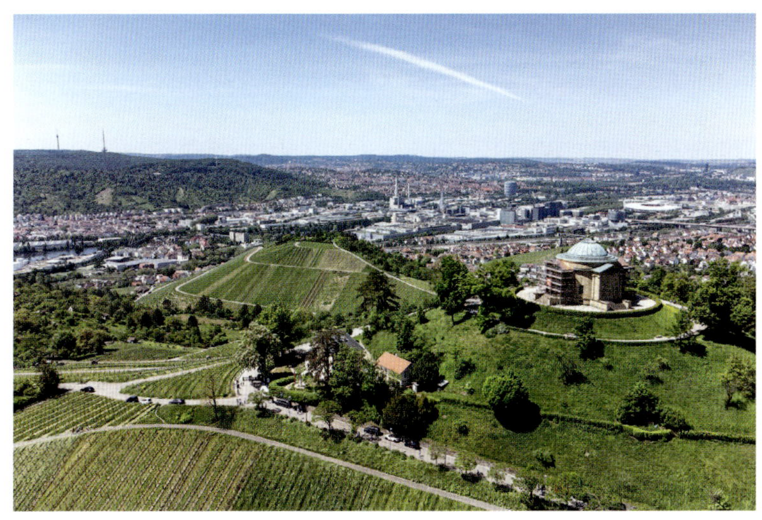

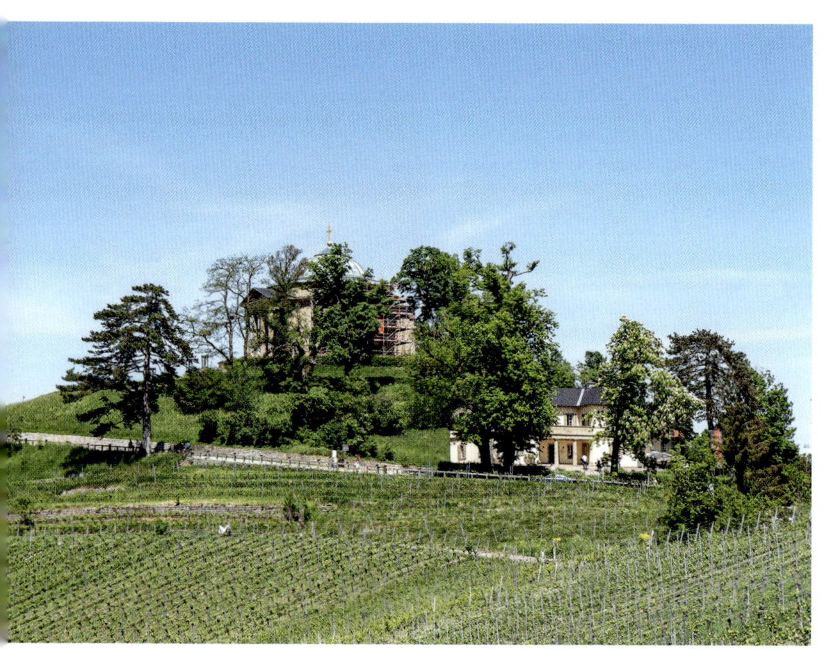

des Grabmals musste sogar die Stammburg des Hauses Württemberg aus dem 11. Jahrhundert abgetragen werden. Über dem Haupteingang steht liebevoll: „Die Liebe höret nimmer auf." Heute sind auch der König selbst und die gemeinsame Tochter Marie Friederike Charlotte von Württemberg dort bestattet. Ich lasse mich auf einer der vielen Treppen nieder und genieße die wundervolle weite Aussicht. Auf dem Rotenbergweg gehe ich unterhalb der Grabkapelle hinunter Richtung Stuttgart-Untertürkheim.

Tipp

Im Rotenberger Weingärtle kann man sich mit regionalen, frisch und mit Liebe zubereiteten Gerichten und einem feinen Glas heimischen Wein, Bier oder Saft stärken. Württembergstraße 317, 70327 Stuttgart, Tel. 0711/334015, www.rotenberger-weingaertle.de.

SCHILLERLINDE, STUTTGART-WANGEN

42

Aussichtsreich hoch über dem Neckar

Hinkommen:
48°46'22.9"N 9°13'43.1"E

Mit dem Auto:
Zielort Stuttgart-Wangen, Im Schleifrain 4, 70327 Stuttgart.
Parkmöglichkeiten auf der Waldebene Ost beim Parkplatz Sportanlage.
Der Waldebene Ost folgen bis zum letzten Sportplatz, vor den Schrebergärten links in den Wald und dann gleich rechts. Weg folgen bis zum Aussichtspunkt.
Vom Parkplatz bis zum Aussichtspunkt sind es 600 Meter.

Mit dem ÖPNV:
Mit der U4 bzw. U9 zur Haltestelle Inselstraße. Von der Ulmer Straße rechts auf Rinkenberg, dann links in Nähterstraße. Rechts auf Laupheimer Straße und links auf Munderkinger Straße. Zwischen Gebäude 19 und 21 dem Weg immer bergauf folgen.

Tourbeschreibung:
An idyllischen Gartenanlagen geht es familienfreundlich zum Aussichtspunkt Schillerlinde. Dort fantastische Aussicht auf Stuttgart.

Von der Grabkapelle gehe ich über den Rotenbergweg wieder hinunter nach Untertürkheim, überquere den Neckar und gelange in Wangen in den nächsten bedeutungsvollen Naturabschnitt für Stuttgart. In Wangen biege ich in die Ebersbachstraße ein und folge ihr bis in die Nähterstraße, in die ich links abbiege, um später rechts über die Buchauer Straße, vorbei am Friedhof Wangen, zu den Schrebergärten zu gelangen. Ich folge dem Weg über eine Haarnadelkurve und ge-

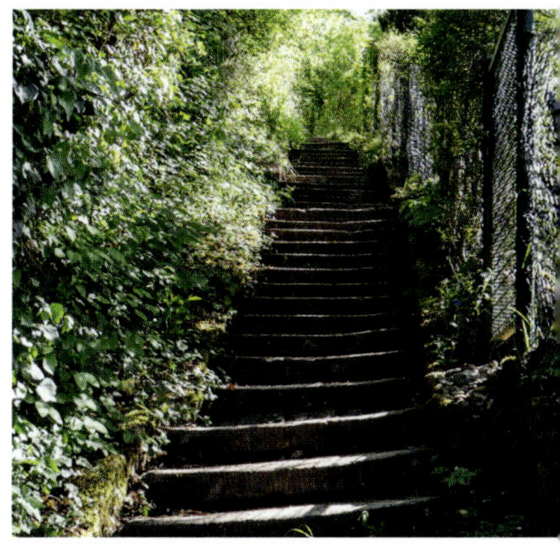

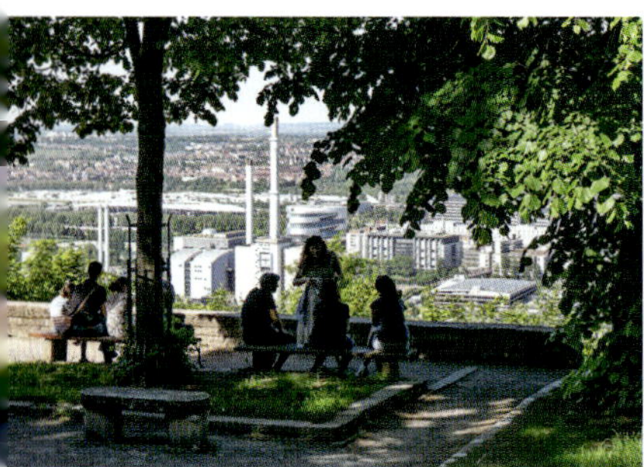

winne dabei stets an Höhe. Mit jedem Schritt bekomme ich wieder mehr tolle Aussichten auf das Neckartal, dieses Mal von der anderen Seite. Auf dem Wangener Höhenweg gehe ich an zahlreichen Kleingärten vorbei und nutze die eine oder andere Stäffele, wie der Stuttgarter seine Freilufttreppen liebevoll nennt, und finde es klasse, welche Vielfalt ich heute schon erlebt habe: mächtige Industrieanlagen, Weinberge, romantische Wege und jetzt das heimelige Gartenleben.

Kurz nach dem Eugen-Dennler-Brunnen biege ich vor der Waldebene Ost rechts ab und stoße genau auf den wunderschönen Aussichtspunkt, die Schillerlinde. Die Aussicht hier oben gehört zu den schönsten von Stuttgart und ich bekomme weite Teile des Neckars zu

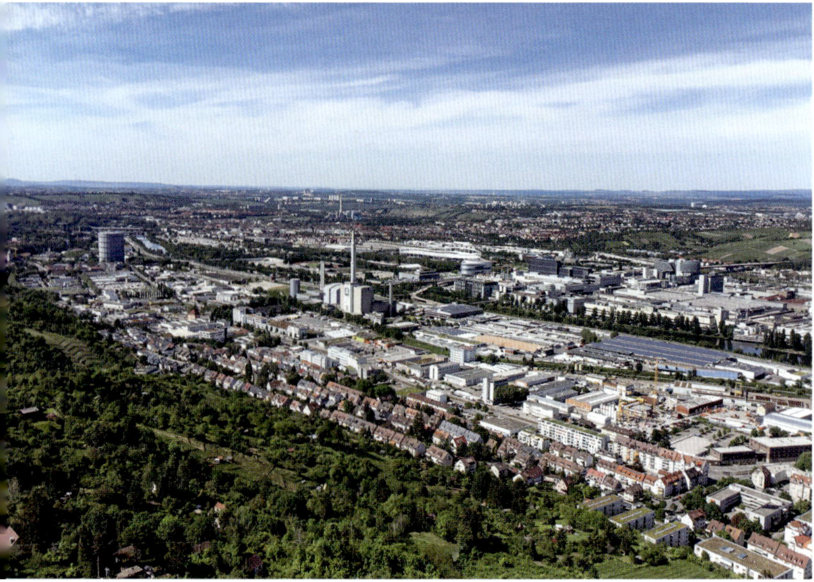

sehen. Die Stadtteile Wangen und Hedelfingen, die ich vorhin noch durchquert habe, liegen unten im Tal sowie die Orte Bad Cannstatt, Obertürkheim und Untertürkheim. Ich blicke hinüber zur Grabkapelle, von der ich gekommen bin und am Horizont erkenne ich Fellbach und das Remstal. Im Tal reihen sich flussaufwärts Mercedes-Benz Museum, Mercedes-Benz Arena, Gaskessel, Cannstatter Wasen und das Kraftwerk Münster aneinander.
Die Aussichtsanlage verdankt ihren Namen einer Linde, die am 12. Mai 1905 zu Ehren von Friedrich Schiller an dessen 100. Todestag hier gepflanzt wurde. 1965 wurde die stattliche Linde dann wahrscheinlich wegen ihres markanten Standortes von mehreren Blitzen getroffen, erlitt dabei schwere Schäden und drohte zu zerfallen. Heute wird sie von fest verspannten Eisenstäben gehalten und Drahtseile verhindern das Ausbrechen der schwankenden Baumkrone.
Über die Staibhöhe verlasse ich den beliebten Aussichtspunkt und gelange hinunter zum Gaskessel in Stuttgart-Gaisburg.

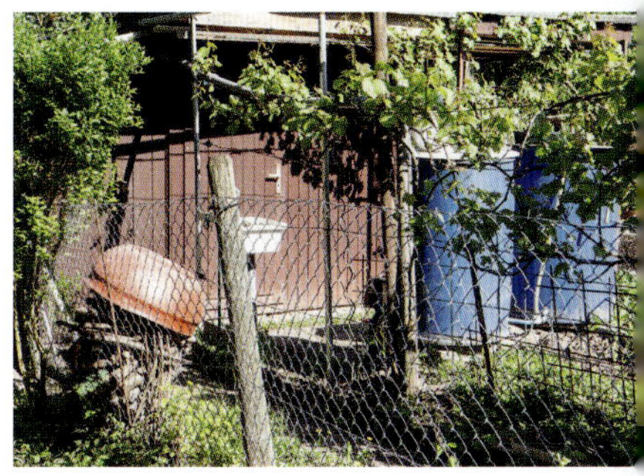

Tipp

Im sympathischen Wirtshaus Friedrichsruh mit wunderschönem Biergarten lässt sich herrlich Einkehren. Es liegt inmitten von Schrebergärten. Auf der vielfältigen Speisekarte wird jeder fündig. In den Stubenweinbergen 1, 70327 Stuttgart,
www.wirtshaus-friedrichsruh.de.

Erreichbarkeit: Über Stuttgart-Ost, Gablenberg, Merzschule oder in Degerloch dem Wegweiser Richtung Neckarpark folgend, Haltestelle Geroksruhe auf Waldebene Ost 2,5 km durch den Wald. Oder in Gaisburg, Bruckenschlegel am Kommunischtenwaldheim vorbei zur Waldebene Ost. Vorsicht Schlaglöcher! Dann, nur Mut, circa 300 Meter den schönen Schildern folgen bis zum Wirtshaus.

43 GASKESSEL, STUTTGART-GAISBURG

Ein Wahrzeichen geht in Pension

Hinkommen:
48°47'18.3"N 9°13'13.1"E

Mit dem Auto:
Zielort Stuttgart-Gaisburg. Talstraße 117, 70188 Stuttgart. Parkmöglichkeiten in Gaisburg, vor allem an der Gaisburger Kirche am Ende der Faberstraße.

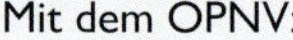

Mit dem ÖPNV:
Mit der Stadtbahnlinie U9 nach Gaisburg, Haltestelle Schlachthof.

Tourbeschreibung:
Rund um den Gaskessel bieten sich verschiedene Stadtwanderungen im Grünen an. Vor allem die Parkanlage Villa Berg oder der Klingenbach sind familienfreundlich. Der Blick zum Gaskessel ist ein ständiger Begleiter.

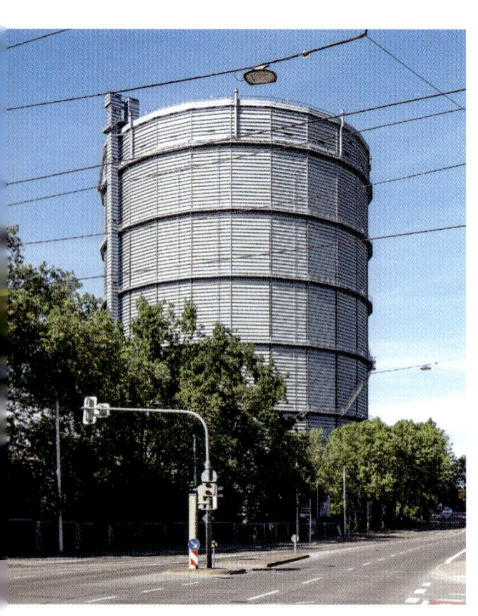

An der Schillerlinde verabschiede ich mich allmählich wieder von den idyllischen Schrebergärten und gehe über die Staibhöhe durch einen Wald hinunter nach Stuttgart-Gaisburg. Auf halber Strecke öffnet sich der Wald und ich blicke direkt auf den Gaskessel, der heute als Industriedenkmal geschützt ist, und nach wie vor als das Wahrzeichen von Stuttgart-Ost gilt.

Aber nicht nur optisch hatte der Gaskessel Einfluss auf die Gaisburger. Bei jedem Ablöschen des Koks entstand früher eine Dampfwolke, die als sogenannter „Gaisburger Regen“, bedingt durch den meist vorherrschenden Westwind,

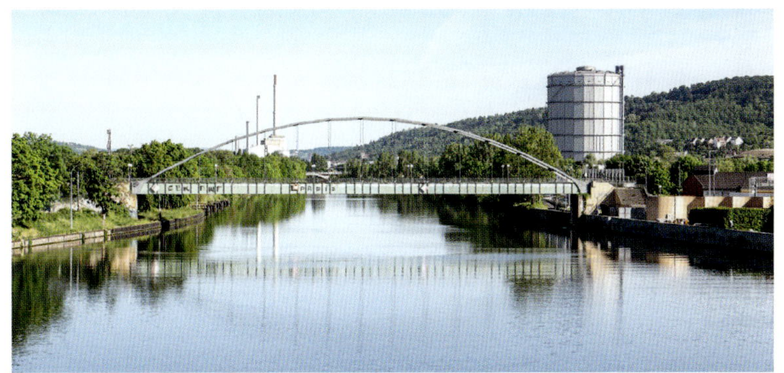

in Form von Niederschlag über Gaisburg niederging. Der heutige Gaskessel befindet sich auf dem Gelände des seit 1875 existierenden Gaswerks und ist ein Nachbau des ursprünglichen Kessels, der bei einem Fliegerangriff 1944 trotz eines von Oskar Schlemmer entworfenen Tarnanstrichs vollständig zerstört wurde. Entgegen der Vermutung war der Gaskessel jedoch keine große Notfallreserve, der Vorrat wäre an kalten Tagen innerhalb kürzester Zeit aufgebraucht gewesen. Wichtig waren die Speicher, weil man mit ihnen ohne großen Aufwand Spitzenzeiten abdecken konnte, ohne auf das überregionale Netz zugreifen zu müssen. Ende August 2021 mussten beide Speicher aus Kostengründen abgeschaltet werden. Wie es mit der Funktion des Gaskessels weitergeht, ist Stand Ende 2022 noch nicht klar. Es ist ein städtebaulicher Ideenwettbewerb geplant, denn das Neckarufer in Stuttgart-Ost soll im Zuge der Projektmaßnahme „Stadt am Fluss" komplett neu gestaltet werden.

Ich passiere den Gaskessel über die Talstraße, überquere den Neckar Richtung Stuttgarter Wasen und gehe nach links auf der rechten Seite des Neckars weiter Richtung Bad Cannstatt. Auf meiner Strecke zeigt sich der Gaskessel noch einmal von der anderen Seite und bietet in Verbindung mit dem Neckar tolle Fotomotive.

Tipp

Der Schlachthof Stuttgart ist ein rustikales Wirtshaus mit Biergarten: Es gibt Fleischgerichte aus eigener Schlachtung, traditionelle schwäbische Gerichte, auch vegetarisch, und ein Schweine-Museum. Schlachthofstraße 2, 70188 Stuttgart, Tel. 0711/66419500.

44 MERCEDES-BENZ ARENA, STUTTGART

Eine Sportstätte mit viel Historie

Hinkommen:
48°47'32.7"N 9°13'57.6"E

Mit dem Auto:
Zielort Stuttgart Bad Cannstatt. Parkplätze auf dem Cannstatter Wasen. **Wenige Meter zu Fuß über die Mercedesstraße zum Stadion.**

Mit dem ÖPNV:
An Spieltagen mit der U11, ansonsten mit der U19 zur Endstation NeckarPark (Stadion) und über die Mercedesstraße zu Fuß zum Stadion. Alternative mit der S-Bahn S1 beziehungsweise S11 zur Haltestelle Neckarpark und der Beschilderung über die Benzstraße folgen. **Von der Haltestelle zum Stadion ist es etwa 1 Kilometer.**

Tourbeschreibung:
Der Sportpark Neckarpark ist ein weitläufiges Areal, umgeben von vielen Trainings- und Sportplätzen. Mit ein wenig Glück kann man die Spieler des VfB Stuttgarts beim Training beobachten.

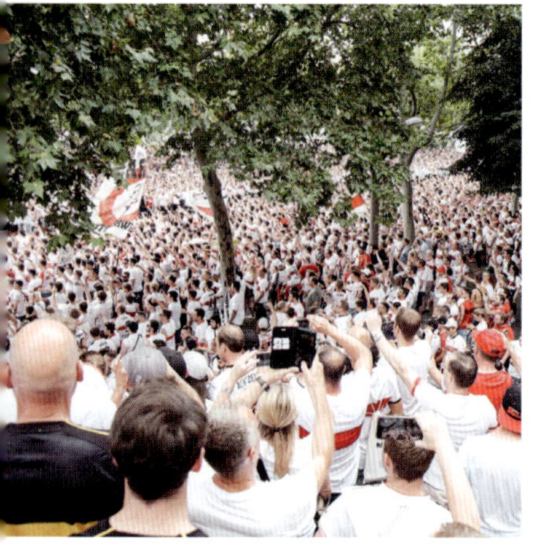

Am Gaskessel beschließe ich, die nun folgenden zwei Highlights, die Mercedes-Benz Arena und das benachbarte Mercedes-Benz Museum, auszulassen. Nicht weil sie uninteressant sind, sondern ganz im Gegenteil. Ein Stadion- oder ein Museumsbesuch stehen für sich, nehmen viel Zeit in Anspruch und haben auf einer Wanderung keinen Platz, müssen an dieser Stelle aber unbedingt genannt werden, weil sie absolute Highlights am Neckarufer sind. Das Stadion befindet sich auf dem Veranstaltungsgelände Ne-

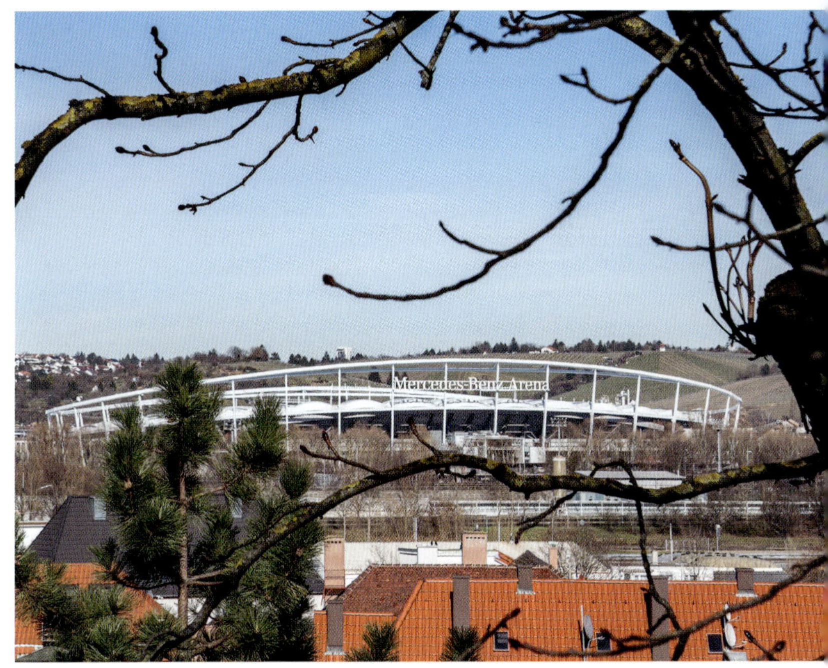

ckarpark im Stadtbezirk Bad Cannstatt direkt zwischen dem legendären Cannstatter Wasen und dem benachbarten Mercedes-Benz Museum.

Erst im Frühjahr 2022 ereignete sich im Stadion etwas, das Tausende VfB-Fans begeisterte, als nämlich der 1893 gegründete VfB Stuttgart in seinem Heimatstadion im letzten Saisonspiel den Last-Minute-Klassenerhalt feiern durfte, der zwei Spieltage zuvor noch unerreichbar erschien. Ich hatte das Glück, dieses dramatische Spiel mit meinem ehemaligen Schulfreund live im Stadion mitzuerleben. Möglicherweise ist das Erlebnis emotionaler und nachhaltiger, als die insgesamt fünf Meisterschaften, die der VfB insgesamt gewinnen konnte oder die zwei Aufstiege in der jüngeren Vergangenheit. Die Arena, die Heimat des VfB Stuttgart, blickt auf eine Vergangenheit bis ins Jahr 1929 zurück. Seitdem wurde sie zahlreichen Wandlungen und Umbauten unterzogen, bis sie schließlich mit dem Umbau für die Fußball-Europameisterschaft 2024, in der Arena sollen fünf Spiele stattfinden, zu einem der modernsten Stadien Europas wird. Mit 60.499 Plätzen ist sie das sechstgrößte Stadion der Fußball-Bundesliga, in dem schon Spiele der Fußballweltmeisterschaft 1974 mit Weltmeister Deutschland und das „Sommermärchen 2006" stattfanden. Aber nicht nur Fußballspiele, sondern auch andere sportliche Großereignisse wurden hier ausgetragen, wie zum Beispiel die Leichtathletik-WM 1993. Im Juli 2006 legte Erwin Staudt, damaliger Präsident des VfB Stuttgart, jedoch eine Machbarkeitsstudie für den Umbau des damaligen Gottlieb-Daimler-Stadions in ein reines Fußballstadion vor, um die Fans, die bis dahin durch eine Tartanbahn getrennt weit entfernt vom Spielfeldrand waren, näher an das Geschehen zu bringen. Die Tartanbahn musste weichen, das Spielfeld wurde einige Meter tiefer gelegt und die Tribünen vorgezogen – sehr zum Leidwesen der Fans und Sportler der Leichtathletik. Dafür ist der Besuch eines Spiels in der nun mehr reinen Fußballarena mit seinen einzigartigen Fans und der Cannstatter Kurve ein ganz besonderes Erlebnis.

Tipp

Über die Website des VfB Stuttgarts ist eine Arena-Tour buchbar. Dabei gibt es exklusive Einblicke hinter die Kulissen der Mercedes-Benz Arena.
www.shop.vfb.de

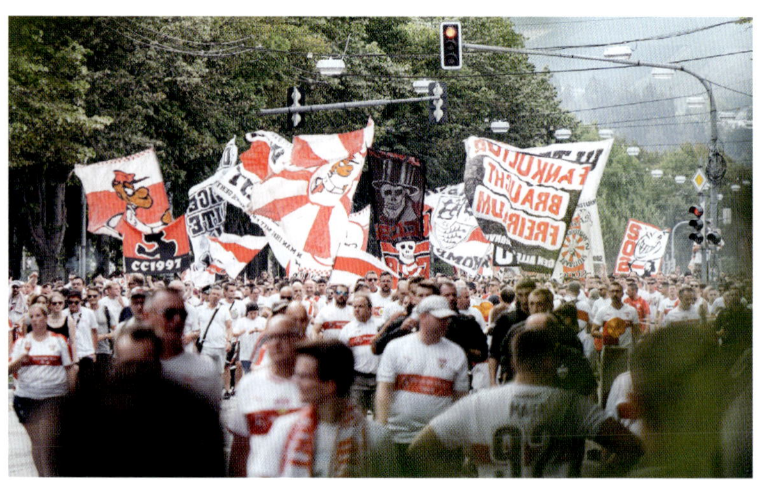

MERCEDES-BENZ MUSEUM, STUTTGART

45

Eine Reise durch die Automobilgeschichte

Hinkommen:
48°47'17.9"N 9°14'04.2"E

Mit dem Auto:
Zielort Stuttgart-Untertürkheim. Mercedesstraße 100, 70327 Stuttgart. **Parkmöglichkeiten sind über die Mercedes-Jellinek-Straße direkt am Museum zu erreichen.**

Mit dem ÖPNV:
Mit der S-Bahn (S1) zur Haltestelle Neckarpark. Dort über die Benzstraße und weiter auf Martin-Schrenk-Weg Richtung Museum. **Von der S-Bahn zum Museum sind es 800 Meter.**

Tourbeschreibung:
Ein Rundgang führt in neun Etagen chronologisch durch die Entwicklung des Automobils und zeigt die ersten Ideen bis hin in die Zukunft. Für die Besichtigung des 16.500 (!) Quadratmeter großen Museums sollten schon mindestens drei Stunden eingeplant werden.

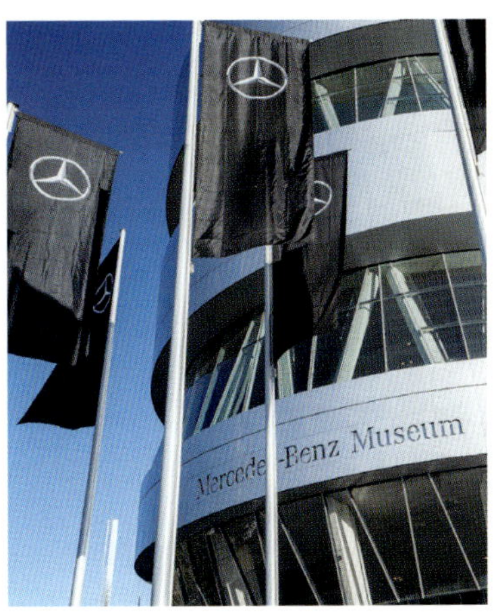

Das unmittelbar neben der Mercedes-Benz Arena liegende Mercedes-Benz Museum ist genau wie das Stadion unbedingt einen Extrabesuch wert! Deshalb besuchte ich das Automobilmuseum, das nach dem gleichnamigen Stuttgarter Autobauer und Erfinder Carl Benz benannt ist und von dem niederländischen Architekten Ben van Berkel entworfen wurde, an einem Nicht-Wandertag.

Das im Mai 2006 eröffnete Mercedes-Benz Museum ist durch seine ovale, silberne Form schon von

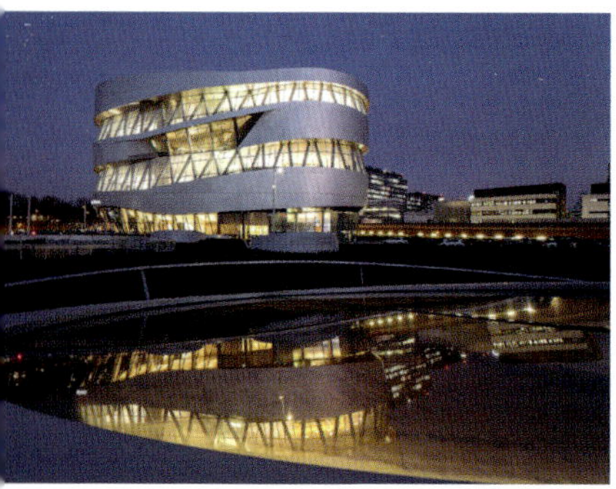

außen ein wahrer Hingucker. Der weite Vorplatz lädt ein, das imposante Gebäude aus verschiedenen Perspektiven zu bestaunen und sich auf die kommenden Stunden einzustellen. Im Inneren fahren in einer Art Atrium drei Aufzüge, die an die ersten Silberpfeile erinnern, hinauf unters Dach in die neunte Etage. Von dort führen zwei Rundgänge in weiten Kurven chronologisch durch die über 130 Jahre lange Automobilgeschichte, die im Jahre 1886 beginnt und deren Start symbolisch durch ein Pferd dargestellt wird, das erste „Verkehrsmittel" der Menschheit. Über 160 Fahrzeuge und 1.500 Exponate zeigen eindrucksvoll die Entwicklung des Automobils von den ersten Ideen bis in die Zukunft. Bilder und Texte erläutern den zeitgeschichtlichen Zusammenhang und verdeutlichen die Entwicklung des Auto-

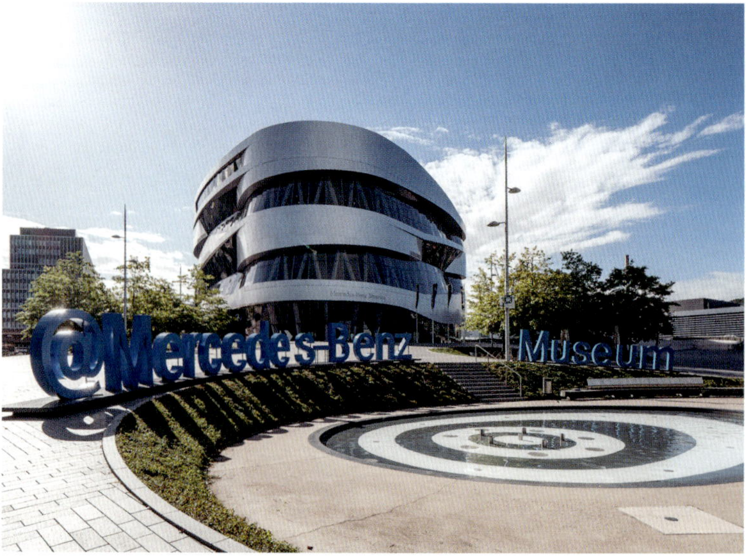

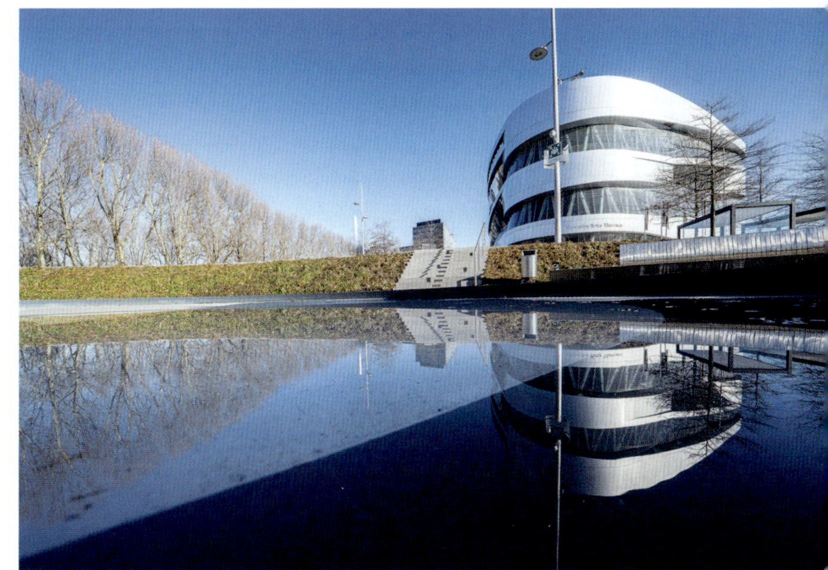

mobils und dessen historische und gesellschaftliche Bedeutung. Der Standort Stuttgart-Untertürkheim direkt am Neckar ist aufgrund der Erfindung des Autos nicht nur für Stuttgart, sondern sogar weltweit von immens wichtiger Bedeutung. Daher ist es nicht verwunderlich, dass das Museum mit mehr als neun Millionen Menschen aus über 190 Nationen das meistbesuchte in Stuttgart ist.

Tipp

Zusätzlich zur Automobilausstellung gibt es vor dem Museum, über das Jahr verteilt, einige Open-Air-Veranstaltungen. Informationen dazu unter www.mercedes-benz.com.

46 CANNSTATTER WASEN, STUTTGART-BAD CANNSTATT

Europas größtes Schaustellerfest

Hinkommen:
48°47'40.4"N 9°13'25.8"E

Mit dem Auto:
Zielort Stuttgart-Bad Cannstatt. Von der Gaisburger Brücke über die Talstraße Richtung Neckarpark. Parkmöglichkeiten gibt es direkt nach der Brücke. **Der Parkplatz befindet sich direkt am Cannstatter Wasen.**

Mit dem ÖPNV:
Mit der Stadtbahn U19 oder U11 (bei Veranstalltungen) Richtung Neckarpark Stadion, Ausstieg an der Haltestelle Cannstatter Wasen. **Die Haltestelle befindet sich direkt am Cannstatter Wasen.**

Tourbeschreibung:
Der Cannstatter Wasen befindet sich zwischen dem Neckarufer und dem Stuttgarter Stadtteil Bad Cannstatt. Vor allem die Fußgängergasse in Bad Cannstatt ist mit ihren vielen Fachwerkhäusern einen Besuch wert.

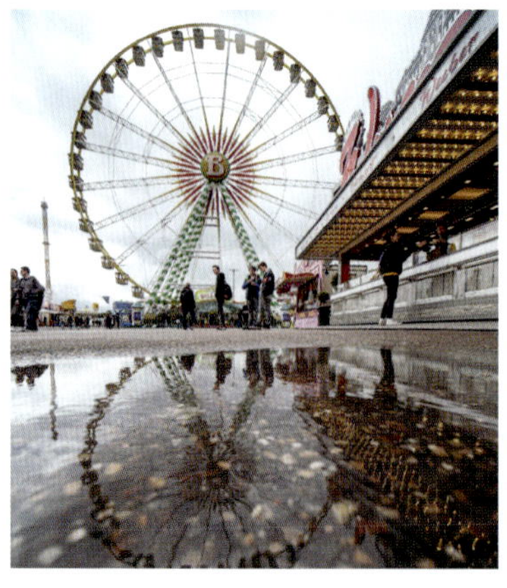

Auf der Talstraße überquere ich den Neckar und biege gleich danach links ab, um auf der rechten Seite des Neckars nach Stuttgart-Bad Cannstatt zu gelangen. Hierbei blicke ich immer wieder zurück auf den Gaskessel, der sich im Neckar wunderbar spiegelt. Auf der rechten Seite breitet sich der rund 25 Hektar große Cannstatter Wasen aus, der vor allem durch das Volksfest von Ende September bis Anfang Oktober große Bekanntheit erlang. 1818 wurde auf

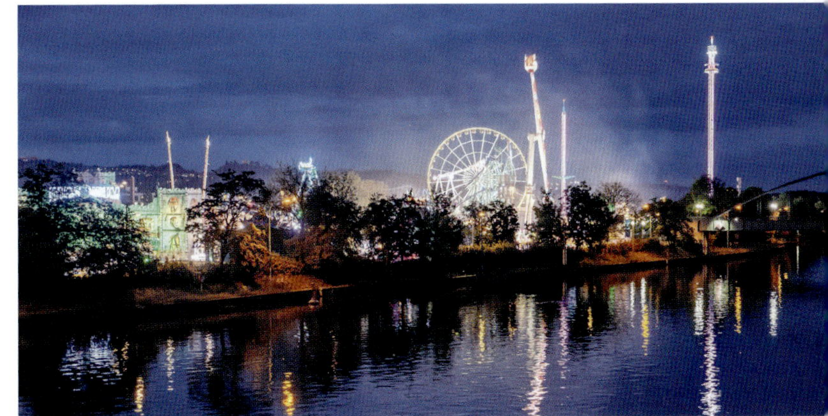

Wunsch des württembergischen Königs Wilhelm I. dort zum ersten Mal ein landwirtschaftliches Fest gefeiert. Allerdings hatte dieses einen ernsten Ursprung: 1815 explodierte der indonesische Vulkan Tambora und schleuderte so große Mengen an Gas und Staub in die Atmosphäre, dass sich dadurch das Klima auf Jahre veränderte – auch in Württemberg. Missernten, Hungersnöte und ein Jahr ohne Sommer waren für den König Anlass genug, die Landwirtschaft zu reformieren. Das erste Fest 1818 sollte ein Fest der Hoffnung sein. Die Fruchtsäule wurde zum Symbol des Volksfestes. Heute findet neben dem Volksfest noch alle vier Jahre das Landwirtschaftliche Hauptfest statt. Rund 4 Millionen Besucher waren zuletzt auf dem 175. Cannstatter Volksfest, im Volksmund kurz „der Wasen" genannt. Zusätzlich zum zweiwöchigen Volksfest, das normalerweise eine Woche nach dem Münchner Oktoberfest beginnt, gastiert auf dem Wasen auch das Frühlingsfest zwischen Mitte April und Anfang Mai. Ebenso ist der Wasen eine beliebte Fläche

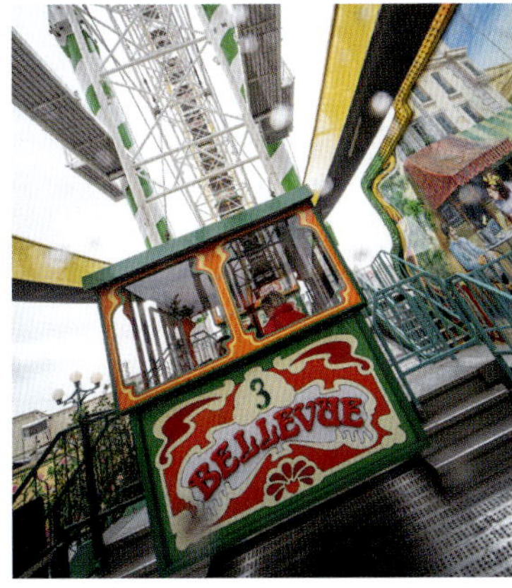

für große Konzerte mit Weltstars sowie für den traditionellen Weltweihnachtszirkus.

Heute findet leider keine Großveranstaltung statt, sodass ich einfach nur eine gähnende Leere rechts neben mir habe. Das ist tatsächlich auch eine städtebauliche Herausforderung, denn die meiste Zeit im Jahr präsentiert sich der Cannstatter Wasen als staubige, unansehnliche und öde Freifläche. Es gibt deshalb Überlegungen, diese Fläche zwischen den Veranstaltungen in ein stadtnahes Freizeit- und Naherholungsgebiet umzuwandeln. Um den Erhalt der Großveranstaltungen zu gewähren, gibt es den Vorschlag, die Fläche über einen abgrenzenden Bereich mit Hilfe von steuerbaren Schleusen durch den angrenzenden Neckar zu fluten, um daraus eine attraktive Badeanstalt zu erhalten. Schritt für Schritt nähere ich mich nun, stets direkt am Neckar, meinem heutigen Zielort Bad Cannstatt.

Tipp

Seit 2018 wird im Vierjahresrhythmus mit dem Historischen Volksfest auf dem Stuttgarter Schlossplatz an die Gründung des Cannstatter Volksfestes erinnert. Zu sehen gibt es mitten in der Stadt nostalgische Fahrgeschäfte, Gaukler und Künstler, Artisten, aber auch Illusionsschaubuden oder einen Flohzirkus.
https://www.historisches-volksfest.de/

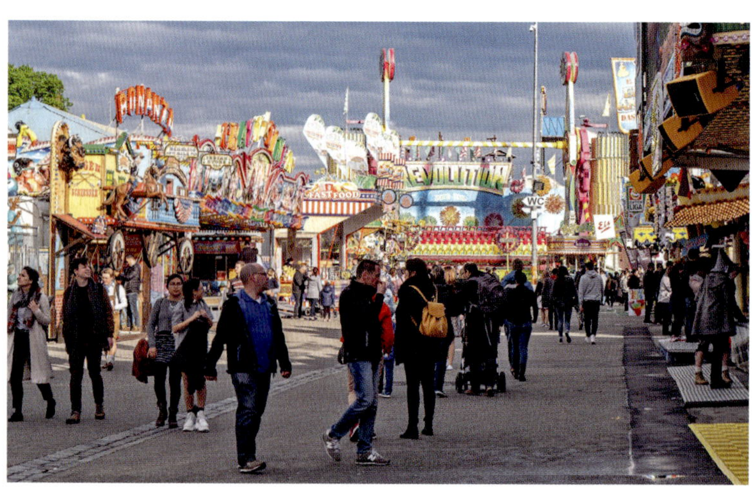

47

DAS LEUZE, STUTTGART-BAD CANNSTATT

Die Erlebnis-Therme am Neckar

Hinkommen:
48°47'53.4"N 9°12'34.7"E

Mit dem Auto:
Zielort Stuttgart-Berg, Am Leuzebad 2a, 70190 Stuttgart.
Parkmöglichkeiten im benachbarten Leuze-Parkhaus an der Nißlestraße.
Zu Fuß weiter über die Parkanlage Richtung Neckar und Wasen.
Vom Parkhaus zum Leuze sind es nur wenige Meter.

Mit dem ÖPNV:
Mit den Stadtbahnlinien U1, U2 oder U14 zur Haltestelle Mineralbäder.
Von dort zu Fuß rechts der Bahn weiter Richtung Leuze.
Von der Haltestelle zum Leuze sind es nur wenige Meter.

Tourbeschreibung:
Das LEUZE grenzt direkt an den Neckar und den benachbarten Rosensteinpark. Es ist umgeben von einer guten Infrastruktur und ist sowohl mit dem Auto als auch mit dem ÖPNV sehr gut zu erreichen.

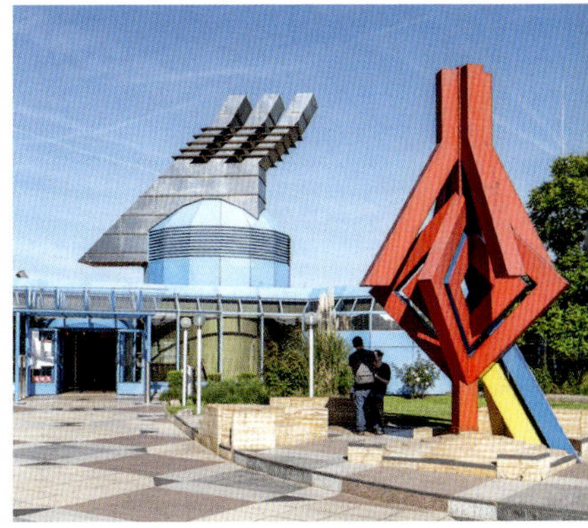

Zwischen dem Neckar und dem Cannstatter Wasen nähere ich mich auf einem breiten und für Fahrradfahrer gut geeigneten Weg dem Ende meiner heutigen Etappe. Kurz vor dem Ziel erblicke ich am gegenüberliegenden Ufer das LEUZE, das ich über die König-Karl-Brücke erreiche. Ich ärgere mich einerseits schon etwas, dass ich meine Schwimmsachen nicht mitgenommen habe. Ein entspanntes Bad, in der von zwei kohlesäurehalti-

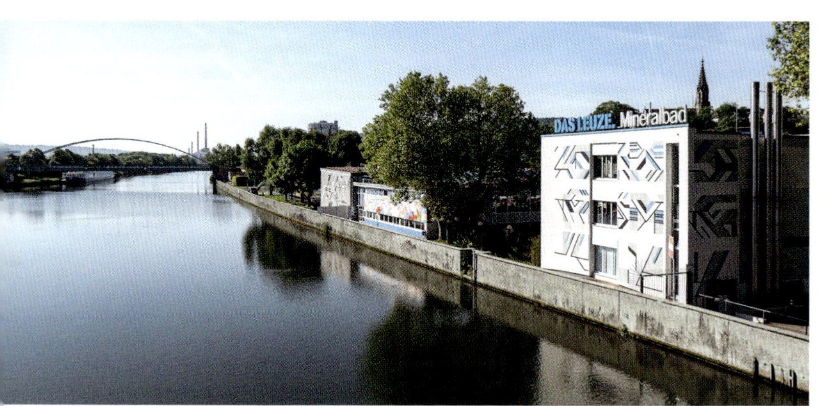

gen Heilquellen und einer Mineralquelle gespeisten Therme, hätte sicherlich seinen Reiz. Allerdings bin ich nach meiner längeren und sehr erlebnisreichen Wanderung einfach auch müde und erschöpft, sodass ich den direkten Heimweg vorziehe. Dabei gehe ich am Haupteingang des LEUZES vorbei, an dem eine typische Skulptur des Künstlers Otto Herbert Hajek steht, die an sein Mitwirken bei der Erweiterung des Bades Ende der 1970er-Jahre erinnert.

Das Bad entstand durch den Berger Unternehmer Ehrenfried Klotz, der im Jahre 1833 für den Antrieb des Wasserrades seiner Tuch- und Baumwollfabrik eine Mineralquelle gebohrt hatte, die später durch Augustin Koch übernommen und im Jahre 1851 von Ludwig Leuze gekauft wurde. In der darauffolgenden Zeit hat es sich zu einem Bad- und Kurhotel entwickelt, das um eine Schwimmhalle ergänzt wurde. Nach der fast vollständigen Zerstörung im Zweiten Weltkrieg wurde das LEUZE im Jahre 1945 als Freibad wiedereröffnet.

Heute bietet es ein erfrischend vielseitiges Freizeit- und Erholungsangebot im Herzen Stuttgarts: Schwimmen und Saunieren, attraktive Wasserspiele, Kneippanlage, gepflegte Solarien, Sport- und Spielplätze, ein Restaurant mit Sommergaststätte und eine Saunabar, www.stuttgarterbaeder.de/leuze.

Tipp

Neben dem Leuze befindet sich ein weiteres beliebtes Mineralbad, das Mineralbad Berg. Es liegt genau gegenüber der Stadtbahnhaltestelle Mineralbäder und ist genauso gut zu erreichen.

NECKARBRÜCKE, STUTTGART-BAD CANNSTATT

48

Mit Highspeed über den Fluss

Hinkommen:
48°48'05.3"N 9°12'37.1"E

Mit dem Auto:
Zielort Stuttgart-Bad Cannstatt. Parkmöglichkeiten im Parkhaus der Wilhelma oder in der näheren Umgebung.
Vom Parkhaus der Wilhelma zur Brücke sind es nur wenige Meter.

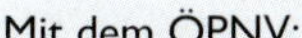

Mit dem ÖPNV:
Mit den Stadtbahnlinien U1, U2, U11, U13 oder U16 zur Haltestelle Mercedesstraße oder mit der Stadtbahn U13, U14 oder U16 zur Haltestelle Wilhelma.
Von beiden Stadtbahnhaltestellen sind es nur wenige Meter.

Tourbeschreibung:
Die Neckarbrücke verbindet den Stadtteil Stuttgart-Bad Cannstatt mit dem Rosensteinpark. Von der Brücke aus gibt es viel zu sehen – unter anderem den Stuttgarter Fernsehturm, das Rosensteinmuseum oder die Wilhelma. Auch Blicke hinab auf den Neckar sind spannend.

Die Wanderung entlang des Neckars von der Quelle bis zur Mündung ist mit rund 440 Kilometern eine Fernwanderung, die ich aber in einzelnen Tagesetappen von Stuttgart aus bewältige. Das bedeutet viel Reisen beziehungsweise Zug fahren. Daher ist es schon ein ganz besonderes Gefühl, heute in nur wenigen Minuten mit den öffentlichen Verkehrsmitteln der Stuttgarter Straßenbahnen zu meinem Ausgangspunkt zu gelangen. Mit meinem Freund Rainer, der mich auch heute wieder beglei-

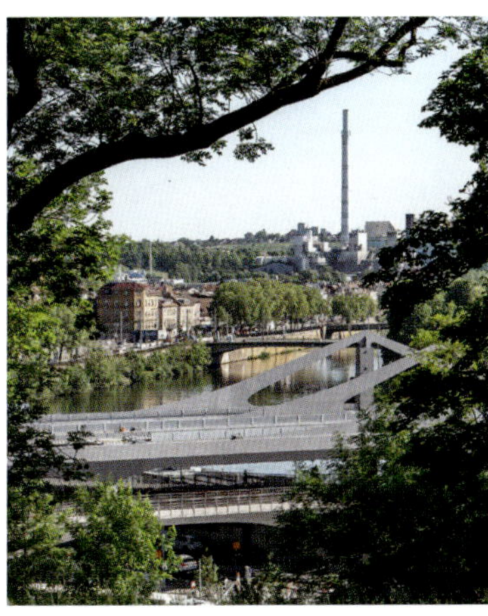

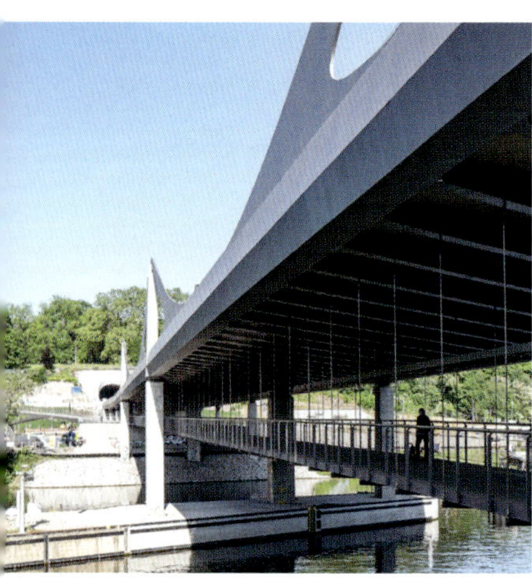

tet, treffe ich mich an der Haltestelle Mercedesstraße auf der König-Karls-Brücke, wo wir unsere heutige Wanderung starten. Direkt an der Haltestelle blicken wir bereits zu unserem ersten Highlight für heute, die neue 345 Meter lange Neckarbrücke, die nur wenige Meter weiter flussabwärts den Neckar überquert und im Zuge der Bauarbeiten für Stuttgart 21 am 20. April 2021 erst einmal für Fußgänger eingeweiht wurde.

Wir gehen auf dem Bahnsteig Richtung Bad Cannstatt, der uns in die sogenannte „Hall of Fame" bringt, eine Unterführung, bei der Graffitisprüher ihre Kunst ausleben dürfen. Heute sehen wir keine Künstler, bewundern aber die sich laufend ändernden Gemälde in dieser besonderen Unterführung. Hier biegen wir links ab und gehen wenige Meter auf der rech-

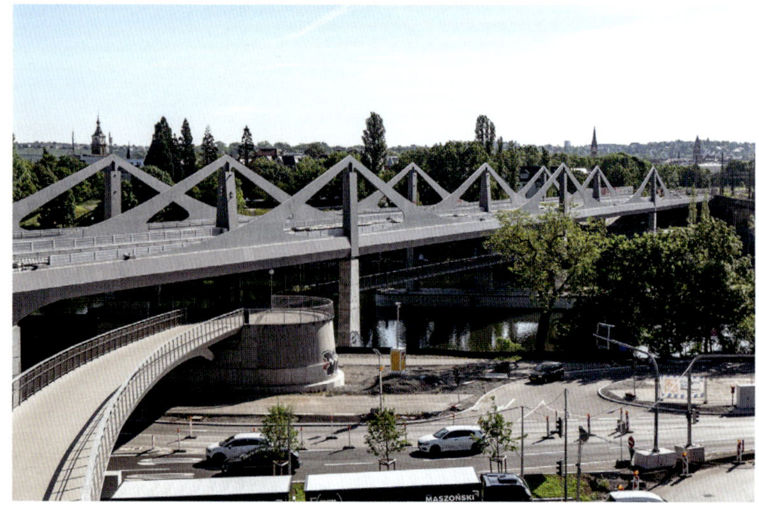

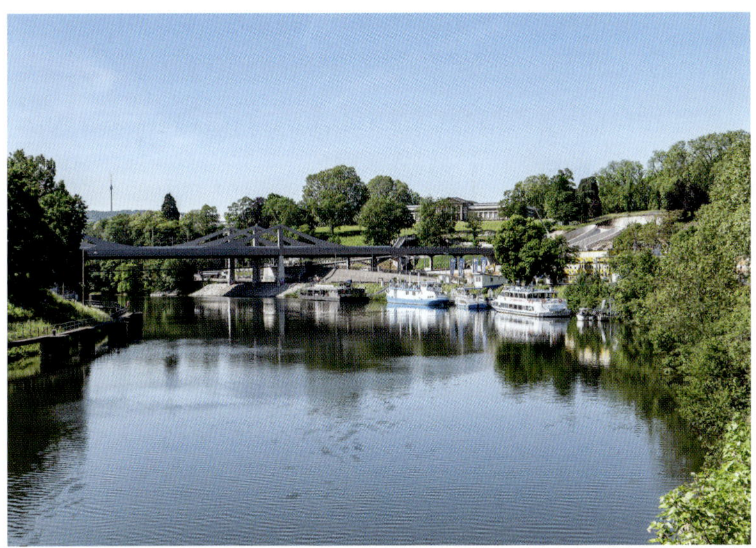

ten Seite des Neckars, um gleich links auf die Neckarbrücke zu gelangen, die nun direkt vor uns ist. Der neue Fußgängerweg ist sogar überdacht, was daran liegt, dass über uns die Bahnstrecke verläuft, die im Rahmen des Bahnprojekts Stuttgart – Ulm momentan noch im Bau ist. Später soll auf der Neckarbrücke sowohl die S-Bahn als auch die Fernbahn über insgesamt vier Gleisen verkehren, die getrennt durch den neuen Rosensteintunnel und den Tunnel Bad Cannstatt führen. Durch den dabei entstehenden Durchgangsbahnhof soll laut Bahn die Reisezeit im Fern- und im Regionalverkehr erheblich verkürzt werden. Von der Neckarbrücke erblicken wir links oberhalb von uns auf einem Hügel das Rosensteinmuseum, das am Rande des Rosensteinparks steht, der unser nächstes Highlight ist.

Tipp

Am direkt angrenzenden Stadtstrand ist Urlaubsfeeling direkt am Neckarufer geboten. Sogar ein Beachvolleyballfeld ist aufgebaut und Kinder können sich am nahe gelegenen Spielplatz austoben. Für das leibliche Wohl sorgt eine Bar mit Burgern, Fingerfood sowie Fassbier und Cocktails. Seilerwasen 6, 70372 Stuttgart, www.stadtstrand.com.

49 ROSENSTEINPARK, STUTTGART-BAD CANNSTATT

Englischer Landschaftspark mit zwei Museen

Hinkommen:
48°48'14.3"N 9°11'57.3"E

Mit dem Auto:
Zielort Stuttgart-Bad Cannstatt, Parkmöglichkeiten im Parkhaus des Mineralbad Leuze oder am benachbarten Parkplatz vor dem Mineralbad Berg. **Von dort sind es nur wenige Meter in den Park.**

Mit dem ÖPNV:
Mit den Stadtbahnlinien U1, U2, U11 oder U14 zur Haltestelle Mineralbäder, mit den Stadtbahnlinien U6, U7, U13, U15 oder U16 zur Haltestelle Pragsattel oder mit der Stadtbahnlinie U12 zur Haltestelle Löwentorbrücke. **Alle Stadtbahnhaltestellen grenzen an den Rosensteinpark an.**

Tourbeschreibung:
Auf breiten, familienfreundlichen Parkwegen geht es in einer leichten Hanglage angenehm durch die weite englische Parkanlage. Zwei Museen, Rasenflächen für Picknicks und Spielplätze bieten wunderbare Verweilmöglichkeiten. Am südlichen Rand befindet sich eine liebliche kleine Seenlandschaft.

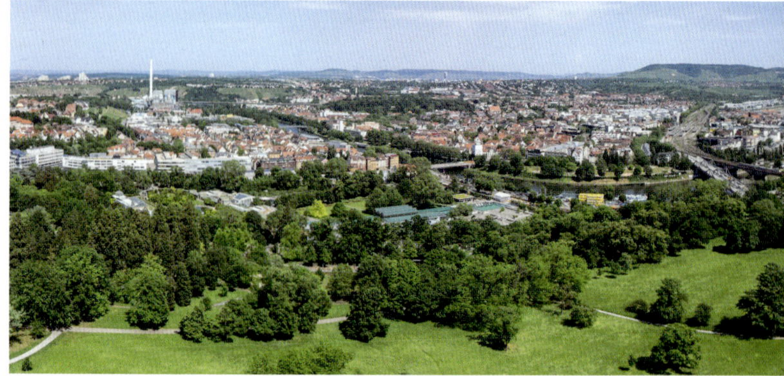

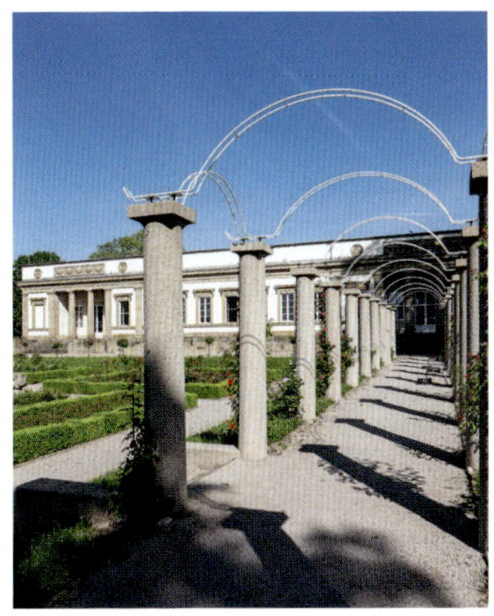

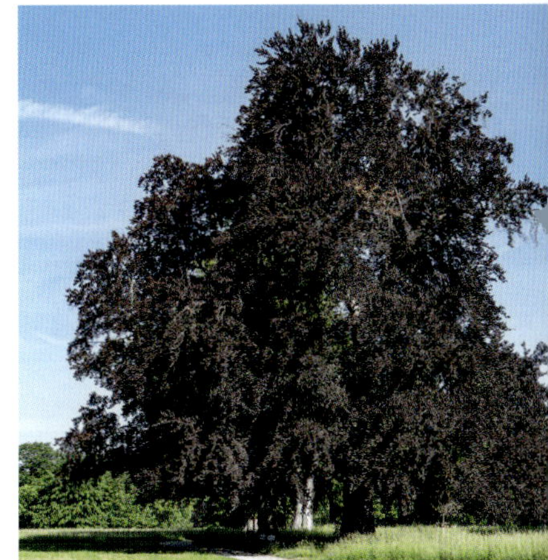

Auf der neuen Neckarbrücke biegen wir links ab und der Weg führt uns direkt hinauf zum Rosensteinmuseum, das wir bereits von der Brücke aus erblickt haben. Schloss Rosenstein, das in den 1820er-Jahren erbaut wurde, ist heute ein Naturkundemuseum und liegt am Rande dieser weitläufigen Parkanlage. Sie wurde im Auftrag des württembergischen Königs Wilhelm I. von 1824 bis 1840 gestaltet und gilt als größter englischer Landschaftspark im Südwesten Deutschlands! Der 100 Hektar große Rosensteinpark steht mit seinen Rasenflächen, den

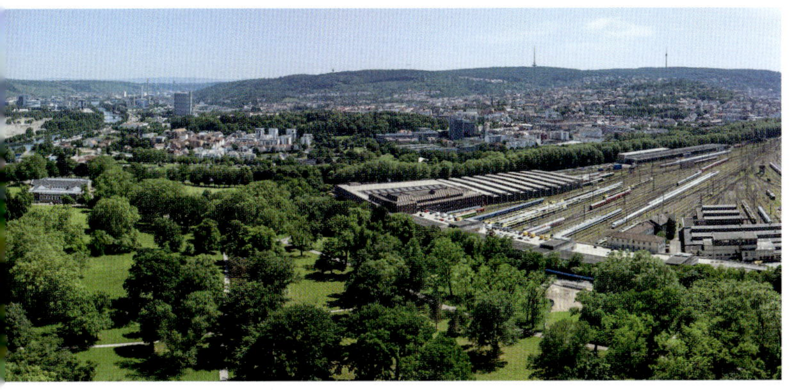

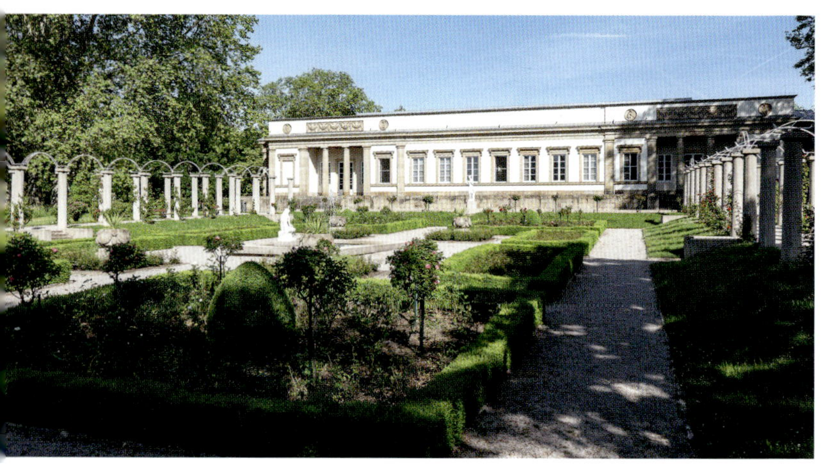

prachtvollen heimischen und exotischen Bäumen mittlerweile unter Denkmalschutz und ist über den Schlossgarten mit der Stuttgarter Innenstadt verbunden.

Wir verweilen erst einmal im wunderschön blühenden Rosengarten – Rosen waren die Lieblingsblumen der jung verstorbenen Königin Katharina – der direkt an das Schloss grenzt. Heute ist das Schloss eines von gleich zwei Staatlichen Museen für Naturkunde im Rosensteinpark und zeigt eine biologische Ausstellung über die heutige Tierwelt und ihre Lebensräume.

Das Museum am Löwentor befindet sich am nördlichen Rand des Parks. In detailgetreuen Landschaften tummeln sich dort lebensecht und nach wissenschaftlichen Erkenntnissen rekonstruierte Saurier und andere Tierarten. Wir setzen unsere Wanderung fort, schlendern durch dieses wohltuende, grüne Refugium und bewundern den vielfältigen Baumbestand. Für die beiden Museen möchte ich mir an einem anderen Tag mehr Zeit nehmen, sodass wir die Parkanlage ohne einen Museumsbesuch Richtung Pragstraße verlassen.

Tipp

Am südlichen Rand des Parks befindet sich direkt an der Stadtbahnhaltestelle Mineralbäder der beliebte Biergarten „Flora und Fauna" mit regionalen, schwäbischen Gerichten. Am Schwanenplatz 10, 70190 Stuttgart, www.floraundfauna-stuttgart.de.

WILHELMA, STUTTGART-BAD CANNSTATT

50

Ein Garten zum Verlieben

Hinkommen:
48°48'15.2"N 9°12'30.6"E

Mit dem Auto:
Zielort Stuttgart-Bad Cannstatt. Parkmöglichkeiten im Parkhaus der Wilhelma. Wilhelma 13, 70376 Stuttgart.
Das Parkhaus befindet sich direkt an der Wilhelma.

Mit dem ÖPNV:
Mit der Stadtbahn U13, U14 oder U16 zur Haltestelle Wilhelma. **Die Stadtbahnhaltestelle befindet sich direkt am Eingangspavillon der Wilhelma.**

Tourbeschreibung:
Die Wilhelma liegt auf Hanglage und es gibt fantastische Blicke auf Stuttgart-Bad Cannstatt. Für den Besuch der so vielfältigen Wilhelma unbedingt einen ganzen Tag einplanen!

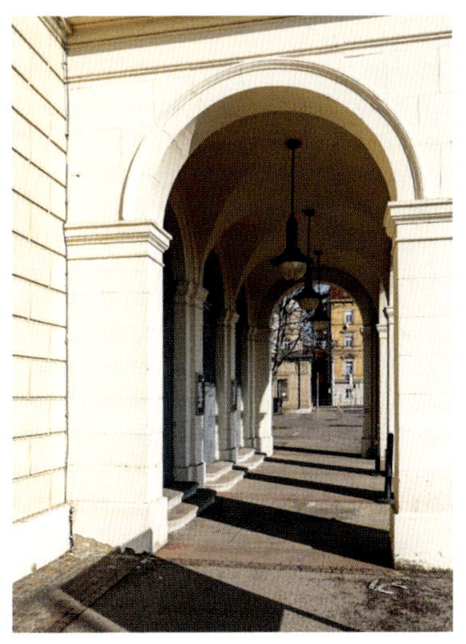

Am Pumpsee, einer teichartigen Anlage, die sowohl Biotop als auch Wasserreservoir für die Wilhelma ist, drehen wir um und gehen zurück Richtung Rosensteinmuseum, um dort links neben dem Tunnelportal der neuen Neckarbrücke zur Wilhelma zu gelangen, die sich nun unmittelbar vor uns befindet. Die Wilhelma liegt direkt am Neckar und bildet zusammen mit dem Schlossgarten, dem Rosensteinpark und dem Höhenpark Killesberg das sogenannte „Grüne U", das im Rahmen der Internationalen Gartenbauausstellung IGA im Jahre 1993 gestaltet wurde. Einen Besuch

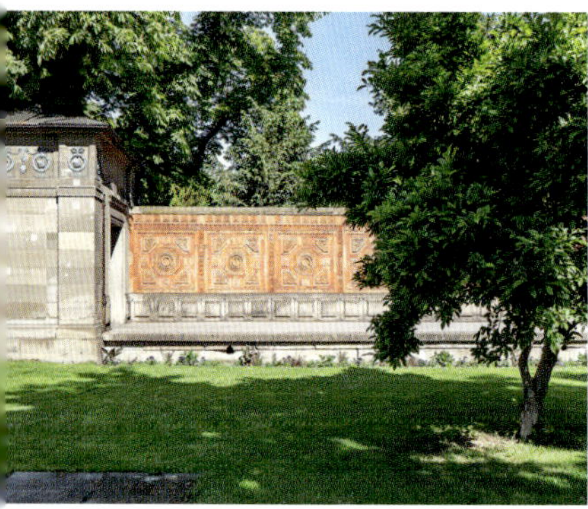

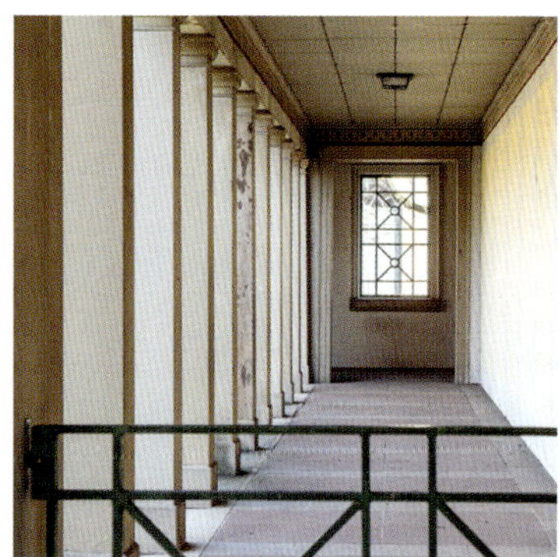

statten wir der Wilhelma nicht ab, hierzu müssten wir erneut einen zusätzlichen Tag einplanen. Außerdem war ich als Stuttgarter natürlich schon sehr oft in der Wilhelma, der als einziger zoologisch-botanischer Garten in Deutschland rund eineinhalb Millionen Besucher im Jahr zählt und zu den beliebtesten Freizeiteinrichtungen Baden-Württembergs gehört.

Entstanden ist die Wilhelma 1829, als bei gezielten Bohrungen Mineralquellen entdeckt wurden, die für die Kurstadt Bad Cannstatt große Bedeutung hatten. Schnell entwickelte sich aus der ursprünglichen Idee von König Wilhelm I., dort ein Badhaus zu errichten, der Wunsch, einen königlichen Park mit Gebäuden im maurischen Stil und einer umfangreichen, botanischen Pflanzensammlung zu errichten. Um zu zeigen, dass solch ein ungewöhnliches Projekt architektonisch zu realisieren ist, wurde Karl Ludwig von Zanth beauftragt, ein Theater zu entwerfen, das schließlich am 29. Mai 1840, zum Namenstag Wilhelms I., eingeweiht wurde und heute noch, nur ein paar Meter weiter vom Eingangspavillon, besteht. Mit der bestandenen Prüfung begann 1842 der Bau mit dem Kerngebäude des heutigen Maurischen Landhauses, dessen Fertigstellung im Jahre 1864 der Monarch allerdings nicht mehr erlebte.

Heute sind mehr als 8.500 verschiedene Pflanzenarten und -sorten in der Wilhelma kultiviert, deren Botanischer Garten vor allem für seine Orchideen, Azaleen, Kamelien, Bromelien, Fuchsien sowie Kakteen und andere Sukkulenten berühmt ist. Neben der Umweltbildung mit dem Ziel, die Natur zu entdecken und Zusammenhänge zu verstehen, arbeitet ein Forscherteam eng mit dem In- und Ausland

zusammen, um das Verhalten angelegter wissenschaftlicher Pflanzensammlungen zu beobachten.
Die rund 1.200 Tierarten und insgesamt circa 11 000 Tiere kamen erst ab dem Jahre 1949 dazu. Die Stuttgarter Wilhelma engagiert sich außerdem für über zwanzig Schutzprojekte weltweit, schützt Tiere und ihre Lebensräume, verhindert Wilderei und züchtet seltene Arten.
Wir gehen zuerst am Eingangspavillon und wenige Meter weiter am Wilhelma-Theater vorbei, um dann am linken Neckarufer den Weg fortzusetzen, bis wir wenig später am Mühlsteg links die Bahnstrecke der Stadtbahn überqueren.

Tipp

Eine völlig andere Perspektive auf den Neckar bietet eine Schifffahrt mit dem Neckar-Käpt'n. Die Schiffsanlegestelle liegt unmittelbar vor der Wilhelma und dauert rund 3 Stunden bis nach Marbach. Auf der Fahrt sind unbedingt die selbst hergestellten Maultaschen von Herrn Kächele zu empfehlen. Startzeit ist Donnerstag bis Sonntag 10.30 Uhr.
www.neckar-kaeptn.de

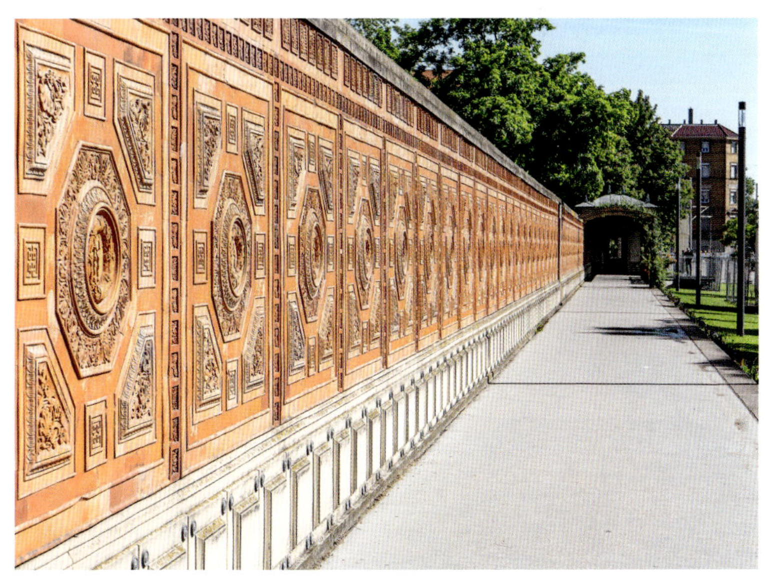

51 TRAVERTINPARK, STUTTGART-HALLSCHLAG

Der Cannstatter Marmor

Hinkommen:
48°48'56.8"N 9°12'59.7"E

Mit dem Auto:
Zielort Stuttgart-Hallschlag. Parkmöglichkeiten in der Weckherlinstraße oder in der Hartensteinstraße. **Der Travertinpark grenzt direkt an die Kreuzung der beiden Straßen.**
Weitere Parkmöglichkeiten gibt es um das naheliegende Römerkastell.

Mit dem ÖPNV:
Mit der Stadtbahnlinie U14 zur Haltestelle Kraftwerk Münster. Dann nach links über die Haldenstraße und über die Weinbergtreppe hinauf zum Travertinpark. **Von der Haltestelle zum Travertinpark sind es knapp 200 Meter.**

Tourbeschreibung:
Wunderschöne Parkanlage, Freilichtmuseum und Biotop mit einer gigantischen Sicht auf Stuttgart-Bad Cannstatt. Für Familien zu empfehlen.

Am Mühlsteg biegen wir links ab, überqueren die Neckartalstraße und gehen geradeaus weiter, um unmittelbar danach in einen kleinen idyllischen Stadtpark zu gelangen, in dem der Mombach entspringt. An der Mombachquelle halten wir für einen Augenblick inne und genießen die Ruhe ganz ohne die Geräusche der Stadt. Danach biegen wir links ab, um rechts auf die Krefelder Straße zu kommen. An der Haldenstraße biegen wir wiederum rechts ab und kurz danach links für einen Abstecher, der uns an Weinreben entlang, hinauf zum ausgeschilderten Travertinpark führt.

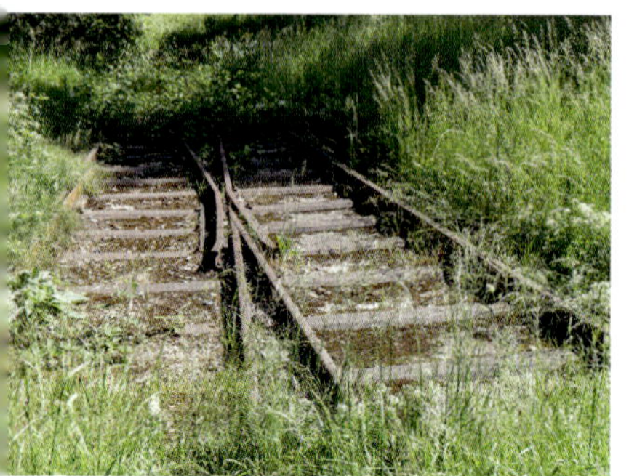

Ab hier stehen entlang des Weges Infotafeln, die die Geschichte des Geländes erläutern. Man erfährt

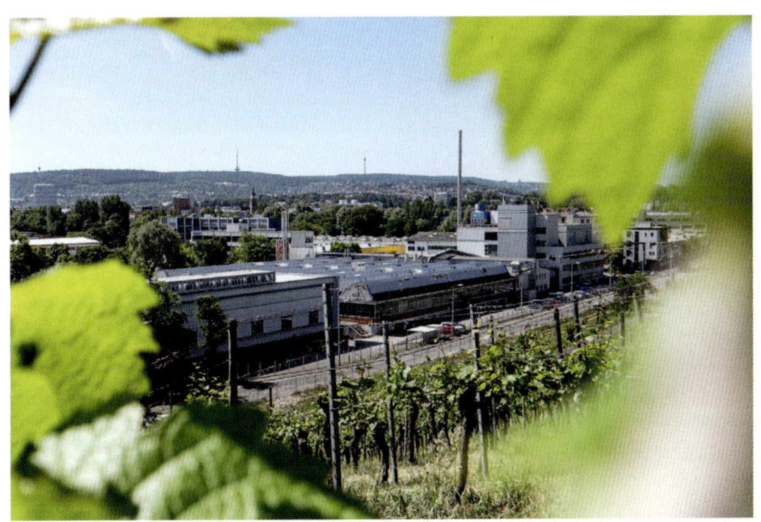

unter anderem, dass es hier bereits ab 1926 die erste elektrische Industriebahn in Württemberg gegeben hat. Oben am Travertinpark genießen wir zuallererst die imposante Weitsicht auf Stuttgart-Bad Cannstatt bis hinüber zum Fernsehturm – Gaskessel, Mercedes-Benz Arena und der Rotenberg sind auch zu erkennen. Links steht das imposante Kraftwerk der EnBW, an dem wir nachher direkt vorbeigehen werden. Auf weiteren Infotafeln ist zu lesen, dass Stuttgart das zweitgrößte Mineralwasservorkommen Europas besitzt und zahlreiche Mineralquellen ständig für Nachschub an Mineralsalzen sorgen. Durch das Verdunsten der Kohlensäure blieben die unter Druck gelösten Feststoffe übrig, die sich als unzählige kleine Kristalle in übereinander liegenden Schichten ablagerten, wodurch vor über fünfhunderttausend Jahren mächtige Travertinbänke entstanden sind.

Erst zu Beginn des 20. Jahrhunderts wurden Maschinen entwickelt, um den Abbau des gelbbraunen bis ockerfarbenen Kalksteins zu erleichtern. Darunter sind motorbetriebene Sägen, Pumpen, Kräne und Schleifmaschinen, die hier auf dem Gelände ausgestellt sind. Der gewonnene Travertin wurde vor allem im Gartenbau als Mauer und Zierstein verwendet. Bis 2007 wurde der Steinbruch betrieben. Heute ist der Travertinpark ein spannendes stadt-, industrie-

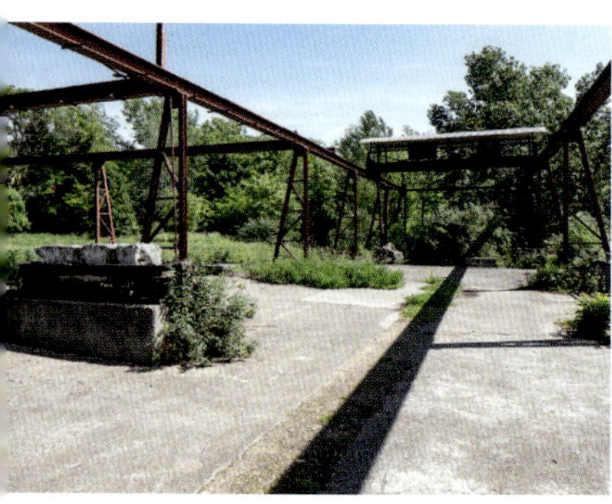

und kulturgeschichtliches Erbe und erinnert an die vielfältige Bedeutung dieses einzigartigen Vorkommens in Deutschland. Aber der Park ist auch ein beliebtes Naherholungsgebiet und Biotop für die dort ansässigen Mauer- und Zauneidechsen. Wir nehmen die Weinbergtreppen links am Travertinpark und gehen wieder hinunter zur Neckartalstraße, um nach links weiter zum EnBW-Kraftwerk zu kommen.

Tipp

Das benachbarte Römerkastell wurde 1910 unter König Wilhelm II. als Dragonerkaserne gebaut und bis 1990 militärisch genutzt. Heute bietet das größte Medienareal Baden-Württembergs seinen Bewohnern und zahlreichen Unternehmen der Kreativwerkstatt ein Zuhause und optimale Lebens- und Arbeitsbedingungen. Vielfältige Gastronomie lädt zum Verweilen ein. Naststraße 3, 70376 Stuttgart, www.roemerkastell-stuttgart.com.

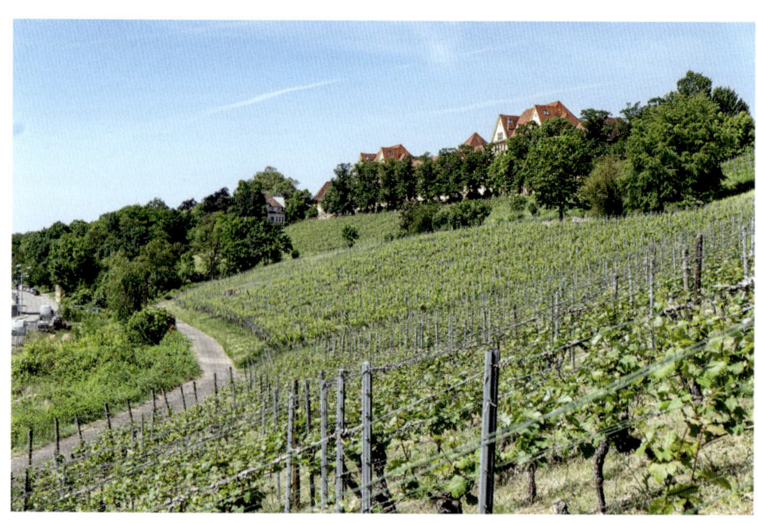

ENBW-KRAFTWERK, STUTTGART-MÜNSTER

52

Energiegewinnung durch Müllverbrennung

Hinkommen:
48°48'57.0"N 9°13'15.4"E

Mit dem Auto:
Zielort Stuttgart-Münster. Voltastraße 45, 70376 Stuttgart.
Parkmöglichkeiten auf dem Parkplatz an der Kreuzung Neckartalstraße/ Reinhold-Maier-Brücke. Zu Fuß an der Neckartalstraße Richtung Kraftwerk.
Vom Parkplatz zum Kraftwerk sind es 600 Meter.

Mit dem ÖPNV:
Mit der Stadtbahnlinie U14 zur Haltestelle Kraftwerk Münster.
Das Kraftwerk befindet sich direkt an der Haltestelle.

Tourbeschreibung:
Ein Fußgängerweg führt direkt unter das Kraftwerk.
Das Kraftwerk befindet sich am Neckarufer.

Wir folgen der Neckartalstraße Richtung Stuttgart-Münster und gehen direkt auf das EnBW-Kraftwerk zu, das in seiner beeindruckenden Größe nun vor uns steht. Das Besondere daran ist, dass wir nicht nur daran vorbeigehen, sondern sogar unten durch. Kurz vor der Unterführung passieren wir 14 mächtige Travertinsäulen, die 1936 vom Nazi-Regime in Berlin in Auftrag gegeben wurden, aber wegen des Zweiten Weltkrieges nie an ihren Bestimmungsort Berlin-Charlottenburg gelangten. Sie

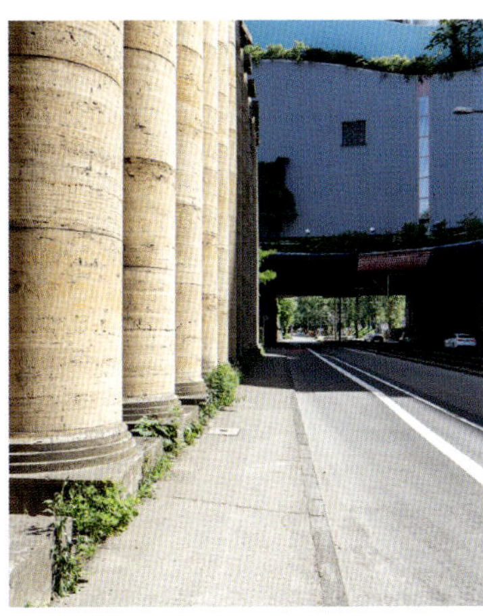

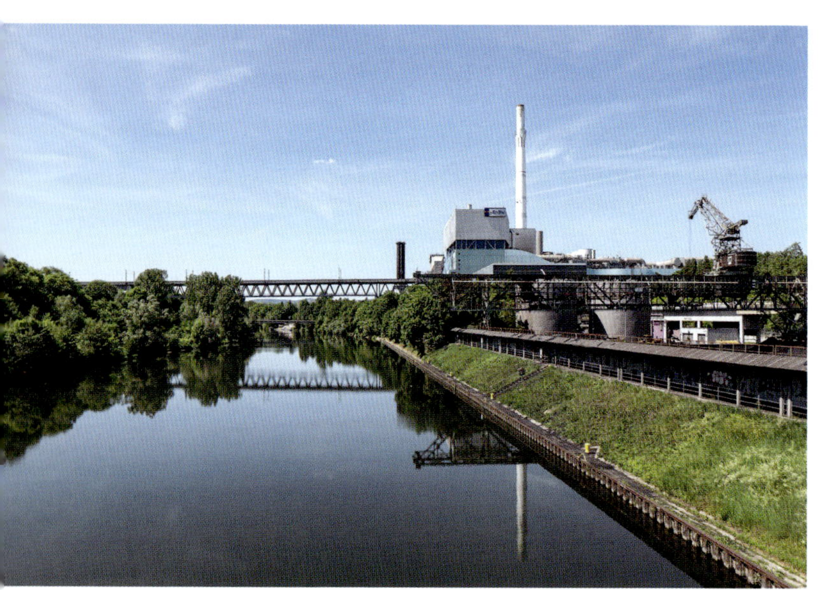

waren für ein von Albert Speer entworfenes 45 Meter hohes Mussolini-Denkmal bestellt worden.

Das Heizkraftwerk ist ein Dampfsammelschienenkraftwerk und befindet sich seit über 100 Jahren an diesem Standort. Der Schwerpunkt am Standort Münster liegt auf der Verwertung von Abfällen. Dabei werden gleichzeitig Fernwärme und Strom erzeugt. Aufgrund des Kohleausstiegsgesetzes von 2020 müssen auch hier die Kohleblöcke spätestens 2030 stillgelegt werden. Geplant sind Anlagen, die so gebaut werden, dass das Erdgas möglichst rasch und vollständig durch Wasserstoff ersetzt werden kann. Dadurch werden die CO_2-Emissionen deutlich reduziert, um bis ins Jahr 2035 klimaneutral zu werden.

Für einen längeren Abschnitt wandern wir in einem lang gezogenen Linksbogen nun stets am Neckar entlang, bis wir Stuttgart-Münster verlassen.

Tipp

Interessante Einblicke in das Innere des Kraftwerks gibt es im Rahmen einer Besichtigung. Tel. 0721/72586251. www.enbw.com/unternehmen/konzern/energieerzeugung/besichtigungen/

MAX-EYTH-SEE, STUTTGART-HOFEN

53

Eine vom Neckar gespeiste ehemalige Kiesgrube

Hinkommen:
48°50'07.3"N 9°12'56.6"E

Mit dem Auto:
Zielort Stuttgart-Hofen. Parkmöglichkeiten an der Mühlhäuser Straße hinter dem „Haus am See". **Der Parkplatz befindet sich direkt am See.**

Mit dem ÖPNV:
Mit den Stadtbahnlinien U12 oder U14 beziehungsweise der Buslinie 54 zur Haltestelle „Max-Eyth-See". **Die Haltestelle befindet sich direkt am See.**

Tourbeschreibung:
Der See befindet sich am Rande des Stuttgarter Stadtgebiets und am Fuße der Stuttgarter Weinberge. Breite und flache Wege laden zu ausgedehnten Rundgängen um den See ein. Picknick- und Grillplätze. Weite Rasenflächen zum Aufhalten.

Nach dem Kraftwerk verlassen wir nun Schritt für Schritt das Industriegebiet Stuttgarts und tauchen wieder mehr in die Natur ein. Für einige Meter geht es noch direkt am schönen, sich windenden Neckarufer entlang, und wir schauen hinüber auf die gegenüberliegenden, steilen Weinberge. Nach der Unterquerung der Stadtbahnstrecke verlassen wir endgültig den Stadtteil Münster und folgen der Markierung des Neckarwegs, um hinauf zum Schnarrenberg zu gelangen. Der Schnarrenberg ist nicht nur wegen seiner tollen Aussicht auf Stuttgart bekannt, hier befindet

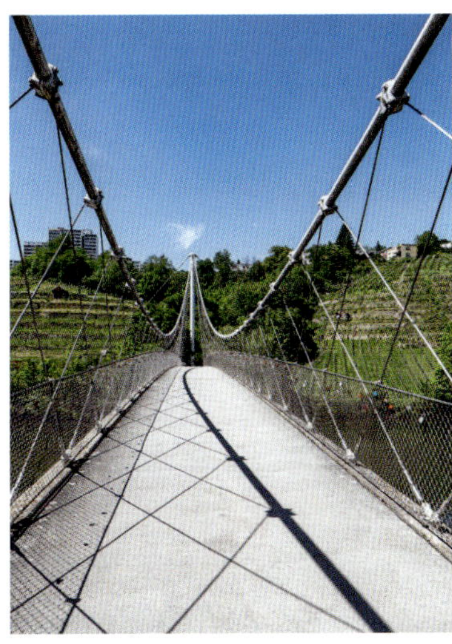

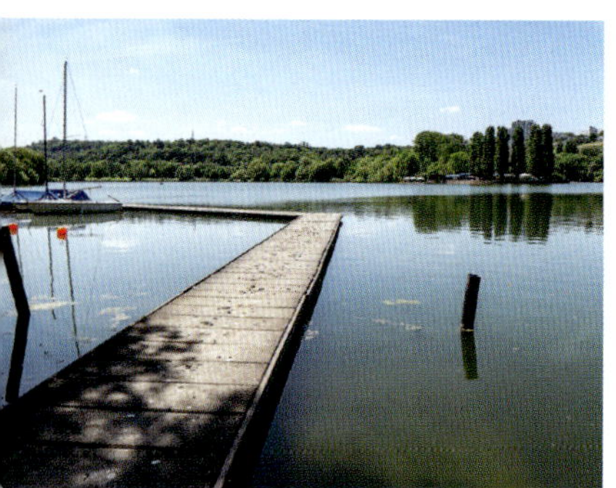

sich auch das Wetteramt Stuttgarts des Deutschen Wetterdienstes. Wir haben sogar das Glück, einen Wetterballon zu sehen, der gerade aufsteigt, um das Wetter für die nächsten Tage vorherzusagen. Oben am Schnarrenberg genießen wir die Aussicht auf den Neckar und auf den vor uns liegenden Stadtteil Stuttgart-Hofen und folgen stets dem blauen N, bis wir am Stadtteil Freiberg rechts abbiegen, um über den modernen, geschwungenen Max-Eyth-Steg den Neckar zu überqueren. Nach wenigen Metern sind wir an einem der wenigen Seen, die Stuttgart zu bieten hat.

Der Max-Eyth-See liegt idyllisch umgeben von weiten Wiesenlandschaften und Weinbergen. Entstanden ist er durch den Abbau von Kies und Sand ab 1914. Dabei wurde er fast ausschließlich mit dem Wasser aus dem Neckar gespeist. Bereits 1934 wurde das Gelände zu einer Sport- und Badeanlage erwei-

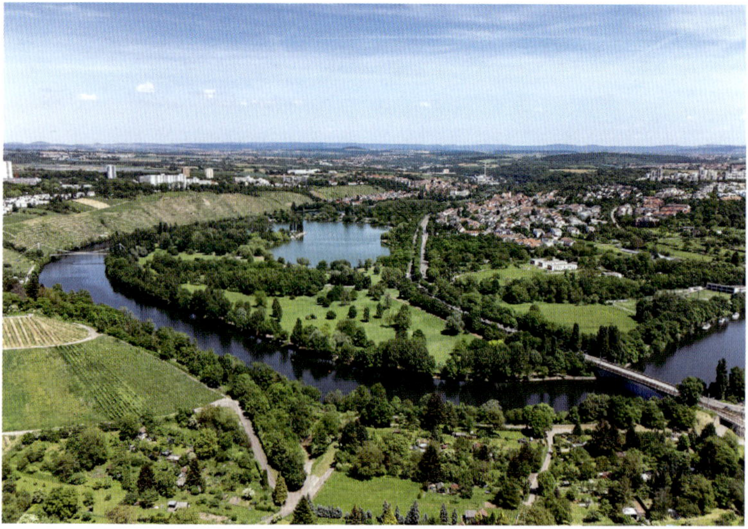

tert, 1936 dann nach dem schwäbischen Ingenieur und Schriftsteller Max Eyth benannt und seit 1961 stehen See und Gelände unter Landschaftsschutz. Schwimmen ist heute nicht mehr gestattet, aber man kann sich hier nach Herzenslust erholen und vergnügen: Auf schönen Spazierrundwegen unterschiedlicher Länge, mit Tret- und Ruderboot fahren, Picknicken auf weiten Wiesenlandschaften, für die Kleinen gibt es einen angelegten Sandstrand, und das Haus am See mit großem Biergarten bietet eine reichhaltige Speisekarte. Vom Seeufer aus lassen sich die auf der Vogelschutzinsel lebenden Haubentaucher, Graugänse, Schwäne, Teich- und Blesshühner, Kormorane und Graureiher beobachten.
Leider droht der See aufgrund von Sauerstoffmangel, vor allem nach wochenlangen Hitzetagen, immer wieder umzukippen. Deshalb gibt es seit 2008 unter dem Motto „Der Max-Eyth-See Stuttgart soll sauber werden" die Christoph-Sonntag-Stiftung, die sich unter der Leitung des Kabarettisten und diplomierten Landschaftsarchitekten für einen sauberen Max-Eyth-See einsetzt. Zuallererst wurde eine Wasserleitung vom Trinkwasserpumpwerk zum See gebaut, sodass über einen Sprudler Frischwasser zugeführt werden kann. Weitere Projekte sind das „Open-Air-Klassenzimmer am

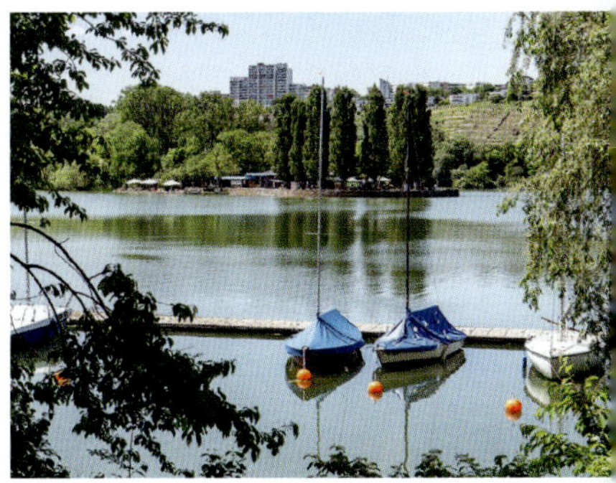

See" mit Wasserspiel-Elementen für Kinder sowie eine Wiese, die zwischen dem See und dem Neckar zu einem frei zugänglichem Naturstein-Amphitheater wurde. Wir gehen „einfach nur" am Ufer entlang und genießen das Idyll mitten in der Großstadt.

Tipp

Der ausgeschilderte rund 8,5 Kilometer lange und circa 2,5 Stunden dauernde Rundweg „Vier-Burgen-Weg" führt an, wie der Name schon sagt, an vier Burgen vorbei und geht einmal rund um den See.

54 BURGRUINE HOFEN, STUTTGART-HOFEN

Eine Stuttgarter Rarität

Hinkommen:
48°50'17.4"N 9°13'42.5"E

Mit dem Auto:
Zielort Stuttgart-Hofen. Parkmöglichkeiten in der Scillawaldstraße. Zu Fuß über die Wolfgangstraße zur Burg. **Von den Parkplätzen zur Burg sind es nur wenige Meter.**

Mit dem ÖPNV:
Mit der Stadtbahn U12 beziehungsweise U14 zur Haltestelle Hofen. Dann auf Mühlhäuser Straße Richtung Neckar, am Neckar rechts auf Weg. Nächste Möglichkeit rechts auf Scillawaldstraße. Dieser folgen und geradeaus auf Wolfgangstraße. Die Burg befindet sich direkt an der Wolfgangstraße.
Von der Haltestelle Hofen zur Burg sind es 600 Meter.

Tourbeschreibung:
Die Burg befindet sich direkt am Neckar mit fantastischem Blick auf den Neckar bis hinüber zu den Stadtteilen Freiberg und Mönchfeld.

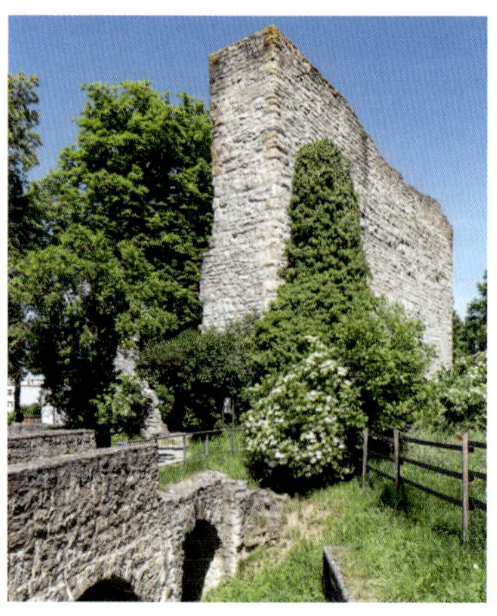

Am Max-Eyth-See nähern wir uns von der rechten Seeuferseite wieder dem Neckar und schauen uns die Hofener Schleuse an. Hier verlassen wir nun auch Stuttgart und folgen weiter dem ausgeschilderten Neckarweg auf der rechten Seite des Flusses. Kurze Zeit später erreichen wir die Ruine Hofen, die tatsächlich die einzige Burganlage mit hochragenden Mauerresten in Stuttgart ist. Eine kurze Treppe führt uns direkt durch einen Torbogen hinauf auf das Burggelände und wir blicken hinunter auf den

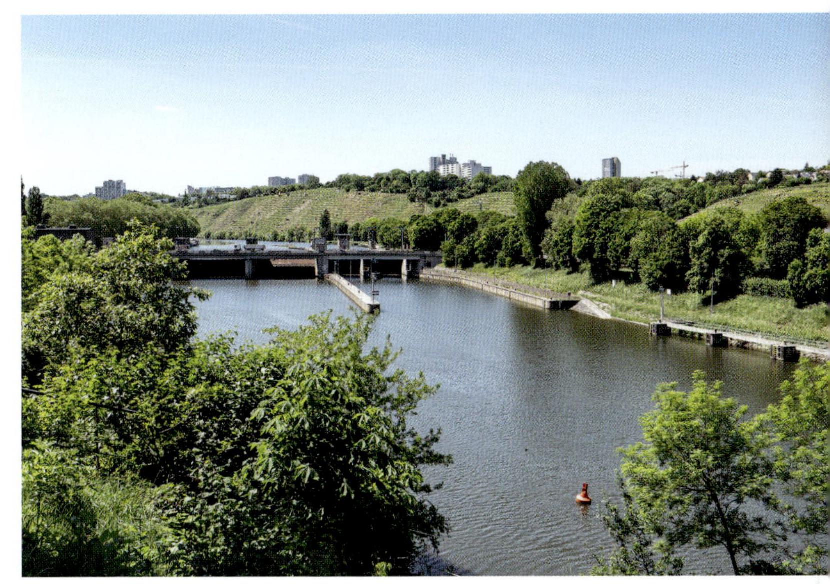

Neckar und hinüber zur Schleuse sowie zu den Stadtteilen Freiberg und Mönchfeld, die oberhalb des Neckars thronen.

Die kleine, sehr kompakte Burg wurde um 1250 erbaut und ihre Aufgabe bestand darin, den Neckarübergang sowie einen Handelsweg zu sichern. Während des Dreißigjährigen Krieges wurde sie zerstört, 1783 teilweise abgetragen – die Steine bekamen jedoch Verwendung für den Neubau der benachbarten Kirche St. Barbara und anderer Gebäude in Hofen. Die erhaltenen Mauerreste deuten auf eine sehr dicke und hohe Wehrmauer hin. Die Ruine ist klein, aber dafür sehr eindrucksvoll. Seit 1999 ist Burg Hofen im Besitz der Stadt Stuttgart und wird seitdem immer wieder restauriert.

Eine Sage über die Burg erzählt von einem hochmütigen Edelfräulein, welches wegen ihrer Hartherzigkeit gegenüber den Armen, der Verachtung des lieben Brotes und anderer Delikte „verwunschen" wurde. Außerdem war das Fräulein wohl recht lebenslustig und kam oft erst früh am Morgen vom Feiern nach Hause, im taufeuchten Gras färbten sich ihre Pantoffeln grün. Deswegen wurde sie im Volksmund auch Grünpantoffel, im Schwäbischen „Graedeffele" genannt. Noch heute

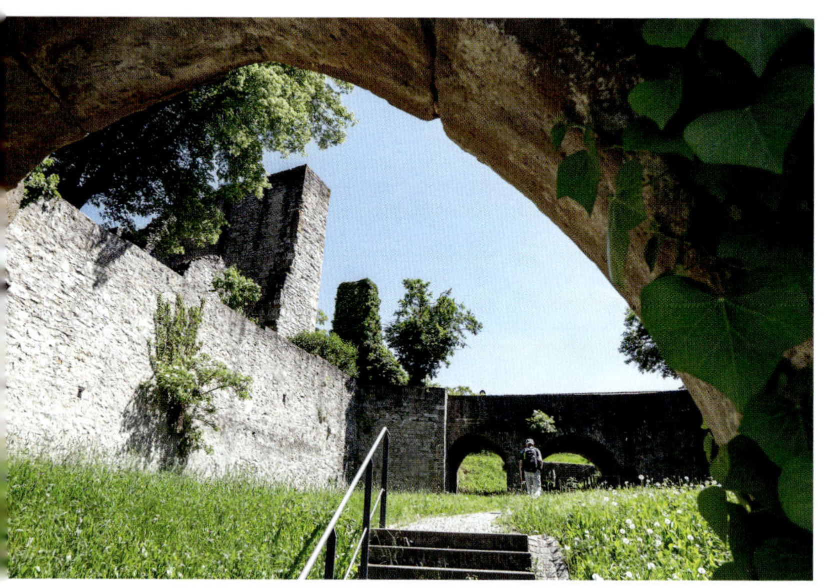

soll sie in den dunklen Tiefen des Burghofs wohnen. Nur während Fasnacht wird sie als Symbolfigur der Fasnetsgruppe „Hofener Scillamännle" befreit.
Wir gehen wieder hinunter auf den Weg, den wir von Hofen gekommen sind und lassen unsere Wanderung am rechten Neckarufer auf einem lang gezogenen, breiten und asphaltierten Weg Richtung Neckargröningen ausklingen. Dabei kommen wir an der Fellbacher Landungsbrücke vorbei, einer begehbaren, 24 Meter langen Stahlskulptur, die sechs Meter über der Wasseroberfläche endet und Teil eines regionalen Kunst- und Naturprojekts ist, das dem Besucher Neckar und Uferlandschaft erlebbarer machen möchte.
Unsere Wanderung endet an der Endhaltestelle der Stadtbahnlinie U12 und wir fahren wieder zurück nach Stuttgart.

Tipp

Wenige Meter weiter Richtung „Vier-Burgen-Steg" gibt es die Möglichkeit, sich im direkt am Neckarufer gelegenen, idyllischen Biergarten mit leckeren schwäbischen Spezialitäten zu stärken, www.neckarblick-hofen.de, Telefon 0711/533726.

NECKARSTRAND, NECKARGRÖNINGEN

55

Wenn zwei Flüsse sich vereinigen

Hinkommen:
48°52'26.9"N 9°16'33.5"E

Mit dem Auto:
Zielort Neckargröningen. Am Neckarstrand 1, 71686 Remseck am Neckar. Parkmöglichkeiten auf dem Parkplatz Marktplatz direkt am Neckarstrand oder auf dem Parkplatz Rathaus Remseck nur wenige Meter flussabwärts. **Beide Parkplätze befinden sich in unmittelbarer Nähe zum Strand.**

Mit dem ÖPNV:
Mit der Stadtbahnlinie U12 zur Endhaltestelle Neckargröningen Remseck. Wenige Meter weiter über den Holzsteg den Neckar überqueren. Der Strand liegt direkt am Holzsteg auf der anderen Seite des Neckars. **Von der Haltestelle Neckargröningen Remseck zum Neckarstrand sind es nur wenige Meter.**

Tourbeschreibung:
Der Neckarstrand befindet sich an der Mündung der Rems in den Neckar, bietet ungewohnte Perspektiven auf den Fluss und ist ein prima Naherholungsgebiet für die ganze Familie.

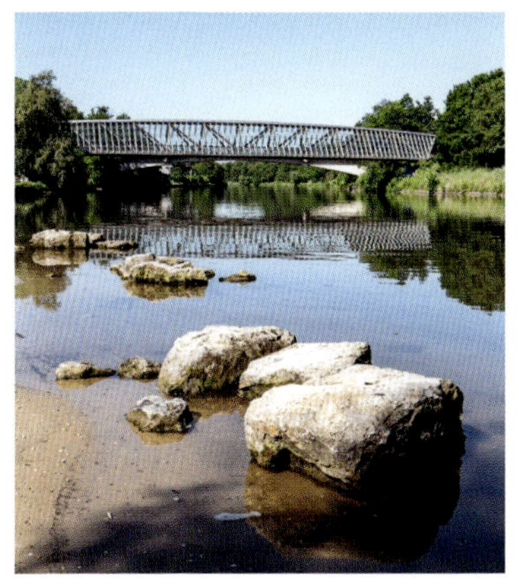

Als Stuttgarter stelle ich fest, dass ich bis jetzt, unabhängig von der Neckarwanderung, ausschließlich den südlichen Teil des Neckars von Stuttgart aus wahrgenommen habe und mir die nördliche Gegend von Stuttgart gar nicht so vertraut ist. Ich freu mich aufs Erkunden. Es ist wieder ein sommerlicher, wolkenloser Tag Mitte Juni, und ich habe das Vergnügen, diesen schönen Tag mit meinem guten Freund zu teilen, den ich aus gemeinsamen Zivildienstzeiten kenne, und der mich

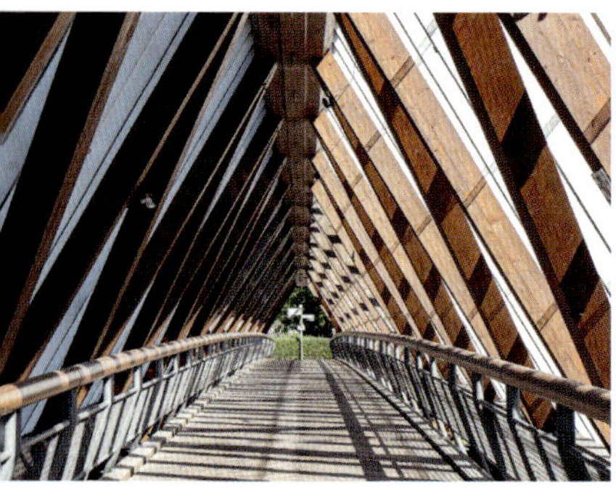

bereits auf der zweiten Etappe begleitet hat. Wir treffen uns in Neckargröningen an der Endhaltestelle der Stadtbahnlinie U12 und überqueren wenige Meter weiter auf einer imposanten Holzbrücke den Neckar.

Die Brücke ist durch eine spannende Konstruktion aus Holzträgern und Glas dreieckförmig überdacht und führt uns direkt an den angrenzenden, fast 100 Meter langen Neckarstrand, der zwischen den Jahren 2013 und 2014 im Rahmen des Life + Projekts „my favourite river" an der Mündung der Rems in den Neckar entstand. Eine weitere, kleinere Brücke befindet sich über der Rems kurz vor ihrer Mündung in den Neckar und wurde im gleichen Stil gebaut wie die größere, die den Neckar überspannt.

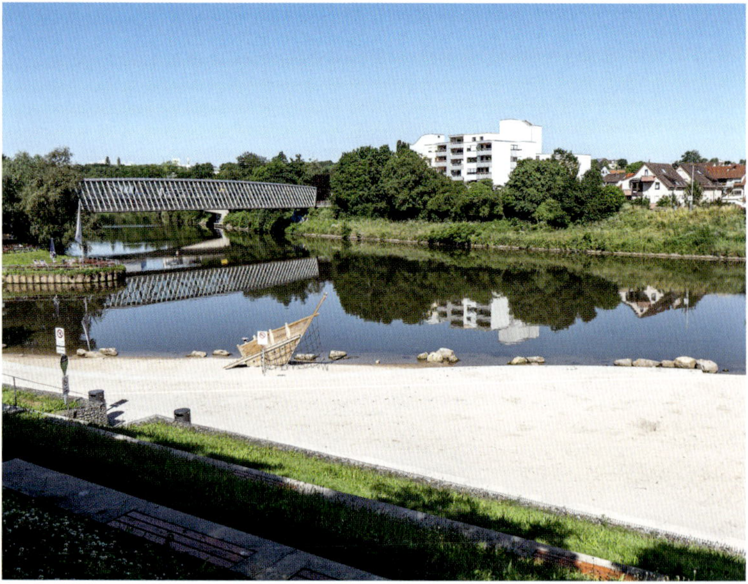

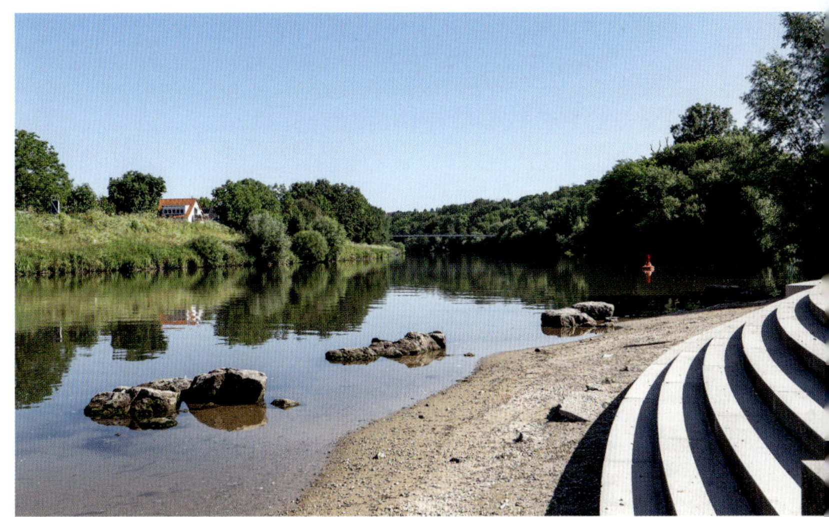

Unsere Wanderung hat zwar erst begonnen, dennoch lassen wir uns ein wenig auf diesen wunderschönen Ort ein, der das Tor ins Remstal bildet. Hier auf den Sitzstufen und am Sandstrand kann man ganz wunderbar verweilen. Wir verwandeln das Verweilen allerdings in eine kleine Fotoexkursion am Neckar und machen einige Aufnahmen vom Strand, der aufgrund der Tageszeit noch kaum besucht ist – wir können also ganz ungestört fotografieren.

Nach einem ungewöhnlichen Morgen-Shooting packen wir unsere Sachen und gehen über den Holzsteg zurück auf die andere Neckaruferseite, um für die nächsten Kilometer stets direkt am Ufer, ohne nennenswerte Steigung, gemütlich entlangzuwandern.

Tipp

Das zum Neckarstrand gehörende Bootshaus am Hechtkopf lädt mit schwäbischer Küche und Fischgerichten im Lokal und Biergarten ein. Marktplatz 5, 71686 Remseck am Neckar, www.bootshausamhechtkopf.de, Telefon 07146/2809990.

56 NECKARBIOTOP ZUGWIESEN, LUDWIGSBURG

Neuer Lebensraum nach altem Vorbild

Hinkommen:
48°54'29.6"N 9°15'29.1"E

Mit dem Auto:
Zielort Poppenweiler. Parkmöglichkeiten auf dem Parkplatz beim Freibad Hoheneck. Dem Weg flussaufwärts bis zum Biotop folgen. **Vom Parkplatz bis zum Biotop sind es 1,5 Kilometer.**

Mit dem ÖPNV:
Mit den Buslinien 430/430A, 433/433A oder 451 zur Haltestelle Zehntscheuer. Zu Fuß zum Kelterplatz, dann rechts auf Steinheimer Straße und gleich links auf Haldenstraße. Der Haldenstraße folgen, dann rechts auf „Auf dem Felsen" und hinunter zur L 1100. Den Neckar über die Schleuse Poppenweiler überqueren, dann links dem Weg folgen bis zum Biotop. **Von der Haltestelle Zehntscheuer bis zum Biotop sind es 3 Kilometer.**

Tourbeschreibung:
Das Neckarbiotop Zugwiesen ist ein perfektes Naherholungsgebiet für Familien, das sowohl per Rad als auch zu Fuß erkundet werden kann und direkt am Neckar liegt. Es ist umgeben von imposanten Weinbergen.

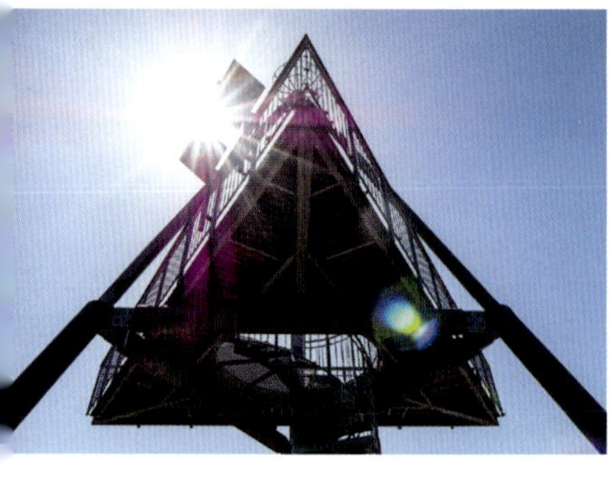

Nach der frühmorgendlichen Fotoexkursion am Neckarstrand in Neckargröningen machen wir uns nun auf in Richtung Poppenweiler. Für etwa fünf Kilometer geht's direkt am linken Neckarufer entlang und wir bestaunen die vielen Spiegelungen auf dem Neckar, die uns das immer weniger werdende Morgenlicht noch beschert.
Das Neckarbiotop Zugwiesen liegt

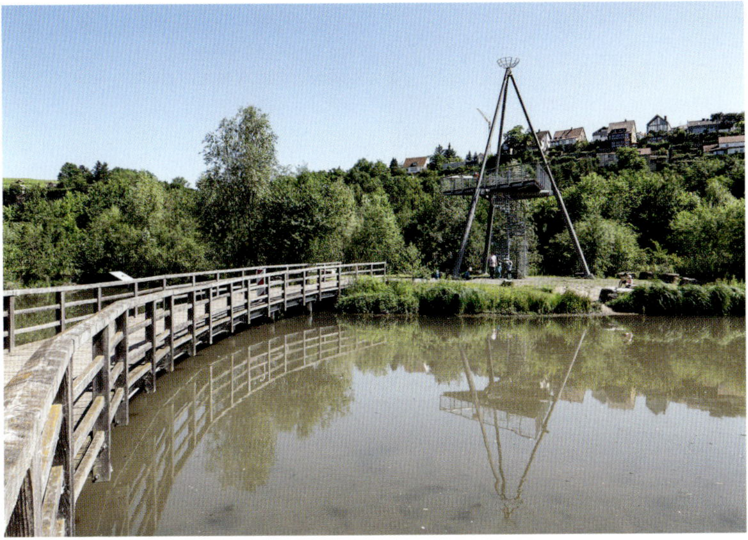

am plötzlich breiter werdenden Fluss auf der linken Neckarseite, genau gegenüber der Stadt Poppenweiler in einem Linksbogen des Neckars, der auf der rechten Seite flankiert ist von markanten Weinhängen. Wir wandern an Infotafeln vorbei, die uns zum Neckarbiotop führen und uns erklären, was es mit dieser naturnah umgestalteten Auenlandschaft auf sich hat. Neben der Reduzierung der Hochwassergefahr musste der Neckar im 20. Jahrhundert den Ausbau von Transportwegen mitmachen und diesem standhalten. Das Neckarbiotop zeigt die Vereinigung von Hochwasserschutz und modernem Schiffsverkehr mit ökologisch

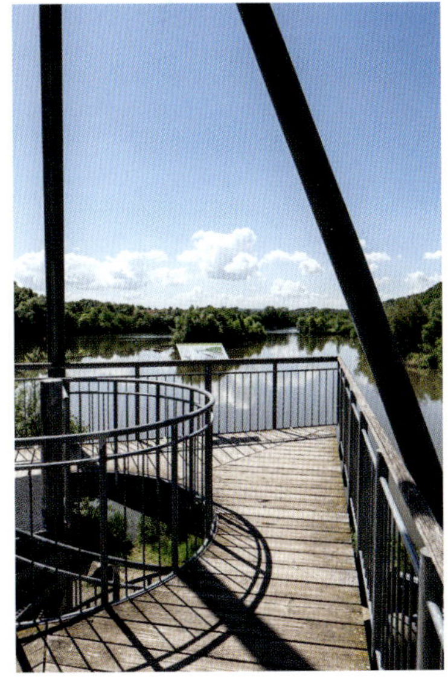

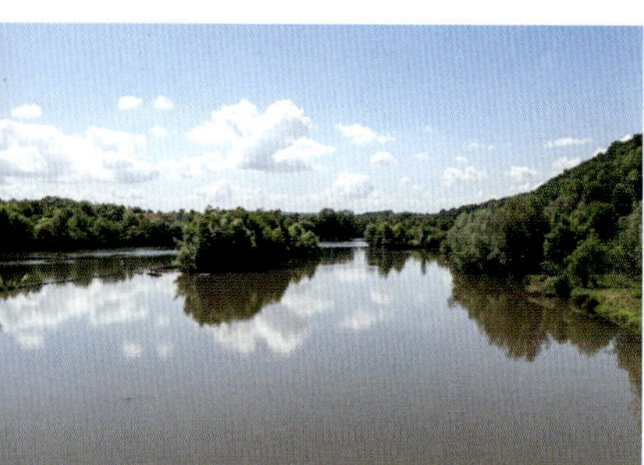

hochwertigem Fluss- und Uferbau. Nebenbei entsteht durch die Verzahnung von Land und Wasser eine attraktive Erholungslandschaft, die sowohl mit dem Fahrrad als auch zu Fuß erkundet werden kann. Fische, Reiher, Enten und Graugänse, Höckerschwäne und blütenreiche Wiesen können entdeckt werden und mit ein bisschen Glück lässt sich sogar ein Schiff in der Schleuse beobachten. Der kleine Aussichtsturm „Storchennest" bietet eine tolle Übersicht auf das Biotop und den Neckar.

Wir folgen dem Neckarweg und überqueren wenig später die Schleuse Poppenweiler, wandern ein kurzes Stück flussaufwärts und biegen dann links ab in die Weinberge, um eine weitere tolle Sicht auf das Biotop zu bekommen. Oberhalb der Weinberge folgen wir nach wie vor dem Neckarweg, der uns über die Ortschaft Neckarweihingen zurück an den Neckar bringt.

Tipp

Das Restaurant „Genuss im Grünen" lädt mit schwäbischer Küche zur Stärkung ein. Otto-Konz-Weg 1, 71642 Ludwigsburg, Telefon 07141/9112171, www.restaurant-gig.de.

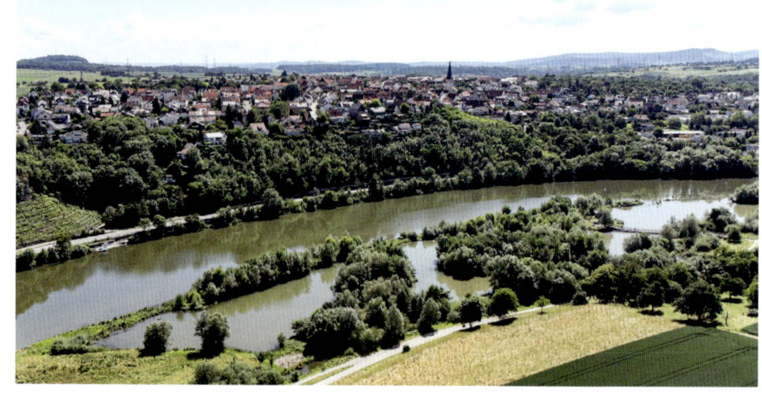

BURGRUINE HOHENECK, LUDWIGSBURG-HOHENECK

57

Umgeben von Weinbergen

Hinkommen:
48°54'51.9"N 9°12'35.2"E

Mit dem Auto:
Zielort Ludwigsburg-Hoheneck. Parkmöglichkeiten in Ludwigsburg-Hoheneck. In Ludwigsburg-Hoheneck über die „Obere Gasse" und geradeaus auf Bangertsweg, dann links auf Weg und diesem folgen bis zur Burg. **Von Ludwigsburg-Hoheneck sind es etwa 300 Meter zur Burg.**

Mit dem ÖPNV:
Von Ludwigsburg mit dem Bus 427/427A zur Haltestelle Hoheneck Uferstraße. Über die Uferstraße zurück Richtung „Untere Gasse", nächste Möglichkeit links, dann rechts auf „Obere Gasse". Geradeaus weiter auf Bangertsweg, nächste Möglichkeit links auf Weg und diesem folgen bis zur Burg. **Von der Bushaltestelle zur Burg sind es circa 500 Meter.**

Tourbeschreibung:
Die Burg liegt auf einem Bergsporn oberhalb des Neckars und ist umgeben von idyllischen Weinbergen mit tollen Blicken auf den Neckar.

In Neckarweihingen überqueren wir auf einer modernen Brücke den Neckar und folgen auf der linken Neckarseite dem markierten Neckarweg bis zum Friedhof Alt-Hoheneck. Dort biegen wir scharf links ab, um wenig später rechts auf die Obere Gasse zu gelangen. Gleich danach biegen wir erneut links auf den Burgweg, der uns an einem Weinberg entlang hinauf zur Burgruine Hoheneck führt.

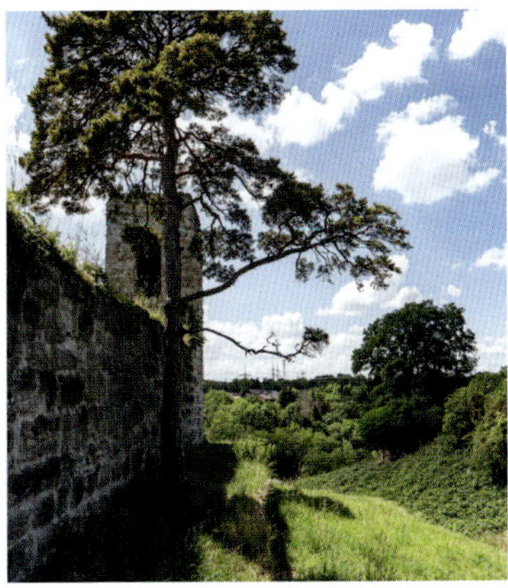

Schon beim kurzen Anstieg hinauf zur Burg Hoheneck, vorbei an

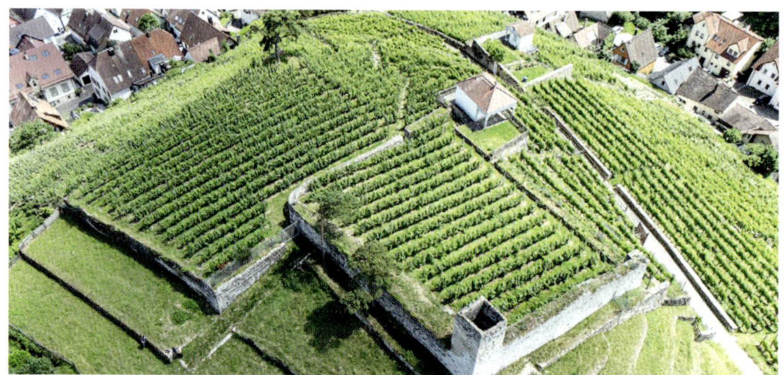

Weinreben, genießen wir die Blicke hinunter auf den Neckar und hinüber auf die Ortschaft Neckarweihingen, um uns dann der Burg zu widmen, die oben auf einem Bergsporn liegt. Die im 13. Jahrhundert aus Sandstein erbaute und idyllisch in die Weinberge eingebettete Burg mit einem nahezu quadratischen Grundriss sitzt auf einem Bergsporn über dem Neckartal. 1693 wurde sie durch die Franzosen zerstört. Leider ist die Burg heute in Privatbesitz, sodass wir sie uns nur von außen anschauen können. Der Weg ermöglicht die Burg zum Teil zu umrunden. Hier oben, direkt an den Weinhängen, ist ein idealer Ort für ein Päuschen, Sitzbänke laden zum Genießen ein.

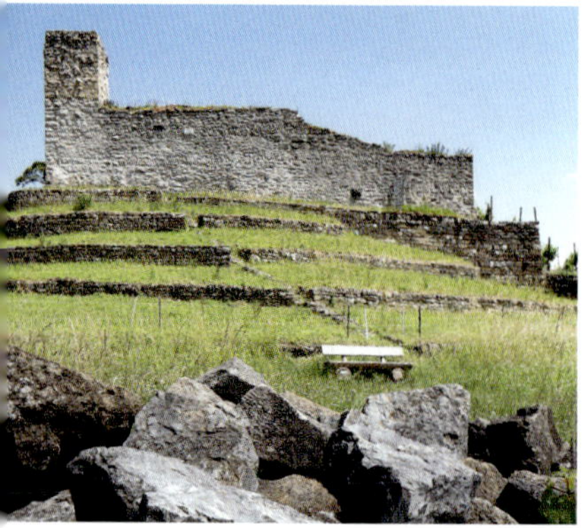

Auf dem Burgweg gehen wir Richtung Marbach weiter und stoßen wenige Meter weiter wieder auf den Neckarweg, der uns mit gigantischen Blicken auf den Neckar Schritt für Schritt nach Marbach bringt.

Tipp

Die Burgruine ist nur im Rahmen der Genussführung „Weinerlebnis in Hoheneck: Ein steiles Trio“ zugänglich.
https://visit.ludwigsburg.de/start/entdecken/burgruine+hoheneck.html

58

SCHILLER-NATIONALMUSEUM, MARBACH AM NECKAR

Keimzelle des Deutschen Literaturarchivs

Hinkommen:
48°56'07.9"N 9°15'22.9"E

Mit dem Auto:
Zielort Marbach am Neckar. Schillerhöhe 8–10, 71672 Marbach am Neckar. **Parkmöglichkeiten gibt es an der Schillerhöhe direkt am Museum.**

Mit dem ÖPNV:
Mit der S-Bahn nach Marbach. Dann in die Bahnhofstraße und rechts auf Güntterstraße. Dieser folgen und geradeaus auf Charlottenstraße, dann wiederum geradeaus auf König-Wilhelm-Platz. Rechts auf Haffnerstraße und auf Schillerhöhe rechts zum Museum. **Vom Bahnhof zum Museum sind es 1,4 Kilometer.**

Tourbeschreibung:
Das Museum befindet sich auf der leicht ansteigenden Schillerhöhe oberhalb des Neckars mit einem wundervollen Blick auf den Neckar und den gegenüberliegenden Ort Benningen. Die Wege sind barrierefrei.

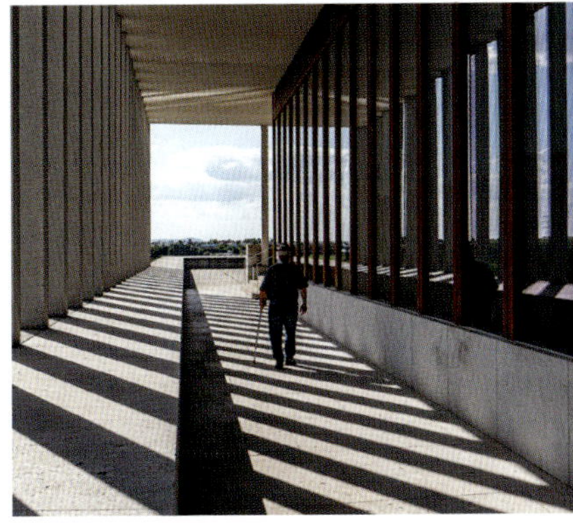

Von der Burgruine Hoheneck folgen wir dem Neckarweg auf einem äußerst aussichtsreichen Höhenweg oberhalb des Neckars mit Blick zu unserem heutigen Zielort Marbach. Für einen längeren Abschnitt geht es entlang an Weinreben, bevor der Weg vorbei an weiten Wiesenlandschaften führt, von wo aus wir eine prachtvolle Sicht auf Marbach und das weithin sichtbare Schiller-Nationalmuseum bekommen, das sich oben auf der Schillerhöhe auf der

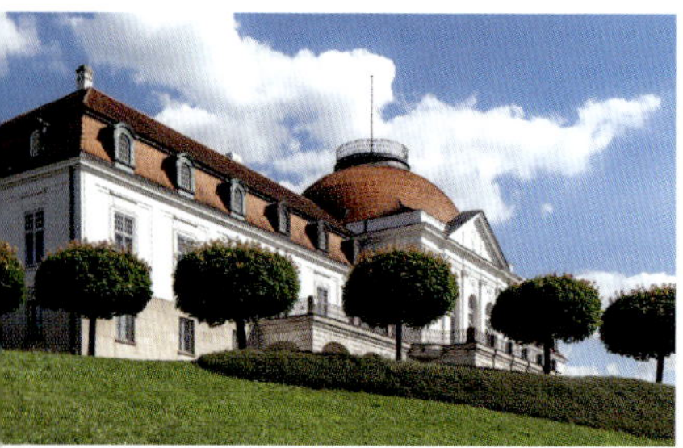

anderen Seite des Neckars befindet und unser letztes Highlight für heute ist. Um dorthin zu kommen, überqueren wir am Viadukt den Neckar und folgen den Beschilderungen zum Museum. Kurz vor dem Etappenende erholen wir uns erst einmal von der langen Wanderung und genießen die wunderbare Sicht auf den Neckar und den gegenüberliegenden Ort Benningen.

Das Schiller-Nationalmuseum wurde 1903 vom schwäbischen Schillerverein nach Plänen der Stuttgarter Architekten Ludwig Eisenlohr und Carl Weigle gebaut, die von spätbarocken Vorbildern wie dem Schloss Monrepos in Ludwigsburg inspiriert waren. Es beherbergt sowohl das „Literaturmuseum der Moderne" als auch das „Deutsche Literaturarchiv Marbach". Die Konzeption der Dauerausstellung des Schiller-Nationalmuseums wird zurzeit überarbeitet, um die Objekte aus dem Archiv innovativer zeigen zu können und Schillers Ästhetikbegriff noch transparenter zu vermitteln. Es bleibt voraussichtlich bis Herbst 2023 geschlossen. Die Dauerausstellung rund um die vier Schwa-

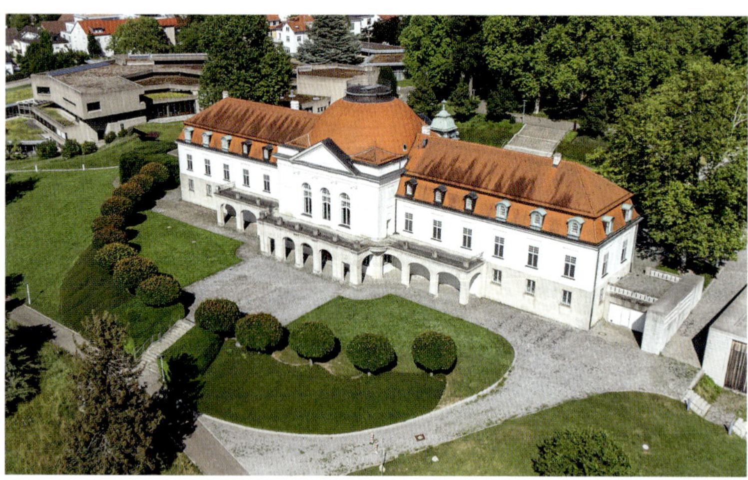

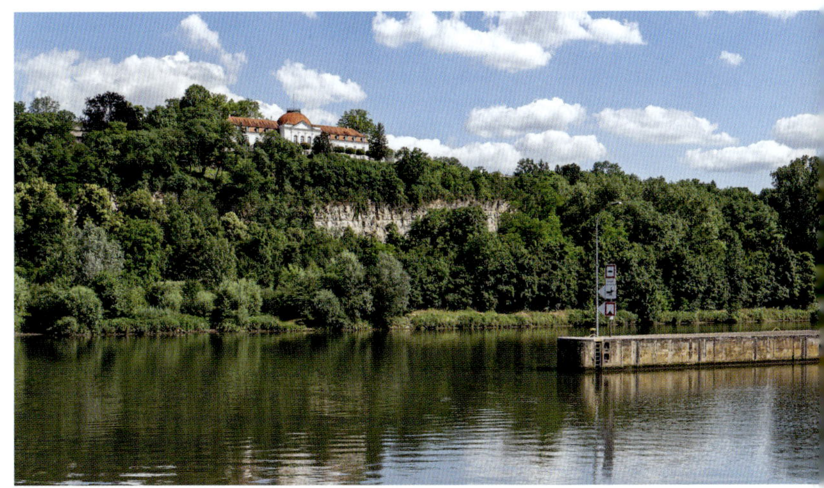

ben Schiller, Hölderlin, Kerner und Mörike ist deshalb ins Literaturmuseum der Moderne umgezogen. Im Literaturmuseum der Moderne geht es eigentlich um die Seele der deutschen Literatur. Also was ist Literatur überhaupt? Was kann sie? Wofür steht sie? Was gibt sie uns? Ergänzt wird die Dauerausstellung von einem virtuellen Museum des 21. Jahrhunderts. Der Poesieautomat von Hans Magnus Enzensberger dichtet auf Knopfdruck – so herrlich, ihn auszuprobieren und Gedichte entstehen zu lassen. Das von David Chipperfield entworfene Museum wurde 2006 eröffnet. Für Familien mit Kindern gibt es originelle Möglichkeiten, wie Familienführungen oder Thementage, die Museen zu erkunden.

Es lohnt sich auch unbedingt, durch die gesamte, sehr stilvolle Anlage auf der Schillerhöhe spazieren zu gehen. Nach einem ausgiebigen Aufenthalt gehen wir nun die restlichen Meter zur S-Bahn-Station Marbach und beenden am Bahnhof Marbach unsere schöne Wanderung.

Tipp

Das Geburtshaus von Friedrich Schiller ist in der Niklasstraße 31 in 71672 Marbach zu besichtigen. Täglich von 9 bis 17 Uhr (April bis Oktober) und 10 bis 16 Uhr (November bis März). Führungen können dort gebucht werden. Man bekommt spannende und überraschende Einblicke in Schillers Leben. www.schillersgeburtshaus.de

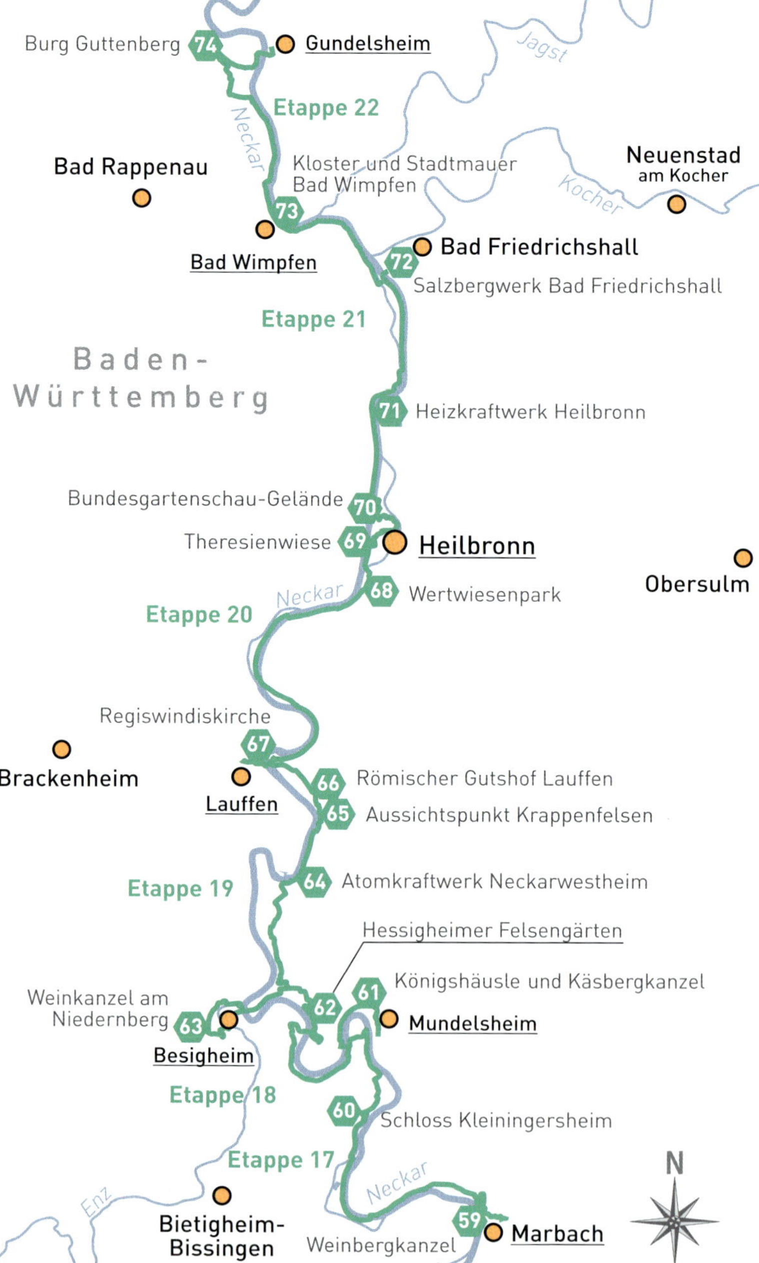

Burg Guttenberg
74
Gundelsheim
Etappe 22
Neckar
Bad Rappenau
Kloster und Stadtmauer
Bad Wimpfen
Jagst
Neuenstad
am Kocher
Kocher
73
Bad Wimpfen
72
Bad Friedrichshall
Salzbergwerk Bad Friedrichshall
Etappe 21
Baden-
Württemberg
71
Heizkraftwerk Heilbronn
Bundesgartenschau-Gelände
70
Theresienwiese
69
Heilbronn
Obersulm
Neckar
68
Wertwiesenpark
Etappe 20
Regiswindiskirche
67
Brackenheim
Lauffen
66
Römischer Gutshof Lauffen
65
Aussichtspunkt Krappenfelsen
Etappe 19
64
Atomkraftwerk Neckarwestheim
Hessigheimer Felsengärten
Königshäusle und Käsbergkanzel
61
Weinkanzel am
Niedernberg
63
62
Mundelsheim
Besigheim
Etappe 18
60
Schloss Kleiningersheim
Etappe 17
N
Neckar
Enz
59
Marbach
Bietigheim-
Bissingen
Weinbergkanzel

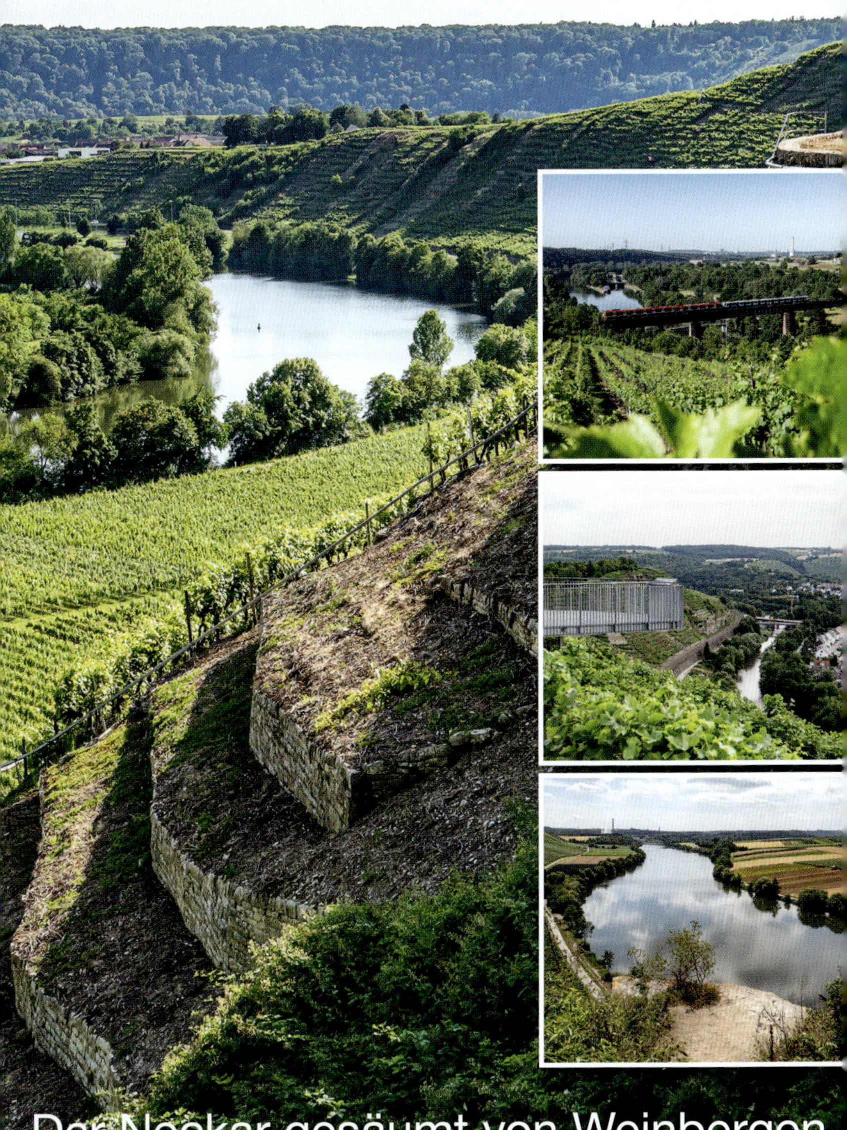

Der Neckar gesäumt von Weinbergen

Marbach – Gundelsheim

59 WEINBERGKANZEL, MARBACH AM NECKAR

Inspirierender Ort für Literaten

Hinkommen:
48°56'42.7"N 9°15'21.4"E

Mit dem Auto:
Zielort Marbach am Neckar. Parkmöglichkeiten auf einem Parkplatz an der Panoramastraße. **Vom Parkplatz zur Weinbergkanzel sind es nur wenige Meter.**

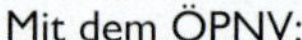

Mit dem ÖPNV:
Mit der S4 nach Marbach Bahnhof. Dann auf die Kirchenweinbergstraße und rechts auf Gartenstraße. Geradeaus auf die Heckenstraße, dann links über den Friedhof und geradeaus auf Panoramastraße. Am Parkplatz rechts abbiegen und dem Weg bis zur Weinbergkanzel folgen. **Vom Bahnhof zur Weinbergkanzel sind es 900 Meter.**

Tourbeschreibung:
Die Weinbergkanzel befindet sich idyllisch in den Weinbergen oberhalb des Neckars mit fantastischen Blicken auf Marbach, den Neckar und den Ort Benningen. Die Zugangswege zur Kanzel sind sehr familienfreundlich.

Nur zwei Tage später setze ich meine Wanderung ab Marbach mit dem Ziel Hessigheim fort. Dieses Mal ohne Begleitung, dafür aber bei schönstem Sommerwetter und ohne eine einzige Wolke. Mich erwartet ein Abschnitt, der vor allem geprägt ist durch seine zahlreichen Neckarschleifen. Nachdem der Weinanbau vor allem im Kreis Esslingen eine hohe Bedeutung hat, kommt er in den folgenden Kilometern noch einmal so richtig zur Geltung!

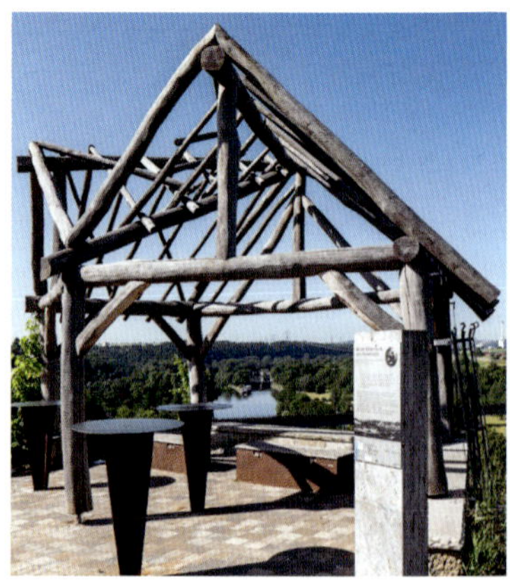

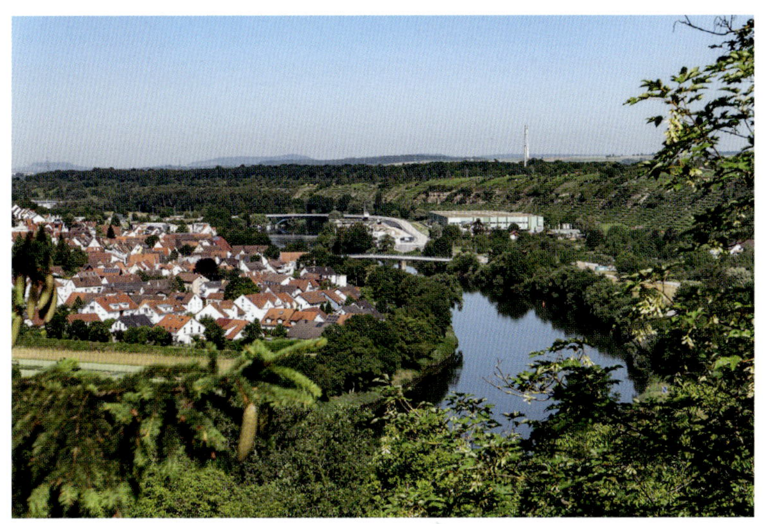

Ich starte meine gut 18 Kilometer lange Wanderung in Marbach am S-Bahnhof und gehe von dort auf die Kirchenweinbergstraße. Durch den Friedhof gelange ich auf die Panoramastraße und verlasse auch schon die Stadt Marbach. Über den Wein-Lese-Weg gelange ich recht zügig zu meinem ersten Highlight für heute, eine Weinbergkanzel an einem wunderschön gelegenen Aussichtspunkt. Von hier schaue ich auf Marbach, den geschwungenen Neckar, das Viadukt von Marbach und den gegenüberliegenden Ort Benningen. Während ich die Aussicht genieße, beobachte ich die S-Bahn, wie sie über das Viadukt fährt. Neben der Kanzel steht auf einer Tafel ein Gedicht von Ottilie Wildermuth über die Aussicht von hier auf den Neckar. Die 1817 in Rottenburg geborene Schriftstellerin hat ihre Jugend in der Schillerstadt verbracht:

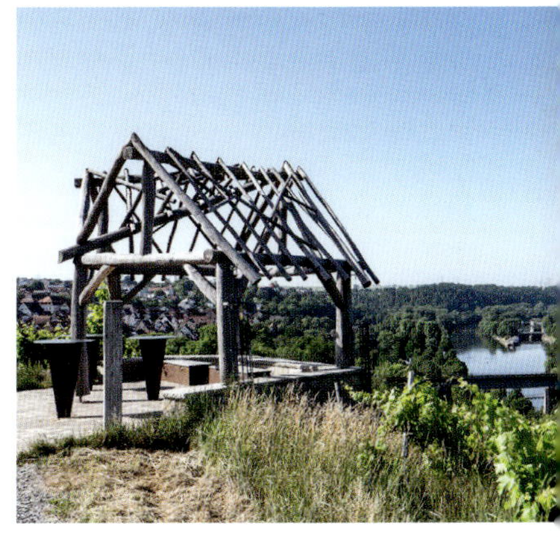

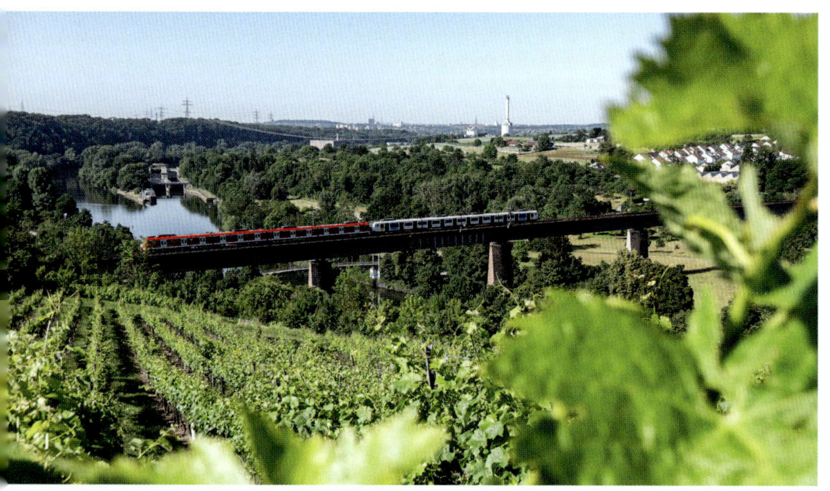

„Die schönste Zierde der freundlich gelegenen kleinen Stadt Marbach bildet der schimmernde Gürtel des Schwabenlandes', der gute, heimische Neckarfluß. Ich glaube kaum, daß er sonst irgendwo auf kurzer Strecke so mannigfache und reizende Aussichten bietet wie hier." Der stark gekürzte Text über den Neckar erschien 1852 in „Bilder und Geschichten aus dem schwäbischen Leben".

Diesen Worten kann ich nur zustimmen und genieße nochmals die fantastische Aussicht, bevor ich meine Wanderung fortsetze und dazu für einige Meter dem Wein-Lese-Weg folge, bevor ich bei der nächsten Möglichkeit geradeaus weitergehe und dem Weg hinunter zur Mündung der Murr in den Neckar folge.

Tipp

Der schon erwähnte und beschilderte Wein-Lese-Weg besteht aus mehreren Touren mit insgesamt 15 literarischen Stationen am Wegrand. Verse, Zitate, Briefauszüge und Anekdoten zeigen, welche Literaten diese Gegend zu schätzen wussten.
www.marbach-bottwartal.de

SCHLOSS KLEININGERSHEIM, INGERSHEIM

60

Eine Burg wird zum Schloss

Hinkommen:
48°58'25.0"N 9°12'02.4"E

Mit dem Auto:
Zielort Kleiningersheim. **In Kleiningersheim gibt es freie Parkmöglichkeiten in unmittelbarer Nähe zum Schloss.**

Mit dem ÖPNV:
Mit dem Bus 446/226A oder 567A von Freiberg (N) kommend zur Haltestelle Kleiningersheim Schlossstraße. Von dort über die Schlossstraße zum Schloss. **Von der Haltestelle zum Schloss sind es nur wenige Meter.**

Tourbeschreibung:
Das Schloss liegt oben auf einem Hang, umgeben von Weinbergen mit toller Weitsicht auf den Neckar und Pleidelsheim. Die Wege rund um das Schloss sind familienfreundlich.

An der Mündung der Murr in den Neckar gehe ich auf der Benninger Straße weiter und biege am nächsten Kreisverkehr rechts ab, um wieder auf den Neckarweg zu gelangen. Diesem folge ich oberhalb von Weinreben mit tollen Aussichten auf Benningen, bis ich kurz vor der A81 den Neckar überquere und auf der linken Seite des Ufers weiterwandere. Auf dem Weg zum Schloss Kleiningersheim, meinem nächsten Highlight, statte ich in Großingersheim meiner Nebensitzerin in der Big Band einen Besuch ab und werde an dem heute heißen Tag sehr nett mit kühlen Getränken versorgt. Nach dem erfrischenden Abstecher wandere ich weiter Richtung Kleiningersheim und erkenne schon vom Neckarufer das Schloss weiter oben auf einem Hang.

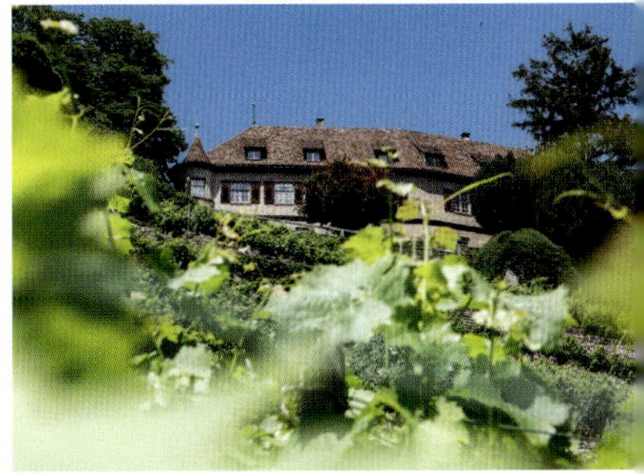

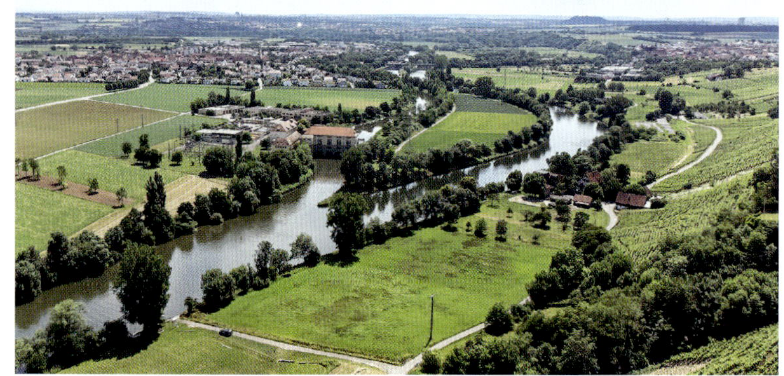

Das Schloss war ursprünglich als mittelalterliche Burg in den Jahren nach 1576 durch Ritter Kaspar Nothaft von Hohenberg erbaut worden. Durch die Blätter der Weinreben lässt es sich bereits von hier unten wunderbar fotografisch in Szene setzen und ich bin gespannt, was ich dort oben für eine Aussicht erhalten werde. An der Kleiningersheimer Mühle biege ich links ab und folge typischen Weinbergtreppen hinauf zur Anlage. Oben angekommen werde ich mit einer unheimlich weiten Sicht auf das Neckartal beschenkt – meine Blicke folgen dem wunderschön geschwungenen Neckar, der an der Ortschaft Pleidelsheim vorbeifließt. Das Schloss wechselte mehrfach den Besitzer und wurde um 1900 vom Fabrikanten Carl von Ostertag-Siegle gekauft, der es im Geist der Burgenromantik renovierte und umgestaltete. Leider ist eine Besichtigung des Inneren nicht möglich, da es sich im Privatbesitz befindet und nur während der Veranstaltungsreihe „Kultur im Schloss" für die Öffentlichkeit zugänglich ist. So genieße ich noch eine ganze Weile die famose Weitsicht und gönne mir auf dem Schlossgelände neben einem Weinausschank eine Bratwurst und ein frisches Getränk.

Auf dem Neckarweg geht's dann weiter Richtung Mundelsheim. Ein kurzes Stück durch den Wald spendet angenehmen Schatten.

Tipp

Auf einem 5,8 Kilometer langen Rundweg auf der Schlossbergrunde lässt sich der historische Weinhang mit seinen Trockenmauern unterhalb von Kleiningersheim erkunden.

KÖNIGSHÄUSLE UND KÄSBERGKANZEL, MUNDELSHEIM

61

Aussicht auf die schönste Neckarschleife

Hinkommen:
49°00'18.6"N 9°11'55.9"E

Mit dem Auto:
Zielort Mundelsheim. Parkmöglichkeiten am Parkplatz neben der Käsberghalle, Karl-Epple-Straße 13, 74395 Mundelsheim. Zu Fuß weiter über die Karl-Epple-Straße und geradeaus auf Kappelstraße, dann links auf Trollingerstraße und über die Weinbergstraße auf Trollinger Straße bleiben. Dem Weg in den Weinberg folgen bis zum Königshäusle. **Vom Parkplatz bis zum Königshäusle sind es 1,1 Kilometer.**

Mit dem ÖPNV:
Von Freiberg (N) oder Besigheim Bhf kommend mit dem Bus 459/459A zur Haltestelle Mundelsheim Hessigheimer Straße und von der Hessigheimer Straße auf Kappelstraße. Von dort weiter wie oben. **Von der Bushaltestelle Mundelsheim Hessigheimer Straße bis zum Königshäusle sind es 1,1 Kilometer.**

Tourbeschreibung:
Verschiedene familienfreundliche Wege, aber auch anspruchsvollere Treppen auf den Weinbergen bieten gigantische Aussichten auf die Neckarschleife und die umliegenden Weinhänge.

Nach einem Waldstück kurz vor Mundelsheim eröffnet sich mir das Weinanbaugebiet zwischen Mundelsheim und Hessigheim, durch das sich der Neckar in einer unglaublich eindrücklichen Schleife seinen Weg sucht. Auf der rechten Neckarseite erhebt sich ein Weinberghang, von wo aus ich mir eine gigantische Sicht auf diese außergewöhnliche Neckarschleife ver-

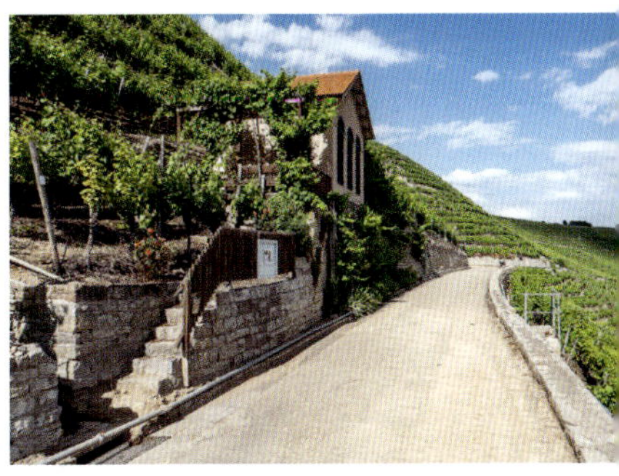

spreche. Ich genieße das Entlangwandern an den Rebstöcken und überquere auf einer Schleuse in Hessigheim den Neckar. Dort biege ich rechts ab auf die Gartenstraße, um bei nächster Gelegenheit links eine Treppe zu nehmen, die mich zum Zugang eines Weinbergs bringt. Über einen Halbhöhenweg gelange ich nun in die Weinberge und habe schon von hier aus eine absolut tolle Sicht auf den Neckar, die aber mit jedem Schritt noch gigantischer wird, bis ich schließlich direkt an einem Weinberghäuschen stehe und den Neckar in seiner vollen Schleife sehe. Hat die Autorin

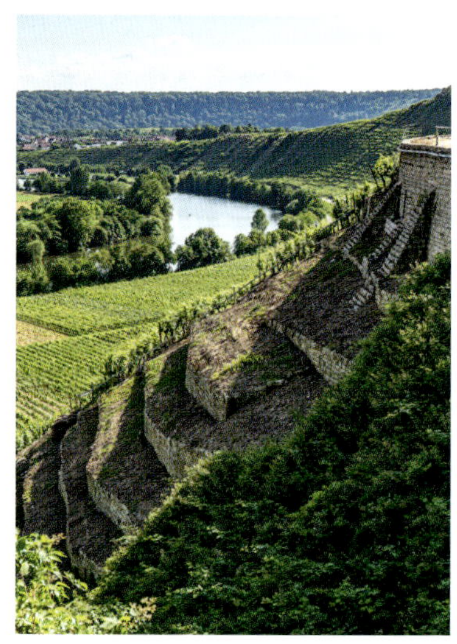

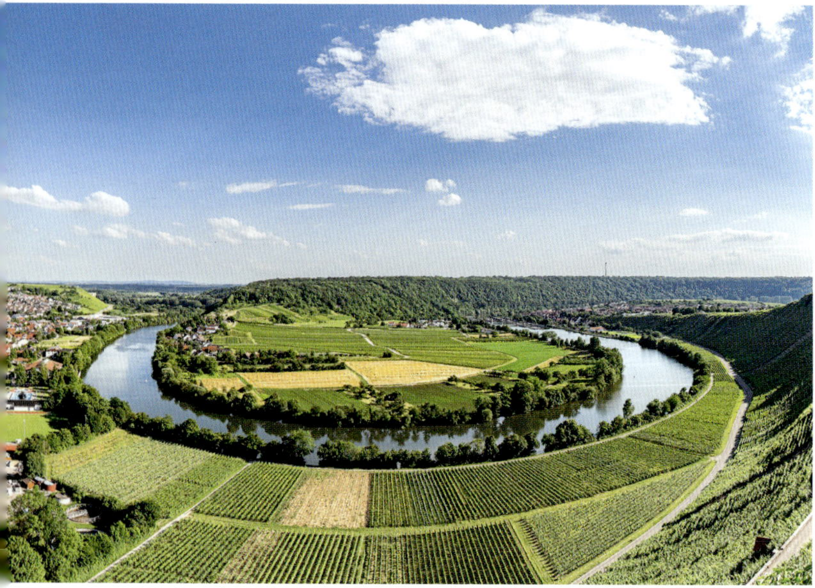

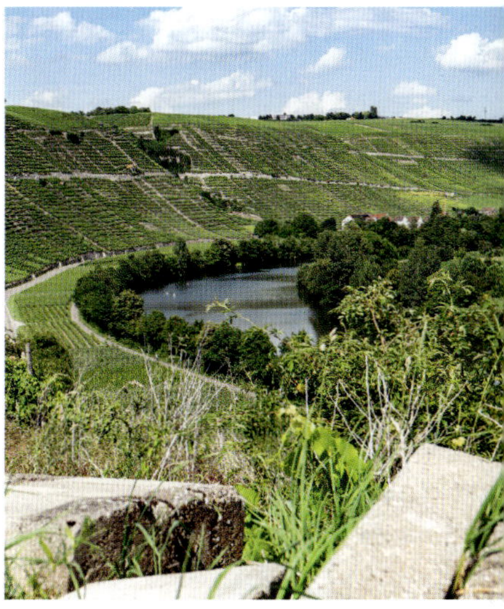

Ottilie Wildermuth die Weinbergkanzel in Marbach als schönsten Ort am Neckar bezeichnet, muss ich sagen, dass ich von diesem Blick hier noch einmal mehr angetan bin. Die Menge an Wein, die hier wächst, verbunden mit der Aussicht auf diese wunderschöne Neckarschleife, ist für mich wirklich einmalig.

Das Weinberghäuschen wurde 1819 von der Hofdomänenkammer erbaut und der Name Königshäusle lässt vermuten, dass König Wilhelm I. von Württemberg hier einst zu Besuch war. Der von der Neckarsohle rund 100 Meter hohe Mundelsheimer Käsberg ist mit seinen unzähligen kleinen Terrassen ein bedeutendes Naturdenkmal und liegt windgeschützt und im optimalen Winkel zur Sonneneinstrahlung, die hier vor allem jetzt am späten Nachmittag für meine Fotos optimal zur Geltung kommt. Oberhalb des Königshäusles befindet sich eine Aussichtsplattform mit einer Tafel, die erklärt, welche näheren und weiter entfernteren Orte man erkennen kann. Der Käsberg-Weinberg wurde 1713 von Herzog Eberhard Ludwig erworben und ist zum Teil bis heute in Privatbesitz des Hauses Württemberg.

Da ich meine Wanderung im nur wenige Schritte entfernten Ort Mundelsheim beende und es erst später Nachmittag ist, beschließe ich, meine Tour hier oben ausklingen zu lassen und diese traumhafte Kulisse im immer weicher werdenden Sonnenlicht zu genießen. Der Weg hinunter nach Mundelsheim ist kein Problem.

Tipp

An Sonn- und Feiertagen schenken Joseba und Fabian Kraft von 11 bis 20 Uhr in ihrem „Time Out“ Wein und mehr aus. Langer Weinbergweg 15, 74395 Mundelsheim, timeout.am.kaesberg@gmail.com.

62 HESSIGHEIMER FELSENGÄRTEN, HESSIGHEIM

Einzigartiges Naturareal

Hinkommen:
49°00'08.1"N 9°10'35.3"E

Mit dem Auto:
Zielort Hessigheim. Parkmöglichkeiten auf dem Parkplatz bei der Felsenkellerei Besigheim. Am Felsengarten 1, 74394 Hessigheim. Die Felsengärten sind ab da ausgeschildert. **Vom Parkplatz zu den Felsengärten sind es circa 600 Meter.**

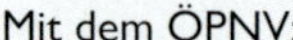

Mit dem ÖPNV:
Mit dem Bus 459/459A von Freiberg (N) beziehungsweise Besigheim Bahnhof nach „Hessigheim Sattlerei Eisele“. Zu Fuß der Besigheimer Straße Richtung Besigheim folgen und rechts auf Am Felsengarten. Dann den Beschilderungen folgen. **Von der Bushaltestelle zu den Felsengärten ist es 1 Kilometer.**

Tourbeschreibung:
Ein schmaler Pfad führt, umgeben von einem großen Weinanbaugebiet, auf einem Höhenweg mit gigantischen Aussichten auf das Neckar- und Enztal entlang der Hessigheimer Felsengärten, die zu einem der bedeutendsten Geotopen Deutschlands zählen.

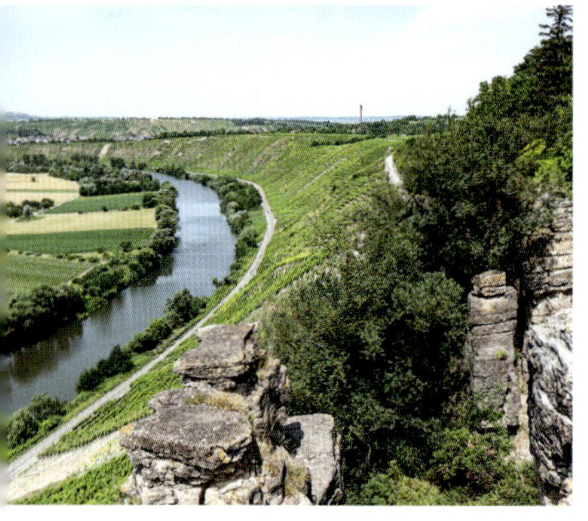

Die heutige Wanderung von Hessigheim nach Besigheim ist mit nur gut 7 Kilometern ziemlich kurz. Dafür bietet sie mit den Hessigheimer Felsengärten ein wahres Naturhighlight: Diese eindrücklichen Felsformationen gehören zum Naturschutzgebiet des Naturraums Neckarbecken und bilden eines der bedeutendsten Geotope Deutschlands! Felsköpfe, Felswände, Schutthalden, Magerrasen, Kiefernwälder und Schluchten bilden

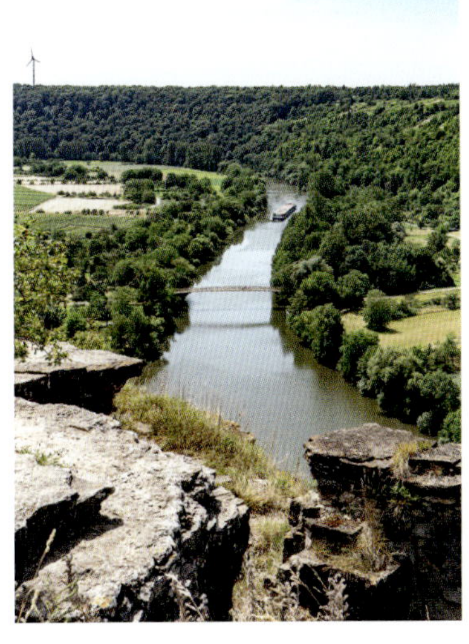

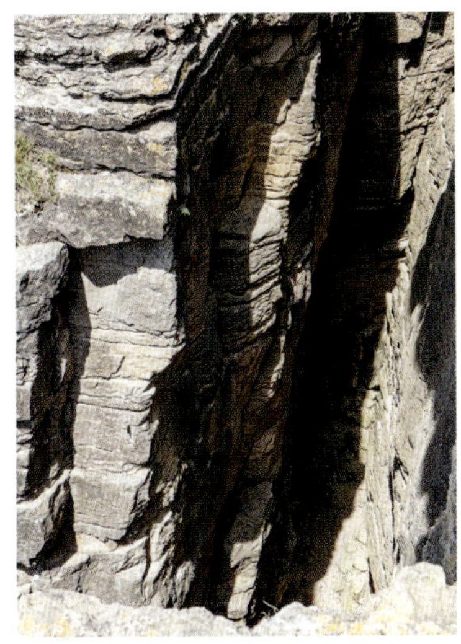

hier sehr besondere Lebensräume und beherbergen eine Vielzahl seltener Pflanzen- und Tierarten. Um dorthin zu kommen, fahre ich mit dem Bus nach Hessigheim zur Brückenstraße und folge auf der Gartenstraße dem Neckarweg bis zu den Felsengärten, die ab der Felsengartenkellerei Besigheim ausgeschildert sind.

Naturtreppen bringen mich hinauf zu den „Schwäbischen Dolomiten", wie sie im Volksmund auch genannt werden, und ich kann mich gar nicht entscheiden, ob ich die gigantische Aussicht auf den Neckar genieße oder die Strukturen der Muschelkalkfelsen bestaunen möchte, in denen sich tiefe Schluchten auftun. Kein Wunder, dass ich hier einem Kletterer begegne, denn das etwa 500 Meter lange Felsareal ist mit rund 130 Kletterrouten auch ein beliebtes Kletter-Eldorado. Ich beobachte ihn, wie er sich an den Felswänden zurechtfindet, die vor über 240 Millionen Jahren durch Ablagerung von Kalkschaum auf dem flachen Meeresboden entstanden sind. Und vielleicht greift er ja sogar gerade in Knochenreste oder Zähne von Haien, Schmelzschuppenfische oder Fischsauriern, die sich in einzelnen Schichten des Muschelkalks angelagert haben. Die bizarren Felsen wirken wie ein kleines Labyrinth – überall gibt es Pfade und Wege, auf denen es so viel zu entdecken gibt. Dieses Stück Wildnis übertrifft bei Weitem meine

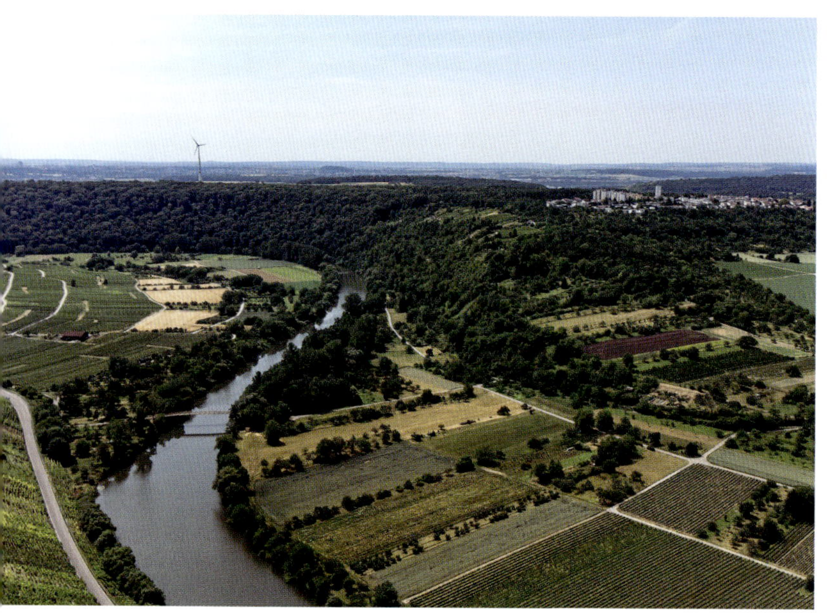

Erwartungen und ich habe dank meiner heutigen so kurzen Wanderung ausreichend Zeit, diese geologische Attraktivität in vollen Zügen zu genießen. Hat mich vorhin der Kletterer noch von der weiten Aussicht abgelenkt, widme ich mich ihr wenig später noch einmal umso intensiver an der „Schönsten Weinsicht 2016" und lasse die Sicht auf das Neckar- und Enztal bis hin zur circa 25 Kilometer entfernten Landeshauptstadt Stuttgart auf mich wirken, ehe ich mich auf den Weg nach Besigheim mache, das ich von hier oben bereits sehe.

Tipp

In der Felsengartenkellerei Besigheim, eine der bedeutendsten Weingärtnergenossenschaften Württembergs, lassen sich württembergische Spezialitäten wie der Trollinger und Sorten wie Cabernet Franc und Cabernet Sauvignon am stilvollsten genießen. Am Felsengarten 1, 74394 Hessigheim, Tel. 07143/8160-0, https://felsengartenkellerei.de/.

WEINKANZEL AM NIEDERNBERG, BESIGHEIM

63

Blick auf Enz und Neckar

Hinkommen:
49°00'15.0"N 9°08'06.9"E

Mit dem Auto:
Zielort Besigheim. Parkmöglichkeiten auf dem Parkplatz am Abzweig des Panoramawegs von der Löchgauer Steige. Dann nur noch dem Panoramaweg folgen bis zum Aussichtspunkt. **Vom Parkplatz zum Aussichtspunkt sind es circa 800 Meter.**

Mit dem ÖPNV:
Mit der Bahn nach Besigheim. Nach rechts auf Weinstraße, dann rechts die Bahn unterqueren und wieder rechts auf Freudentaler Straße. Geradeaus auf Löchgauer Straße, dann am Parkplatz rechts auf Panoramaweg. Dem Panoramaweg folgen bis zum Aussichtspunkt. **Vom Bahnhof zum Aussichtspunkt sind es 1,7 Kilometer.**

Tourbeschreibung:
Familienfreundliche Wege entlang am Weinanbau mit tollen Aussichtspunkten und Ausblicken auf Besigheim, die Mündung der Enz in den Neckar und die nähere Umgebung.

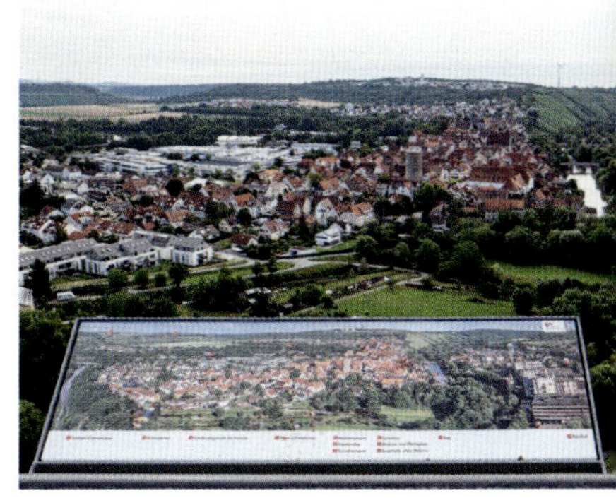

Es ist Anfang Juli, die Tage sind mitunter ziemlich heiß und ich merke schon, dass dadurch die Wanderungen anstrengender werden. Heute ist es zum Glück etwas bedeckt, das soll sich aber im Laufe des Tages ändern und die Sonne wird wieder verlässlich scheinen. Da hilft nur, viel Wasser einzupacken und sich gut gegen die Sonne zu schützen. Glücklicherweise befinde ich mich in einem relativ flachen Abschnitt, sodass die 16 Kilometer von Besig-

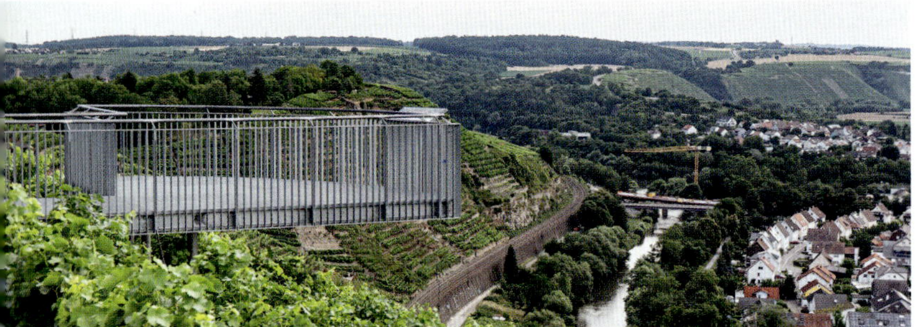

heim nach Lauffen gut zu meistern sein sollten.

In Besigheim starte ich wieder am Bahnhof und biege dort nach rechts auf die Weinstraße, unterquere die Bahnstrecke und biege danach gleich wieder rechts ab. Ein angenehm leichter Anstieg bringt mich über die Löchgauer Steige hinauf in die Weinberge. An einem Parkplatz biege ich rechts ab, um einem Höhenweg entlang der Steillagen zu folgen. Schon von hier aus habe ich eine tolle Aussicht auf Besigheim und ich versuche, die Stadt schön mit den Weinblättern fotografisch zu umrahmen. Mit jedem Schritt wird die Aussicht schöner, bis ich schließlich an einer modernen Aussichtsplattform, der Weinkanzel, ankomme, die 2016 fertiggestellt wurde und laut der Stuttgart-Touristik-Website die „schönste Weinsicht Württembergs" ist. Von hier habe ich eine ungestörte Sicht auf die Mündung der Enz in den Neckar sowie die malerische Stadt Besigheim und die nähere Umgebung und blicke zurück auf die Hessigheimer Felsengärten, bei denen ich auf meiner letzten Wanderung noch war. Hier genieße ich erst einmal die Steillagen der Weinberge und verfolge einen Zug unten auf der Bahnstrecke neben dem Neckar, die in Zukunft meine Stammstrecke sein wird, um zu den Ausgangspunkten der Wanderungen zu kommen.

Nach meinem aussichtsreichen Zwischenstopp gehe ich den Höhenweg weiter und gelange über eine idyllische Treppenanlage, die „Himmelsleiter", auf über 400 Stufen wieder hinunter zur Enz, die ich wenig später überquere und ebenso den Neckar.

Tipp

Der „Weinausschank Panorama Weg" in der Nähe des Parkplatzes ist offen am Samstag von 16 bis 23 Uhr und am Sonntag von 15 bis 23 Uhr.

64

ATOMKRAFTWERK NECKARWESTHEIM

Ende der Stromproduktion in Sicht

Hinkommen:
49°02'31.2"N 9°10'27.2"E

Mit dem Auto:
Zielort Neckarwestheim. Parkplatzmöglichkeiten auf dem Parkplatz vor dem Atomkraftwerk Richtung Neckarwestheim.
Der Parkplatz befindet sich direkt neben dem Atomkraftwerk.

Mit dem ÖPNV:
Mit dem Bus 646 oder 651 von Kirchheim (N) Bahnhof kommend zur Bushaltestelle „Neckarwestheim GKN Verw.". **Die Bushaltestelle befindet sich direkt am Atomkraftwerk.**

Tourbeschreibung:
Das Kraftwerk liegt direkt am Neckar, sodass das Neckarufer an dieser Stelle nicht passierbar ist. Familienfreundliche Spaziergänge im Umfeld von Neckarwestheim bieten spannende Blicke auf das Kraftwerk.

Es wäre sicherlich schön, das nächste Highlight mitsamt dem Neckar fotografisch abbilden zu können. Denn es ist neben der Rosensteinbrücke in Stuttgart mit Bezug auf Stuttgart 21 das Highlight am Neckar, über das in der Vergangenheit politisch wohl am meisten diskutiert wurde: Das Atomkraftwerk Neckarwestheim. Für das Foto müsste ich allerdings auf der linken Neckarseite weiterwandern, denn das Atomkraftwerk liegt auf der rechten Uferseite. Dann würde ich aber auf die darauffolgenden

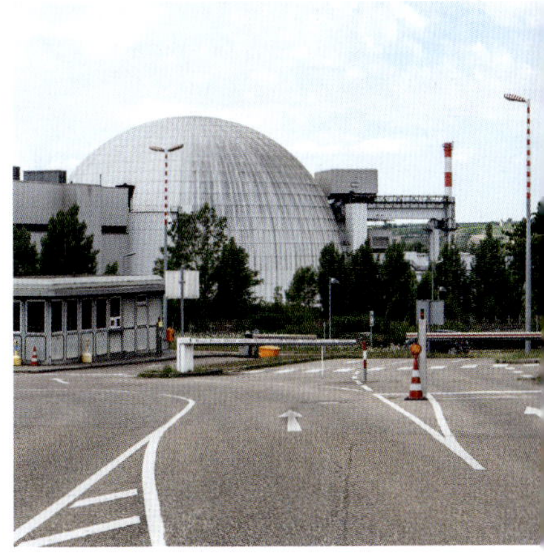

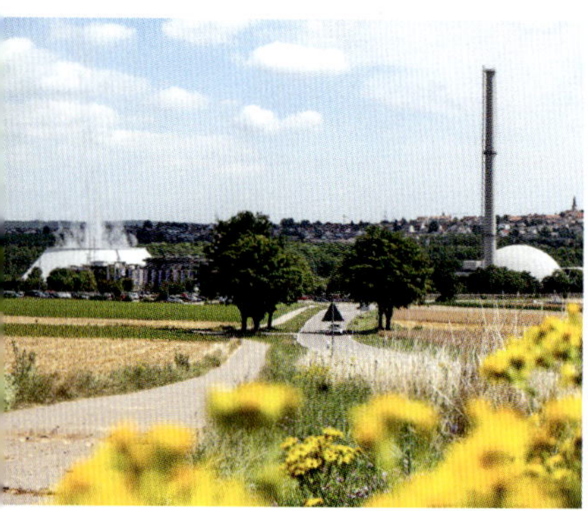

Highlights, den Aussichtspunkt „Krappenfelsen" und einen Römerhof kurz vor Lauffen, verzichten. Also beschließe ich, rechtsseitig am Ufer weiterzugehen und versuche, zwischen Ufer und Atomkraftwerk voranzukommen, um so das Kraftwerk mit dem Neckar auf ein Bild zu bekommen. Ich passiere den Ort Gemmrigheim und kreuze die Max-Eyth-Straße, biege rechts auf die Hauptstraße Richtung Neckarwestheim und wandere direkt auf das Kraftwerk zu. Mein Versuch, zwischen Neckarufer und Kraftwerk entlangzuwandern, scheitert, weil der Weg abgesperrt und nicht passierbar ist. Also gehe ich zurück auf die Hauptstraße, wandere auf ihr neben dem Kraftwerk entlang und bin ein wenig enttäuscht, das Kraftwerk nicht zusammen mit dem Fluss zeigen zu können.

Das Kernkraftwerk liegt zehn Kilometer südlich von Heilbronn auf dem Gelände eines ehemaligen Steinbruchs und hat zwei Blöcke. Block I wurde aufgrund einer Änderung des Atomgesetzes im Jahr 2011, als Folge des Super-GAUs im japanischen Fukushima, nach 35 Betriebsjahren abgeschaltet. Sechs Jahre später war Block I stillgelegt und die ersten Rückbauarbeiten begannen. Block II (Stand Februar 2023) soll noch bis zum 15. April 2023 am Netz bleiben und dann abgeschalten werden.

Auf der Hauptstraße überquere ich die Haupteinfahrt und bekomme spannende Blicke auf das Gelände, bevor ich mich allmählich wieder entferne. Nur noch die aufsteigende, weiße Dunstwolke ist aus einer Senke zu erkennen. Ich stoße wieder auf den Neckarweg, dem ich oberhalb des Neckars, erneut an Weinanbau, Richtung Lauffen folge.

Tipp

Einen besonders lohnenden Blick auf das Kraftwerk bietet die Neckarschleife nach Kirchheim (N) bei den Kirchheimer Weinterrassen. Um dorthin zu kommen, einfach den Ort Kirchheim (N) über die B 27 Richtung Lauffen verlassen und in einem leichten Linksknick geradeaus auf den Weg biegen.

AUSSICHTSPUNKT KRAPPENFELSEN, LAUFFEN AM NECKAR

65

Mitten im Katzenbeisser-Steillagenareal

Hinkommen:
49°03'40.1"N 9°10'50.1"E

Mit dem Auto:
Zielort Lauffen. Parkmöglichkeiten auf dem Parkplatz Römischer Gutshof an der Ilsfelder Straße (L 1105) kurz vor Lauffen. Von dort links auf „Am Römerhof" und geradeaus bis zum Römischen Gutshof. Dort links abbiegen und immer geradeaus bis zum Krappenfelsen. **Vom Parkplatz bis zum Krappenfelsen sind es 1,2 Kilometer.**

Mit dem ÖPNV:
Mit dem Bus 651 von Heilbronn, Talheim, Lauffen oder Neckarwestheim bis zur Haltestelle Neckarwestheim Rohr/Hart. Auf der Heilbronner Straße Richtung Heilbronn und am Kreisverkehr geradeaus. Dem Straßenverlauf folgen und nach einem kurzen Waldstück die nächste Möglichkeit links. Nach Rechtsknick bei nächster Kreuzung links, dann rechts und am Waldrand entlang bis zum Krappenfelsen. **Von der Bushaltestelle bis zum Krappenfelsen sind es 2,3 Kilometer.**

Tourbeschreibung:
Felsenreicher Aussichtspunkt am Neckar, umgeben von beeindruckenden Terrassenweinbergen und einer Weitsicht bis ins Zabergäu. Breite und angenehm flache Wege rund um den Aussichtspunkt. Die Landschaft ist sehr weitläufig.

Nach dem Atomkraftwerk gehe ich auf der Hauptstraße weiter Richtung Neckarwestheim und biege bei nächster Gelegenheit kurz vor einem leichten Rechtsknick der Straße links ab auf einen Weg, der mich wieder auf den Neckarweg bringt. Ich genieße das Wandern in einem weiteren Weinanbaugebiet auf einer leicht ansteigenden Höhe oberhalb des Neckars und blicke hinüber nach links auf die weite, flache Ebene als auch nach hinten zurück Richtung Atomkraftwerk, das nur durch seinen Turm und aufsteigenden Rauch zu erkennen ist. Der Neckar ist hier an dieser Stelle unheimlich breit und macht vor mir einen Linksbogen Richtung Lauffen. Innerhalb dieses Bogens liegt der Krappenfelsen, ein weiterer, lohnender Aussichtspunkt. Der Neckarweg führt mich aber zuerst wieder hinunter ans Neckarufer, bevor er nach rechts oben abzweigt und an Steigung gewinnt. In einem scharfen Linksknick gehe ich geradeaus weiter und biege rechts ab, um zum Krappenfelsen zu gelangen. Dieser ist über einen kleinen, unbefestigten Trampelpfad mit einigen Stufen zu erreichen. Meine Vermutung, dass auch dies ein felsenreicher Aussichtspunkt ist, wird hier im größten Steillagenareal Württembergs bestätigt. Umgeben von beeindruckenden Terrassenweinbergen bekomme ich wieder eine gigantische Sicht auf den immer noch sehr imposanten Neckar. Dahinter breitet sich ein Flachland aus und ich schaue bis hinein ins Zabergäu und den Naturpark

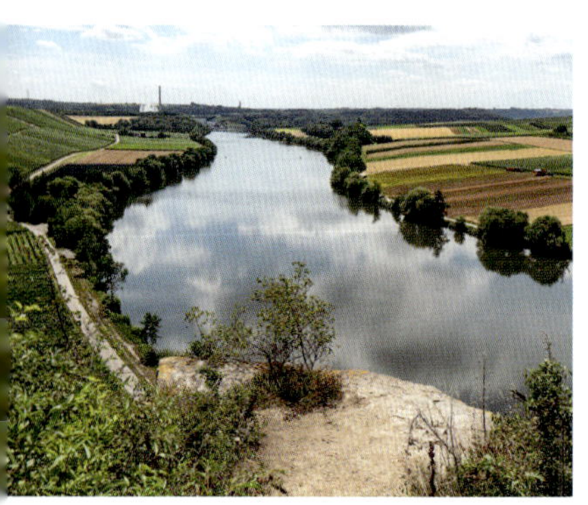

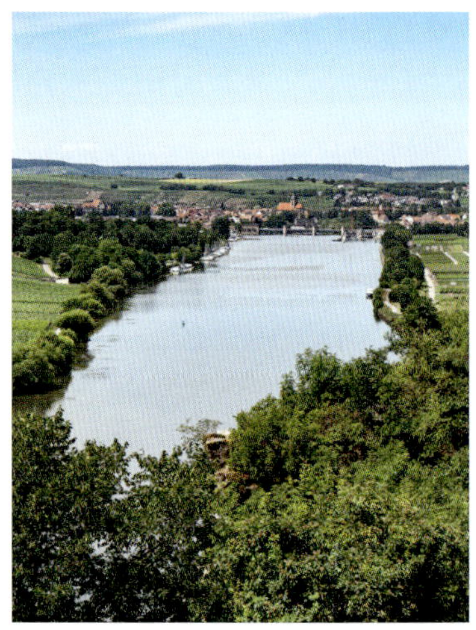

Stromberg-Heuchelberg. Blicke ich nach rechts, sehe ich meinen heutigen Zielort Lauffen. In Aussicht auf das baldige Ende der heutigen Wanderung bleibe ich hier erst mal entspannt sitzen und genieße diese großartigen Ausblicke. Nach einer ausgiebigen Rast mache ich mich nun auf den Weg nach Lauffen und gehe hierfür wieder zurück auf den Neckarweg, dem ich weiter folge.

Tipp

Regionaler Sekt, Wein und Secco sind im Rominger Vineyards Weinbau Frank Rominger zu erwerben. Ringstraße 31, 74382 Neckarwestheim, Telefon 0173-3574679, www.rominger-vineyards.de.

RÖMISCHER GUTSHOF, LAUFFEN

66

Freilichtmuseum und Weinausschank mit Neckarblick

Hinkommen:
49°04'01.7"N 9°10'45.0"E

Mit dem Auto:
Zielort Lauffen. Parkmöglichkeiten auf dem Parkplatz Römischer Gutshof an der Ilsfelder Straße (L 1105) kurz vor Lauffen. Von dort links auf „Am Römerhof" und geradeaus bis zum Römischen Gutshof. **Vom Parkplatz bis zum Gutshof sind es 600 Meter.**

Mit dem ÖPNV:
Mit dem Bus 651 von Lauffen (N) Hölderlin-Gymnasium nach „Lauffen (N), Im Vorderen Burgfeld/Hoher Steg". Dann links auf Ilsfelder Straße (L 1105) und nächste Möglichkeit rechts. An Gabelung links und an nächster Kreuzung rechts. Geradeaus weiter zum Gutshof. **Von der Haltestelle zum Gutshof sind es 1,1 Kilometer.**

Tourbeschreibung:
Der Gutshof liegt oberhalb des Neckars auf einem abfallenden Südwesthang an einem schattigen Plätzchen und ist familienfreundlich zu erreichen.

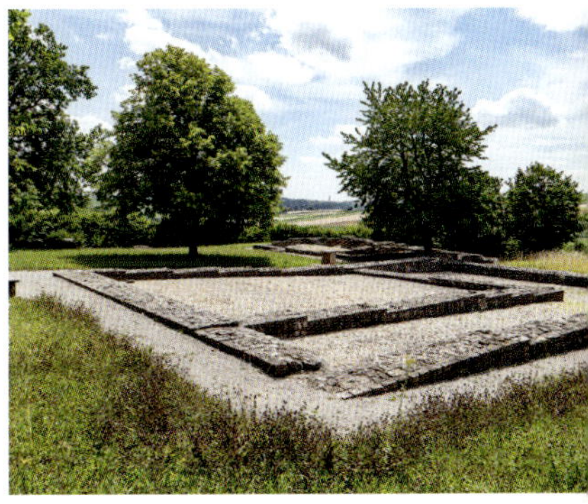

Nach meiner ausgiebigen Rast auf dem Krappenfelsen gehe ich über die Treppen wieder hinauf, um dann links Richtung Lauffen weiterzugehen. Bei nächster Gelegenheit biege ich erneut links ab und folge dem Neckarweg zu einem Römischen Gutshof, der eine archäologische Ausgrabung ist und im Rahmen einer Rebflurbereinigung im Jahre 1978 wiederentdeckt wurde. Die eindrückliche Gutsanlage blieb

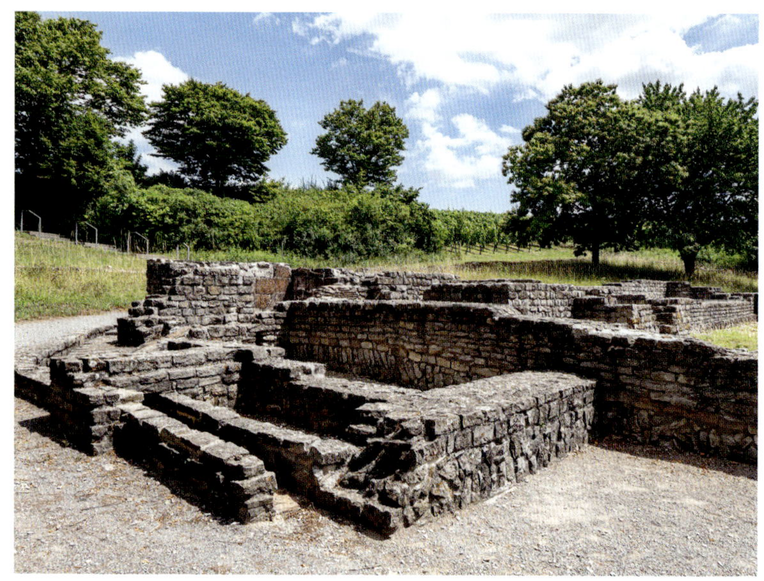

aufgrund der hervorragenden topografischen Lage oberhalb eines steil zum Neckar hin abfallenden Südwesthanges sowie wegen guter Bauweise bestehen. Aus den Ausgrabungen geht hervor, dass das ursprüngliche Wohngebäude, bestehend aus einem großen Wirtschaftsbau und einem einfachen Holzgebäude, wohl im 2. Jahrhundert nach Christus durch ein weiteres Gebäude weiter oben am Hang erweitert wurde, welches sogar mit einer Badeanlage ausgestattet war. Ebenso wurde eine Scheune angebaut, die allerdings durch Funde von Traubenkernen auch auf eine Kelter schließen lässt. Das Fehlen von Überresten gemauerter Becken widerspricht dieser Vermutung jedoch. Der Gutshof wurde um 260 nach Christus im Zuge des Limesfalls aufgegeben. Wer die Infotafeln genau liest, entdeckt die Umkleidekabinen und ein Warm- und Kaltbad.

Auch dieses Highlight bietet eine längere Verweildauer an, die ich heute auch gerne nutze, denn es ist mittlerweile doch ziemlich warm und schwül geworden. So genieße ich das recht schattige Plätzchen, erkunde das Gelände und entdecke rund hundert Meter weiter oben eine Quelle, die schon damals die Wasserversorgung für den

Gutshof gespeist hatte. Auch ein Grillplatz lädt zu einem ausgiebigen Picknick ein. Ich verlasse diesen historischen Ort und folge dem Neckarweg zu meinem heutigen Zielort Lauffen.

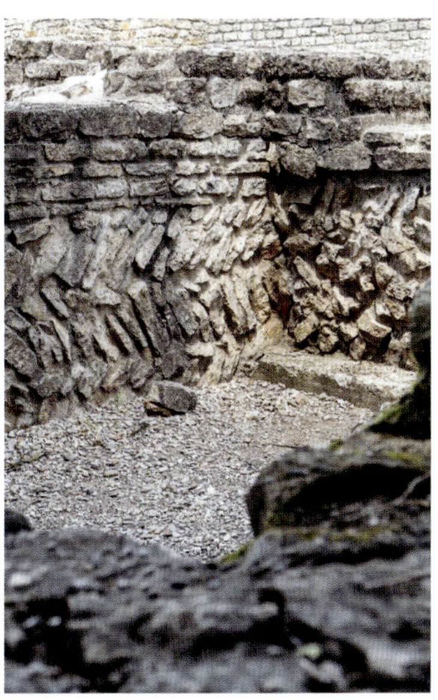

Tipp

Regionale Weine und Sekt lassen sich im Rahmen von Weinproben im Wein und Sektgut Hirschmüller sowohl probieren als auch erwerben,
Telefon 0173-3763603,
www.weingut-hirschmueller.de.

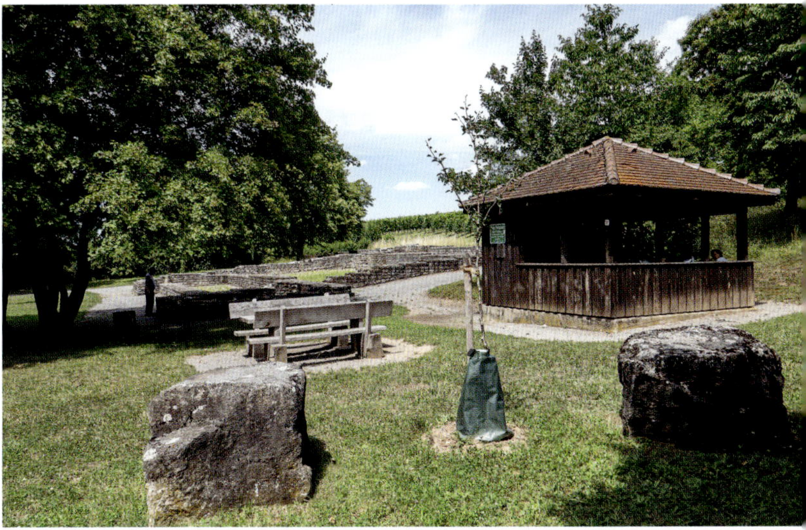

67 REGISWINDISKIRCHE, LAUFFEN

Basilika mit weitreichender Vergangenheit

Hinkommen:
49°04'34.8"N 9°09'18.3"E

Mit dem Auto:
Zielort Lauffen. Parkmöglichkeiten im gesamten Ort oder auf dem Parkplatz P4 Kiesplatz an der Kiesstraße. Der Kiesstraße Richtung Neckar bis zur Kirche folgen. **Vom Parkplatz bis zur Regiswindiskirche sind es nur wenige Meter.**

Mit dem ÖPNV:
Mit der Bahn nach Lauffen. Nach links auf die Bahnhofstraße folgen und am Postplatz auf Körnerstraße, dann links auf Schulstraße und gleich rechts auf Sonnenstraße. Geradeaus auf Kirchstraße bis zur Regiswindiskirche. **Vom Bahnhof bis zur Regiswindiskirche sind es 800 Meter.**

Tourbeschreibung:
Die Kirche befindet sich auf einem kleinen Hügel direkt am Neckar und bietet ein prachtvolles Stadtpanorama.

In Lauffen folge ich dem Neckarweg und biege nicht gleich nach links auf die Alte Neckarbrücke ab, sondern gehe kurz davor an der Kreuzung geradeaus weiter, um am Ende der Rathausstraße ein fantastisches Stadtpanorama mit der Regiswindiskirche und dem Neckar im Vordergrund zu bekommen. Die im Mittelalter als Wallfahrtskirche dienende und heutige evangelische Pfarrkirche spiegelt sich wunderbar im vorbeifließenden Neckar und thront leicht oberhalb auf einem Hügel, der der älteste Siedlungskern von Lauffen ist. Dieser Ort ist der Beweis, dass es nicht immer eine spektakuläre Aussicht von oben auf den Neckar sein muss, um ein prachtvolles Panorama zu bekommen.

Die Kirche aus dem 8. Jahrhundert war ursprünglich dem heiligen Martin geweiht. Anfang des 12. Jahrhunderts wurde sie als mittelromanische Kirche neu gebaut. Erst mit der Planung einer großen gotischen Basilika wurde die Kirche der heiligen Regiswindis geweiht. 1770 fand hier dann die Taufe

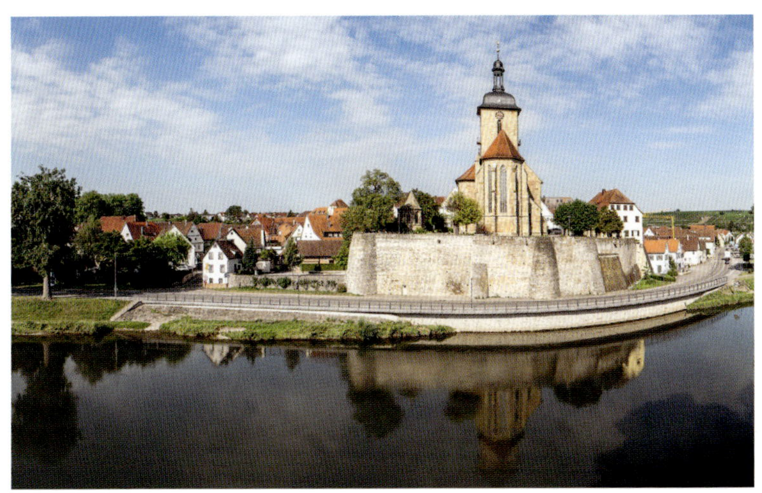

des in Lauffen geborenen Dichters und Philosophen Friedrich Hölderlin statt. Der Name Regiswindis geht auf eine Ortsheilige zurück, die die Tochter eines Grafens war, und um 839 mit nur sieben Jahren ermordet wurde. Als Heilige gilt sie erst seit dem 13. Jahrhundert. Ihr Steinsarg befand sich im Ostchor und wurde 1521 durch einen silbernen Sarg ersetzt.

Was für ein schöner Ort, so kurz vor dem Ende einer erlebnisreichen Wanderung. Das Panorama nehme ich noch ein wenig in mich auf, gehe dann zurück und überquere auf der Alten Neckarbrücke den Neckar, wobei ich wiederum nach rechts flussabwärts hinüber zur majestätisch wirkenden Kirche gucke, die scheinbar alle Blicke magisch anzieht. Am Ende der Brücke biege ich rechts ab und steure direkt auf die Kirche zu. Leider ist sie verschlossen, sodass ich direkt weiter zum nahe gelegenen Bahnhof gelange.

Tipp

Das Burgmuseum auf der gegenüberliegenden Uferseite direkt am Neckar führt Besucher mit sorgfältig ausgewählten Ausstellungsstücken und Einrichtungsgegenständen zurück in die Salierzeit, aus der der Lauffener Burgturm als einziger komplett erhaltener Wohnturm aus dem 11. Jahrhundert in ganz Deutschland erhalten ist!
Rathausstraße 10, Tel. 07133/10611,
www.lauffen.de.

68 WERTWIESENPARK, HEILBRONN
Vielfalt im Grünen

Hinkommen:
49°07'50.9"N 9°12'12.4"E

Mit dem Auto:
Zielort Heilbronn. Parkmöglichkeiten auf dem Parkplatz Wertwiesenpark, Wertwiesen 8, 74081 Heilbronn am südlichen Rand des Parks oder auf dem Parkplatz Neckarhalde am nördlichen Rand, Neckarhalde 18, 74081 Heilbronn. **Beide Parkplätze befinden sich direkt am Park.**

Mit dem ÖPNV:
Mit der Bahn nach Heilbronn. Über die Bahnhofstraße Richtung Neckar, dann stets am Neckar entlang bis zum Park. Der Park beginnt nach der Brücke über den Neckar. **Vom Bahnhof bis zum Park sind es 1,9 Kilometer.**

Tourbeschreibung:
Der Park ist ein beliebtes und familienfreundliches Naherholungsgebiet und liegt direkt am Neckar.

Die heutige Wanderung könnte ich mir eigentlich sparen und einfach direkt nach Heilbronn fahren. Denn mein nächstes Highlight, der Wertwiesenpark, befindet sich erst am Ende meiner heutigen knapp 16 Kilometer langen Wanderung, kurz vor Heilbronn. Allerdings würde ich dann auch ein ganzes Stück Neckar ausfallen lassen, was eigentlich auch nicht der Sinn meiner Wanderung ist. Meine Motivation für die Streckenwanderung entlang des Neckars ist ja, den Fluss auf seiner kompletten Länge zu erkunden, zu spüren. So stelle ich mich heute auf eine fla-

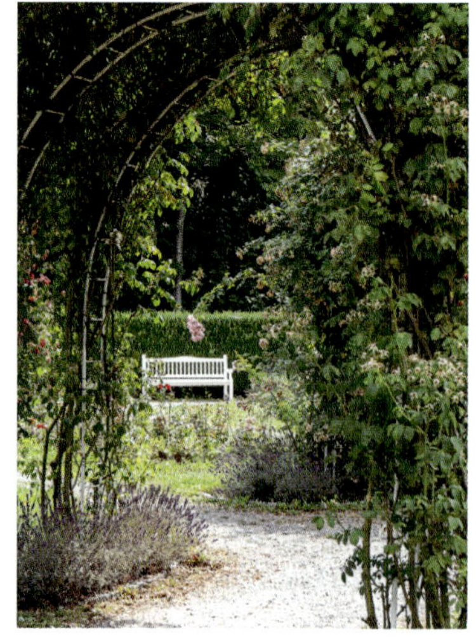

che Uferwanderung am Neckar ohne viel Steigung ein und genieße in meinem Startort Lauffen noch einmal den prachtvollen Blick auf die Regiswindiskirche, die morgens perfekt von der Sonne angestrahlt wird.

Nun folge ich immer dem Neckar, bis ich einige Zeit später den Heilbronner Stadtteil Sontheim erreiche. Der beliebte Wertwiesenpark erstreckt sich von hier bis zur Kernstadt Heilbronns immer am Neckar entlang. Meine Wanderung wird nun eher zu einem ausgedehnten Stadtspaziergang in diesem 15 Hektar großen Naherholungspark mit vielfältigem Freizeitangebot: zwei große Spielplätze, eine Halfpipe für Skater, eine Kneippanlage, ein Festplatz, der auch bei Boulespielern beliebt ist, und eine Minigolfanlage. Auf einer Wiese am Neckaruferweg gibt es Grillplätze. Ich schlendere und verweile, bestaune eine riesengroße Staudenfläche mit über 13000 (!) Pflanzen, gehe durch einen Duftgarten, einen besonderen Gräser- und Rosengarten, bevor ich wieder weite Wiesenlandschaften erreiche, die sich mit ihren großen, Schatten spendenden Bäumen ideal zum Aufhalten anbieten. Mitten im Park überquere ich dann eine schmale, sehr lang gezogene und idyllische Teichanlage, die sich fast vom Südeingang bis zum Nordeingang des Parks erstreckt

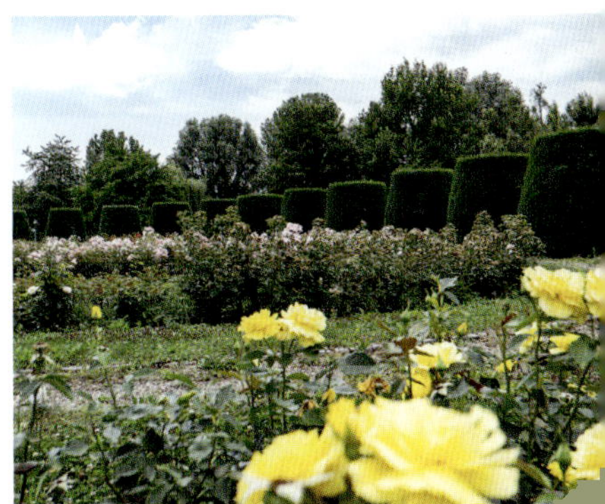

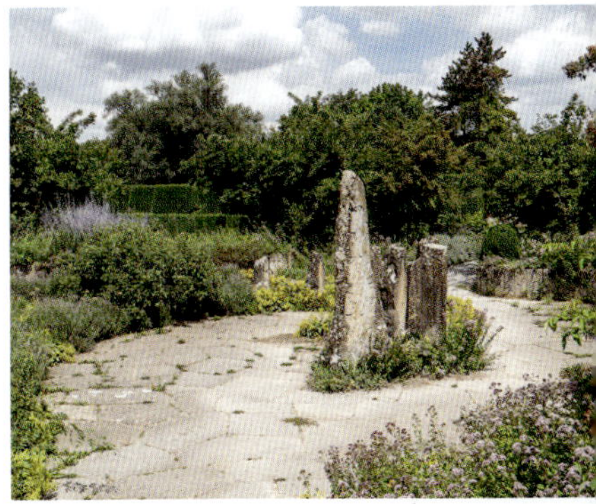

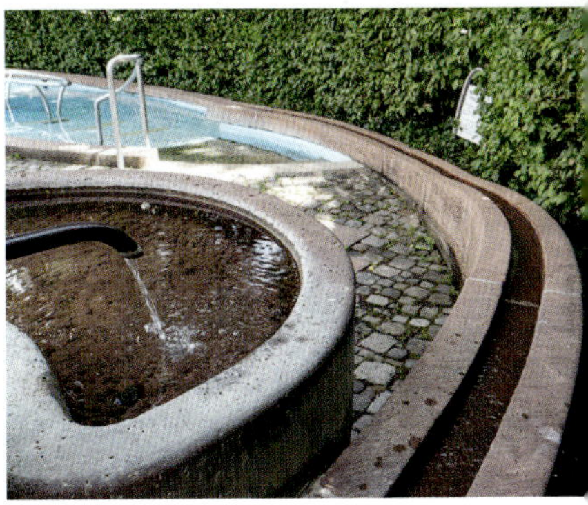

und in der ich sogar einen schwimmenden Otter entdecke. Der Wertwiesenpark wurde im Rahmen der Landesgartenschau 1985 mit dem Ziel angelegt, die umliegenden Stadtteile aufzuwerten. Über den Nordausgang verlasse ich die Parkanlage und gehe weiter zum Bahnhof Heilbronn.

Tipp

Eine empfehlenswerte Einkehrmöglichkeit bietet Carles Biergarten, der im Süden an den Wertwiesenpark angrenzt. Die Kulinarik reicht von der klassischen Wurst, Schnitzel und Steak – über außergewöhnliche Burger sowie leckere Salatteller – bis hin zu köstlichen Thaigerichten. Ebenso stehen Schwarzwaldforelle und leckere Pizzen auf der Menükarte. Wertwiesen 6, 74081 Heilbronn, www.carles-biergarten.de.

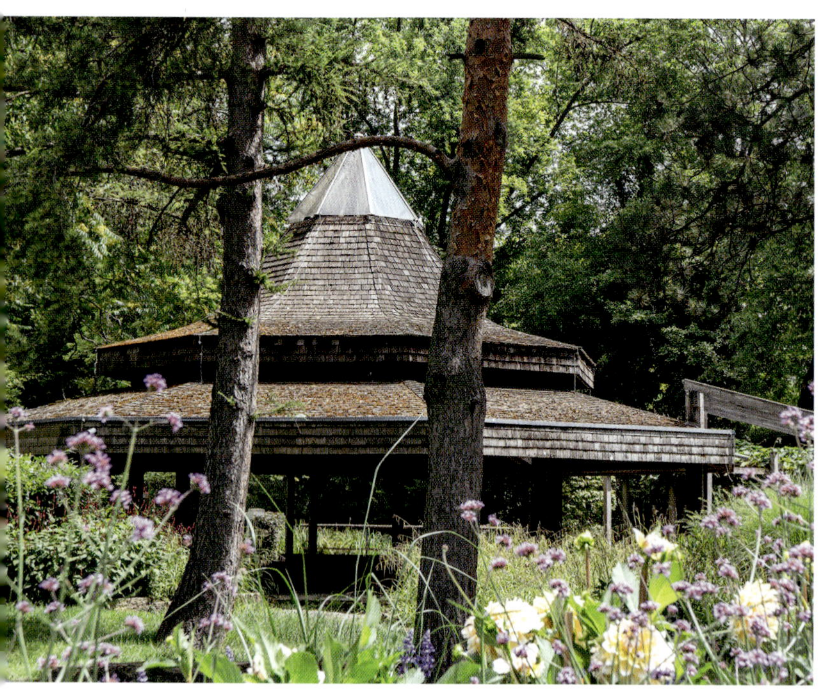

THERESIENWIESE UND THERESIENTURM, HEILBRONN

69

Spuren der Vergangenheit

Hinkommen:
49°08'17.8"N 9°12'14.0"E

Mit dem Auto:
Zielort Heilbronn. Parkplatz Theresienwiese (Park & Ride), Karlsruher Straße 24, Parkplatz Theresienstraße, Theresienstraße 8, Parkplatz Foodcourt, Theresienstraße 2, Parkplatz am Neckar, Badstraße 113. **Alle Parkplätze befinden sich direkt an der Theresienwiese.**

Mit dem ÖPNV:
Mit der Bahn nach Heilbronn. Am Bahnhof rechts auf Weststraße, dann links auf Karlsruher Straße (B293) und rechts auf Theresienstraße. Weiter bis zur Theresienwiese. **Vom Bahnhof zur Theresienwiese sind es 1,3 Kilometer.**

Tourbeschreibung:
Die Theresienwiese ist Heilbronns größter Veranstaltungsplatz und befindet sich direkt am Neckar. Einen schönen Tourabschluss bietet das Käthchenhaus in der Heilbronner Innenstadt mit zahlreichen Einkehrmöglichkeiten rund um den Marktplatz.

Unmittelbar nach dem Wertwiesenpark überquere ich einen seitlich abzweigenden Neckarkanal und gelange auf die Theresienwiese, auf der gerade das elftägige Unterländer Volksfest, eines der größten Volksfeste in Baden-Württemberg, aufgebaut wird. Es ist mit dem Cannstatter Wasen ein weiteres Volksfest am Neckar. Auf Heilbronns größtem Veranstaltungsplatz finden übers Jahr aber auch Regionalmessen, Ausstellungen sowie Flohmärkte statt und an Weihnachten baut ein Zirkus seine Zelte hier auf – wie auch auf dem Cannstatter Wasen. Die ursprüngliche Wiese wurde erst in jüngerer Vergangenheit asphaltiert und geschottert und verdankt ihren Namen einem hier stattfindenden Festakt, bei dem der österreichischen Armee am 1. Juni 1815 der Maria-Theresia-Orden verliehen wurde. Dieses Ereignis prägte den Platz so sehr, dass er bis heute Theresienwiese genannt wird, obwohl dieser Name nie offiziell vergeben wurde.

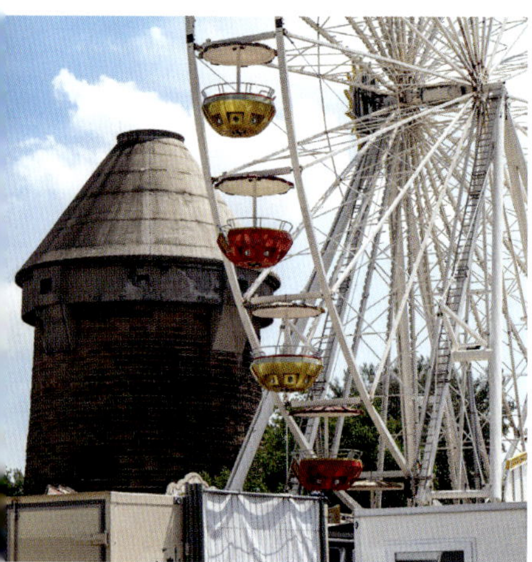

Zwischen Theresienwiese und Theresienstraße befindet sich der 28,5 Meter hohe und unter Denkmalschutz stehende Theresienturm, der 1940 als Hochraumbunker gebaut wurde und ein sogenannter Luftverteidigungsturm ist. In den letzten Monaten des Zweiten Weltkriegs diente er für viele Heilbronner als Zufluchtsort. Die zahlreichen schweren Luftangriffe auf Heilbronn überstand er nahezu ohne Beschädigung. Neben der Funktion als Bunker dient der Turm mit einem hoch liegenden Zugang auch als Hochwasserschutz im Flutgebiet des Neckars. Seit 2019 ersetzt ein Eingangsbauwerk eine befahrbare Zugangsrampe, die vom Hochwasserdamm am Schlachthof zum dritten Turmgeschoss führte.

Heilbronn wurde 1944 stark bombardiert. Dennoch bietet die Stadt einige historische Sehenswürdigkeiten, wie zum Beispiel das Käthchenhaus. Daher beschließe ich, meine Wanderung nicht am Bahnhof zu beenden, sondern mir noch gezielt einige historische Besonderheiten in der Innenstadt anzuschauen. Ich gehe dafür vom Bahnhof wenige Meter weiter über die Kaiserstraße bis zum Marktplatz, der vom Käthchenhaus, einem gotischen Steinhaus aus dem 14. Jahrhundert, dominiert wird. Hier hat früher der Reformator Johannes Lachmann gewohnt, der 1534 den Renaissance-Erker mit Brustbildern der Propheten Jesaja, Jeremias, Hosea und Habakuk gestaltete. Das Haus verdankt seinen Namen der Titelheldin aus Heinrich von Kleists Drama „Käthchen von Heilbronn". Ein idealer Ort, meine Wanderung mit einem Eisbecher zu beenden!

Tipp

Der Besuch im Theresienturm zeigt eindrucksvoll die Zeit der Bombennächte. Eintritt 10 Euro, Kinder bis 14 Jahre 6 Euro.
Termine unter www.heilbronn.de.
Kartenvorverkauf Tourist-Information Heilbronn, Kaiserstraße 17, 74072 Heilbronn, Telefon 07131/56-2270.

BUNDESGARTENSCHAU-GELÄNDE, HEILBRONN

70

Von Gartenkunst zum Stadtquartier

Hinkommen:
49°08'51.0"N 9°12'25.2"E

Mit dem Auto:
Zielort Heilbronn. Parkmöglichkeiten auf dem Parkplatz Neckarbogen gegenüber der Paula-Fuchs-Allee 6 direkt an der Jugendherberge Heilbronn. **Der Parkplatz befindet sich am Stadtquartier Neckarbogen.**

Mit dem ÖPNV:
Mit der Bahn nach Heilbronn. Links auf Bahnhofstraße, dann wieder links auf Kranenstraße. An der Experimenta vorbei und nach Unterquerung der Bahn wieder links. Gleich danach rechts auf Am Neckaruferpark und links über den Floßhafenweg zum Stadtquartier Neckarpark. **Vom Bahnhof zum Stadtquartier Neckarbogen sind es 1,5 Kilometer.**

Tourbeschreibung:
Auf dem Gelände der ehemaligen Bundesgartenschau entsteht in den nächsten Jahren das zukünftige, familienfreundliche Stadtquartier Neckarbogen mit vielen Angeboten zu Spiel, Spaß und Sport.

Anders als die letzte Etappe beginnt die heutige 16 Kilometer lange Etappe von Heilbronn nach Bad Wimpfen gleich mit einem Highlight direkt am Start. In Heilbronn verlasse ich den Bahnhof und gehe nach links auf die Bahnhofstraße, um dann zwischen dem Wilhelmskanal und dem Neckar zum Gelände der ehemaligen Bundesgartenschau zu gelangen, die im Jahr 2019 hier stattgefunden hat. Auf

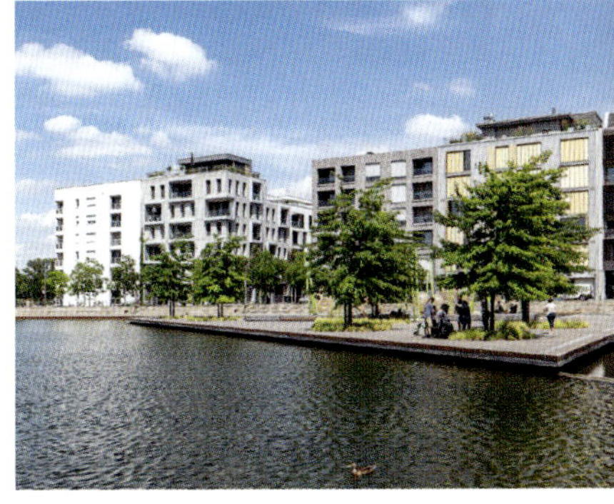

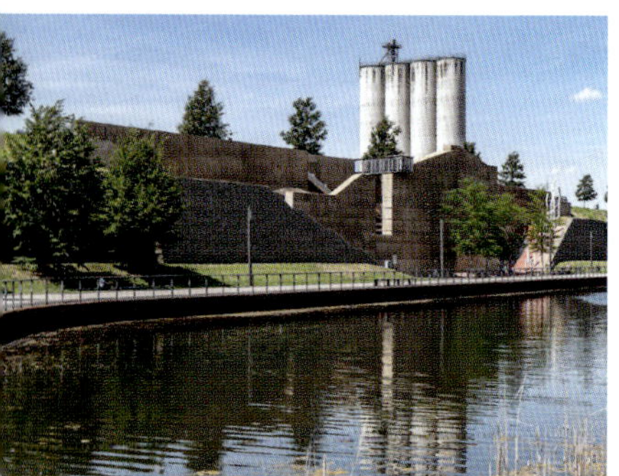

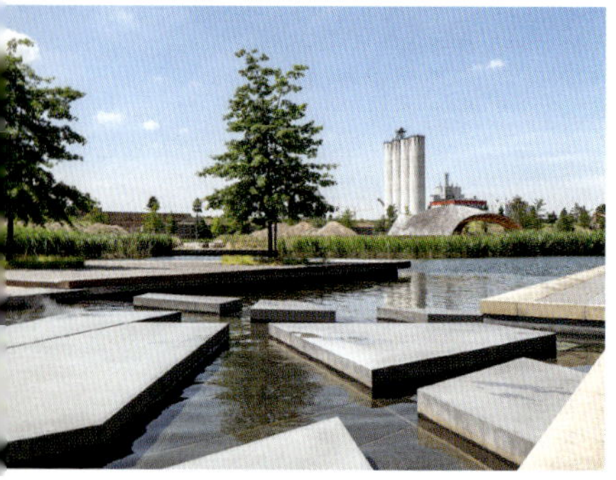

rund 40 Hektar zwischen Neckar-Altarm und Neckarkanal wurde neben der Gartenausstellung – und das ist das Einmalige an dieser BUGA – auch eine drei Hektar große Stadtausstellung präsentiert. Weitläufige Grünflächen mit vielen Sitzmöglichkeiten am Neckarufer, Wasser- und Strandspielplatz, zwei Seen, ein Stadtdschungel auf der Kraneninsel, zahlreiche Sportanlagen und eine 1,5 Kilometer lange Uferlandschaft am Neckar sind das nachhaltige Erbe der BUGA.

Die Stadtentwicklung geht nun auf dem ehemaligen BUGA-Gelände, wo bereits das zukünftige Stadtquartier Neckarbogen präsentiert wurde, weiter. Geplant ist, dass es rund 3.500 Menschen Wohn- und Arbeitsraum bieten soll. Die 23 während der BUGA vorgestellten architektonisch innovativen Gebäude im zukünftigen grünen und familienfreundlich geplanten Quartier wurden bereits mehrfach ausgezeichnet. Ich bin gespannt, wie sich das zukünftige Stadtquartier Neckarbogen etablieren wird und gehe noch ein wenig auf der weitläufigen Fläche auf und ab, während ich die wunderbar spiegelnde Häuserfront im Floßhafen fotografiere. An einem Spielplatz mit Kletterwand verlasse ich das Gelände und gehe geradezu auf die Peter-Bruckmann-Brücke zu, auf der ich den Neckar überquere, und wandere links am Neckarufer entlang.

Tipp

Auf der Kraneninsel, die zur ehemaligen Bundesgartenschau gehörte, wird in der 2019 eröffneten Lern- und Erlebniswelt Experimenta Naturwissenschaft und Technik für Menschen aller Altersgruppen erlebbar gemacht.
Experimenta-Platz, 74072 Heilbronn, www.experimenta.science.

71

HEIZKRAFTWERK HEILBRONN

Einer der größten Steinkohleblöcke im EnBW-Kraftwerkspark

Hinkommen:
49°10'41.7"N 9°12'31.4"E

Mit dem Auto:
Zielort Neckarsulm. Parkmöglichkeiten auf dem KS Parkplatz in der Brückenstraße. Von dort flussaufwärts bis zum Kraftwerk.
Vom Parkplatz bis zum Kraftwerk sind es 1,9 Kilometer.

Mit dem ÖPNV:
Mit der Bahn nach Heilbronn. Rechts auf Bahnhofstraße, den Neckar überqueren und dann stets links am Ufer entlang.
Vom Bahnhof zum Kraftwerk sind es 4,8 Kilometer.

Tourbeschreibung:
Die Wanderroute führt stets am Neckar entlang, auf breiten Wegen ohne viel Steigung mit imposanten Blicken auf das Kraftwerk.

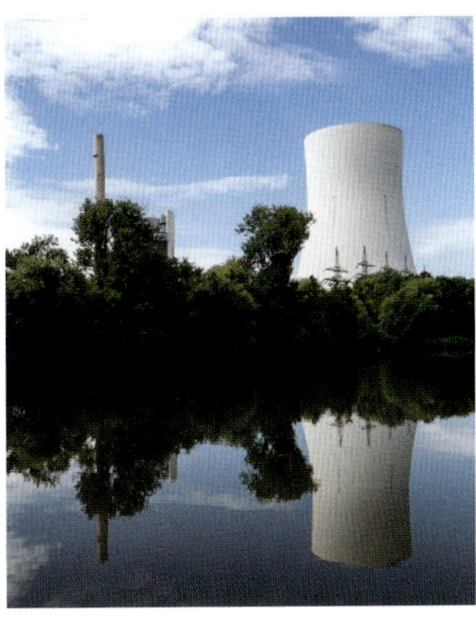

Von der Peter-Bruckmann-Brücke am Stadtquartier Neckarbogen folgen meine Blicke dem Neckar flussabwärts bis hin zum Heizkraftwerk Heilbronns, das neben dem Kraftwerk Altbach, dem Kraftwerk Münster und dem Atomkraftwerk Kornwestheim das vierte und letzte bedeutende Kraftwerk am Neckar ist. Nach der Brücke biege ich rechts ab und folge eine Zeit lang dem Fluss auf der linken Uferseite, bis sich zuerst die imposanten Türme des Kraftwerks im Fluss spiegeln, später auch

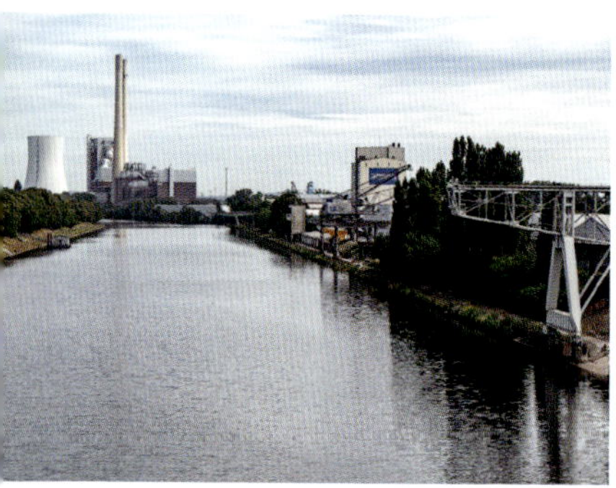

noch der große, runde und massive Kühlturm, dessen Kühlwasser vom Neckar gespeist wird. Das ursprünglich aus sieben Blöcken betriebene Kraftwerk wird mittlerweile nur noch mit Block 7 betrieben, der einer der größten

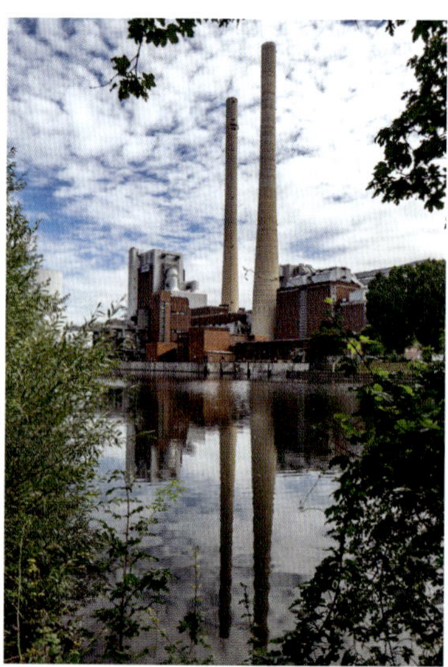

Steinkohleblöcke im konventionellen Kraftwerkspark der EnBW ist. Heute wird geplant, trotz der aktuellen Gasknappheit, den mit Steinkohle betriebenen Block 7 durch ein Gaskraftwerk zu ersetzen, das aus der 2021 gebauten Süddeutschen Erdgasleitung betrieben werden soll. Dadurch soll der Betrieb des Kraftwerks mit grünem Wasserstoff bis Mitte der 2030er-Jahre klimaneutral werden.

In einem Rechtsbogen folge ich dem Neckar und mache von der imposanten Spiegelung des Kraftwerks im Fluss noch ein paar Bilder, bis ich wenig später die Autobahn A6 unterquere, die bei laufendem Verkehr auf sechs Fahrstreifen ausgebaut wurde. Der Ausbau war das bislang größte öffentliche und private Partnerschaftsprojekt im Straßenbau. Auf der linken Neckarseite wandere ich nun eben weiter bis nach Kochendorf.

Tipp

Das Kraftwerk in Heilbronn kann leider nicht von innen besichtigt werden. Wer sich aber für Kraftwerke interessiert, kann sich unter der Website https://besichtigungen.enbw.com für Besichtigungen in den Kraftwerken zum Beispiel in Altbach/Deizisau, Stuttgart, Untertürkheim oder Karlsruhe anmelden.

SALZBERGWERK BAD FRIEDRICHSHALL-KOCHENDORF

72

Die Welt des weißen Goldes

Hinkommen:
49°13'11.2"N 9°12'35.4"E

Mit dem Auto:
Zielort Bad Friedrichshall-Kochendorf.
Parkmöglichkeiten auf dem Parkplatz am Salzbergwerk.
Bergrat-Bilfinger-Straße 1, 74177 Bad Friedrichshall.

Mit dem ÖPNV:
Mit der S41 oder S42, dem RB18 oder RE12 nach Bad Friedrichshall-Kochendorf. **Die Haltestelle befindet sich direkt am Salzbergwerk.**

Tourbeschreibung:
Das Salzbergwerk ist eines von vier besuchbaren in Deutschland und das einzige in Baden-Württemberg. Es liegt direkt am Neckar und dem Bahnhof Bad Friedrichshall-Kochendorf. Ein Besuch ist für die ganze Familie geeignet. Es gibt auch eine Familienkarte. Menschen mit Klaustrophobie sollten einen Besuch jedoch eher meiden, da es 180 Meter tief unter die Erde geht.

Von der Autobahn A6, die den Neckar zwischen Heilbronn und Neckarsulm überquert, wandere ich auf der linken Neckarseite am Ufer entlang, von dem – getrennt durch eine Böschung – nicht viel zu sehen ist. Dafür wachsen hier viele Brombeeren, die für mich am heutigen heißen Tag Mitte Juli eine erfrischende Wegzehrung sind. Vom ständigen Pflücken verpasse ich fast, den Neckar bei Bad Friedrichshall über eine Schleuse zu überqueren, um zu einem äußerst spannenden Highlight zu kommen,

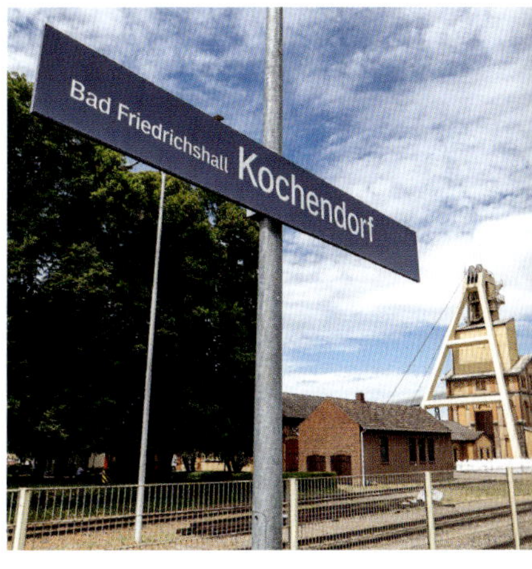

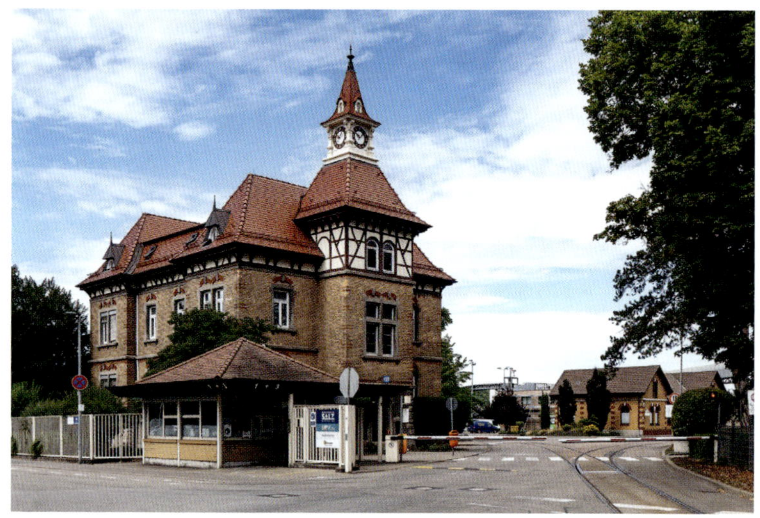

dem Salzbergwerk Bad Friedrichshall, das sich unmittelbar hinter der Schleuse befindet. So langsam kommt mir in Erinnerung, dass ich hier schon einmal als kleines Kind war und damals das Salzbergwerk auch von innen angeschaut habe. Leider habe ich heute mit dem Besuchen kein Glück, denn es ist tatsächlich noch coronabedingt geschlossen. Sehr schade, denn nicht nur das Bergwerk von innen anzuschauen hätte seinen Reiz gehabt, sondern auch die Abkühlung.

Das Salzbergwerk ist neben dem Erlebnisbergwerk Merkers in Thüringen, dem Kaliwerk Glückauf Sondershausen und dem Bergwerk in Berchtesgaden (Bayern) eines von vier Besucherbergwerken in Deutschland und das einzige in Baden-Württemberg. In 180 Metern Tiefe zeigt es in riesigen, unterirdischen Kammern in einem rund zwei Stunden langen Rundgang die 200 Millionen Jahre alte Geschichte des Salzes. Faszinierende Lichtinstallationen, ein grandioser Kuppelsaal mit Reliefs aus Salz und eine 40 Meter lange Bergmann-Rutsche, hochinteressante Filme und Präsentationen sowie interaktive Experimente oder effektvolle Schausprengungen, echte Förderbänder und Ladefahrzeuge zeigen eindrucksvoll den Salzabbau von früher und heute. Informationstafeln erläutern die Entstehung, Geologie, Geschichte, den Abbau und Verwendung von Steinsalz.

Aber es gibt auch einen düsteren Einblick in die Vergangenheit, denn im Januar 1944 kam die Rüstungsindustrie nach Bad Friedrichshall und das Bergwerk wurde zur bombensicheren Rüstungsfabrik umgebaut. Die KZ-Häftlinge sollten unter anderem Flugzeugturbinen herstellen. Eine Dauerausstellung erinnert an die Zwangsarbeiter. Der Vorplatz vor dem Salzbergwerk wurde nach dem erhängten Juden Mikos Klein benannt.
Ich gehe wieder zurück zum Neckar und wandere auf der linken Neckarseite weiter nach Bad Wimpfen.

Tipp

Wanderer, die keine Zeit für einen Besuch im Bergwerk haben, können sich beim direkt am Salzbergwerk liegenden Schleusen-Imbiss stärken. Das Besondere: Er hat 365 Tage im Jahr von 10 bis 21 Uhr beziehungsweise 22 Uhr offen! Bergrat-Bilfinger-Straße, 74177 Bad Friedrichshall.

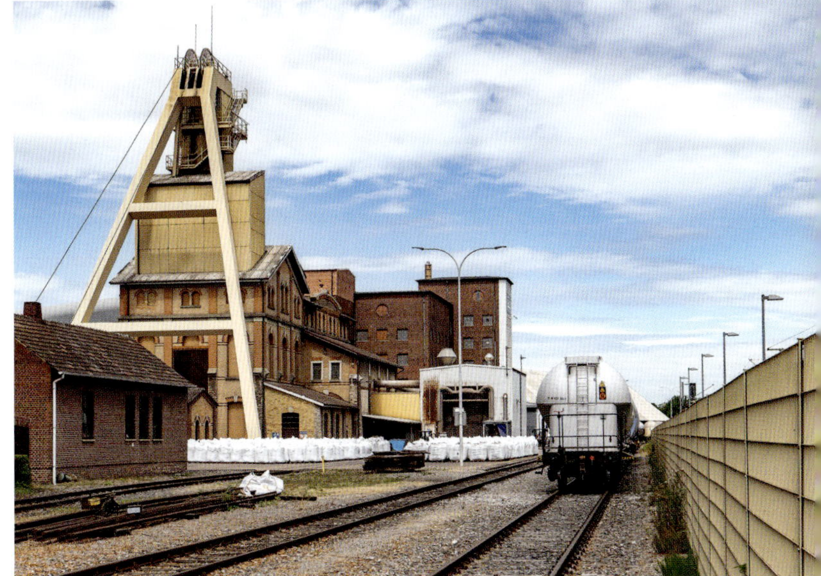

73 KLOSTER UND STADTMAUER BAD WIMPFEN

Vergangenheit fühlen Gegenwart genießen

Hinkommen:
49°13'47.3"N 9°09'57.2"E

Mit dem Auto:
Zielort Bad Wimpfen.

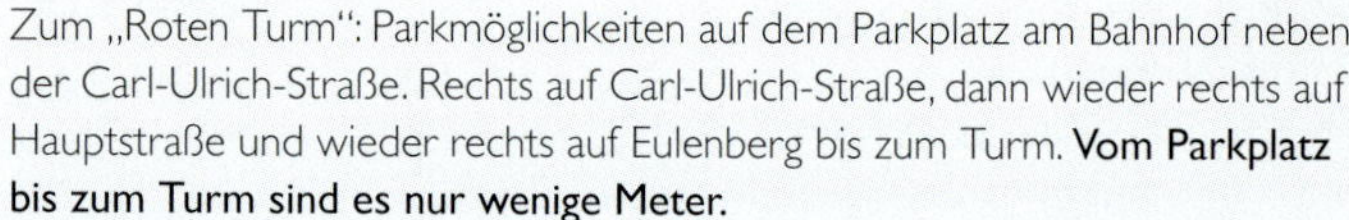

Zum „Roten Turm“: Parkmöglichkeiten auf dem Parkplatz am Bahnhof neben der Carl-Ulrich-Straße. Rechts auf Carl-Ulrich-Straße, dann wieder rechts auf Hauptstraße und wieder rechts auf Eulenberg bis zum Turm. **Vom Parkplatz bis zum Turm sind es nur wenige Meter.**
Zum Kloster: Parkmöglichkeiten auf dem Parkplatz an der Corneliastraße. Links auf Corneliastraße Richtung Bad Wimpfen im Tal. Dann links über dem Lindenplatz zum Kloster. **Vom Parkplatz zum Kloster sind es nur wenige Meter.**

Mit dem ÖPNV:
Mit der S42 von Heilbronn nach Bad Wimpfen Bhf. Die S-Bahn hält direkt am Roten Turm.
Zum Kloster: Vom Bahnhof links auf Carl-Ulrich-Straße und dann weiter auf Corneliastraße. Nach dem großen Parkplatz links auf Lindenplatz zum Kloster. **Vom Bahnhof zum Kloster sind es 950 Meter.**

Tourbeschreibung:
Die Stadt Bad Wimpfen liegt direkt am Neckar und bietet sowohl eine tolle Stadtsilhouette als auch eine schöne Weitsicht über den Neckar in die nähere Umgebung. Mit seinen drei Stadtteilen – Bad Wimpfen im Tal, Bad Wimpfen am Berg und dem landwirtschaftlich geprägtem Teil – bietet die historische Stadt aus dem 1. und 2. Jahrhundert einen abwechslungsreichen Stadtbesuch für alle Generationen.

Vom Salzbergwerk Bad Friedrichshall gehe ich wieder zurück zur Schleuse und überquere auf ihr den Neckar. Dann biege ich links ab und gleich danach rechts, um erneut einen seitlichen Kanal des Neckars zu überqueren. Anschließend wandere ich wieder flussabwärts am linken Ufer bis nach Bad Wimpfen. Heute ist es beson-

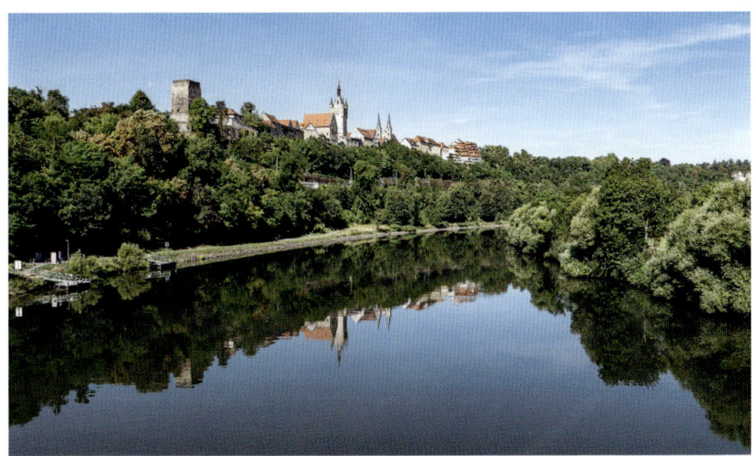

ders heiß und ich bin etwas träge, sodass kurz vor Bad Wimpfen eine schattige Parkbank mit Blick zum Neckar gerade recht kommt für eine kleine Ruhepause. Hier kann ich mich für die letzten Meter stärken, um mit frischen Kräften meine Ankunftsstadt Bad Wimpfen zu erkunden, die nämlich aus drei Stadtteilen besteht. Bad Wimpfen im Tal, Bad Wimpfen am Berg und dem landwirtschaftlich geprägten Teil Hohenstadt. Ich befinde mich gerade unten am Neckar, also in Bad Wimpfen im Tal, dem ältesten Stadtteil, der sich im 1. und 2. Jahrhundert aus einem römischen Kastell entwickelt hat und eine der bedeutendsten Städte der damaligen Zeit war. Während rechts der Neckar vorbeifließt, stehen links neben mir Reste einer Stadtmauer, die mittelalterlichen Ursprungs ist, und deren alter Wehrgang nur noch an wenigen Stellen zu erkennen ist. Dahinter befindet sich ein Kloster, das durch ein eindrückliches, gotisches Tor zu erreichen ist, welches durch seinen Spitzbogen mit dem aus dem Erdreich herausragenden Petrusschlüssel besonders herausragt. Der bedeutende Kreuzgang

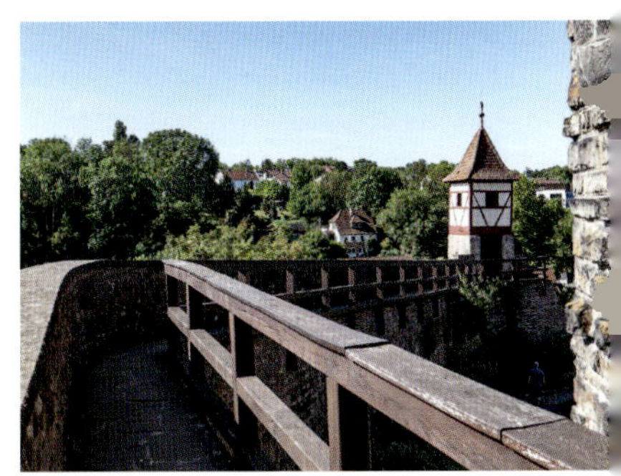

des Klosters wird von der Denkmalstiftung Baden-Württemberg als ein „wegweisendes Ensemble neckarschwäbischer Gotik" bezeichnet und „gilt als einer der schönsten und besterhaltenen im Land". Öffnungszeiten sind von Ostern bis Mitte Oktober dienstags bis freitags und sonntags von 15 bis 17 Uhr.

Neben dem Kloster bekomme ich auch einen wundervollen Blick auf die romantische Stadtsilhouette oben über dem Neckar mit der mittelalterlichen Burganlage, die vom Blauen Turm dominiert wird, der zugleich auch Wahrzeichen der Stadt ist. Der ehemalige Hochwachtturm wurde 1170 als westlicher Bergfried der Königspfalz errichtet und besaß einen hoch gelegenen Eingang an der Ostseite. Einige Brände veränderten vor allem rund um den Turmhelm sein Aussehen. Erst Mitte des 19. Jahrhunderts kamen der Sockel, ein Eingang im Erdgeschoss sowie die Türmerwohnung dazu. Heute hat Bad Wimpfen die älteste ununterbrochene Türmertradition Deutschlands. Um zu dem 58 Meter hohen Turm zu kommen, biege ich beim Ruderverein Bad Wimpfen links ab und folge der Beschilderung hinauf zur Stadtmauer, hinter der sich noch weitere Türme und Tore, Fachwerkhäuser und Kirchen befinden. Mit der historischen Altstadt ist der Stadtteil Bad Wimpfen am Berg ein beliebtes Ausflugsziel. Am Turm genieße ich den weitreichenden Blick auf die Altstadt und ins Neckartal und beende die heutige Wanderung. Die S-Bahn zurück nach Heilbronn hält direkt unterhalb der Stadtmauer.

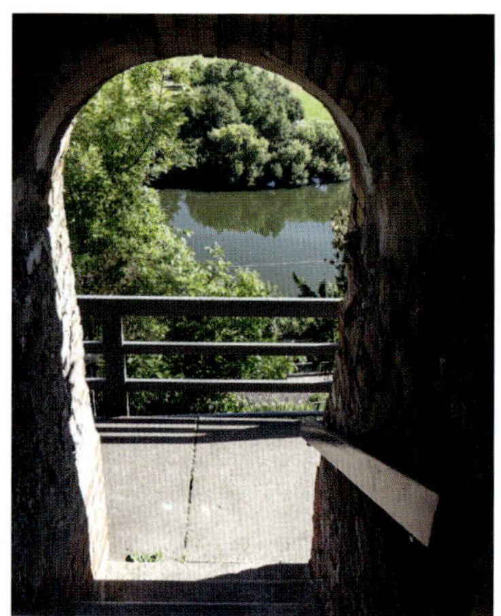

Tipp

Überregionale Bedeutung haben Events und Veranstaltungen wie der 1000-jährige Talmarkt – einer der ältesten Märkte in der Bundesrepublik, der historische Zunftmarkt, der französische Künstlermarkt Montmartre Flair, das Reichsstadtfest und der international bekannte Altdeutsche Weihnachtsmarkt.
https://www.badwimpfen.de/gaeste-bereich/kultur-erleben/feste-maerkte/talmarkt

BURG GUTTENBERG, HASSMERSHEIM

74

Die Burg mit den Großgreifvögeln

Hinkommen:
49°16'50.0"N 9°08'05.7"E

Mit dem Auto:
Zielort Haßmersheim. Parkmöglichkeiten an der Ortsstraße vor der Burg und auf dem Parkplatz. Burgstraße 2–6, 74855 Haßmersheim.

Mit dem ÖPNV:
Mit der Bahn nach Gundelsheim Bahnhof. Rechts auf Eisenbahnstraße und den Neckar überqueren. Dann geradeaus und nach circa 500 Meter links abbiegen. Immer geradeaus weiter, links auf Burgstraße und gleich rechts den Weg hinauf zur Burg. **Vom Bahnhof zur Burg sind es 2,4 Kilometer.**

Tourbeschreibung:
Die Burg liegt auf einem Hang, von wo aus sich ein fantastischer Weitblick auf den Neckar und die nähere Umgebung ergeben. Die Burg ist ein familienfreundliches Ausflugsziel und bietet mit der Greifenwarte etwas ganz Besonderes.

Mitte Juli sind die Tage doch recht heiß, aber mit nur gut 10 Kilometern Wanderstrecke von Bad Wimpfen nach Gundelsheim und wenigen Höhenmetern beschließe ich, meine Wanderung entlang des Neckars dennoch fortzusetzen. Mit ausreichend Wasser im Gepäck sollte das machbar sein! Das Ende des Streckenabschnitts zwischen Marbach und Gundelsheim, der vor allem durch ein weites Weinanbaugebiet und vielen tollen Aussichten bestach, naht bereits.

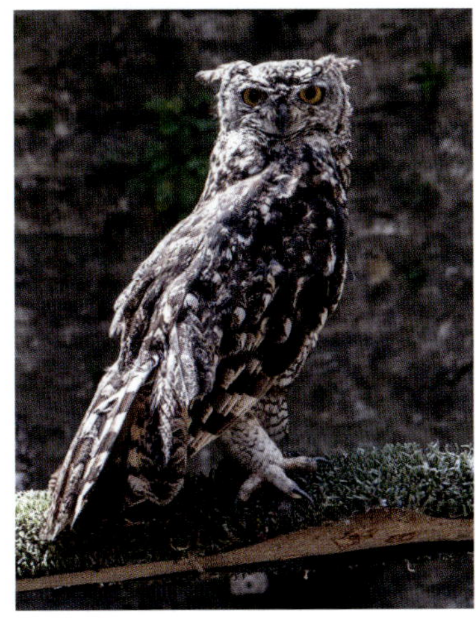

Ich starte in Bad Wimpfen und wandere erst einmal am linken Neckar-

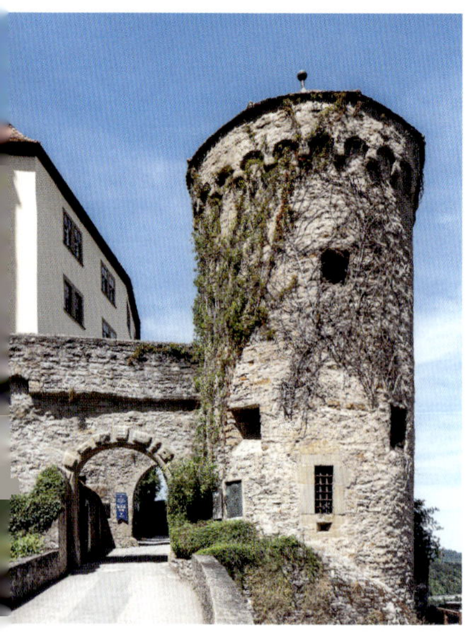

ufer entlang bis nach Heinsheim. Dort soll eigentlich mein nächstes Highlight sein, die Burg Ehrenberg, die ich bereits vom Neckar aus auf einem Hügel erblicke. Leider finde ich jedoch keinen gangbaren Weg, um dorthin zu kommen, sodass ich wieder hinunter zum Neckar gehe, um wenig später am Gässnerklinge-Hohberg links abzubiegen. Über einen leichten Anstieg gewinne ich wieder an Höhe, um bei nächster Möglichkeit nicht scharf rechts, sondern nur rechts abzubiegen. Ein Feldweg führt mich direkt an ein Waldstück, an dem ich zuerst links und dann rechts abbiege, um auf dem Sieben-Eichen-Weg zur Burg Guttenberg zu gelangen.

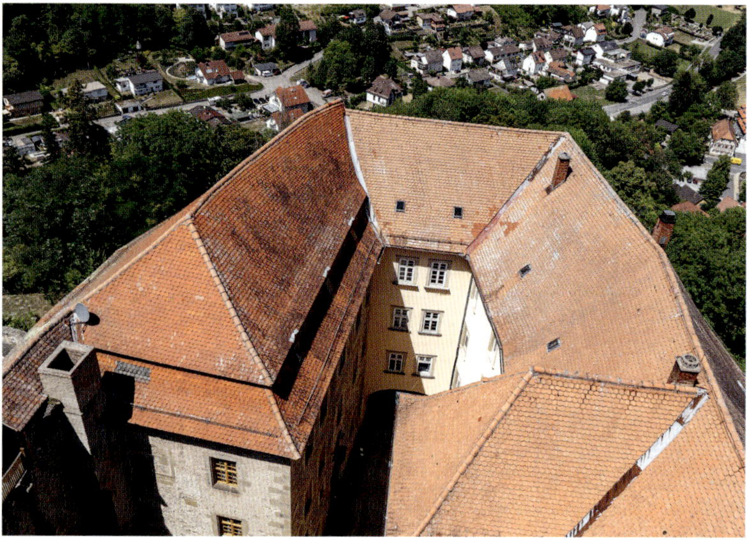

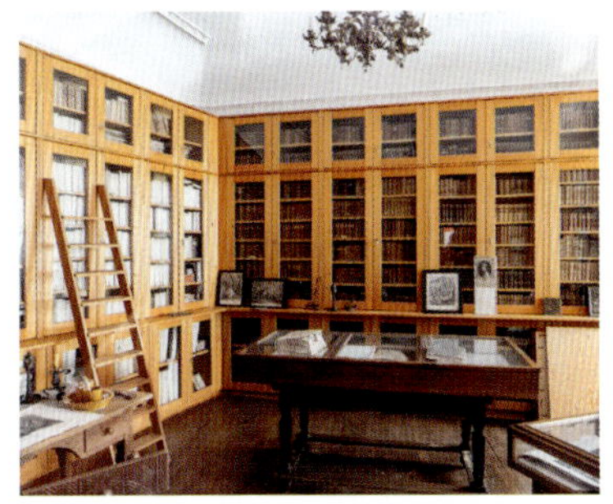

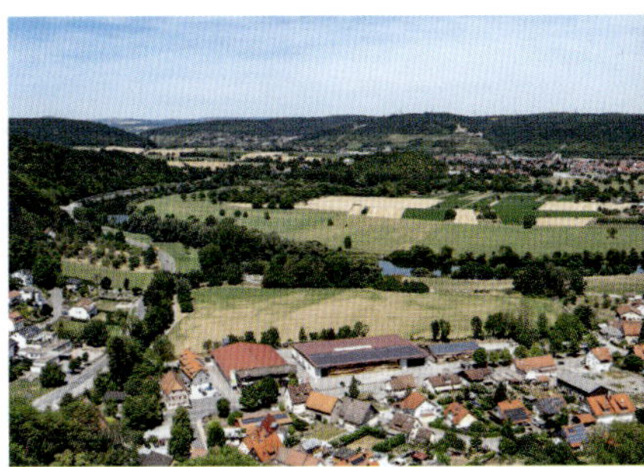

Das Besondere an der aus dem 12. Jahrhundert stammenden Stauferburg ist, dass sie in allen Kriegen nie zerstört wurde, obwohl immer wieder Truppen durch die Region zogen. Mittlerweile wird die Burg in der 17.(!) Generation von den Freiherren von Gemmingen bewohnt. Neben den Privaträumen gibt es aber auch ein liebevoll eingerichtetes Burgmuseum, in dem der Besucher Spannendes über das Ritterwesen und Leben auf der Ritterburg erfährt. Berühmt sind die Guttenberger Holzbibliothek von Carl von Hinterlang aus den 1790er-Jahren sowie die beiden spätgotischen Altaraufsätze, die viele Jahrhunderte auf den Nebenaltären der Burgkapelle standen, und gegen ein kleines Entgelt zu besichtigen sind.

Eine absolute Attraktion ist die Deutsche Greifenwarte auf Burg Guttenberg mit ihren spektakulären Flugvorführungen. Bei jedem Wetter können riesige Adler und Geier mit bis zu zwei Metern Spannweite im freien Flug bestaunt werden. Der Burgturm bietet einen faszinierenden Weitblick in das Neckartal und auf die Städte Neckarmühlach direkt am Fuße des Turms, Haßmersheim, Böttingen und Gundelsheim, das mein heutiger Zielort ist. Ich nehme mir die Zeit und schaue die Burg auch von innen an. Nach einer sehr lohnenswerten Burgbesichtigung erreiche ich über die Burgstraße Gundelsheim und beende dort die heutige Wanderung.

Tipp

Die Burgschenke ist ein uriges Ausflugsziel und bietet mit besonderem Charme und einmaliger Aussicht eine willkommene Einkehr. Auf der Speisekarte steht eine Auswahl aus der schwäbischen Küche. Tel. 06226/228, www.burg-guttenberg.de.

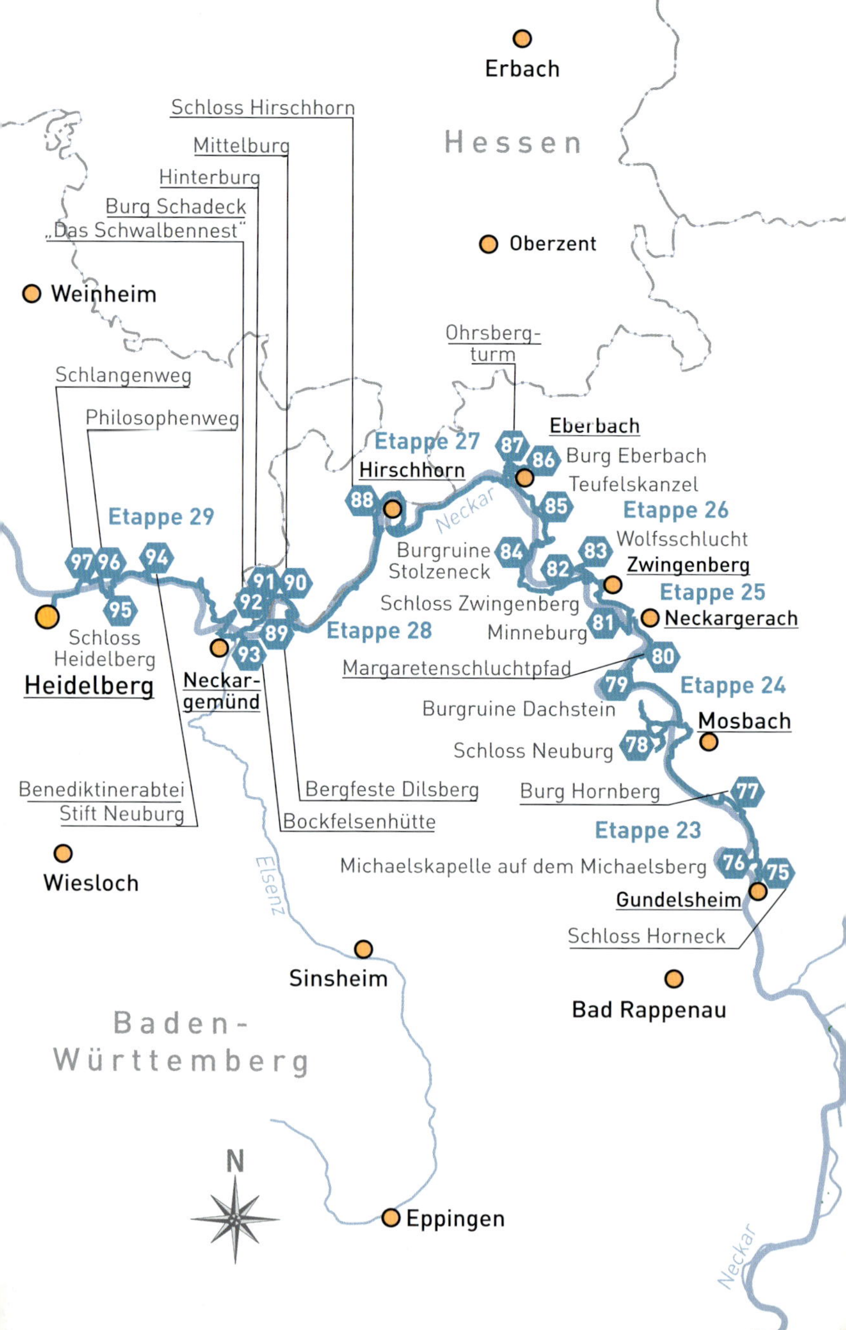

Erbach
Hessen
Schloss Hirschhorn
Mittelburg
Hinterburg
Burg Schadeck
„Das Schwalbennest"
Oberzent
Weinheim
Ohrsberg-
turm
Schlangenweg
Philosophenweg
Eberbach
Etappe 27
Burg Eberbach
Hirschhorn
Teufelskanzel
Etappe 29
Neckar
Etappe 26
Wolfsschlucht
Burgruine
Stolzeneck
Zwingenberg
Etappe 25
Schloss Zwingenberg
Neckargerach
Schloss
Heidelberg
Etappe 28
Minneburg
Heidelberg
Neckar-
gemünd
Margaretenschluchtpfad
Etappe 24
Burgruine Dachstein
Mosbach
Schloss Neuburg
Benediktinerabtei
Stift Neuburg
Bergfeste Dilsberg
Burg Hornberg
Bockfelsenhütte
Etappe 23
Michaelskapelle auf dem Michaelsberg
Wiesloch
Elsenz
Gundelsheim
Schloss Horneck
Sinsheim
Bad Rappenau
Baden-
Württemberg
N
Eppingen
Neckar
97 96 94 95 91 90 92 89 93 88 87 86 85 84 83 82 81 80 79 78 77 76 75

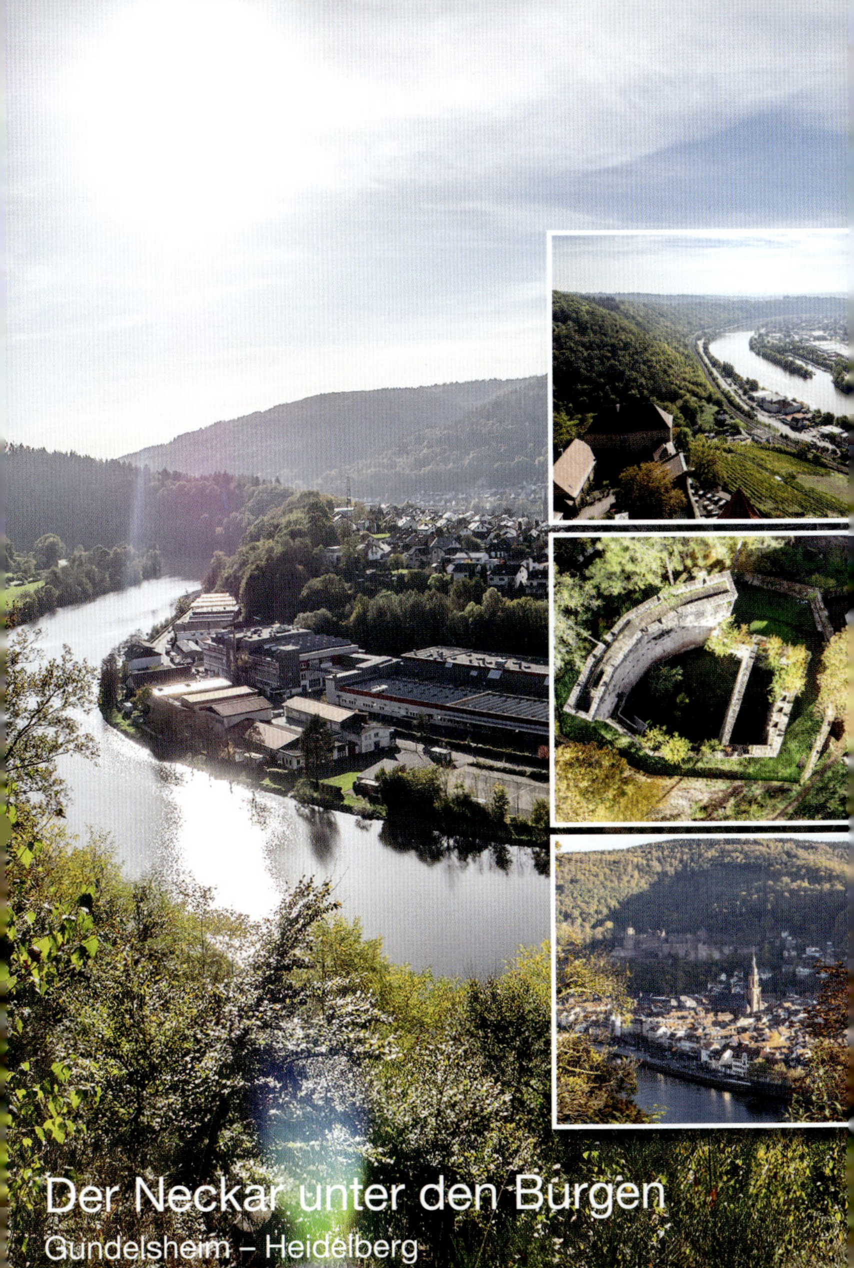

Der Neckar unter den Burgen

Gundelsheim – Heidelberg

75 SCHLOSS HORNECK, GUNDELSHEIM

Zentrales Museum der Siebenbürger Sachsen

Hinkommen:
49°17'12.8"N 9°09'24.3"E

Mit dem Auto:
Zielort Gundelsheim. Parkmöglichkeiten auf dem Parkplatz an der Neckarstraße oder in der Roemheldstraße direkt am Schloss. Vom Parkplatz an der Neckarstraße rechts auf Neckarstraße, dann links auf Steinbachstraße und wieder links auf Schloßstraße. Der Schloßstraße folgen bis zum Schloss, Horneck 1, 74831 Gundelsheim. **Vom Parkplatz bis zum Schloss sind es 450 Meter.**

Mit dem ÖPNV:
Mit der Bahn nach Gundelsheim. Dann links auf Eisenbahnstraße und nach der Bahnhofstraße rechts in Mühlstraße. Am Kreisverkehr links auf Schloßstraße und dieser folgen bis zum Schloss. **Vom Bahnhof bis zum Schloss sind es 650 Meter.**

Tourbeschreibung:
Schloss Horneck befindet sich hoch über den Neckarufern mit einer tollen Aussicht auf die Flussaue und die Weinberge. Eine Stadtbesichtigung in der historischen und fränkisch geprägten Stadt Gundelsheim ist für die ganze Familie zu empfehlen.

Mitte Juli sind mir die Tage dann doch zu heiß geworden, sodass ich eine Wanderpause einlege. Auf den bisherigen Etappen habe ich ja neben den Fotos auch gefilmt, denn mein Ziel ist es auch, einen Film über den Verlauf des Neckars zu machen. Das Projekt hing am seidenen Faden, bis ich in meiner wanderfreien Zeit Vincenzo kennenlernte, der wie ich Fotograf ist, und darüber hinaus auch Filme

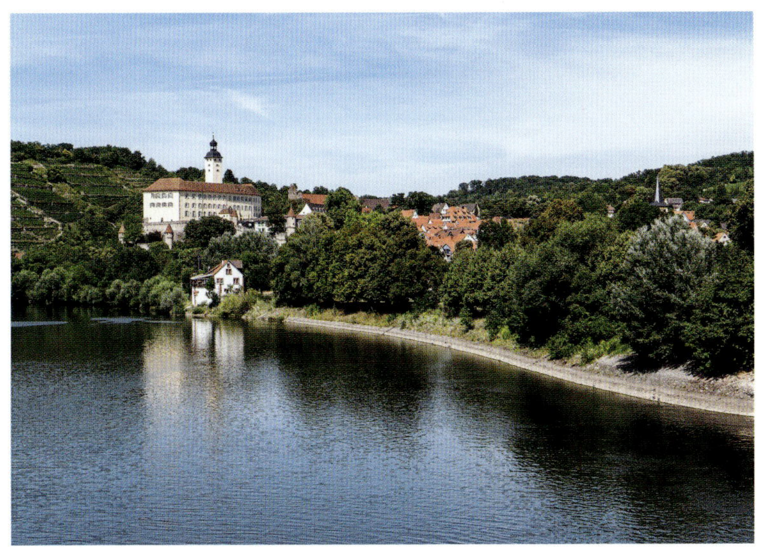

produziert. Wir schließen uns zusammen und er unterstützt mich ab jetzt bei meinem gesamten Projekt. Was für eine glückliche Fügung!

Sehr motiviert wandere ich dann Anfang Oktober von Gundelsheim nach Mosbach-Neckarelz. Überrascht vom Nebel in Gundelsheim starte ich am Bahnhof meine Wanderung. Obwohl ich Schloss Horneck, das oberhalb des Neckars auf einem Hügel thront, schon bei der Ankunft während meiner letzten Wanderetappe mit dem Fluss fotografiert hatte, wollte ich es nun mit dem ansprechenderen Morgenlicht noch einmal fotografieren, was nun leider wegen des Nebels nicht geht. So gehe ich durch den charmanten Ort Gundelsheim direkt hoch zum Schloss. Durch den Nebel ist die Stimmung hier oben sehr mystisch. Auf der Suche nach Fotomotiven stoße ich am Haupteingang auf eine Infotafel, die über die Geschichte des Schlosses aufklärt und ich erfahre unter anderem, dass das Schloss zwischen 1254 und 1805 im Besitz des Deutschen Ordens war. Der 1190 in Jerusalem entstandene Orden war eine Gemeinschaft, die verletzte und erkrankte Kreuzzugsteilnehmer aus dem Heiligen Römischen Reich pflegte und beschützte. Er breitete sich im 13. Jahrhundert im Mittelmeerraum, in Deutschland, in Siebenbürgen und im Ostseeraum aus.

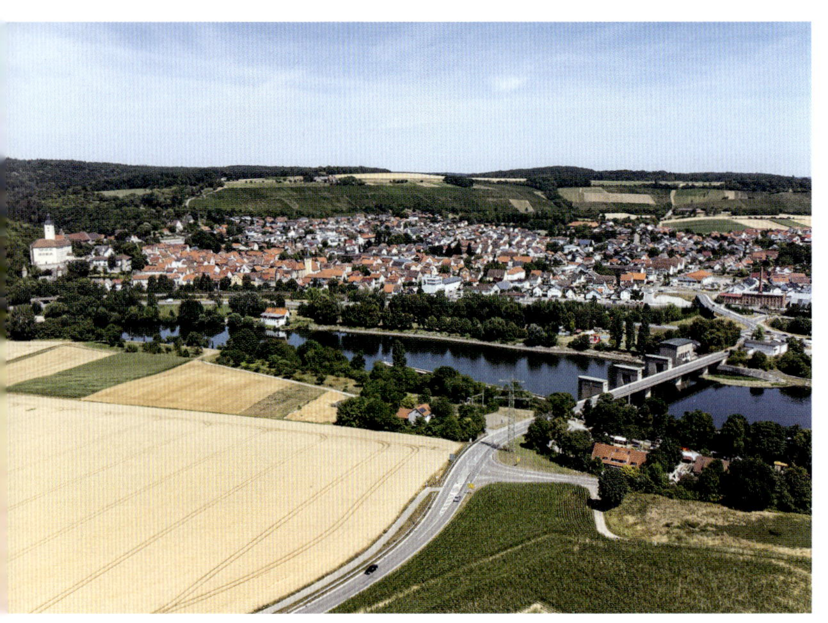

Die Schlossanlage ist heute im Besitz der Siebenbürger Sachsen. Sie wurde 2020 kernsaniert und zu einem modernen Kultur- und Begegnungszentrum mit Hotel und Bibliothek umgebaut. Heute versteht sich Schloss Horneck als Siebenbürgisches Kulturzentrum und beherbergt als zentrales Museum der Siebenbürger Sachsen die bedeutendste Sammlung zur Kunst- und Kulturgeschichte Siebenbürgens außerhalb Rumäniens.

Nach einer ausgiebigen Besichtigung gehe ich auf der Schloßstraße wieder ein Stück hinab nach Gundelsheim, um bei nächster Gelegenheit rechts auf die Kaplaneigasse abzubiegen. An der Neckarstraße biege ich wiederum rechts ab, um auf dem historischen Terrassenweinberg „Himmelreich" des Deutschen Ordens hinauf zum Michaelsberg zu gelangen.

Tipp

Auf dem historischen Pfad führen 17 Stationen durch Gundelsheim und informieren über die Deutschordensstadt Gundelsheim. Ausgangspunkt ist die Übersichtstafel an der Schloßstraße.

MICHAELSKAPELLE AUF DEM MICHAELSBERG, GUNDELSHEIM

76

Eine der ältesten Kirchen in der Region

Hinkommen:
49°17'28.7"N 9°09'13.1"E

Mit dem Auto:
Zielort Gundelsheim. Michaelsberg 3, 74831 Gundelsheim.
Parkplätze direkt an der Kapelle.

Mit dem ÖPNV:
Mit der Bahn nach Gundelsheim. Rechts auf Eisenbahnstraße und geradeaus weiter auf Allmendweg. Am Ende des Allmendwegs geradeaus auf Neckarstraße, dann rechts auf Burghalde und gleich links die Himmelsleiter hinauf bis zur Kapelle. **Vom Bahnhof bis zur Kapelle sind es 1,2 Kilometer.**

Tourbeschreibung:
Die Michaelskapelle befindet sich auf dem gleichnamigen Michaelsberg und bietet fantastische Ausblicke ins Neckartal bis hinüber zur Burg Hornberg. Breite Wege laden ein, die weite Landschaft zu erkunden.

Vom vernebelten Kloster Horneck gehe ich hinunter zum Neckar, um über das „Himmelreich", einem romantischen Anstieg auf einem historischen Terrassenweinberg, hinauf auf den Michaelsberg zu kommen. Dieser ist bekannt für seine beste Weinlage im Oberamt Neckarsulm. Selbst die heutigen bewaldeten und schattigen Nord- und Ostseiten zeigen Spuren von steinernen Terrassenanlagen und wurden trotz ihrer weniger günstigen Lage einst als Weingärten genutzt.

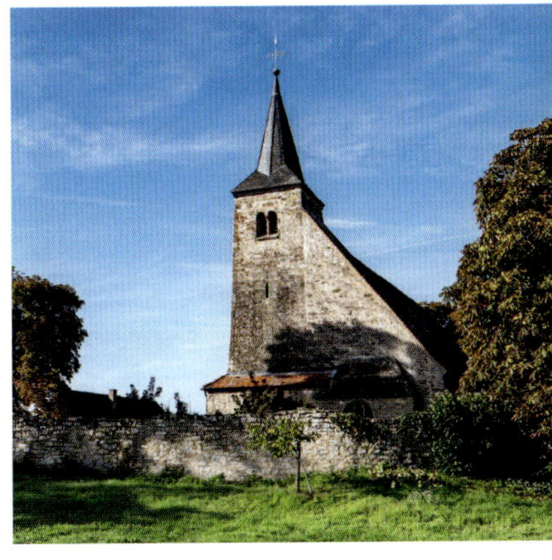

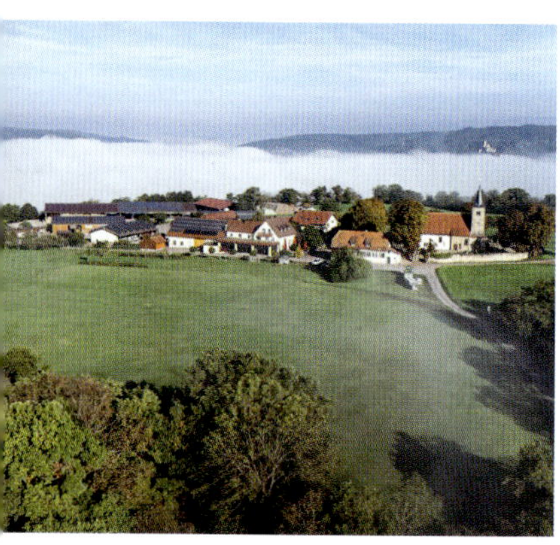

Der Aufstieg am „Himmelreich" tut seinem Namen heute alle Ehre. Durch den Nebel erahne ich nur silhouettenhaft Schloss Horneck, das sich auf einem Hügel rechts neben mir befindet. So langsam bricht aber die Sonne den Nebel auf und ich erkenne, dass die Nebeldecke nicht sehr hoch ist. Oben auf einer landwirtschaftlich genutzten Hochfläche bin ich sogar über dem Nebel, der sich nur unten im Neckartal gebildet hat. Ich genieße das Naturschauspiel und fliege meine Drohne direkt auf die nur wenige Meter entfernte romanische Michaelskapelle zu, eines der ältesten Kirchengebäude der Region. Sie wurde wohl im 2. Jahrhundert über dem Grab eines Einsiedlers errichtet und entwickelte sich zu einer urkundlich belegbaren Wallfahrtskirche. Auf dem Michaelsberg sind Besiedlungsspuren bis zurück in die Mittlere Steinzeit nachzuweisen und die Kapelle soll bereits in vorrömischer Zeit als Kultstätte genutzt worden sein. Sehr besonders ist der römische Weihealtar aus dem 2. oder 3. Jahrhundert, der in einer Mauernische zu sehen ist.
Ich schlendere noch ein bisschen auf dem benachbarten Friedhof umher und gehe dann rechts an der Michaelskapelle weiter Richtung Burg Hornberg, die ich von hier oben über dem Nebel schon sehe. Vielleicht habe ich ja Glück, dort ebenfalls über dem Nebel zu sein?

Tipps

Die Kapelle ist für Besichtigungen offen. Tel. 06269/9619, verena.vorberger@gundelsheim.de, www.gundelsheim.de
Einkehren in traumhafter Lage mit wunderbarer Aussicht kann man in Schäfers Landrestaurant direkt neben der Kirche. Auf der Karte stehen Bio-Spezialitäten aus eigener Erzeugung. Michaelsberg 3, 74831 Gundelsheim, www.schaefers-michaelsberg.de.
Im Schäfers Hofladen gibt es Lebensmittel aus artgerechter Haltung und aus biologischem Anbau für Feinschmecker und Genießer, Michaelsberg 4, 74831 Gundelsheim, Tel. 06269/429292, hofladen@schaefers-michaelsberg.de, www.schaefers-michaelsberg.de.

BURG HORNBERG, NECKARZIMMERN

77

Die Burg des Götz von Berlichingen

Hinkommen:
49°18'50.6"N 9°08'41.6"E

Mit dem Auto:
Zielort Neckarzimmern. Burg Hornberg 3, 74865 Neckarzimmern. Parkmöglichkeiten auf dem Hornberger Weg. **Die Parkplätze befinden sich direkt an der Burg.**

Mit dem ÖPNV:
Mit der Bahn nach Neckarzimmern. Rechts auf Bahnhofsweg, dann die Gleise unterqueren und rechts auf Hornberger Weg. Dem Hornberger Weg folgen bis hinauf zur Burg. **Von der Haltestelle zur Burg ist es etwa 1 Kilometer.**

Tourbeschreibung:
Die größte und besterhaltene Burg am Neckar thront hoch über dem Neckartal und bietet eine fantastische Weitsicht auf den Neckar und Haßmersheim.

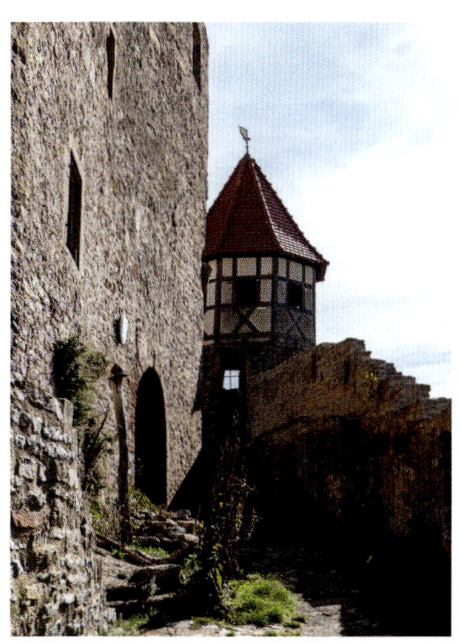

Während ich auf dem Neckarweg vom Michaelsberg hinunter zum Neckar wandere, lichtet sich der Nebel, bis er dann unten am Fluss ganz verschwunden ist. Ich folge dem Weg rechts neben den Bahngleisen bis zur Haltestelle Haßmersheim und bekomme dort auf einer modernen Brücke über dem Neckar einen tollen Blick auf die Burg Hornberg, die durch ihre roten und runden Spitzdächer besticht. Sie ist eine der ältesten Ritterburgen in Deutschland und wurde erstmals 1184 urkundlich erwähnt – wobei auf ihrem Terrain bereits eine Siedlung aus der Kel-

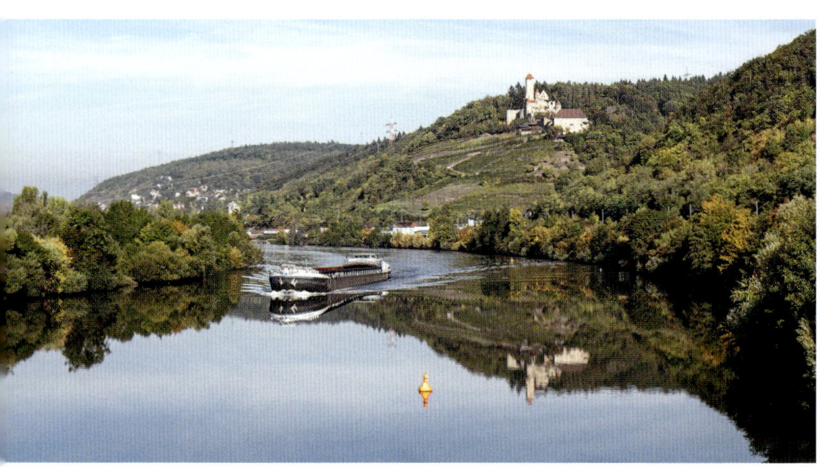

tenzeit um 400 vor Christus nachgewiesen wurde. Mit ihrer Lage oben auf einem Felsvorsprung verspricht mir die größte und besterhaltene Burgruine am Neckar außerdem eine gigantische Aussicht.

Um sie zu erreichen, wandere ich rechts neben den Bahngleisen auf dem Neckarweg bis ich auf dem Steinbachweg rechts abbiege und dann nach links gehe, um kurz darauf rechts auf einen Pfad zu gelangen. Diesem folge ich, bis ich wieder links abbiege, um anschließend hinauf zur Burg zu gelangen. Auf dem Weg dorthin durchquere ich das zweitälteste noch bestehende Weingut der Welt, in dem auf Steilterrassen traditioneller Weinanbau betrieben wird. Anschließend erreiche ich als Erstes die Untere Burg, den ältesten Teil der Anlage. Bereits von hier oben habe ich eine geniale Aussicht auf den Neckar und Haßmersheim. Dieser freie Blick nach allen Seiten war auch der Grund dafür, dass die Burg die Aufsicht über die Neckarschifffahrt innehatte. Eine noch bessere Aussicht bekomme ich vom höchsten Burgturm auf der Oberen Burg. Von hier habe ich sogar noch die Untere

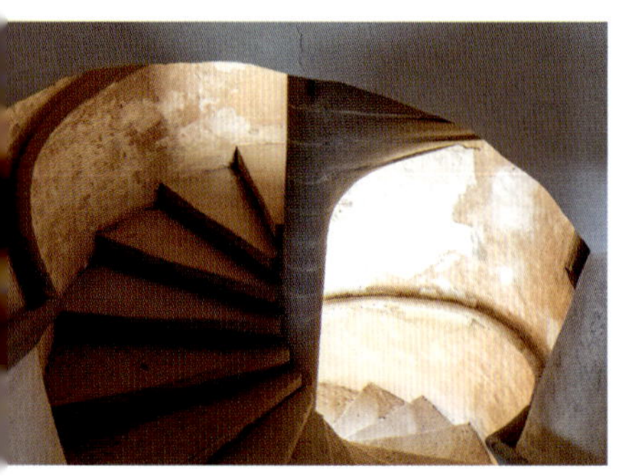

Burg im Blick. Beide Burgen haben eine gemeinsame Vorburg, die erst später durch eine Mauer umfasst wurde.
Kein Wunder, dass sich Götz von Berlichingen, einer der berühmtesten Ritter im Spätmittelalter, die Burg zu seiner Heimat machte. Er lebte hier insgesamt 45 Jahre von 1517 bis 1562, die längste Zeit seines Lebens. Dank ihm ist die Wehranlage ein geschichtsträchtiger und zugleich lebendiger Ort geblieben, dessen Zauber bis heute blieb. Johann Wolfgang von Goethe bekam hier die Vorlage für seinen „Götz von Berlichingen".
Nach einem genussvollen Ausblick vom Turm gehe ich wieder hinunter, folge dem Neckarweg nach Neckarzimmern und wandere von dort bis nach Neckarelz rechts am Neckar entlang, um meine Wanderung in Mosbach-Neckarelz zu beenden.

Tipp

Im Weingut Burg Hornberg, dem ältesten im Ländle, kann am „Schleckerwein" genippt werden, dessen wunderbare Wirkung schon Götz von Berlichingen genoss. Selbstverständlich können auch andere Weine erworben werden, Führungen werden angeboten.
Tel. 06261/5001, www.burg-hornberg.de.
Ein Rundgang mit insgesamt 24 Stationen, die über die Geschichte der Burg informieren, führt durch die Burganlage.

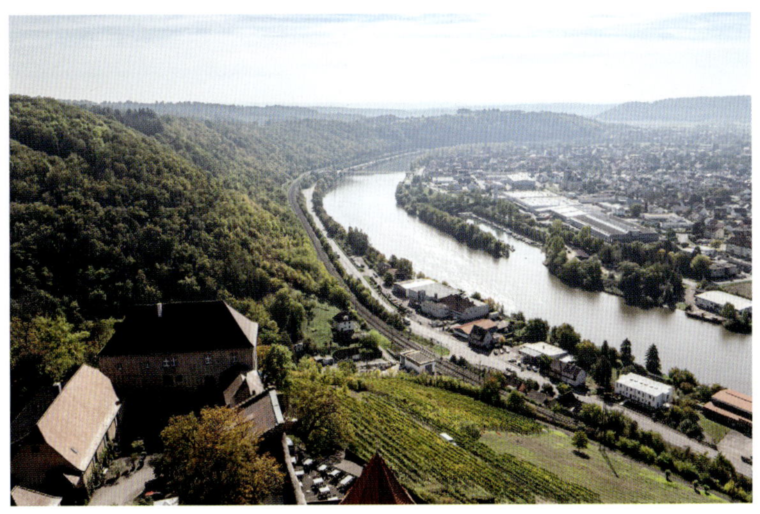

78 SCHLOSS NEUBURG, OBRIGHEIM

Das Wahrzeichen von Obrigheim

Hinkommen:
49°20'39.7"N 9°05'50.3"E

Mit dem Auto:
Zielort Obrigheim. Schloss Neuburg 1, 74847 Obrigheim.
Parkmöglichkeiten auf der Schloßstraße direkt vor dem Schloss.

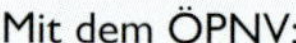

Mit dem ÖPNV:
Mit der Bahn nach Mosbach-Neckarelz. Rechts auf Bahnhofsplatz, dann links auf Kantstraße. Danach rechts auf Heidelberger Straße und den Neckar überqueren. Links auf Hochhäuser Straße, dann rechts auf Schloßstraße und folgen bis zum Schloss. **Vom Bahnhof zum Schloss sind es 2,8 Kilometer.**

Tourbeschreibung:
Das Schloss ist das Wahrzeichen Obrigheims und befindet sich auf einem steil zum Neckar abfallenden Felsen oberhalb des Neckars. Eine Besichtigung von innen ist leider nicht möglich, da es ein Nobelhotel ist. Breite Wege rund um das Schloss laden dennoch ein, sich das Gebäude mit seiner imposanten Bogenbrücke von außen anzuschauen.

Nach meiner schönen letzten Wanderung von Gundelsheim nach Mosbach-Neckarelz freue ich mich, nur drei Tage später wieder weiterwandern zu können. Ich fahre mit der Bahn nach Mosbach-Neckarelz und starte dort meine Tour mit dem heutigen Ziel Neckargerach. Schon während der Zielankunft bei meiner letzten Wanderung habe ich bei Obrigheim links oben auf einer Anhöhe ein imposantes Schloss gesehen, was mich neugierig gemacht hat. Die heutige direkte Wander-

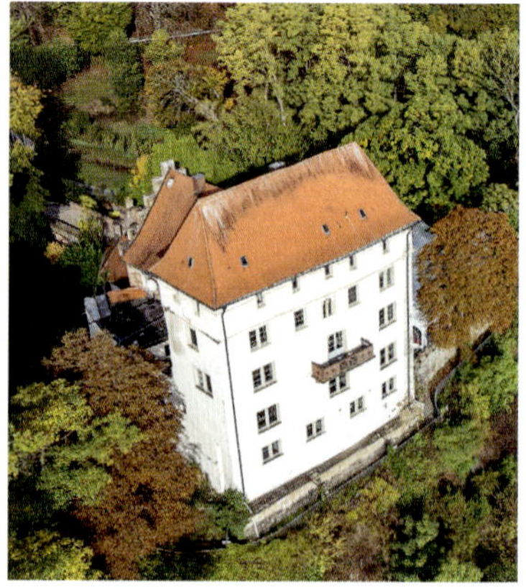

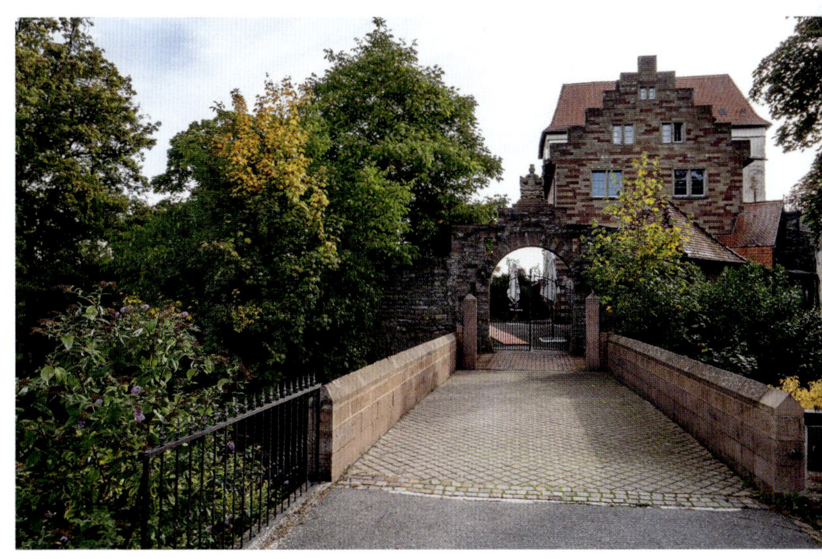

strecke von Mosbach-Neckarelz nach Neckargerach ist nicht sehr lang, sodass ich einen Abstecher machen möchte, um mir das Schloss genauer anzuschauen.
Auf dem Weg zum Schloss überquere ich den Neckar Richtung Obrigheim und biege bald darauf links ab auf die Hochhäuser Straße, von der ich etwas später rechts auf die Schloßstraße abbiege, die mich hinauf zum Schloss bringt.
Das Schloss aus dem 14. Jahrhundert befindet sich auf einem steil zum Neckar abfallenden Felsen und ist das Wahrzeichen der Stadt Obrigheim. Es wurde jedoch Mitte des 19. Jahrhunderts im Stil der Burgenromantik umgebaut. Eine Besichtigung des historischen Schlosses von innen kommt für mich leider nicht infrage, da es bereits seit 1959 zu einem der nobelsten Hotels im Raum Mosbach – Baden gehört. Mit seinem einmaligen Ambiente und einer imposanten Aussicht auf den Neckar ist es aber nach wie vor das Wahrzeichen der Stadt Obrigheim. Dennoch lohnt sich auch die Besichtigung von außen und ich kann sogar auf einem frei zugänglichen Steg leicht unterhalb des Schlosses die Aussicht genießen. Eine sanft abschüssige Wiese hinter dem Schloss bietet sich an, hier wieder meine Drohne zu starten, die mir von oben das wunderbare

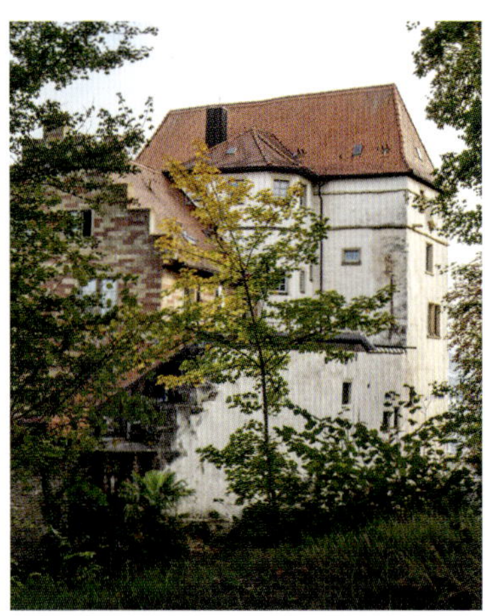

weite Neckartal zeigt. Ich gehe wieder zurück zum Bahnhof und biege dort links ab, um hinauf auf den Schreckberg zu gelangen.

Tipp

Der etwa zweieinhalb Kilometer lange, ausgeschilderte Goldfischpfad ist ein Rundweg und dient als Gedenkstätte für die in Obrigheim eingesetzten KZ-Häftlinge und Zwangsarbeiter in der NS-Zeit, die hier für Daimler-Benz unter dem Decknamen „Goldfisch" Flugzeugmotorenwerke produzierten. An zehn Stationen werden die verschiedenen, teils stark zerstörten sichtbaren Gebäude der Produktionsanlage erläutert. Ein erhaltener Stolleneingang beeindruckt. Der Rundweg ist über den Wanderweg R3 vom Schloss Neuburg aus leicht zu erreichen.

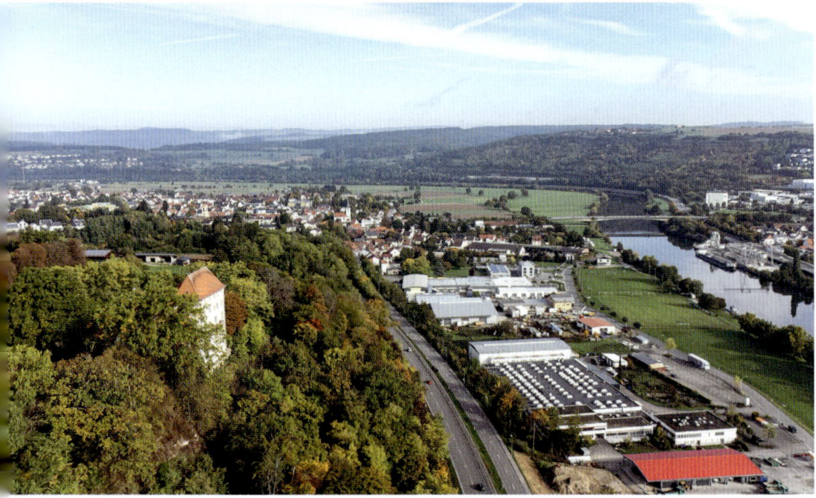

BURGRUINE DAUCHSTEIN, BINAU

79

Eine Zollburg für die Neckarschifffahrt

Hinkommen:
49°22'09.0"N 9°04'24.4"E

Mit dem Auto:
Zielort Bienau-Siedlung. Parkmöglichkeiten an der Burg-Dauchstein-Straße. Auf der Burg-Dauchstein-Straße Richtung Binau, am Ortsrand auf Höhe Sonnenhalde links auf Weg und diesem folgen bis zur Burg. **Von der Burg-Dauchstein-Straße zur Burg sind es nur wenige Meter.**

Mit dem ÖPNV:
Mit dem Bus 836 von Mosbach-Neckarelz beziehungsweise Neckargerach nach Binau, Siedlung. An Wochenenden und Feiertagen Rufbus RUF 8936, Tel. 0621/1077077, Anmeldung 60 Minuten vor Abfahrt. Von der Haltestelle Binau, Siedlung nach wenigen Metern links in den Wald und dem Pfad folgen bis zur Burg. **Von der Bushaltestelle zur Burg sind es nur wenige Meter.**

Tourbeschreibung:
Die Burg befindet sich auf Halbhöhenlage eines Bergsporns oberhalb des Neckars und ist über einen gut begehbaren Pfad erreichbar. Schöne Aussicht auf den Neckar und eine gute Möglichkeit eine Wanderpause einzulegen.

Meine ursprüngliche Strecke von Diedesheim nach Binau verläuft rechts direkt am Neckar entlang. Auf dem Weg zurück von Schloss Neuburg nach Diedesheim werde ich aber von einem Ortsplakat begrüßt, das eine weitere imposante Aussicht auf den Neckar zeigt. Ich schaue auf meine Navigations-App Komoot und richte meine Route so aus, dass ich an dem versprochenen Aussichtspunkt vorbeikomme. Dadurch verlängert sich meine

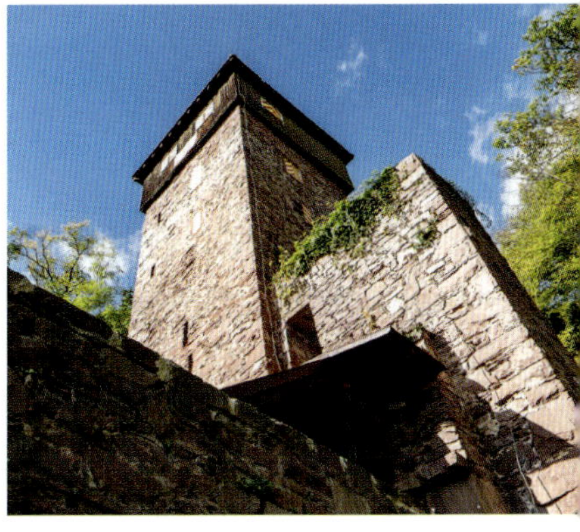

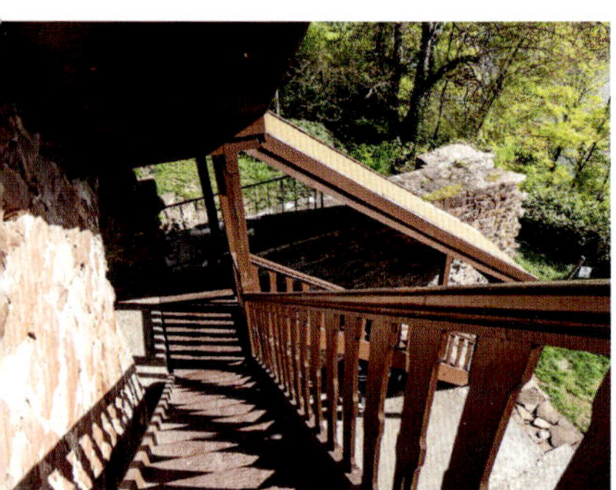

Wanderstrecke noch einmal leicht, sodass ich nun auf immer noch machbare 19 Kilometer komme.

In Diedesheim unterquere ich den Bahnhof, biege links ab und gehe auf idyllischen Pfaden hinauf auf den Schreckberg. Hier oben komme ich tatsächlich in den Genuss der versprochenen Aussicht auf Diedesheim und den Neckar. Was für ein lohnender Umweg!

Nach dem aussichtsreichen Höhenweg geht es wieder in den Wald hinein. Ich folge stets dem Neckarsteig bis zur Waldhütte Diedesheim, an der ich kurz danach leicht rechts abbiege. Wenig später verlasse ich den Wald, biege am Waldrand nach links auf die Bienauer Höhe ab, eine freie, leicht abschüssige Wiese, um über die Binau-Siedlung zur Burgruine Dauchstein zu kommen, die am Ende der Siedlung auf einem Sporn am Hang steht.

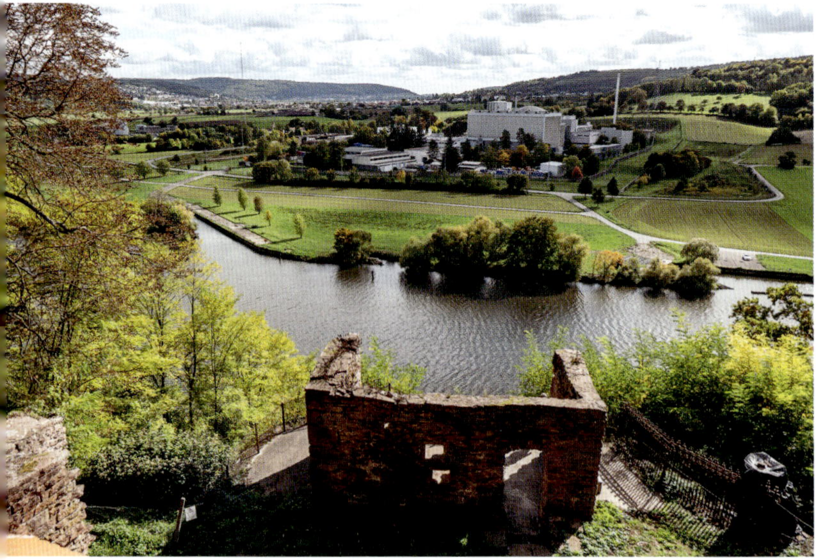

Die wahrscheinlich aus dem 14. Jahrhundert stammende Burg ist die kleinste Burg am Unterneckar, die wegen ihrer Halbhöhenlage von oben jedoch leicht angreifbar war. Sie befindet sich auf einem Kalktuff-Felsen am Neckar, der durch eine stark kalkhaltige Wasserquelle gebildet wurde. Die Burg musste allerdings wenige Angriffe befürchten, denn durch ihre Lage an einer wichtigen Handelsstraße auf dem Neckar diente sie vor allem als Zollburg. Laut einer Sage soll sie mit einer über den Neckar gespannten Kette die Schiffe gestoppt haben, die erst nach der Bezahlung des Zolls weiterfahren durften. Von einer Außentreppe des 20 Meter hohen Turms, der einst der Überwachung diente, bekomme ich selbst eine optimale Aussicht auf den Neckar, der hier in einer schönen Schleife verläuft. Die Burg ist in Privatbesitz, darf aber von außen jederzeit besichtigt werden.

Nach einer ausgiebigen Pause auf einer schattigen Bank packe ich meine Sachen, gehe den Bergsporn hinauf, kreuze die Burg-Dauchstein-Straße und wandere links neben Dauchstein über eine Hochfläche bis zu einem Wald, in den ich nach links und später über eine Serpentine wieder hinunter zum Neckar gelange.

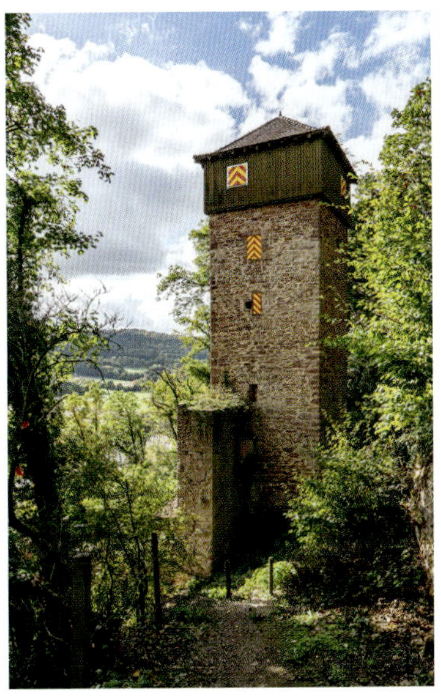

Tipp

Unterhalb der Burgruine befindet sich ein liebevoll angelegter Apfelgarten, auf dem sich zwanzig Hochstämme regionaler, teilweise in Vergessenheit geratener Apfelsorten finden. Infotafeln klären über Herkunft, Reifezeit und Verwertung der einzelnen Sorten auf. Der Binauer Apfelgarten ist zu jeder Jahreszeit Genuss und Erlebnis zugleich, Reichenbucher Straße 38a, 74862 Binau, Telefon 06263/4300, www.binau.de/freizeit-aktuelles/sehenswuerdigkeiten/apfelgarten.

80 MARGARETENSCHLUCHT, NECKARGERACH

Erosion live

Hinkommen:
49°23'22.0"N 9°05'15.2"E

Mit dem Auto:
Zielort Neckargerach. Parkmöglichkeiten auf dem Wanderparkplatz Margarethenschlucht an der Reichenbucher Straße. Dann dem Weg folgen und bei nächster Möglichkeit rechts in die Schlucht. **Vom Parkplatz bis zur Schlucht sind es 550 Meter.**

Mit dem ÖPNV:
Mit der Bahn nach Neckargerach. Dann rechts auf den Weg an der Bahnlinie Richtung Zwingenberg (gegenüber Parkplatz). Diesem Weg immer geradeaus folgen bis zur Schlucht. **Vom Bahnhof zur Schlucht sind es 1,3 Kilometer.**

Tourbeschreibung:
Der 600 Meter lange idyllische Weg in der Schlucht ist kein leicht zu bewältigender Waldweg! Es gibt sehr steile, auch abrutschgefährdete und wasserüberflutete Abschnitte und Stufen. Daher gilt: Betreten auf eigene Gefahr! Vor dem Eingang zur Schlucht gibt es eine umwerfende Sicht auf die Neckarschleife bei Neckargerach.

Nach einem Waldabschnitt komme ich an der Staustufe Guttenbach heraus, biege dort rechts ab und folge weiterhin dem Neckarweg, von dem aus ich leicht oberhalb des Neckars wieder eine tolle Sicht auf den Fluss bekomme, der hier erneut in einer imposanten Schleife verläuft. Kurz vor dem Scheitelpunkt der Schleife gelange ich an den Eingang der Margaretenschlucht. Nach vielen imposanten Burgen, Ruinen und sogar Schlössern ist es für mich eine willkommene Abwechslung, neben der wunderbaren Landschaft am Neckar auch mal wieder ein für sich stehendes Naturhighlight zu sehen. Ich gehe jedoch zuerst am Eingang der Schlucht vorbei und folge dem Wanderweg, bis ich das Waldstück verlasse und eine umwerfende Sicht auf den Neckar mit der Schleuse bekomme. Nachdem das Wetter nach der Burgruine Dauchstein etwas zugezogen hat, habe ich sogar das Glück, dass es hier noch einmal kurz aufreißt. Hier bleibe ich erst einmal stehen, genieße die fantastische Aussicht auf das Neckartal und die atemberaubende Sandsteinwände und bewundere die vielfältige Fauna und Flora. Nach diesem Naturschauspiel gehe ich den Weg, den ich gekommen bin wieder zurück und in die Margaretenschlucht hinein. Am Eingang befindet sich ein eindeutiger Warnhinweis, der darüber informiert, dass das Betreten der Schlucht nur für trittsichere Wanderer geeignet ist. Ungeübte haben aber auch die Möglichkeit, auf die Schlucht zu verzichten und auf dem Wanderweg nach Neckargerach oberhalb des Neckars weiterzugehen. Auf einer weiteren Infotafel ist zu lesen, dass der Flursbach, der sich durch die Margaretenschlucht seinen Weg sucht, heute noch um sein Bachtal kämpft, während es der Neckar deutlich einfacher hatte und sich tief in den Odenwald einschneiden konnte. Vor allem in der Übergangszeit zwischen den Kalt- und Warmzeiten entwickelte er eine große Erosionskraft, die heute noch im Frühjahr nach der Schneeschmelze für Durchschlagskraft sorgt, wenn das Wasser mitunter Felsblöcke, Bäume und Boden mit sich reißt. Es stellt sich die Frage, ob es dem Flursbach in den kommenden Jahrmillionen gelingen wird, sein Tal einzuebnen. Wie

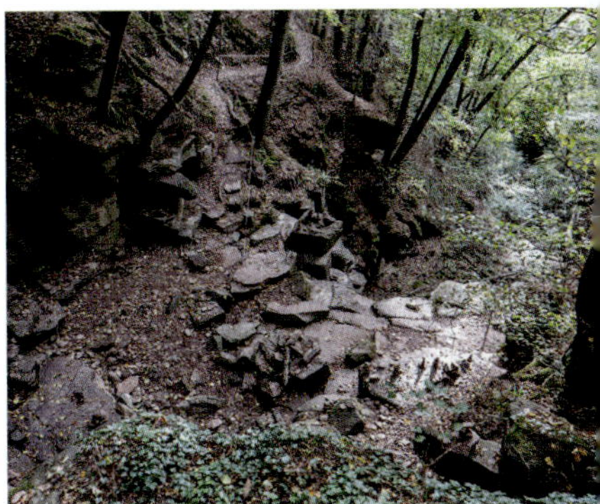

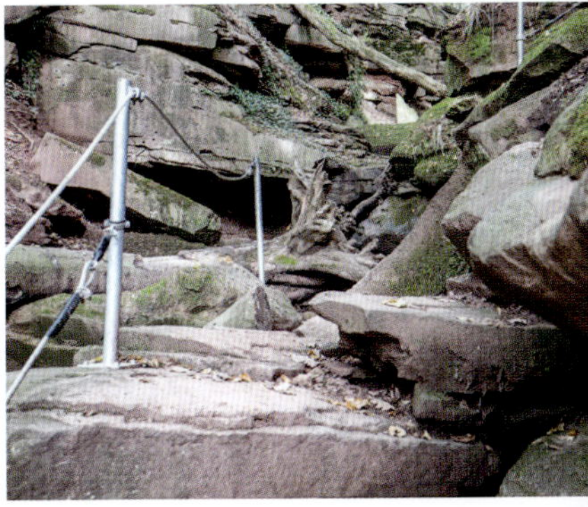

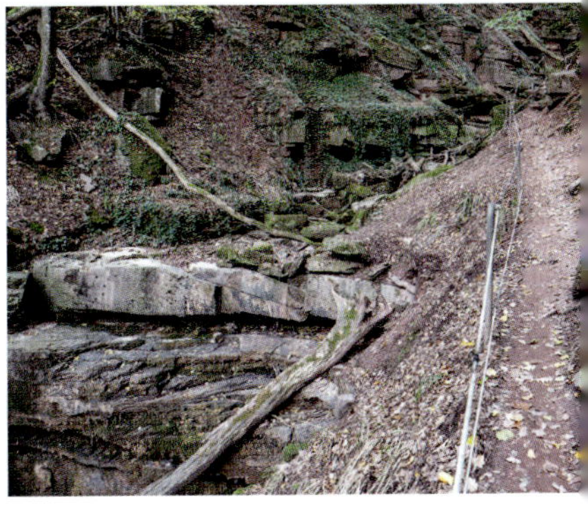

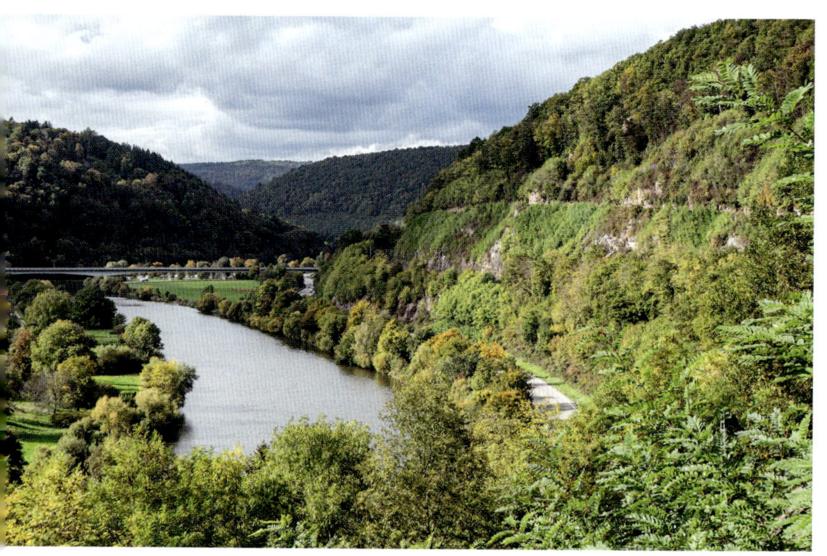

spannend, diese Schlucht zu erkunden, in der zusätzlich zum Naturspektakel elf Tafeln mit spannendem Geo-Wissen informieren und vom allmählichen Werden dieses einzigartigen Landstrichs erzählen, der seit 1940 unter Naturschutz steht.

Ich gelange Schritt für Schritt weiter nach oben, bis die Schlucht zu Ende ist und bekomme wieder festen Boden unter die Füße. Am Schluchtenende biege ich links ab, passiere den Wanderparkplatz der Margaretenschlucht und wandere hinab nach Neckargerach, um dort meine Wanderung zu beenden.

Tipp

Auf dem Putenhof der Familie Gröhl am oberen Ende der Margaretenschlucht können im Hofladen (freitags von 9 bis 18 Uhr und samstags auf dem Wochenmarkt in Mosbach) regionale Fleischprodukte (Pute und saisonal Wild) erworben werden.

Putenhof Gröhl, Eisenbusch 1,
69437 Neckargerach, Tel. 06263/9264,
www.putenhof.org.

81

MINNEBURG, NEUNKIRCHEN-NECKARKATZENBACH

Eine herausragende Burg am Neckar

Hinkommen:
49°23'48.2"N 9°03'54.3"E

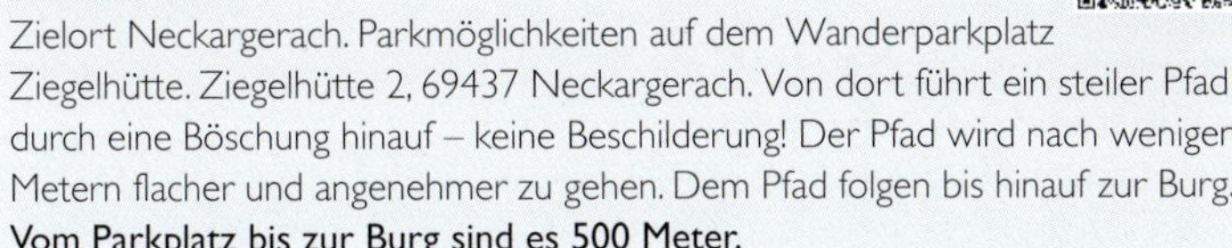

Mit dem Auto:
Zielort Neckargerach. Parkmöglichkeiten auf dem Wanderparkplatz Ziegelhütte. Ziegelhütte 2, 69437 Neckargerach. Von dort führt ein steiler Pfad durch eine Böschung hinauf – keine Beschilderung! Der Pfad wird nach wenigen Metern flacher und angenehmer zu gehen. Dem Pfad folgen bis hinauf zur Burg. **Vom Parkplatz bis zur Burg sind es 500 Meter.**

Mit dem ÖPNV:
Mit der Bahn nach Neckargerach. Dort von der Bahnhofstraße auf die Querstraße, dann links auf Ostendstraße und rechts auf Grabenstraße. Links auf Hauptstraße, dann Neckar überqueren und rechts der Beschilderung zur Burg bis zum Wanderparkplatz folgen. Ab da weiter wie mit dem Auto. **Vom Bahnhof bis zur Burg sind es 1,8 Kilometer.**

Tourbeschreibung:
Die Burg befindet sich auf einem Bergsporn des „Schlossberges" oberhalb vom Neckar, von dem sich wunderbare Sichten auf das Neckartal und Neckargerach ergeben. Ein vor allem zu Beginn recht steiler Pfad führt von unten direkt an einem Parkplatz hinauf zur Burg.

Offenbar war mein „Glücksfall" bei der vorletzten Wanderung in Gundelsheim morgens über dem Nebel zu sein, doch kein Einzelfall, denn auch heute liegt wieder eine tiefe Nebelschicht im Neckartal. Ähnlich wie die letzte Wanderung beginne ich auch diese mit einem Abstecher zu einer Burg – der Minneburg, dem Wahrzeichen von

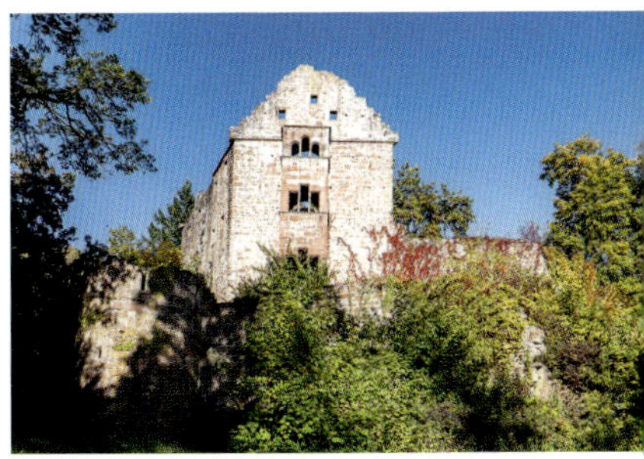

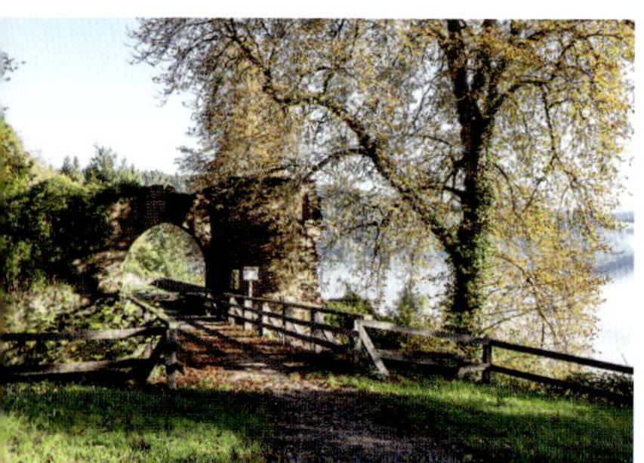

Neckargerach. Sie steht oben auf einem Bergsporn an der anderen Neckarseite und liegt nicht auf meiner eigentlichen Wanderroute. Die Minneburg gehört mit ihren mächtigen Mauern und den bollwerkartigen Rundtürmen zu den eindrucksvollsten Burgruinen am Neckar. Ich nehme ein wenig die Beine in die Hand, in der Hoffnung, dass ich oben erneut über dem Nebel bin, bevor er sich dann wieder auflöst. Über die Schwanheimer Straße überquere ich den Neckar und folge der Beschilderung zur Minneburg, die jedoch beim Parkplatz am Geracher Weg aufhört. Nach links geht aber ein recht gut erkennbarer, schmaler Pfad eine steile Böschung hoch, dem ich laut meiner Navigation folge. Nach wenigen

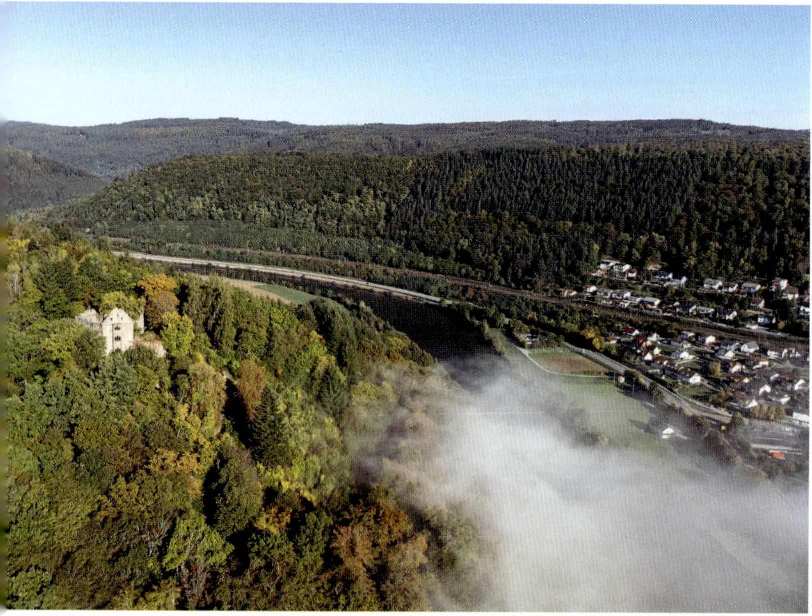

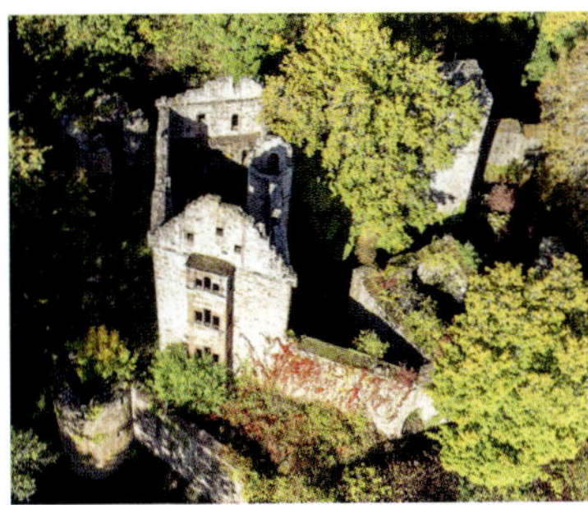

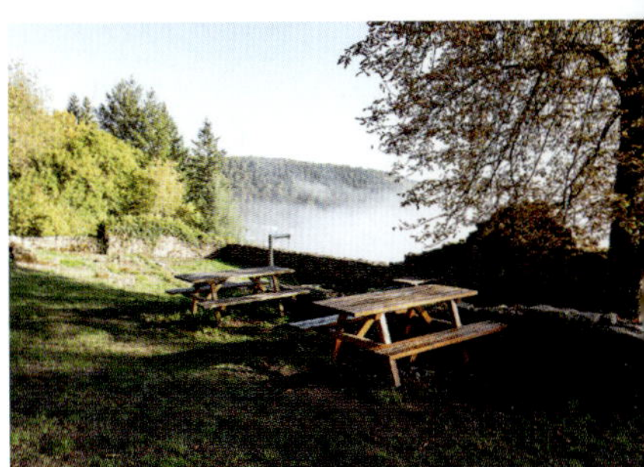

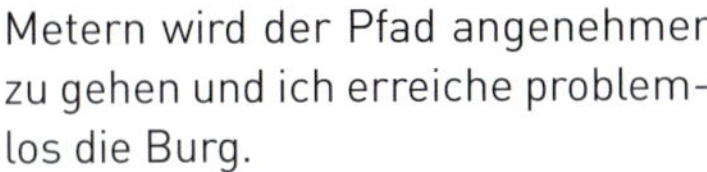

Metern wird der Pfad angenehmer zu gehen und ich erreiche problemlos die Burg.

Als Höhenburg liegt sie rund 110 Meter über dem Neckar – so hoch wie kaum eine andere Burg im Neckartal. Und wieder ist es mir vergönnt, über dem Nebel zu sein, und ich genieße die gespenstische Atmosphäre an einem Rastplatz mit mehreren Bänken, Tischen und einer Grillstelle am Vorhof der Burg, den ich über eine Brücke über dem Burggraben erreiche. Die Burg stammt wohl aus dem 13. Jahrhundert und hatte die Verkehrswege entlang des Neckars zu sichern. Die erste urkundliche Erwähnung ist aus dem Jahre 1339. Nach einigen Besitzerwechseln erlebte die Minneburg ab 1521 ihre Glanzzeit, als sie von Wilhelm von Habern in ein Schloss im Renaissance-Stil umgewandelt wurde. Nach dem Dreißigjährigen Krieg verfiel die Burg immer mehr zur Ruine. Zu Beginn des 20. Jahrhunderts erfolgten dann erste Sanierungsarbeiten. Ihren Namen verdankt die Burg dem Burgfräulein Minna von Horneck, die vor ihrer Hochzeit mit dem Grafen von Schwarzenberg in eine Höhle flüchtete, da sie insgeheim den armen Ritter Edelmut von Ehrenberg liebte und auf dessen Heimkehr von einem Kreuzzug wartete. Als er zurückkehrte, lag Minna im Sterben und hat eine Burg im Gedenken an ihre große Liebe errichten lassen. Leider ist das Betreten des Zwingers und der Kernburg verboten, sodass ich mir die Burg nur einmal von außen anschaue und den Weg wieder hinunter zum Neckar gehe.

Tipp

Über eine Holzleitung wurde das Wasser von einer Quelle oberhalb der Burg über einen heute noch zu sehenden Stützpfeiler in das Burginnere geleitet.

82 SCHLOSS ZWINGENBERG, ZWINGENBERG

Eine der schönsten historischen Anlagen am Neckar

Hinkommen:
49°25'19.3"N 9°02'02.5"E

Mit dem Auto:
Zielort Zwingenberg. Parkmöglichkeiten auf einem Parkplatz an der B 37 Richtung Lindach. Dann auf „Alte Dorfstraße", Bahnstrecke unterqueren und dem Weg hoch zum Schloss folgen. **Vom Parkplatz bis zum Schloss sind es 350 Meter.**
Alternativ parken in Zwingenberg. Am Bahnhof die Bahnstrecke unterqueren und links auf Bahnhofstraße. Dann auf Schloßstraße und weiter bis zum Schloss. **Vom Bahnhof bis zum Schloss ist es rund 1 Kilometer.**

Mit dem ÖPNV:
Mit der Bahn nach Zwingenberg (Baden). Dann auf die Bahnhofstraße und weiter auf der Schloßstraße bis zum Schloss. **Vom Bahnhof bis zum Schloss ist es 1 Kilometer.**

Tourbeschreibung:
Das Schloss befindet sich oben auf einem Bergsporn mit super Aussicht auf den Neckar und Zwingenberg. Das Schloss an sich ist zwar in Privatbesitz, davor gibt es aber eine Aussichtsplatte, die jederzeit frei zugänglich ist.

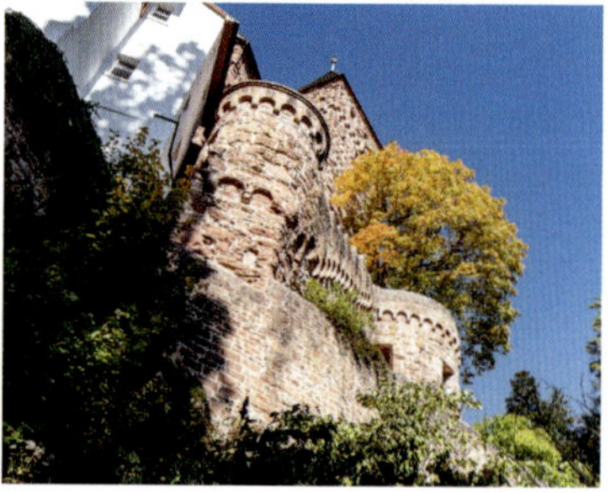

Erneut könnte ich das Wandern ausfallen lassen und mit dem Zug von Neckargerach nach Zwingenberg fahren. Denn das nächste Highlight ist erst wieder das Schloss Zwingenberg.
Da ich aber vor allem über das Unterwegssein entlang des Neckars schreiben möchte, entscheide ich mich natürlich fürs Wandern am

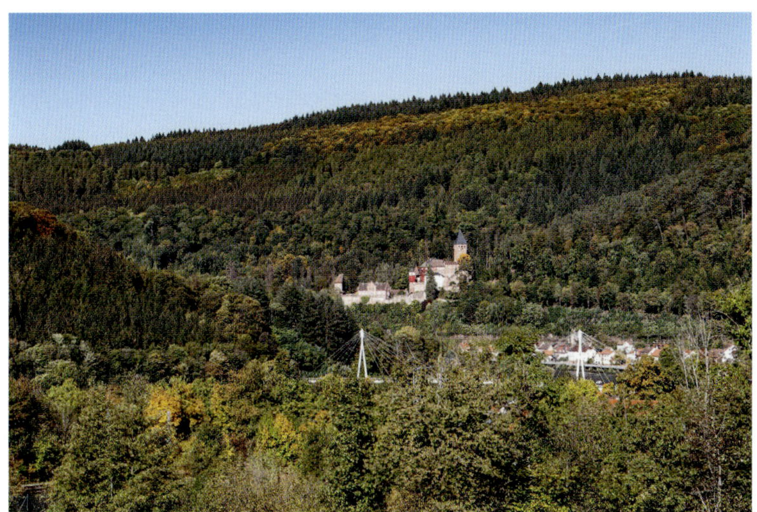

Flusslauf. In Neckargerach überquere ich die Hauptstraße und biege dann rechts ab, um rechts neben der Bahnstrecke wandern zu können, und gelange dabei in einen Wald. Während ich stetig an Höhe gewinne, tauche ich auch immer tiefer in den mir völlig unbekannten Naturpark Neckartal-Odenwald ein und genieße es, einen für mich neuen Naturraum zu entdecken und mich dabei der Landesgrenze zu Hessen zu nähern. Unglaublich, wie weit man zu Fuß kommt!

Kurz vor Zwingenberg öffnet sich der Wald und auf einer abschüssigen Wiese bekomme ich eine wunderbare Sicht auf den Ort sowie das gleichnamige Schloss, das majestätisch wie in einem romantischen Märchen über dem Fluss thront und zurecht zu den schönsten historischen Anlagen am Neckar zählt. Leider führt der Weg, der mich auf meinen letzten beiden Kilometern der heutigen Wanderung zum Schloss führt, wieder in den Wald hinein.

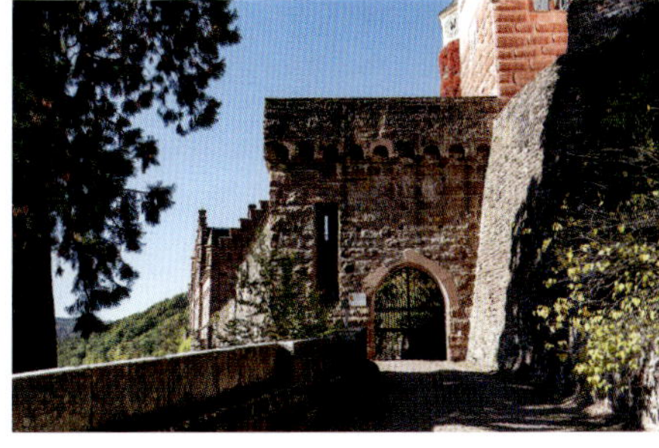

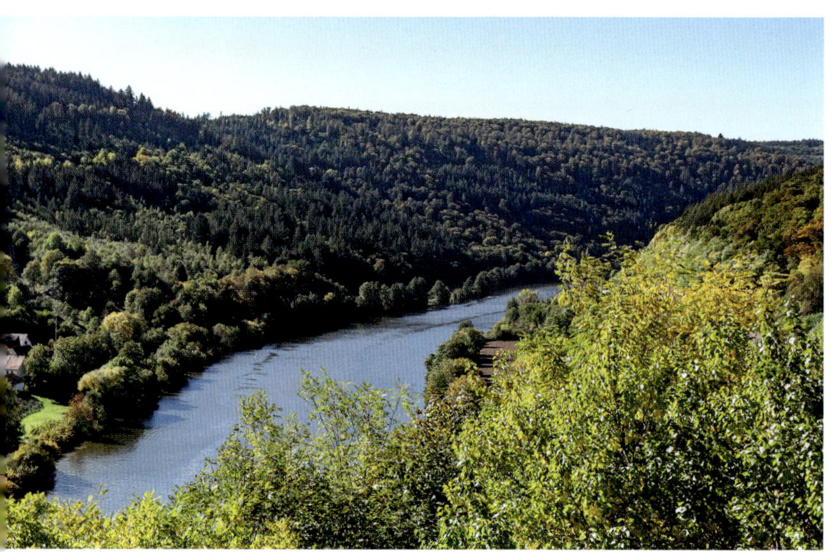

Seinen Ursprung hat das beeindruckende, festungsähnliche Schloss in der Stauferzeit – also im 12./13. Jahrhundert. Seit 1808 ist es bis heute im Markgräflich Badischem Familienbesitz und wird derzeit von Prinz Ludwig von Baden und seiner Familie bewohnt. Jedes Jahr finden hier seit 1983 die Schlossfestspiele statt, bei der alljährlich die Oper „Der Freischütz" von Carl Maria von Weber auf dem Programm steht, soll doch der Komponist von der direkt angrenzenden Wolfsschlucht dazu inspiriert worden sein.

Auf einem öffentlich zugänglichen Vorplatz schaue ich mir das Schloss von außen an und genieße die fantastische Aussicht auf den Neckar und den Ort Zwingenberg, ehe ich noch in die Wolfsschlucht hineingehe, die gleich hinter der Burg beginnt.

Tipp

Bei Gruppenführungen zu bestimmten Themen erhält man einen Einblick in die vergangenen Zeiten und welche Wandlungen sie mit sich brachten. Mit ein wenig Glück begegnet man Prinz Ludwig von Baden, dem Besitzer des Schlosses, bei einem seiner Rundgänge durch das Schloss. Tel. 06263/411010, sekretariat@schloss-zwingenberg.de, www.schloss-zwingenberg.de.

WOLFSSCHLUCHT, ZWINGENBERG

Wilde und steile Klinge

83

Hinkommen:
49°25'21.0"N 9°02'03.5"E

Mit dem Auto:
Zielort Zwingenberg. Parkmöglichkeiten auf einem Parkplatz an der B 37 Richtung Lindach. Dann auf „Alte Dorfstraße", Bahnstrecke unterqueren und dem Weg hoch zum Schloss Zwingenberg folgen. Die Wolfsschlucht erstreckt sich direkt hinter dem Schloss. **Vom Parkplatz bis zum Eingang der Wolfsschlucht sind es 350 Meter.**
Alternativ parken in Zwingenberg. Am Bahnhof die Bahnstrecke unterqueren und links auf Bahnhofstraße. Dann auf Schloßstraße und weiter bis zum Schloss. Die Wolfsschlucht beginnt direkt hinter dem Schloss. **Vom Bahnhof bis zum Eingang der Wolfsschlucht ist es rund 1 Kilometer.**

Mit dem ÖPNV:
Mit der Bahn nach Zwingenberg (Baden). Dann auf die Bahnhofstraße und weiter auf der Schloßstraße bis zum Schloss. Die Wolfsschlucht erstreckt sich direkt hinter dem Schloss. **Vom Bahnhof bis zum Eingang der Wolfsschlucht ist es rund 1 Kilometer.**

Tourbeschreibung:
Die Wolfsschlucht stellt hohe Ansprüche an Risikobereitschaft (überhängende Felsen) und Trittsicherheit (glitschige Felsen, sehr steile, auch abrutschgefährdete und wasserüberflutete Abschnitte). Teilweise gibt es auch keinen richtigen führenden Weg. Es geht über Stock und Stein auf steilem Hang. Daher gilt Betreten auf eigene Gefahr!

Ähnlich wie die letzte Wanderung beende ich diese hier auch wieder mit der Besichtigung einer äußerst wildromantischen Tour durch eine tief eingeschnittene Schlucht. Heute ist es die Wolfsschlucht. Vermutlich hat sie ihren Namen daher, weil hier 1866 der letzte Wolf im Odenwald erlegt wurde. Die Schlucht erstreckt sich direkt hinter Schloss Zwingenberg in einem Kerbtal, durch das sich das Schlossbächlein über eine Länge von etwa einem Kilometer seinen Weg sucht und von rechts in den Neckar fließt. Am Be-

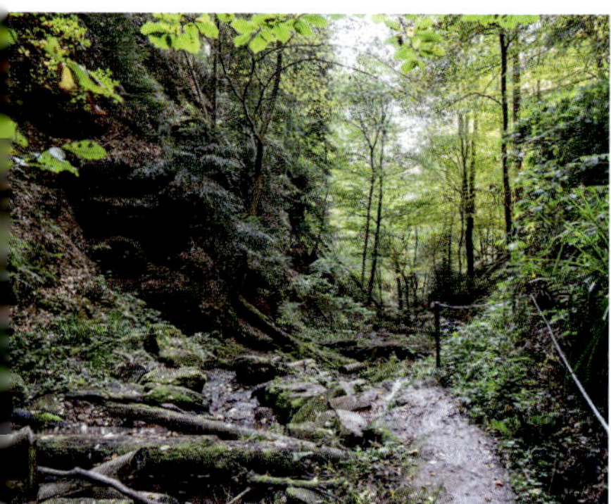

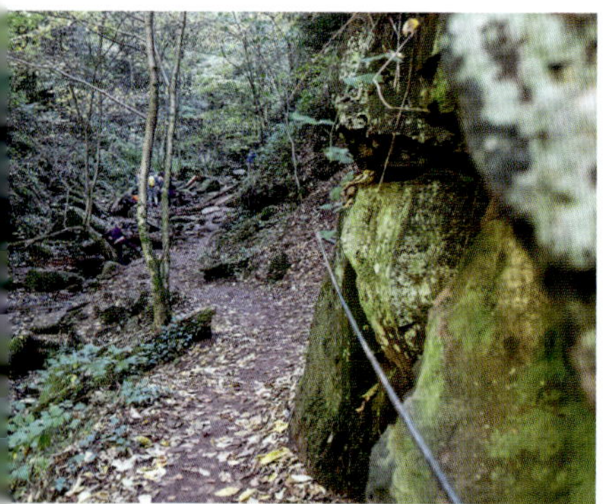

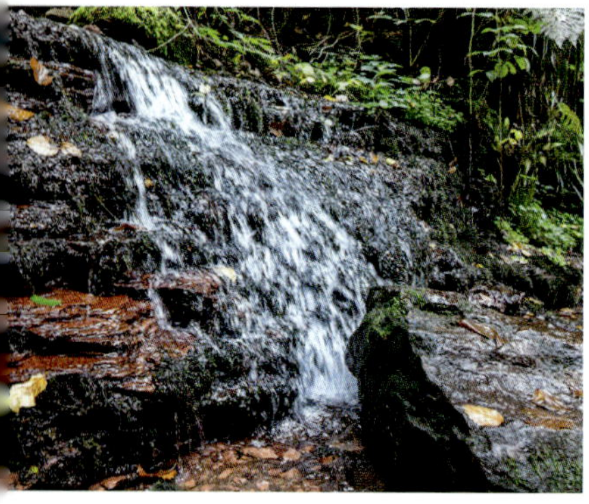

ginn warnt ein Hinweisschild vor einem alpinen Klettersteig, der nur für geübte Wanderer geeignet und bei Eis und Schnee nicht begehbar ist! Die Schlucht kann nach starken Regenfällen auch gesperrt sein. Ich bin zwar kein geübter Bergsteiger, dafür aber ein erfahrener und trittsicherer Wanderer. Auch Familien mit kleinen Kindern machen hier heute einen Ausflug, sodass ich ein sicheres Gefühl habe, mich auf das Abenteuer Schlucht-Erkundung einzulassen.

Geht es am Anfang steil oberhalb des Schlossbaches auf einem angenehmen Pfad in die Schlucht hinunter, mündet in der Talsohle der Pfad Schritt für Schritt in den seichten Bachlauf, sodass er sich immer mehr verliert und ich mir meinen Weg über Stock und Stein selber suchen muss. Weiter oben fließt dem Schlossbach noch der Engelsbach zu und eine kleine steinerne Brücke ohne Handlauf überquert den Bachlauf. Auf beiden Seiten ragen steile, rund 250 Millionen Jahre alte Buntsandstein-Schichten in die Höhe. Die Schluchtwände brechen oft ab und Geröll stürzt in die Tiefe. Je nach Jahreszeit kann der Schlossbach eine recht starke Erosionskraft bilden, räumt dann das Tal wieder aus und bildet dabei bizarre Formationen im Fels. Ich bleibe auf gefühlt jedem Stein stehen, um von dieser besonderen

Stimmung Bilder zu machen. Alles wirkt hier sehr harmonisch – die Farne und Moose, die Kaskaden und Steinplatten, die umgestürzten Bäume mit ihrem Flechtenbewuchs. Viel zu schnell bin ich oben am Ende der Schlucht angekommen und habe doch ein wenig Respekt davor, denselben Weg wieder hinunterzugehen. Die Abrutschgefahr ist beim Hinabsteigen doch wesentlich größer. Ein gut erkennbarer Pfad nach rechts scheint sehr einladend zu sein und auf meiner Wanderkarte in Komoot sehe ich auch, dass dieser wieder hinunter zum Schloss führt. Ich nehme den Pfad, der ohne viel Steigung oberhalb der Schlucht verläuft. Allerdings geht es auf der rechten Seite immer steiler in die Schlucht hinunter, sodass ich doch ein wenig Respekt vor diesem Abhang habe. Mit vorsichtigen Schritten komme ich wieder gut bei Schloss Zwingenberg an.

Tipp

Es empfiehlt sich, auch im Sommer wasserdichte Wanderschuhe anzuziehen. Aber: Das Abenteuer lohnt sich!

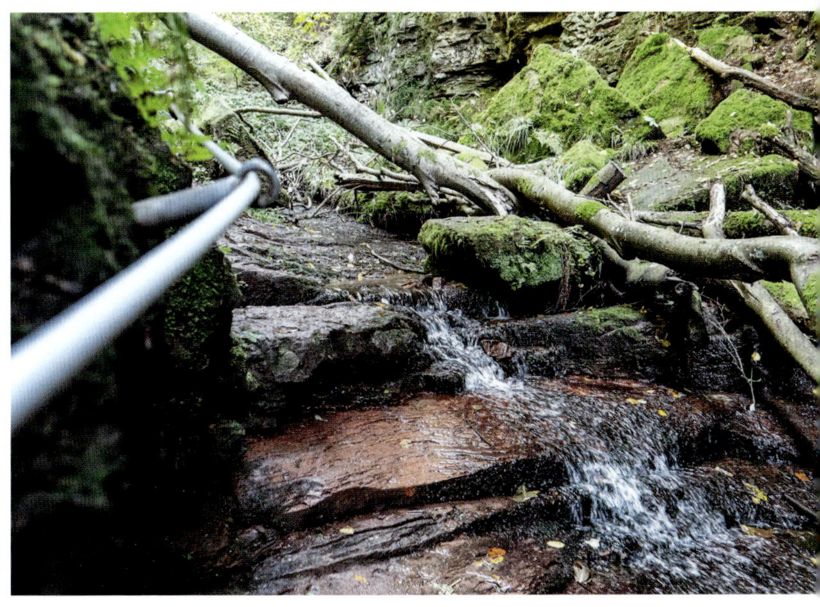

84 BURG STOLZENECK, EBERBACH-ROCKENAU

Herrschaftlicher Charme

Hinkommen:
49°25'32.2"N 9°00'00.0"E

Mit dem Auto:
Zielort Schwanheim. Mit dem Auto auf der Eberbacher Straße (L 590) weiter Richtung Eberbach. Parkmöglichkeiten nach der nächsten engeren Linkskurve am Parkplatz Hansewiesen. Dort zu Fuß immer geradeaus, bis es nicht mehr geht. Dann rechts und nach wenigen Metern links. Gleich danach rechts bleiben und immer geradeaus bis zur Burg. **Vom Parkplatz bis zur Burg sind es 2,2 Kilometer.**

Mit dem ÖPNV:
Mit der Bahn nach Lindach. Dann am Neckar flussabwärts bis zur Schleuse Rockenau. Neckar überqueren, nach links und weiter am Ufer bleiben, bis ein Pfad rechts hinauf zur Burg führt. **Vom Bahnhof bis zur Burg sind es 3,1 Kilometer.**

Tourbeschreibung:
Die Burg befindet sich direkt am Neckarweg in einem Wald. Leider ist sie wegen Rissen und Steinausbrüchen gesperrt und kann nur von außen besichtigt werden. Sie ist vom Tal nicht erkennbar und daher ein kleiner Geheimtipp.

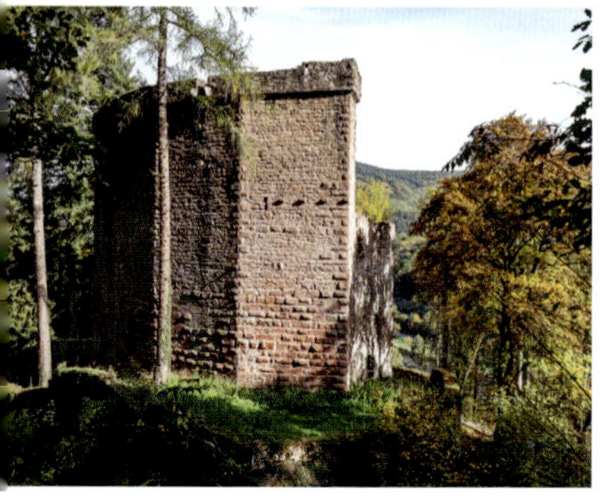

Mittlerweile ist es Mitte Oktober, der Herbst schreitet stark voran, und ich fahre erneut in einer tiefen Nebeldecke zu meinem Ausgangsort Zwingenberg. Eine rund 14 Kilometer lange Wanderung nach Eberbach liegt vor mir. Der Nebel hält sich bis Zwingenberg. Dort überquere ich den Neckar und folge dem Neckarweg, der mich im feuchten, verschleierten Wald Schritt für Schritt nach oben bringt,

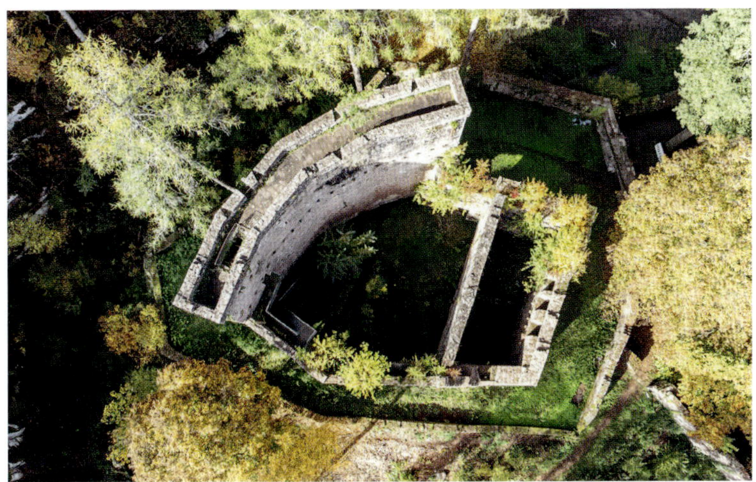

sodass ich an einer geeigneten Stelle meine Drohne sogar durch den Nebel starten kann, die mir das vernebelte Tal von oben zeigt. Es ist magisch! Ich sehe sogar das spitze Dach von Schloss Zwingenberg auf der anderen Hangseite, wie es zaghaft über den Nebel hinauslugt. Und an einer Stelle reißt der Nebel gerade auf und ich erkenne unter mir ein Schiff auf dem Neckar.

Beglückt von diesem Naturschauspiel folge ich dem Neckarweg rund sechs Kilometer durch den Odenwald, bis ich schließlich von oben her die aus dem 13. Jahrhundert stammende Reichsburg Stolzeneck erreiche, die auf einer Hochfläche des „Bremenberges" steht, der sich bis an den Neckar hinunterzieht und heute bewaldet ist. An dieser Stelle ist der Neckar sehr eng. Sofort fällt die 2,5 Meter dicke und 21 Meter hohe halbrunde Schildmauer auf, die erst im 14. Jahrhundert errichtet wurde, um die Burg mit einem zusätzlichen tiefen Halsgraben zu schützen. Dahinter befinden sich die bergseitige Hauptburg sowie die zum Tal orientierte großzügige Vorburg. Die Burg hatte zwei Bauphasen und sah ursprünglich ganz anders aus. Sowohl die Fundamente eines Vorgängergebäudes als auch der frühere Ringmauerverlauf wurden im Jahre 1964 bei Ausgrabungen im Innenhof freigelegt. Die Burg war überwiegend in pfälzischem Besitz, bevor sie ab dem 17. Jahrhundert aufgegeben wurde. Der Name Stolzeneck geht auf die erste urkundliche Erwäh-

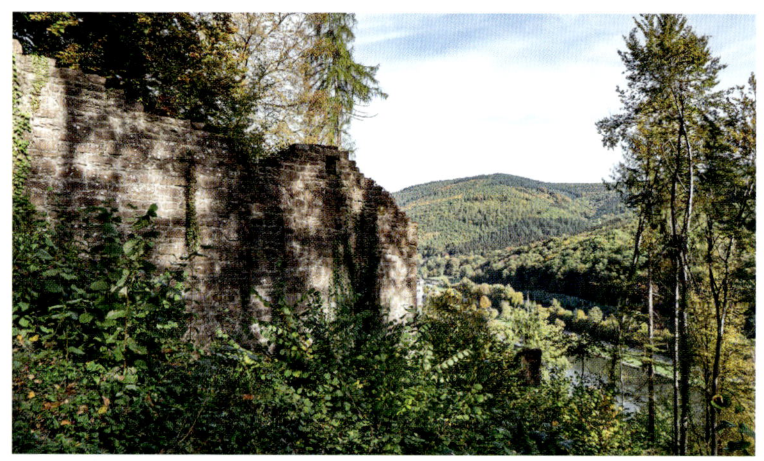

nung im Jahr 1268 im Zusammenhang mit einer Witwe von „Stolzinecke" zurück.

Leider ist das Betreten der Burg verboten, da Risse und Steinausbrüche festgestellt wurden. Dadurch bleibt mir die Sicht in das Neckartal verwehrt, die ich von der über eine Leiter zu erreichende Burgmauer bekommen hätte. Also schaue ich mir die Burg nur von außen an, um anschließend am anliegenden Grillplatz innerhalb der Vorburg eine ausgiebige Rast zu machen. Die Sicht auf das Neckartal ist hier durch die starke Bewaldung zwar recht eingeschränkt, dennoch ist das Gelände und die Burg auch ohne Neckarblick unbedingt einen Abstecher wert und liegt zudem am Neckarweg. Nach meiner Pause folge ich in einem scharfen Rechtsbogen dem Neckarweg, um gleich danach auf einen unscheinbaren Pfad nach links hinunter zum Neckar zu kommen. Von unten ist die Burg durch die dichte Bewaldung und den steilen Hang gar nicht auszumachen.

Tipp

Zur Burg ist bei der Gemeinde ein Burgenführer mit ausführlichen Informationen zur Geschichte und Architektur für 5 Euro erhältlich. Tel. 09374/97929-46, info@burglandschaft.de, https://burglandschaft.de/burg-landschaft/burg-stolzeneck/
Die Gemeinde Neunkirchen bietet sogar Führungen an, Tel. 06262/92120, post@neunkirchen-baden.de, www.neunkirchen-baden.de.

TEUFELSKANZEL, EBERBACH

Alles fließt

85

Hinkommen:
49°26'51.1"N 9°00'19.3"E

Mit dem Auto:
Zielort Eberbach. Weiter mit dem Auto vom Bahnhof Eberbach kommend auf die Luisenstraße, dann zweite Möglichkeit links auf Friedrich-Ebert-Straße, anschließend rechts auf Friedrichstraße und links auf Uferstraße. Der Uferstraße folgen und links auf Neckarstraße. Am Kreisverkehr zweite Ausfahrt, dann rechts auf Breitensteinweg. Dem Weg folgen bis zum Wanderparkplatz Wald Breitenstein. Zu Fuß weiter und erste Möglichkeit rechts, anschließend immer geradeaus und rechts halten bis zur Teufelskanzel. **Vom Parkplatz bis zur Teufelskanzel ist es circa 1 Kilometer.**

Mit dem ÖPNV:
Mit der Bahn nach Eberbach. Weiter auf Turnplatz und geradeaus auf Feuergrabengasse. Dann rechts auf Odenwaldstraße und links auf Breitsteinweg. Dem Neckarweg folgen bis zur Teufelskanzel. **Vom Bahnhof bis zur Teufelskanzel sind es rund 3 Kilometer.**

Tourbeschreibung:
Die Teufelskanzel ist ein toller Aussichtspunkt mit Sicht auf den Neckar und die Schleuse Rockenau. Sie befindet sich oberhalb eines renaturierten Steinbruchs.

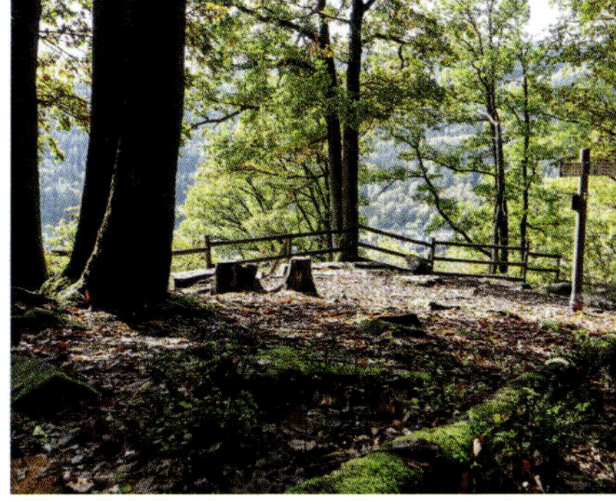

Am Fuße des Bremenberges wandere ich linksseitig am Neckar bis zur Schleuse Rockenau weiter und überquere dort den Fluss. Bei schönstem Herbstwetter genieße ich die bunten Farben und meine Blicke folgen dem Neckar hinüber bis zum Kranichsberg auf der rechten Uferseite, an dessen Hang steile Felswände herausragen. Obenauf befindet sich die Teufelskanzel, mein nächstes Ziel. Um dorthin

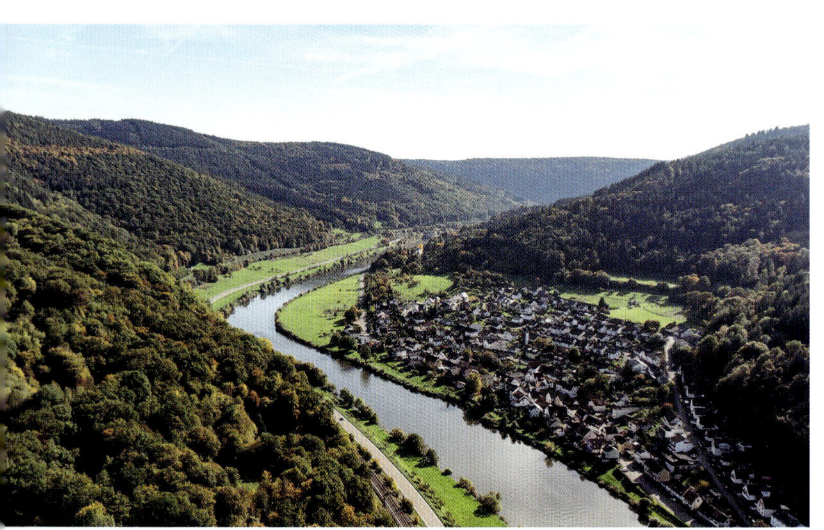

zu gelangen, gehe ich ein Stück auf dem Seitenstreifen der recht breiten, aber wenig befahrenen Neckarelzer-Landstraße entlang, um wenig später rechts abzubiegen. Ich unterquere die Bahn, folge aber nicht dem Neckarweg, sondern biege gleich nach der Unterführung links ab, sodass ich auf einem Feldweg parallel zur Bahnstrecke wandere. Leicht oberhalb der Bahnstrecke habe ich freie Sicht auf das Tal und den Kranichsberg. Nach einiger Gehzeit biege ich bei der nächsten Gelegenheit scharf rechts ab und folge einem Asphaltweg bergauf, um nach einem kurzen Anstieg wieder auf den Neckarweg zu stoßen. Dort gehe ich geradeaus ins Naturschutzgebiet Kranichsberg, das wirklich an einen Zauberwald erinnert. Ich wandere vorbei an bizarr gewachsenen Eichen und Hainbuchen, bis ich schließlich an der Teufelskanzel ankomme. Ich genieße erst einmal den herrlichen Ausblick auf das Neckartal und die Schleuse Rockenau, von der ich gekommen bin.

Auf einer anschaulichen Infotafel wird Heraklit zitiert mit „Alles fließt". Gemeint ist damit das ewige Werden und Vergehen, denn auch die Landschaft ist in steter Veränderung. Das Holz des Niederwalds, durch den ich vorhin märchenhaft gewandert bin, wurde einst intensiv als Brennholz geschlagen, was Stockausschlag und Mehrstämmigkeit zur Folge hatte. Heute dient der

Wald dem Bodenschutz und der Erholung. Ich erfahre auch, dass das Gelände um die Felshänge, die ich vorhin von der Schleuse aus gesehen habe und oberhalb denen ich mich nun befinde, ein 27 Meter hoher und 150 Meter breiter renaturierter Steinbruch ist, dessen gewonnener Buntsandstein auch für den Bau des Heidelberger Schlosses benutzt wurde. Heute dient die Felswand Wanderfalken als Brutplatz. Auf dem Neckarweg gehe ich weiter bis nach Eberbach und beende dort meine heutige Wanderung. Nur noch drei Wandertage bis nach Heidelberg und zwei bis zur Mündung des Neckars in den Rhein!

Tipp

Auf dem circa zehn Kilometer langen, mit einem „F“ gekennzeichneten „Eberbacher Pfad der Flussgeschichte“ werden an 14 Stationen die Geschichte des Neckars und dessen Verlauf in Eberbach über die Jahrtausende gezeigt. Start- und Zielpunkt ist der Thonon-Platz in Eberbach. Tel. 06271/87242, www.eberbach.de.

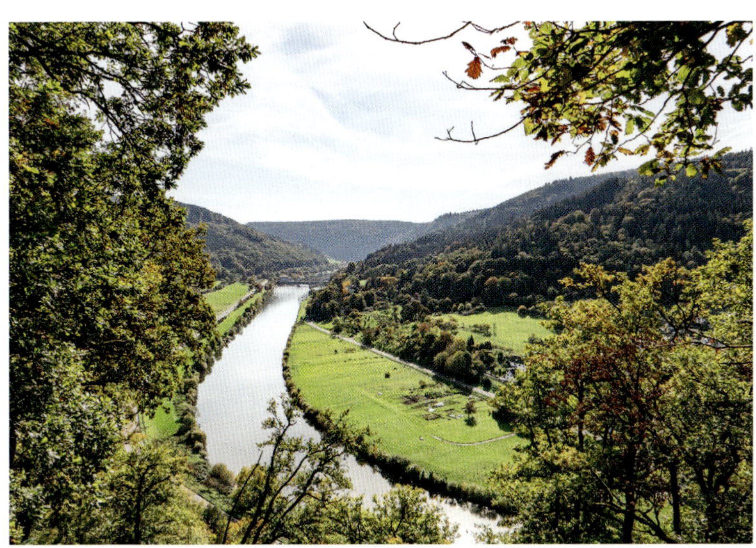

86 BURG EBERBACH, EBERBACH

Und eigentlich waren es drei

Hinkommen:
49°27'60.0"N 9°00'03.3"E

Mit dem Auto:
Zielort Eberbach. Parkmöglichkeiten auf dem Parkplatz am Bahnhof an der Güterbahnhofstraße. Zu Fuß rechts auf Güterbahnhofstraße, dann links auf Odenwaldstraße. Zweite Möglichkeit rechts auf Hohenstaufenstraße, dann wieder zweite Möglichkeit rechts auf Burgweg. Ab hier ist die Burg ausgeschrieben. **Vom Bahnhof zur Burg sind es 1,3 Kilometer.**

Mit dem ÖPNV:
Mit der Bahn nach Eberbach. Weiter wie oben. **Vom Bahnhof zur Burg sind es 1,3 Kilometer.**

Tourbeschreibung:
Die Burg Eberbach befindet sich auf einem Berg oberhalb des Ortes Eberbach und am Ausgang des Ittertals. Ein ausgeschilderter Pfad im Wald führt von Eberbach zur romantischen Burg hinauf.

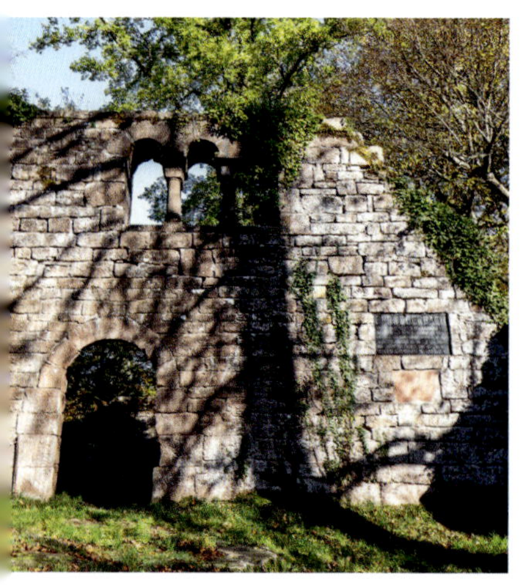

Mittlerweile geht es schon Ende Oktober zu und ich starte meine Wanderung erneut in einem tief vernebelten Eberbach. Mit rund 20 Kilometern ist diese Strecke auch wieder etwas länger und ich möchte in meinem Zielort Hirschhorn noch ankommen, solange es hell ist. In Eberbach gibt es gleich zu Beginn zwei sehenswerte Highlights: Die Burg Eberbach und den Ohrsbergturm. Sie befinden sich auf zwei unabhängigen Bergspornen und ich entscheide mich, zuerst zur Burg hinaufzugehen, da sie etwas höher liegt als der Turm und ich vielleicht wieder mal über dem Nebel sein kann. Über den am Naturparkzentrum Eberbach startenden Katzensteig gelange ich zum Burgweg, der mich gut ausgeschildert bis zur Burg bringt. Um keine Zeit zu verlieren, gehe ich zügiger und werde tatsächlich auch heute wieder belohnt – oben an der Burg befinde ich mich über dem Nebel, durch den blitzt aber bereits märchenhaft das frühe Sonnenlicht.

So, jetzt kann ich mir ganz entspannt die Burg oder besser gesagt die Burgen anschauen. Denn auf der heute bewaldeten Bergzunge am Ausgang des Ittertals, der sogenannten „Burghälde", befinden sich gleich drei Burgen, deren Zusammenhang aufgrund der völlig unterschiedlichen Bauweisen bis

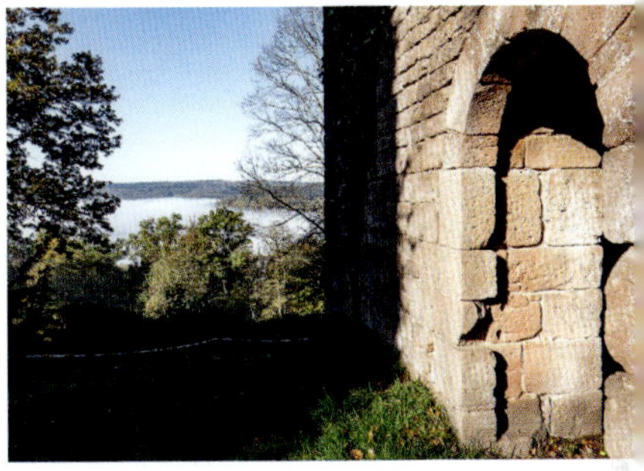

heute unklar ist. Die Überreste der Burg waren aber auch bis zu Beginn dieses Jahrhunderts mit Gestrüpp und Wald bedeckt. Erschwerend kam ein Stadtbrand aus dem Jahre 1340 hinzu, dem das Rathaus mit allen Dokumenten zum Opfer gefallen war. Klar ist jedoch, dass es eine Vorder-, Mittel- und Hinterburg mit völlig unregelmäßigen

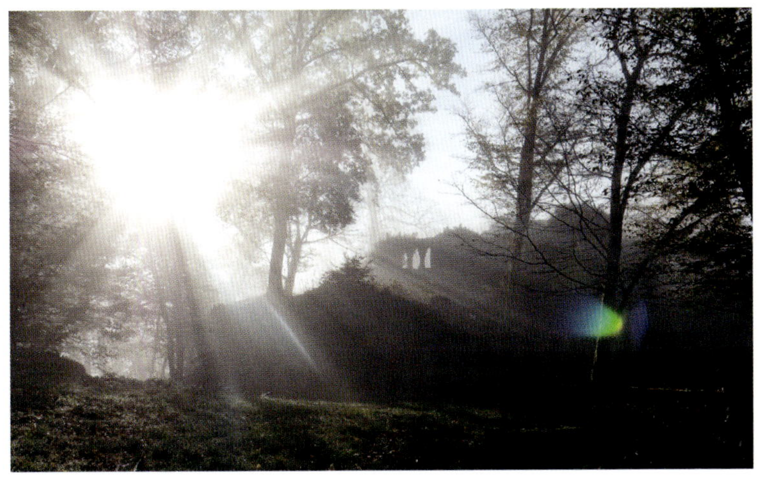

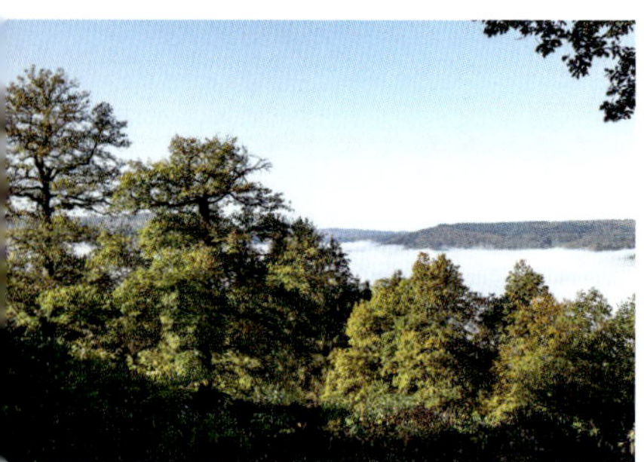

Grundrissen gab, wobei die Vorderburg die älteste der Burganlage ist, während die Mittelburg unmittelbar an die Vorderburg anschließt und von dieser nur durch einen Halsgraben getrennt ist. Wahrscheinlich sind alle drei Burgen voneinander unabhängig gebaut worden. Besonders schön sind drei romanische Bogenfenster im Obergeschoss der Mittelburg. Die Vorderburg muss um 1011 entstanden sein, der Bau der Mittelburg begann um 1200 und die Hinterburg wurde um 1240 fertiggestellt. Der Bürgermeister von Eberbach veranlasste 1908/1909 und wieder 1927/1928 die Ausgrabung der Burganlage und die teilweise Wiederaufrichtung der Burgmauern.

Bei meinem Rundgang um die romantische Burganlage bekomme ich freie Sicht auf das immer noch unter einer tiefen Nebeldecke befindliche Neckartal. Ich wandere wieder hinunter nach Eberbach, wo mich herrliche Sonnenstrahlen empfangen. Vom Nebel keine Spur mehr.

Tipp

Die Stadt Eberbach bietet Führungen zur Burg an. Kultur-Tourismus-Stadtinformation, Leopoldsplatz 1, 69412 Eberbach, tourismus@eberbach.de, Telefon 06271/87242.

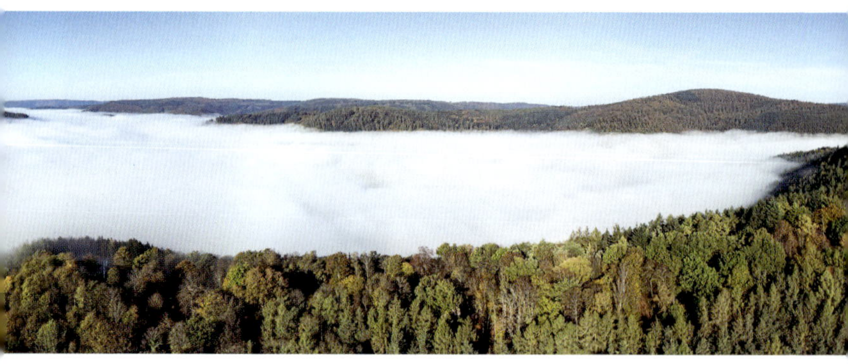

OHRSBERGTURM, EBERBACH

87

Herrlicher Rundumblick auf Stadt, Wald, Berge, Täler und den Fluss

Hinkommen:
49°28'11.6"N 8°59'25.0"E

Mit dem Auto:

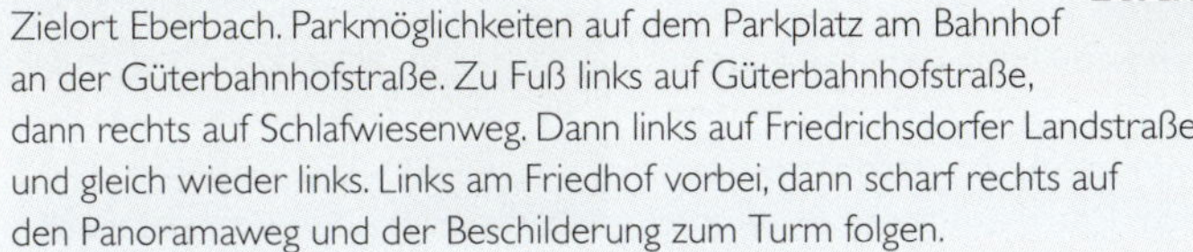

Zielort Eberbach. Parkmöglichkeiten auf dem Parkplatz am Bahnhof an der Güterbahnhofstraße. Zu Fuß links auf Güterbahnhofstraße, dann rechts auf Schlafwiesenweg. Dann links auf Friedrichsdorfer Landstraße und gleich wieder links. Links am Friedhof vorbei, dann scharf rechts auf den Panoramaweg und der Beschilderung zum Turm folgen.
Vom Bahnhof bis zum Turm sind es 1,4 Kilometer.

Mit dem ÖPNV:
Mit der Bahn nach Eberbach. Weiter wie oben.
Vom Bahnhof bis zum Turm sind es 1,4 Kilometer.

Tourbeschreibung:
Der Ohrsbergturm befindet sich auf dem gleichnamigen, kegelförmigen Ohrsberg und bietet der ganzen Familie ein aussichtsreiches Erlebnis auf die Stadt.

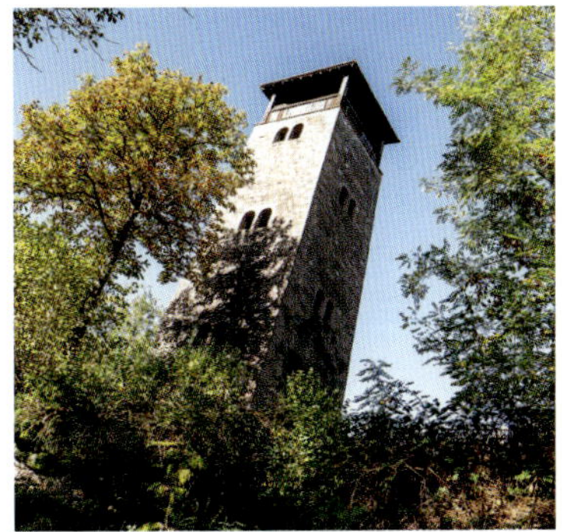

Von der Burg Eberbach gelange ich über den Katzensteig wieder hinunter nach Eberbach, wo mittlerweile auch die Sonne scheint. Im Ort gehe ich rechts auf die Odenwaldstraße und wenig später gleich links in den Friedensweg. Dann links am Friedhof entlang weiter und über einen scharfen Rechtsknick geht's hinauf zum Ohrsbergturm, der sich auf dem gleichnamigen Ohrsberg befindet. Am Rechtsknick steht eine

Infotafel, auf der ich Spannendes über die Entstehung des Ohrsbergs erfahre.
Schon unten am Bahnhof ist mir die kegelförmige Form des alleinstehenden Bergs aufgefallen. Der Ohrsberg ist ein sogenannter Umlaufberg, der vom Neckar geschaffen wurde, als dieser vor etwa 150 000 Jahren um ihn herum geflossen ist. Der damalige Neckar floss rund 40 Meter höher als heute und konnte sich seither offenbar weiter in sein Tal einschneiden. Auf dem Panoramaweg gehe ich an einem jüdischen Friedhof vorbei und biege wenig später links ab, hinauf zum Ohrsbergturm. Der Turm wurde 1970 auf dem Ohrsberg errichtet. Einst befand sich hier oben eine befestigte Anlage aus der Stauferzeit (13. Jahrhundert), die wohl dem Schutz der entstehenden Stadt diente. Ein Ringgraben ist heute noch zu erkennen – über diesen erreiche ich auch den Turm. Das offene Eingangstor lädt

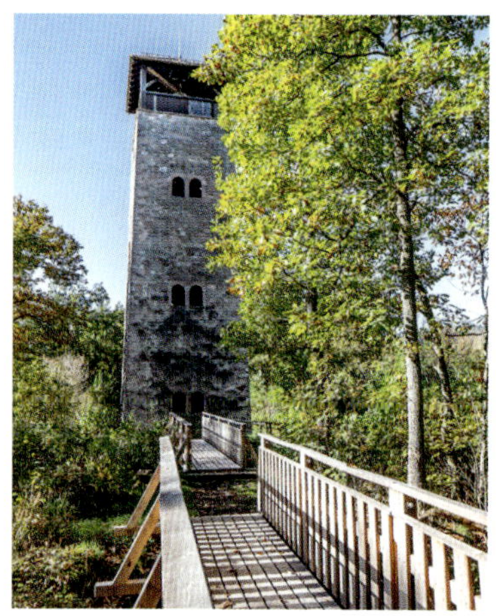

mich ein, auf den 17,5 Meter hohen Aussichtsturm zu steigen. Von oben genieße ich einen 360-Grad-Rundumblick auf Eberbach und das Neckartal und beobachte, wie sich die letzten Nebelschleier verziehen. Nach diesem wunderbaren Ausblick geht's wieder hinunter nach Eberbach. Ich überquere den Bahnhof und den Neckar und setze meine Wanderung an der linken Uferseite Richtung Hirschhorn fort.

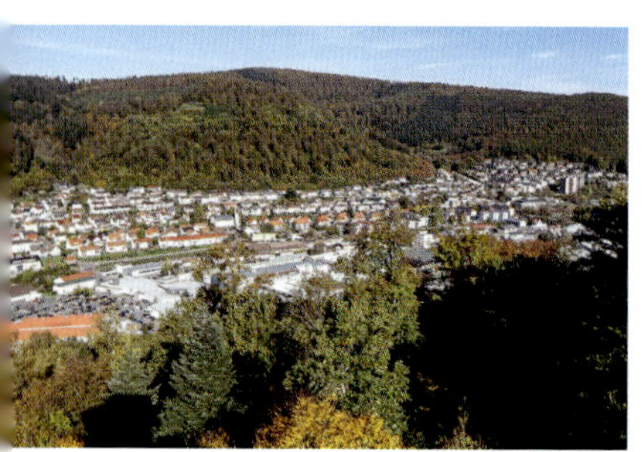

Tipp

Regelmäßig gibt es Turmtreffs. Teilweise auch mit dem Förster, der Wissenswertes über Wald, Landschaft-, Siedlung- und Kulturgeschichte informiert. Termine sind auf der Website www.ohrsberg.de zu entnehmen.

SCHLOSS HIRSCHHORN, HIRSCHHORN

88

Eine der schönsten Anlagen im Neckartal

Hinkommen:
49°27'00.2"N 8°54'02.0"E

Mit dem Auto:
Zielort Hirschhorn (Neckar). Schloßstraße 29, 69434 Hirschhorn.
Parkplatz direkt am Schloss.

Mit dem ÖPNV:
Mit der Bahn nach Hirschhorn (Neckar). Links auf Bahnhofstraße und geradeaus weiter auf Neckarsteinacher Straße. Dann links auf Hauptstraße und gleich rechts auf Schloßstraße. Nächste Möglichkeit rechts zum Schloss.
Vom Bahnhof bis zum Schloss sind es 950 Meter.

Tourbeschreibung:
Schloss Hirschhorn befindet sich auf dem Sporn des Stöckbergs oberhalb des Ortes Hirschhorn. Von dort bieten sich zahlreiche Wanderungen mit tollen Aussichten auf die Neckarschleife und den Odenwald für die ganze Familie an.

Nun wandere ich von Eberbach kommend für einige Zeit am linken Neckarufer entlang nach Hirschhorn. Kurz nach Pleutersbach wird der Neckar sogar zum Grenzfluss zwischen Baden-Württemberg und Hessen. In Hirschhorn habe ich mich mit meinem Freund und Kollegen Vincenzo verabredet, der den zusätzlich zum Buch entstehenden Film über den Verlauf des Neckars zusammenschneidet. Mit der Wanderung soll auch er ein Gefühl für das Unterwegssein am Fluss bekommen. Kurz vor Hirschhorn überquere ich auf der Ostbrücke

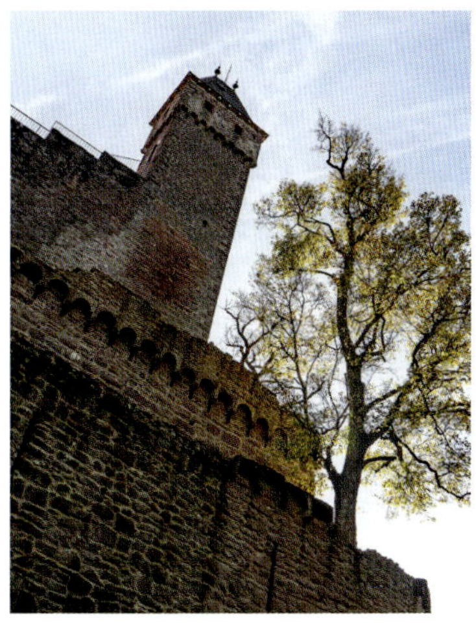

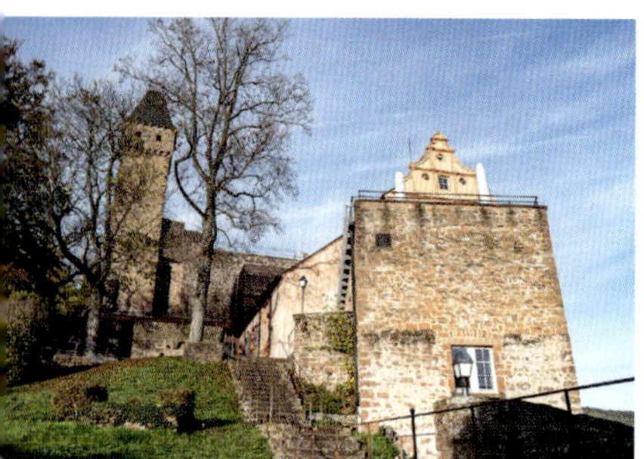

den Neckar und betrete Hessen, um ein paar Meter auf dem breiten Seitenstreifen der wenig befahrenen B45 weiterzuwandern. Bei nächster Möglichkeit biege ich links in den Wald und gewinne wieder an Höhe. Nach einem scharfen Linksbogen folge ich dem Hauptweg wenig später in einem Rechtsknick und halte mich dann stets links, bis sich der Wald öffnet und ich freie Sicht auf den Neckar bekomme, der hier in einer bildschönen engen Schleife verläuft. Auf dem Sporn des Stöckbergs, auf der anderen Schleifenseite, thront über der Ortschaft und dem Neckar die sehr gut erhaltene Burganlage von Schloss Hirschhorn mit ihrer besonderen Silhouette aus Mauern, Giebeln und Turm. Ich genieße jeden Schritt zum Schloss, treffe dabei auf Vincenzo, und wir beide finden es klasse, zusammen so aussichtsreich unterwegs zu sein.

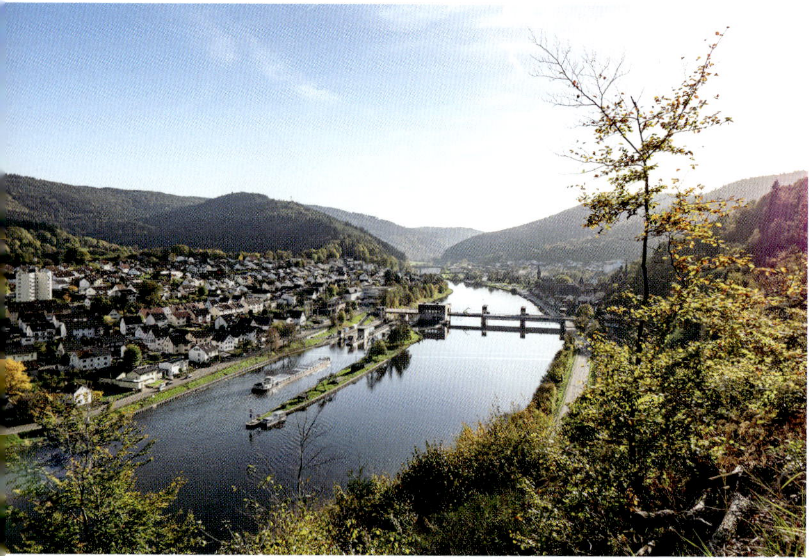

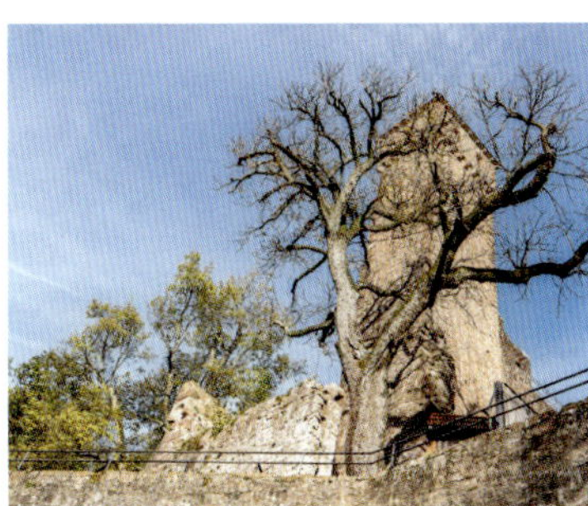

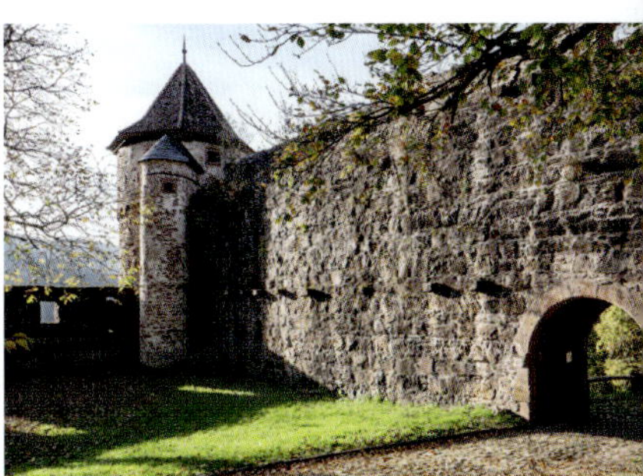

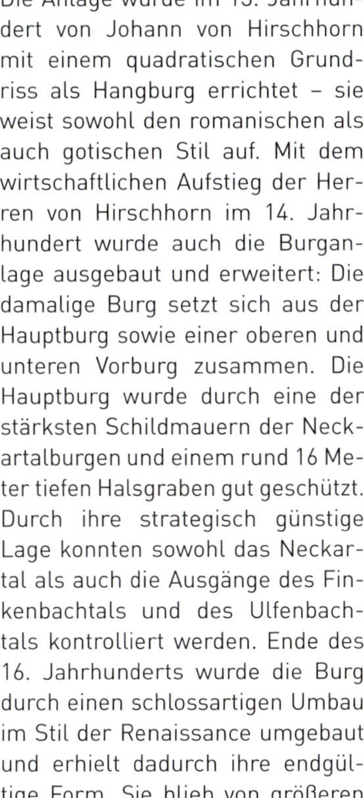

Die Anlage wurde im 13. Jahrhundert von Johann von Hirschhorn mit einem quadratischen Grundriss als Hangburg errichtet – sie weist sowohl den romanischen als auch gotischen Stil auf. Mit dem wirtschaftlichen Aufstieg der Herren von Hirschhorn im 14. Jahrhundert wurde auch die Burganlage ausgebaut und erweitert: Die damalige Burg setzt sich aus der Hauptburg sowie einer oberen und unteren Vorburg zusammen. Die Hauptburg wurde durch eine der stärksten Schildmauern der Neckartalburgen und einem rund 16 Meter tiefen Halsgraben gut geschützt. Durch ihre strategisch günstige Lage konnten sowohl das Neckartal als auch die Ausgänge des Finkenbachtals und des Ulfenbachtals kontrolliert werden. Ende des 16. Jahrhunderts wurde die Burg durch einen schlossartigen Umbau im Stil der Renaissance umgebaut und erhielt dadurch ihre endgültige Form. Sie blieb von größeren Zerstörungen weitestgehend verschont und ist deshalb heute noch in einem sehr guten Zustand. Die kleine Burgkapelle aus dem Jahr 1350 ist ein romantischer Ort für standesamtliche Trauungen. Wir schauen uns auf dem weitläufigen, charmanten Schlossgelände um und entdecken neben den Wohngebäuden noch einen Marstall, Ställe und Scheunen sowie ein Bierhaus, ein Waschhaus, ein Backhaus, eine Schmiede und ein Gebäude zur Lagerung von Wild. Unsere Wanderung beenden wir dann in Hirschhorn.

Tipp

Die umfangreiche Broschüre „Das Schloss Hirschhorn“ kann über das Land Hessen bestellt werden, tourist-info@hirschhorn.de.

89 BERGFESTE DILSBERG, NECKARGEMÜND

Eine Burg entwickelt sich zur Siedlung

Hinkommen:
49°23'57.9"N 8°50'23.5"E

Mit dem Auto:
Zielort Neckargemünd (Dilsberg). Parkmöglichkeiten auf dem Parkplatz An der Steige 1A, 69151 Neckargemünd.
Der Parkplatz befindet sich direkt an der Burg.

Mit dem ÖPNV:
Mit der Bahn nach Neckarsteinach. Dann links auf Bahnhofstraße und den Neckar auf der Schleuse Neckarsteinach überqueren. Danach links, dann scharf rechts und den Beschilderungen zur Burg folgen. **Vom Bahnhof bis zur Burg sind es 1,6 Kilometer.**

Tourbeschreibung:
Die Bergfeste Dilsberg befindet sich oben auf einem Berg, von dem man eine tolle Aussicht auf das Neckartal und den Odenwald hat. Eine Besichtigung der Bergfeste ist für die ganze Familie ein lohnendes Ausflugsziel. Die Kombination aus Burg und Siedlung ist einmalig.

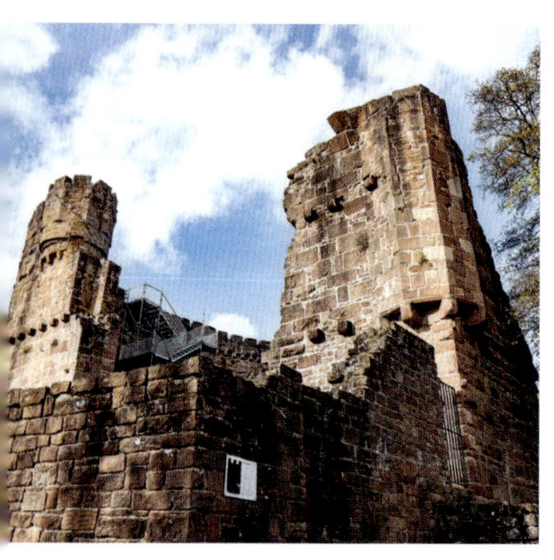

Heute ist der 1. November, also Feiertag in Baden-Württemberg, den nutze ich, um von Hirschhorn nach Neckargemünd zu wandern. Dann ist es nur noch eine Etappe nach Heidelberg und ein recht kurzer Teilabschnitt nach Mannheim zur Mündung in den Rhein. Wahnsinn! Dem Ziel so nah, gehe ich die knapp 20 Kilometer an und lasse auch heute nach wie vor keinen Meter aus, um den Neckar zu Fuß zu erkunden. Wegen der immer früher einsetzenden Dunkelheit, kommt

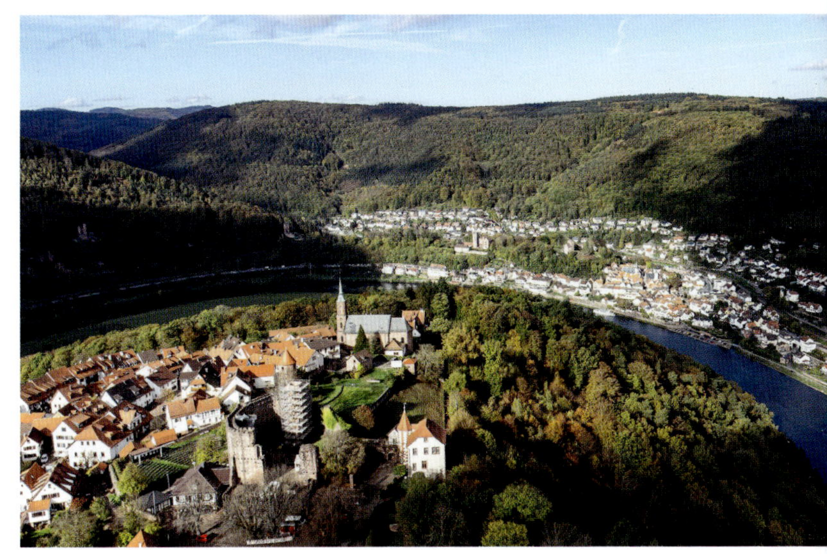

es mir gelegen, dass das erste Highlight erst nach gut neun Kilometern kommt, denn so kann ich zu Beginn viel „Strecke" machen und hab's am Ende wegen der kürzeren Tage nicht so gedrängt.

Von Hirschhorn wandere ich stets auf der linken Uferseite flussabwärts, also auf der baden-württembergischen Seite und schaue immer wieder hinüber nach Hessen zur anderen Flussseite. Kurz vor der Schleuse bei Neckarsteinach biege ich links ab und folge den Beschilderungen hinauf zur imposanten, hochmittelalterlichen Bergfeste Dilsberg, aus der sich der gesamte Ortsteil Dilsberg der Stadt Neckargemünd entwickelt hat. Sie wurde um 1150 von den Grafen von Lauffen erbaut und erfüllte lange Zeit eine bedeutende militärische und administrative Funktion. Das heute noch erhaltene Ensemble aus Burgruine und mittelalterlicher Siedlung macht diese Anlage besonders. Trotz der Kriegswirren im Mittelalter wurde die Feste nicht erobert und blieb unbeschadet. Nach 1822 wurde sie teilweise zum Abbruch freigegeben. Erst Anfang des 20. Jahrhunderts erfolgte die Sanierung und Rekonstruktion der Ruine. Heute noch sehenswert sind der begehbare Turm mit der Mantelmauer, von dem aus man einen fantastischen Ausblick über Neckartal und Odenwald so-

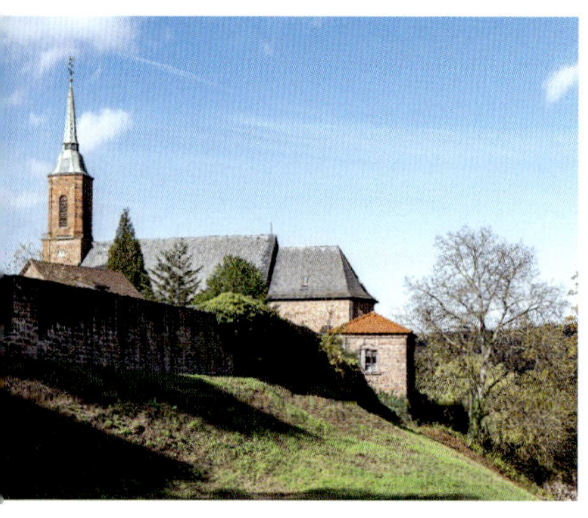

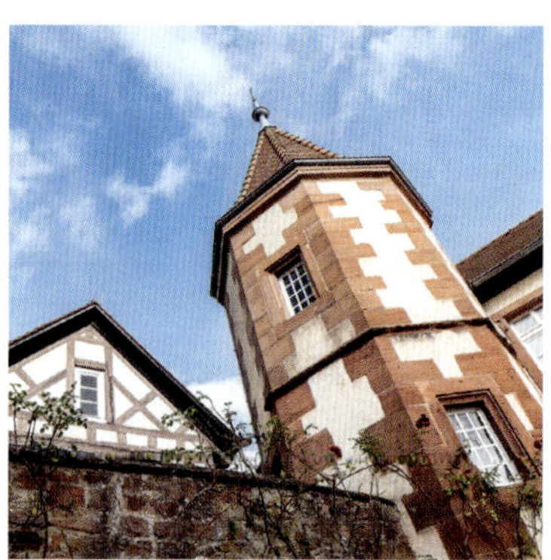

wie der fast 80 Meter lange unterirdische Brunnenstollen. Während meiner Besichtigung lasse ich zuerst meine Drohne in einer Gartenanlage starten, die früher die Invalidenkaserne war und zur Vorburg gehörte. Die Drohne zeigt mir wunderbar das Neckartal von oben und ich erkenne, wie sich der Neckar in einem weiten Bogen um den Berg schlängelt. Auf der gegenüberliegenden Flussseite befindet sich Neckarsteinach. Die Hauptburg ist von einer 16 Meter hohen Ringmauer umgeben.

Auf zwei Sagen über die Feste stößt man heute noch: Die eine berichtet über die erfolgreiche Abwehr eines Angriffs mit gereizten Bienen, an den heute das „Bienengärtlein" an der Stadtmauer erinnert. Die andere erzählt von einem traurigen Schicksal, das die Tochter des Grafen Heinrich von Düren erlebte. Sie hielt zwei Ritter in ihrer Hand, und als sich herausstellte, dass sie dem einen Ritter mehr zugetan war, schwor der abgewiesene Rache und erschlug seinen Kontrahenten. Nachdem die Tochter das erfahren hatte, stürzte sie sich von der Burgmauer. An der Absturzstelle erinnert heute ein großer Rosenstrauch mit weißen Rosen daran. Nach meiner Besichtigungsrunde gehe ich wieder hinunter zur Schleuse Neckarsteinach und überquere dort den Neckar, um auf die hessische Uferseite zu gelangen.

Tipp

An allen Sonn- und Feiertagen vom 1. Mai bis 31. Oktober finden um 15 Uhr öffentliche Führungen statt. Eine vorherige Anmeldung ist nicht erforderlich.

www.bergstrasse-odenwald.de

MITTELBURG, NECKARSTEINACH

90

Inspiriert durch Schloss Heidelberg

Hinkommen:
49°24'33.0"N 8°50'09.3"E

Mit dem Auto:
Zielort Neckarsteinach. Parkmöglichkeiten am Parkplatz Neckarufer. Dann am Ufer flussabwärts. Am Ende des Neckarufers die B45 überqueren und links auf Schlosssteige hinauf zur Mittelburg. **Vom Parkplatz bis zur Mittelburg sind es 650 Meter.**

Mit dem ÖPNV:
Mit der Bahn nach Neckarsteinach. Dann rechts auf Bahnhofstraße und weiter der B45 folgen. Später rechts auf Schlosssteige und folgen bis zur Mittelburg. **Vom Bahnhof bis zur Mittelburg sind es 900 Meter.**

Tourbeschreibung:
Die Mittelburg ist eine der vier örtlichen Burgen von Neckarsteinach. Sie ist zwar in Privatbesitz, aber der Neckarweg führt direkt an ihr vorbei.

Ich überquere den Neckar auf der Schleuse Neckarsteinach und treffe mich auf der rechten Uferseite mit meinem Freund Vincenzo und wir schauen uns zusammen die vier Burgen einer Burgengruppe an, die Neckarsteinach zu bieten hat. Dazu zählen die Vorderburg, die Mittelburg, die Hinterburg und das Schwalbennest, wobei wir die Vorderburg auslassen, da sie die kleinste der vier Burgen ist und nur aus einem dreistöckigen Palas besteht. Die Mittelburg ist da schon wesentlich spannender. Sie befindet sich auf einer Bergzunge ober-

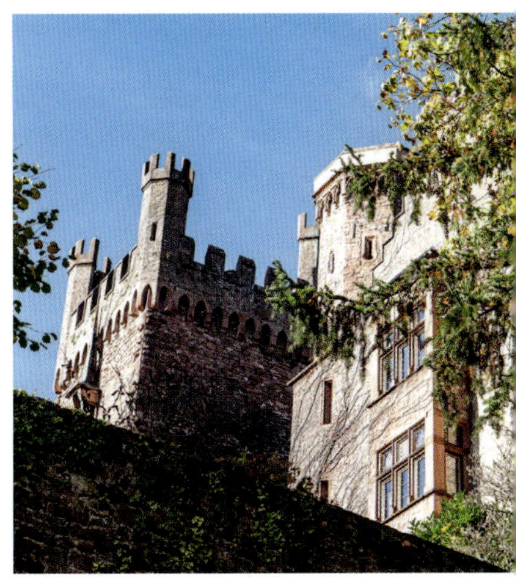

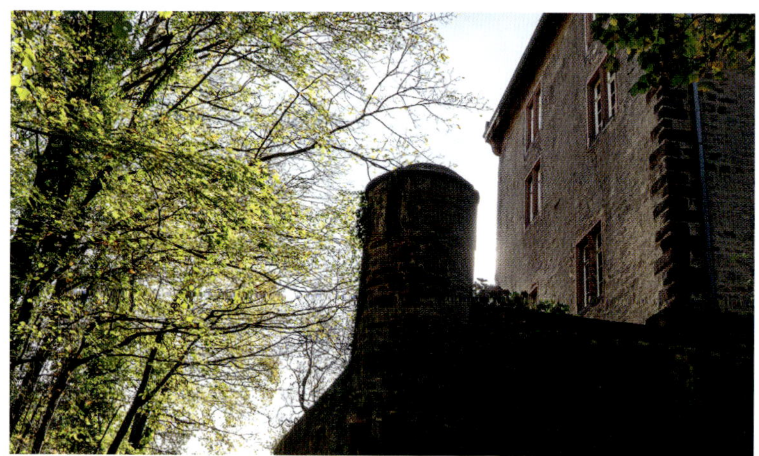

halb der Ortschaft Neckarsteinach zwischen der Vorder- und der Hinterburg und ist gut ausgeschildert vom Neckar aus über den Neckarweg zu erreichen.

Erbaut um 1200 in Form einer quadratischen Kastellburg, ist die Mittelburg die zweitälteste der vier Burgen. Im Laufe der Jahrhunderte wurde die aus zunächst einem mächtigen Bergfried und einer kleinen Kernburg bestehende Anlage stetig aus- und umgebaut und wandelte sich zunächst nach dem Vorbild des Heidelberger Schlosses in ein Schloss im Stil der Renaissance mit Säulengalerie und Bogenhalle. Nach einem erneuten Umbau um 1840 erhielt das Schloss sein heutiges Aussehen, das durch einen neugotischen Stil bestimmt wird. Das Schloss erlebte viele Besitzerwechsel und ist bis heute in Privatbesitz, sodass wir es uns leider nur von außen anschauen können. Der Neckarweg führt aber direkt an der Anlage vorbei und wir bewundern den Bergfried der alten Kernburg, der durch kleine Ecktürmchen besticht und mit Eckquadern und Zinnen verziert ist. Von dort gehen wir auf dem Neckarweg weiter hinauf zur Hinterburg.

Tipp

Einzelne Räume können für Veranstaltungen wie Familien- oder Firmenfeiern angemietet werden. Tourist-Information Neckarsteinach, Hauptstraße 7, Telefon 06229/92000, www.neckarsteinach.de.

HINTERBURG, NECKARSTEINACH

91

Eine mächtig befestigte Burg am Neckar

Hinkommen:
49°24'36.3"N 8°49'48.4"E

Mit dem Auto:
Zielort Neckarsteinach. Parkmöglichkeiten am Parkplatz Neckarufer. Dann am Ufer flussabwärts. Am Ende des Neckarufers die B45 überqueren und links auf Schlosssteige hinauf, an der Mittelburg vorbei und über den Neckarweg weiter bis zur Hinterburg. **Vom Parkplatz bis zur Hinterburg ist es 1 Kilometer.**

Mit dem ÖPNV:
Mit der Bahn nach Neckarsteinach. Dann rechts auf Bahnhofstraße und weiter der B45 folgen. Später rechts auf Schlosssteige hinauf, an der Mittelburg vorbei und über den Neckarweg weiter bis zur Hinterburg. **Vom Bahnhof bis zur Mittelburg sind es 1,3 Kilometer.**

Tourbeschreibung:
Die Burg befindet sich auf einem Felsdorn, der nach drei Seiten steil abfällt. Vom Bergfried gibt es eine geniale Aussicht auf Neckarsteinach, den Neckar und Dilsberg. Gut zu begehende Wege führen hinauf zur Burg, die jederzeit frei zugänglich ist.

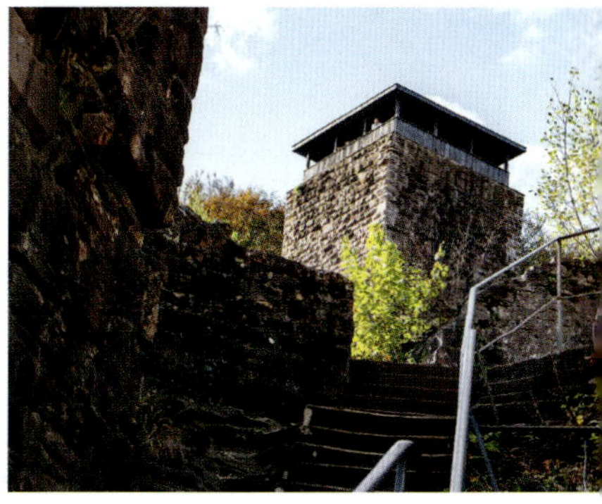

Von der Mittelburg folgen wir dem Neckarweg und befinden uns nur wenige Schritte weiter vor der aus dem frühen 12. Jahrhundert stammenden Hinterburg, die sowohl die älteste der vier Burgen als auch die eindrucksvollste ist. Eine gewinkelte Schildmauer sichert die fünfeckige Burganlage, die sich auf einem Felsdorn befindet, der nach drei Seiten steil abfällt. Ebenso ist die Anlage von drei Metern dicken

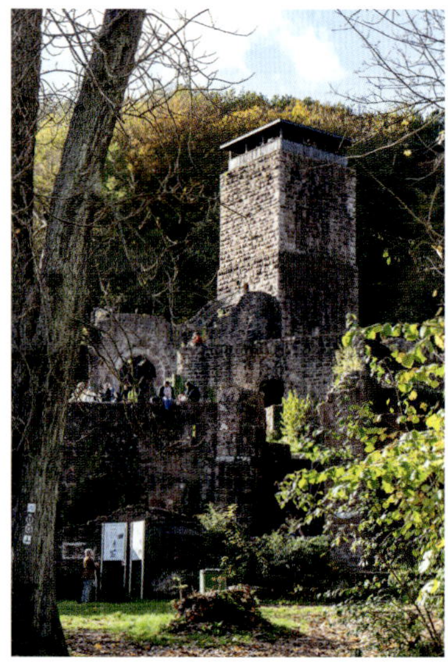

Turmmauern und einem Burggraben geschützt, über dem eine Zugbrücke gespannt war, die heute durch eine Eingangstreppe ersetzt ist.

Wir betreten die Burg durch ein frühgotisches Tor und uns fällt sofort der 25 Meter hohe Bergfried auf, der durch eine drei Meter dicke Mauer besonders gut gegen Feinde schützen musste. Er diente nämlich nicht nur als Wachturm und Vorratsspeicher, sondern auch als Zufluchtsort vor Feinden. Bei Angriffen kletterte man über Strickleitern in das einzige Loch des Turmes auf 12 Metern, die man dann hochzog. Über eine moderne Treppe gelangen wir wesentlich angenehmer auf den mächtigen Turm und genießen die wundervolle Aussicht von hier oben auf Neckarsteinach, das Neckartal sowie den kegelförmigen Dilsberg mit der Feste auf der anderen Neckarseite.

Das Besondere an der Aussicht ist, dass man hier die Sicht auf gleich zwei Bundesländer bekommt. Während die Burg und die Stadt Neckar-

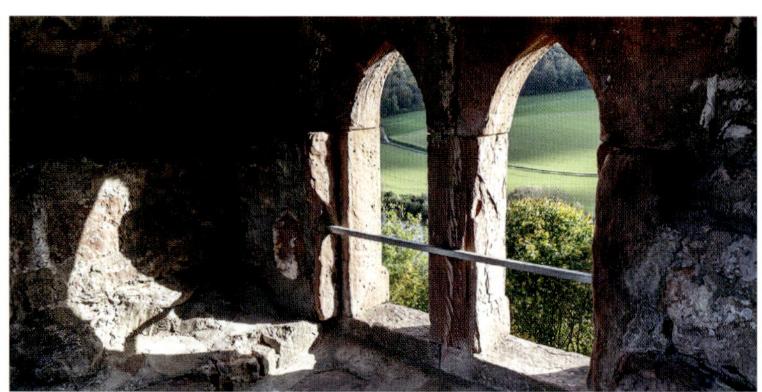

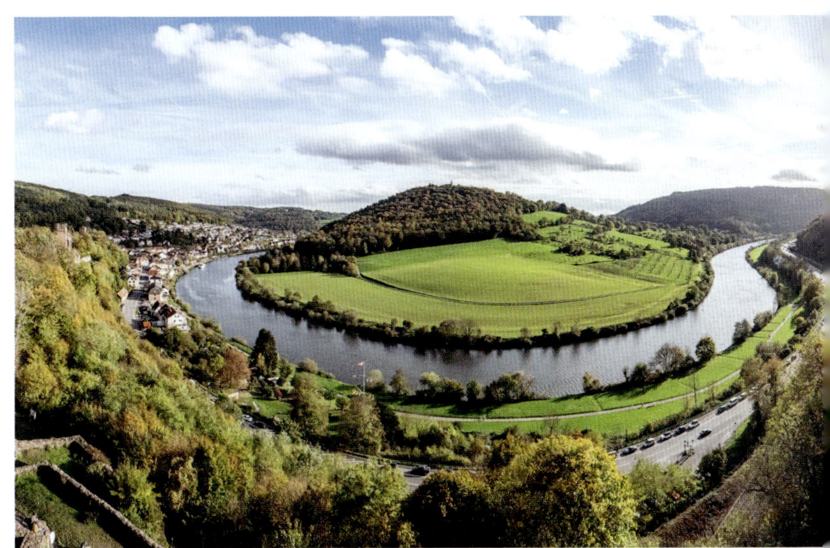

steinach dem hessischen Bundesland zugeordnet sind, gehört Dilsberg auf der anderen Neckarseite zu Baden-Württemberg. Wir genießen die weite Sicht von hier oben bei strahlendem Herbstlicht und gehen dann wieder nach unten, schauen uns auf dem schönen Burggelände noch ein bisschen um und folgen dem Neckarweg weiter Richtung Neckargemünd.

Tipp

Im Informations- und Erlebniszentrum Neckarsteinach ist viel Wissenswertes über den Geo-Naturpark, die Stadt Neckarsteinach sowie die Burgen und die Geschichte des Neckartals zu erfahren. Gleichzeitig dient das Zentrum als Startpunkt für Ausflüge zu den Burgen, die auch in Gruppenführungen erkundet werden können. Das angegliederte Café bietet sich für einen Besuch an. Neckarstraße 47, 69239 Neckarsteinach, Telefon 06229/708914, geopark@neckarsteinach.de.

92 BURG SCHADECK – „SCHWALBENNEST", NECKARSTEINACH

Faszinierende Konstruktion

Hinkommen:
49°24'25.4"N 8°49'30.8"E

Mit dem Auto:
Zielort Neckarsteinach. Parkmöglichkeiten am Parkplatz Neckarufer. Dann am Ufer flussabwärts. Am Ende des Neckarufers die B45 überqueren und links auf Schlosssteige hinauf, an der Mittelburg vorbei und über den Neckarweg weiter bis zur Hinterburg. Nach der Hinterburg links abbiegen und weiter bis zur Burg Schadeck. **Vom Parkplatz bis zur Burg Schadeck sind es 1,5 Kilometer.**

Mit dem ÖPNV:
Mit der Bahn nach Neckarsteinach. Dann rechts auf Bahnhofstraße und weiter der B45 folgen. Später rechts auf Schlosssteige hinauf, an der Mittelburg vorbei und über den Neckarweg weiter bis zur Hinterburg. Nach der Hinterburg links abbiegen und weiter bis zur Burg Schadeck. **Vom Bahnhof bis zur Burg Schadeck sind es 1,8 Kilometer.**

Tourbeschreibung:
Anders als die anderen drei Burgen in Neckarsteinach befindet sich Burg Schadeck, umgangssprachlich Schwalbennest, nicht auf dem Bergsporn, sondern auf einem Plateau in einem steilen Hang mit schöner Aussicht auf den Neckar und Neckarsteinach. Die Burg ist jederzeit frei zugänglich. Trotz ihrer kleinen Größe absolut sehenswert.

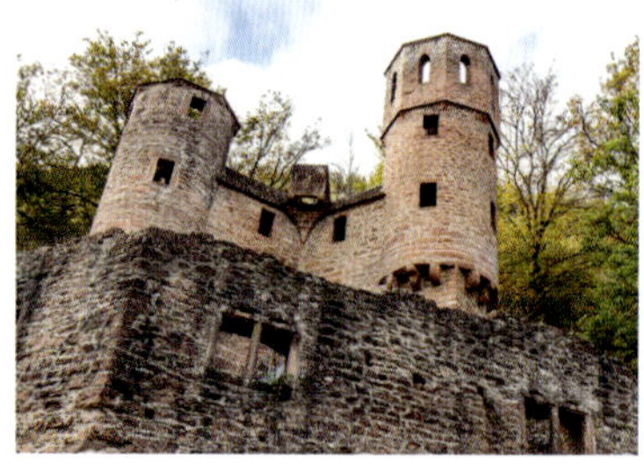

Von der Hinterburg gehen wir auf dem Burgenweg weiter und biegen gleich nach der Hinterburg links ab. Nach nur wenigen Metern erreichen wir die mittelalterliche Burg Schadeck. Anders als die anderen drei Burgen befindet sich die jüngste und kleinste, aber auch interessanteste der vier Neckarsteinacher Burgen aus dem 13. Jahrhundert nicht auf dem Bergrücken, sondern in einem steilen Hang. Grund hierfür war, dass aufgrund einer Erbfolgeregelung eine weitere Burg gebaut werden musste. Diese hatte aber auf der Bergzunge, auf der schon Vorder-, Mittel- und Hinterburg standen, keinen Platz mehr. Das Plateau, auf dem Burg Schadeck heute steht, musste aus einem steil zum Neckar abfallenden Bergmassiv herausgebrochen werden. Dadurch scheint sie geradezu aus dem Berg herauszuwachsen und erinnert aufgrund ihrer Lage an ein Vogelnest, weshalb sie heute auch umgangssprachlich „Schwalbennest" genannt wird. Seit dem 18. Jahrhundert ist die Burg unbewohnt.

Wir betreten die Anlage durch ein altes Tor und erkennen im Hof der Kernburg die fast vollständig erhaltene Fassade des Palas sowie die imposante Schildmauer mit zwei integrierten Wehrtürmen. Von der niederen äußeren Wehrmauer blicken wir hinunter zum Neckar, der parallel zur Bahnstrecke verläuft. Die beiden imposanten Türme sind nach oben hin offen, während die Schildmauer einen alten mit Gewölben überdachten Wehrgang beherbergt. Die gesamte Atmosphäre der Burg wirkt wegen ihrer seltenen Konstruktion geheimnisvoll und sehr imposant. Natürlich besteigen wir die Türme noch und

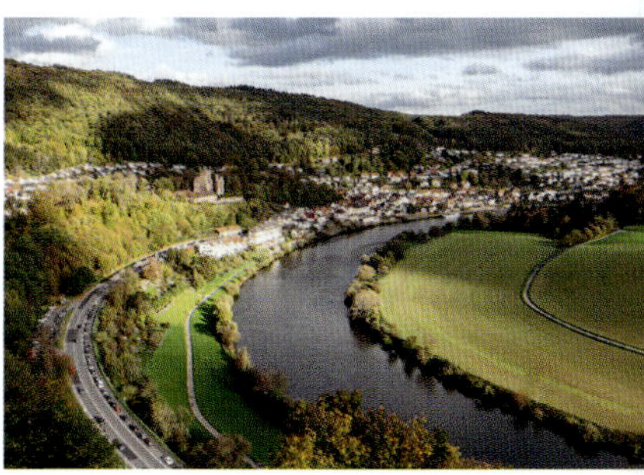

genießen von oben die freie Sicht hinunter auf das Gelände, den Neckar und Neckarsteinach, bevor wir uns nach dem lohnenden Besuch wieder auf den Weg machen und unsere Wanderung fortsetzen. Hierfür verlassen wir die Anlage auf dem Weg, den wir gekommen sind, und biegen nach wenigen Schritten scharf links ab, um oberhalb der Burg auf einem schmalen Waldpfad hinunter nach Neckargemünd zu wandern.

Tipp

Oberhalb der Burg gibt es einen fantastischen Blick auf die Burg, den Mark Twain in seinem Buch „Bummel durch Europa" wie folgt beschrieb: „Die anmutigen Türme und Zinnen der beiden mittelalterlichen Schlösser ‚Das Schwalbennest' und ‚Die Brüder' verstärkten den romantischen Eindruck der Landschaft um die Flussbiegung zu unserer Rechten." Recht hatte er!

93 BOCKFELSENHÜTTE, NECKARGEMÜND

Spannende Entstehungsgeschichten

Hinkommen:
49°23'26.3"N 8°48'35.9"E

Mit dem Auto:
Zielort Neckargemünd. Parkmöglichkeiten auf dem Parkplatz gegenüber der Realschule Neckargemünd, Alter Postweg 10, 69151 Neckargemünd. Weitere Parkmöglichkeiten auf dem Parkplatz an der Ecke Am Mühlenrain/Hauptstraße. Beide Parkplätze befinden sich in Bahnhofsnähe Neckargemünd Altstadt. Am Bahnhof links auf Alter Postweg, dann weiter auf Am Kastanienberg. Bei Hausnummer 66 links abbiegen und den Beschriftungen des Neckarwegs folgen. **Vom Bahnhof bis zur Bockfelsenhütte sind es 700 Meter.**

Mit der Bahn:
Mit der Bahn nach Neckargemünd. Dann links auf Alter Postweg und weiter wie oben. **Vom Bahnhof bis zur Bockfelsenhütte sind es 700 Meter.**

Tourbeschreibung:
Die Bockfelsenhütte befindet sich oben auf einem Hang, von dem es eine wunderbare Sicht auf den Ort Kleingemünd und den Neckar bis hinüber zur Bergfeste Dilsberg gibt. Die Bockfelsenhütte liegt am Ortsrand von Neckargemünd und ist für die ganze Familie gut zu erreichen.

Nach den vier imposanten Burgen in Neckarsteinach wandern wir auf einem Pfad im Wald hinunter nach Kleingemünd, überqueren den Neckar und befinden uns auch schon in Neckargemünd am Bahnhof. Wir haben noch ein wenig Zeit, bevor die Dämmerung eintritt, und beschließen kurzerhand, noch einen Abstecher hinauf zur Bockfelsenhütte zu machen. Hierzu biegen wir am Bahnhof links

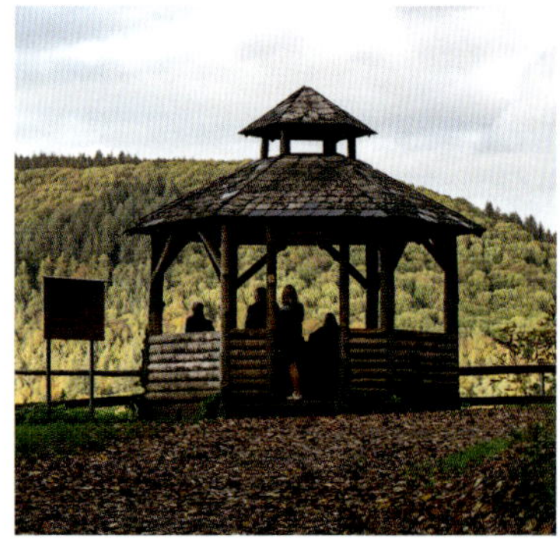

ab auf „Alter Postweg“ und folgen der Beschriftung des Neckarwegs hinauf zur Hütte. Unsere Blicke folgen dem Neckar und wir schauen noch einmal zurück zur Burgfeste Dilsberg, die gerade wunderschön von der Sonne in Szene gesetzt wird. Auf der gegenüberliegenden Flussseite liegt der Neckargemünder Ortsteil Kleingemünd, durch den wir vorhin gewandert sind und wir erfahren an einer Infotafel Interessantes über die Entstehung dieser Ortschaft.

Eine Karte veranschaulicht, dass der Neckar vor 600 000 Jahren südlich der Hütte den Bergrücken Elsenzaue-Hollmuthang umfloss, dessen ehemaliges Flussbett man heute noch von oben erkennen kann. Durch eine Seitenerosion entstand einst die gesamte Ebene, auf der später Kleingemünd angelegt wurde. Auch die Kernstadt Neckargemünds befindet sich darauf. Deutlich ist von hier oben die Tiefenerosion des Neckars, die der Fluss markant in die Bergrücken einschnitt, zu erkennen. Grund hierfür war einerseits die Absenkung des Oberrheingrabens entlang einer Hauptverwerfung, die durch Heidelberg verläuft, andererseits die Heraushebung des Odenwalds vor allem in den letzten fünf Millionen Jahren. Wie spannend, solche Entstehungsgeschichten zu erfahren!

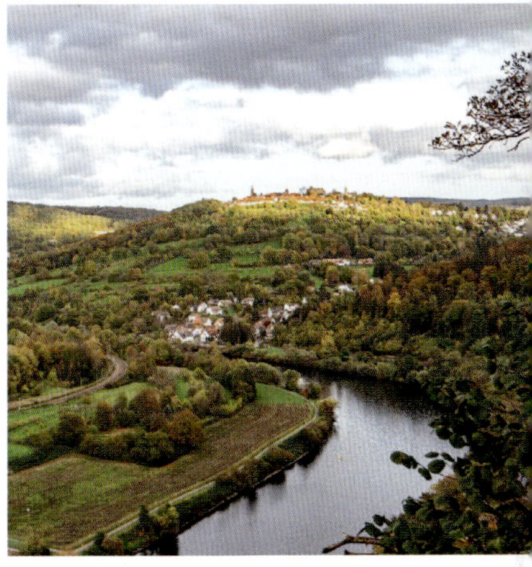

Nach einer genussvollen Aussicht begeben wir uns wieder hinunter und beenden unsere Wanderung im wunderschönen Neckargemünd. Dabei stellen wir fest, dass wir uns wieder in Baden-Württemberg befinden, denn wegen Allerheiligen ist hier nichts los. Da war im hessischen Neckarsteinach deutlich mehr Leben.

Tipp

In den Winkeln und Gassen der Altstadt des malerischen Städtchens Neckargemünd finden sich auch heute noch die Spuren der über 1000-jährigen Stadtgeschichte.

94 BENEDIKTINERABTEI STIFT NEUBURG, HEIDELBERG

Eine Atmosphäre geistiger Geselligkeit

Hinkommen:
49°25'10.9"N 8°44'25.9"E

Mit dem Auto:
Zielort Heidelberg. Parkmöglichkeiten auf dem Parkplatz am Kloster. Stiftweg 2, 69118 Heidelberg. **Die Parkplätze befinden sich direkt am Kloster.**

Mit dem ÖPNV:
Mit der S1, S2, S4, S5, S51 von Heidelberg kommend nach Heidelberg-Schlierbach/Ziegelhausen. Den Neckar überqueren und links auf Kleingemünder Straße. Immer geradeaus, so weit wie möglich am Neckar entlang. Nach den letzten Häusern und einer grünen Wiese rechts hinauf zum Kloster.
Vom Bahnhof zum Kloster sind es 2,8 Kilometer.

Tourbeschreibung:
Das Kloster befindet sich kurz vor Heidelberg rechts oberhalb des Neckars an einem sanft ansteigenden Hang. Es lässt sich toll erkunden. Famose Ausblicke auf den Fluss.

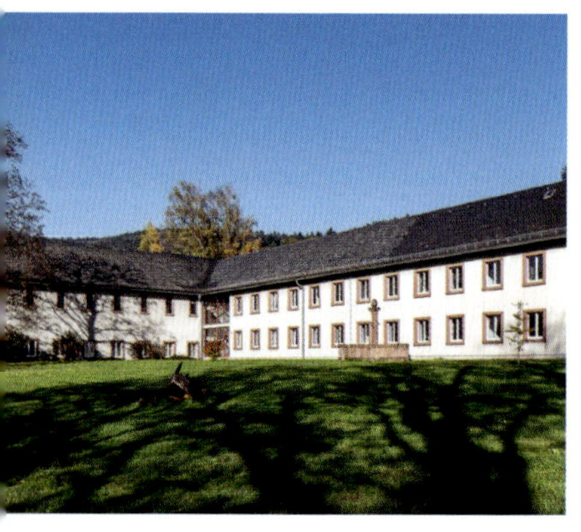

Nach der letzten Wanderung hat mich mein Freund Vincenzo mit seinem Auto von Neckargemünd nach Heidelberg gefahren. Dabei ist uns die klosterähnliche Anlage Neuburg aufgefallen, die ich in meiner Planung gar nicht auf dem Schirm hatte. Die Lage auf einer Anhöhe verspricht aber ein außerordentliches Ausflugsziel, sodass ich meine ursprüngliche Wanderung von Neckargemünd nach Heidelberg von der linken Neckarseite auf die rechte Seite des Flusses verlege. Dadurch wird die Wanderung mit einer Länge von gut 17 Kilometern etwas länger.

Mit dem heutigen Ziel Heidelberg schließe ich den vorletzten Abschnitt des Neckars ab, der bis jetzt außerordentlich lohnend war. Motiviert, mit dem Ziel vor Augen, beginne ich meine Wanderung in Neckargemünd, überquere dort den Neckar und genieße die wundervoll-märchenhafte Morgenstimmung, in der sich die letzten Nebelschwaden verziehen und wandere auf einem weiß-blau-weiß gestreiften, markierten Wanderweg hinauf zur „Rothsnasenhütte", von der ich eine herrliche Sicht auf Neckargemünd genieße.

Ich folge dem Waldweg für knapp drei Kilometer und biege dann scharf links ab, um hinunter nach Bärenbach zu kommen. Für gut zwei Kilometer wandere ich nun direkt am rechten Flussufer entlang, biege kurz vor dem Kloster rechts ab und werde von einem Arzneigarten begrüßt, der sich direkt vor der Pforte befindet. Anders als die meisten anderen Anlagen dieser Art dienen die Kräuter und Mineralien, die in dem Garten wachsen, nicht zu medizinischen Zwecken. Vielmehr soll der Garten anregen, mehr über Gesundheit und Krankheit im eigenen Leben nachzudenken. Die Beete sind

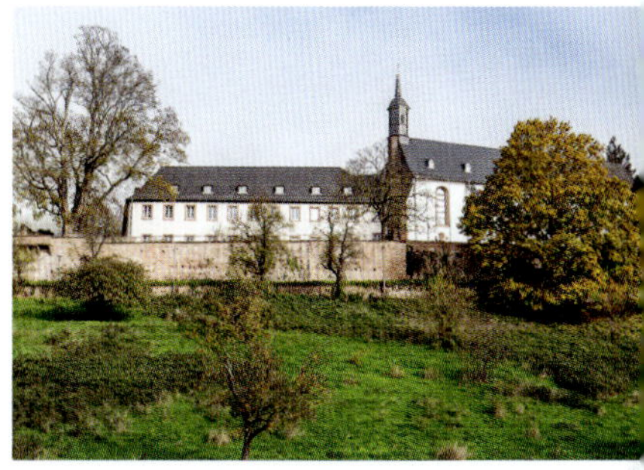

zu den Themen Atemwege, Haut, Bewegung, Verdauung, Herz-Kreislauf und Nerven-Hormone gegliedert. Durch die Pforte gelange ich in den historischen Klostergarten, von dem ich erst einmal die fantastische Aussicht auf den Neckar und das Tal leicht unterhalb von mir genieße – hier hat sich augenscheinlich der Nebel etwas hartnäckiger gehalten hat, die letzten Schwaden verziehen sich erst jetzt.

Die Benediktinerabtei Stift Neuburg befindet sich oberhalb der Mündung des Mausbachs in den Neckar, am Rande der Universitätsstadt Heidelberg. Bereits um 1130 siedelten sich hier Mönche von der Abtei Lorsch bei Heppenheim an. 1195 wurde die Abtei in ein Frauenkloster umgewandelt, 1303 werden die Klosterfrauen erstmals Zisterzienserinnen genannt. Mit der Reformation hörte das klösterliche Leben in Neuburg auf. Um 1800 begann die Privatisierung des Stifts. 1825 kaufte dann ein Freund von

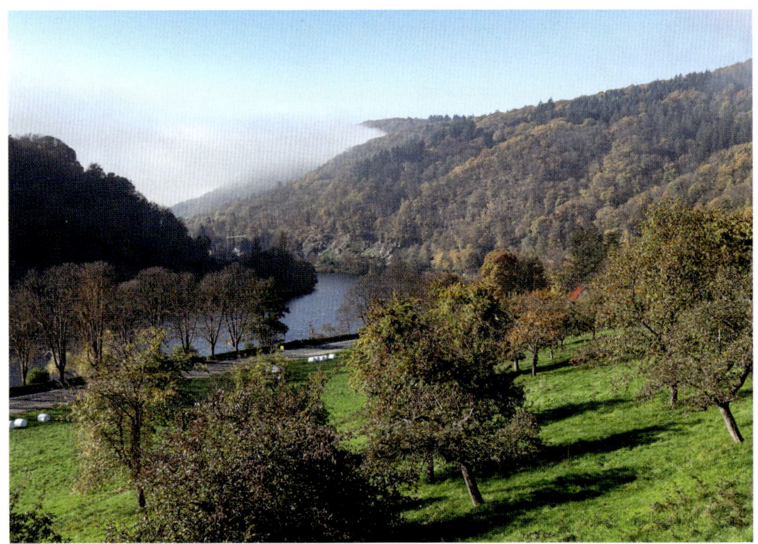

Johann Wolfgang von Goethe das Kloster, was einen regelrechten Goethehype entstehen ließ. Eine Sammlung im gotischen Saal zeigt heute Briefe, Manuskripte, Erstausgaben und alles, was sonst noch mit Goethes Leben zusammenhing. Bis 1926 blieb die Anlage im Besitz der Familie von Bernus. Namhafte Persönlichkeiten wie Carl Maria von Weber, Johannes Brahms, Clemens Brentano, Rainer Maria Rilke und Hermann Hesse waren in den bürgerlichen Salons zu Gast. 1926 kaufte dann die Erzabtei Beuron das ehemalige Kloster und besiedelte es neu. Ich schaue mir noch den schlicht gestalteten Kirchenraum an, verlasse die eindrucksvolle Klosteranlage und gehe wieder hinunter zum Neckar. Mein nächstes Ziel: Schloss Heidelberg!

Tipp

In der Brauerei zum Klosterhof entstehen in handwerklicher Kleinproduktion nach traditioneller Brauart die köstlichen Klosterhof Biobiere. Das Besondere: Das Wasser kommt direkt aus der eigenen Quelle.
Während einer Klosterführung erfährt man einiges über die lebhafte Geschichte der heutigen Benediktinerabtei. Dauer: 1,5 Stunden. Tel. 06221/3262594, führungen@stift-neuburg.de, www.stift-neuburg.de.

SCHLOSS HEIDELBERG

Weltberühmtes Highlight am Neckar

95

Hinkommen:
49°24'38.7"N 8°42'57.1"E

Mit dem Auto:
Zielort Heidelberg. Parkmöglichkeiten am Parkplatz Schloss Heidelberg, Elisabethenweg, 69117 Heidelberg.
Der Parkplatz befindet sich direkt neben dem Schloss.

Mit dem ÖPNV:
Mit der Bahn nach Heidelberg Hbf. Weiter mit Bus 20 oder 33 Richtung Altstadt, Heidelberg. Ausstieg an „Heidelberg, Rathaus/Bergbahn". Weiter mit der Bergbahn oder dem Fußweg folgen bis zum Schloss. **Die Haltestelle „Heidelberg Rathaus/Bergbahn" befindet sich direkt an der Talstation der Bergbahn.**

Tourbeschreibung:
Der Besuch des Schlosses ist ein einzigartiges Abenteuer und verzaubert seine Besucher wirklich. Reichhaltige Führungsprogramme bieten unterschiedlichste Eindrücke für die ganze Familie. www.schloss-heidelberg.de

Nach Kloster Neuburg wandere ich rechtsseitig flussabwärts am Neckar entlang nach Heidelberg und überquere auf der Karl-Theodor-Brücke, besser bekannt als die „Alte Brücke", den Neckar. Dabei schaue ich nach links zur wohl bekanntesten Sehenswürdigkeit am Neckar, dem aus rotem Neckartäler Sandstein gebautem Heidelberger Schloss, das am Nordhang des Königstuhls rund 80 Meter über dem Neckar thront, und das Wahrzeichen Heidelbergs ist. Mark Twain beschreibt dieses in seinem „Bummel durch Europa" so: „Sie (die Burg) steht auf einer die Umgebung beherrschenden Höhe, sie ist in grünen Wäldern verborgen, um sie herum gibt es keinen ebenen Grund, sondern im Gegenteil bewaldete Terrassen, man blickt durch glänzende Blätter in tiefe Klüfte und Abgründe hinab, wo Dämmer herrscht und die Sonne nicht eindringen kann. Die Natur versteht es, eine Ruine zu schmücken, um die beste Wirkung zu erzielen."

Das ursprünglich aus zwei Burgen zusammengesetzte Schloss besteht aus der Oberen Burg auf dem kleinen Gaisberg und der Unteren Burg auf dem Jettenbühl und wurde erstmalig 1196 urkundlich erwähnt. Die Untere Burg muss wohl zwischen den Jahren 1294 und 1303 entstanden sein. Erste Erweiterungen erlangte das Schloss im Jahr 1401, als König Ruprecht III. deutscher König wurde und die damalige Burg zu einer Festung erweitert hatte. Endgültig zerstört war es dann Ende des 17. Jahrhunderts, blieb dann übers 18. Jahrhundert im Dornröschenschlaf, bevor es dann im 19. Jahrhundert ganz im Zeichen der Romantik wieder hergestellt wurde. Mit dem Anschluss Heidelbergs ans Eisenbahnnetz 1840 erhielt das Schloss einen entscheidenden Tourismusschub und zählt heute zu einer der meistbesuchten touristischen Sehenswürdigkeiten Europas.

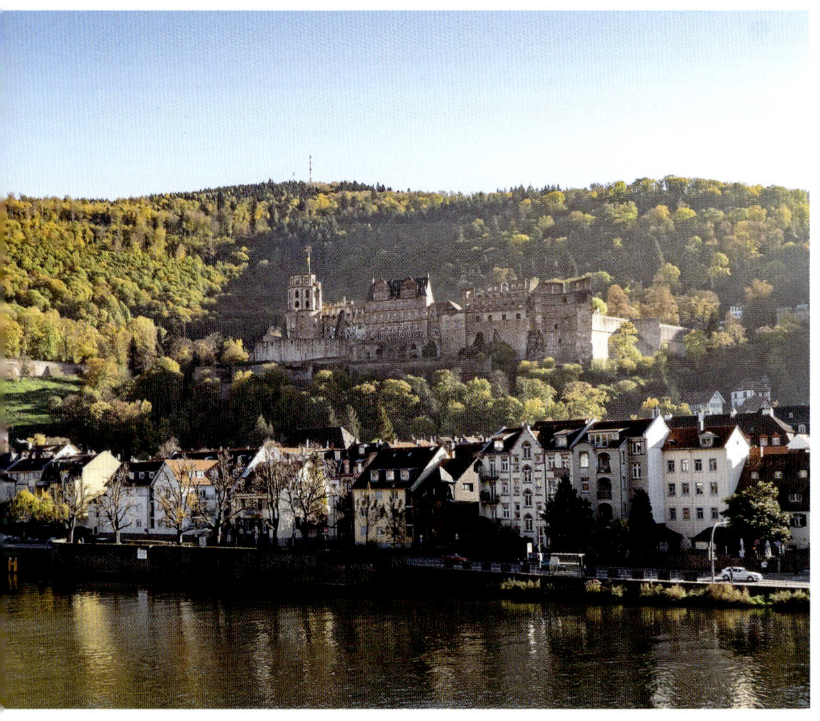

Ich befinde mich am Ende meiner Etappe und habe noch genügend Zeit, mir das Schloss ganz genau anzuschauen und nehme nicht die Standseilbahn, sondern gehe den Burgweg hinauf, um so mehr zu sehen. Der Weg führt am Schloss vorbei bis hinauf zum Stückgarten, den Kurfürst Friedrich V. im Jahre 1613 von Salomon de Caus in einen Lustgarten umwandeln ließ. Dort befindet sich auch die Scheffelterrasse, von der ich eine ganz wunderbare Sicht auf das Schloss und die Altstadt Heidelbergs bekomme. Der Lustgarten kann über den Burgweg von außen und durch das prachtvolle Elisabethentor betreten werden, das im Jahre 1615 in nur einer Nacht als Geschenk des Kurfürsten an seine Frau erbaut wurde. Ich genieße noch ein wenig das Flair dieses weltberühmten Schlosses in der spätherbstlichen Atmosphäre und der tief stehenden Sonne, bevor ich dann wieder hinunter zur Alten Brücke gehe, über die ich den Neckar überquere.

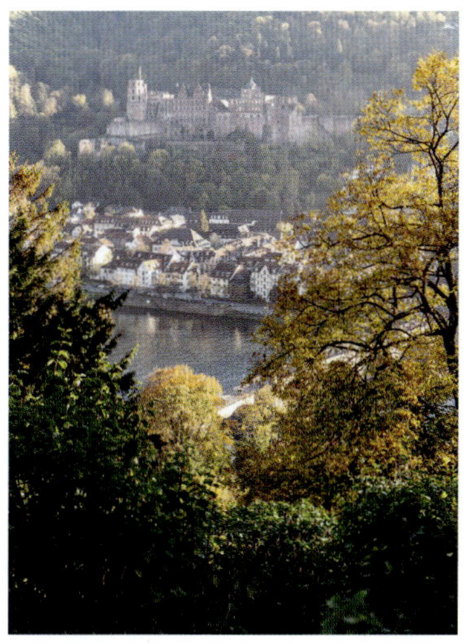

Tipp

Eine besondere Attraktion im Keller des Heidelberger Schlosses ist das Große Fass – das größte jemals befüllte Weinfass der Welt! Die Kurfürsten feierten im angrenzenden Königssaal rauschende Feste. Hofnarr Perko, der seit seiner Kindheit nur Wein getrunken hatte, wurde vom Kurfürsten gefragt, ob er das Fass wohl alleine austrinken könne. Er soll darauf erwidert haben: „Warum nicht?“ Als er im hohen Alter das erste Mal erkrankte, empfahl ihm sein Arzt, Wasser zu trinken. Trotz großer Skepsis nahm Perko den Rat an, woraufhin er am nächsten Tag starb.

96 SCHLANGENWEG, HEIDELBERG

Eine besondere Treppenanlage

Hinkommen:
49°24'56.5"N 8°42'32.6"E

Mit dem Auto:

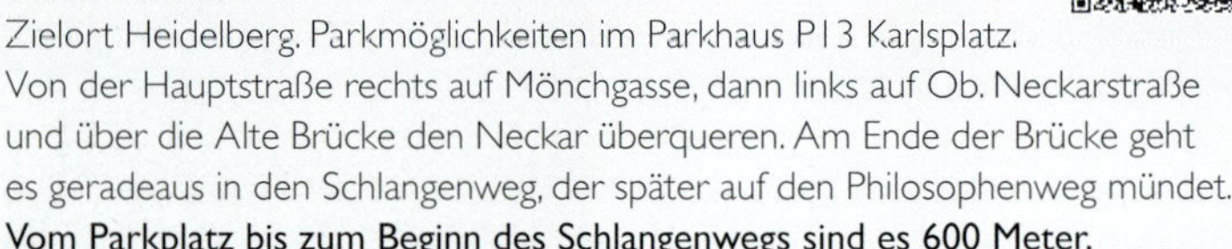

Zielort Heidelberg. Parkmöglichkeiten im Parkhaus P13 Karlsplatz. Von der Hauptstraße rechts auf Mönchgasse, dann links auf Ob. Neckarstraße und über die Alte Brücke den Neckar überqueren. Am Ende der Brücke geht es geradeaus in den Schlangenweg, der später auf den Philosophenweg mündet. **Vom Parkplatz bis zum Beginn des Schlangenwegs sind es 600 Meter.**

Mit dem ÖPNV:
Mit der Bahn nach Heidelberg Bhf. Dann weiter mit Bus 34 Richtung Ziegelhausen Heidelbuckelweg, Heidelberg. Ausstieg in „Neuenheim Alte Brücke Nord, Heidelberg". **Die Bushaltestelle befindet sich direkt am Einstieg in den Schlangenweg.**

Tourbeschreibung:
Der Schlangenweg ist rund 500 Meter lang und gewinnt dabei 90 Meter Höhe. Er führt serpentinenartig zwischen zwei Meter hohen Trockenmauern hinauf zum Philosophenweg. Steil und knackig, aber wunderschön und sehr besonders.

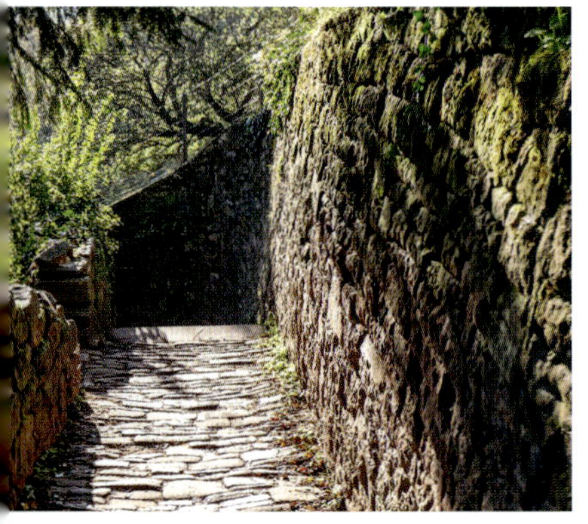

Auf der heute besonders stark bevölkerten Alten Brücke aus rotem Sandstein und ihren neun Bögen überquere ich wieder den Neckar und gelange geradezu auf der rechten Uferseite in den Schlangenweg, der sich durch terrassierte Weinberge zwischen rund zwei Meter hohen Buntsandsteinmauern den Hang hinauf schlängelt, wo er dann auf den malerisch gelegenen Philosophenweg stößt. Der Name leitet sich ganz offensichtlich aus seinem Verlauf mit den zahlreichen Serpentinen ab. Eine Infotafel am Fuße des Hangs klärt erst einmal über diesen besonderen Weg auf und ich erfahre, dass die Staffel beziehungsweise Treppenanlage im Jahre 1788 im Rahmen des Baus der Alten Brücke errichtet wurde. Weiter ist zu entnehmen, dass hier in frühen Zeiten auf den fruchtbaren Böden und sonnenexponierten Hanglagen Reben wuchsen und im Laufe der Zeit durch viele Gärten und Bauplätze ersetzt wurden. In den zahlreichen Trockenmauern leben tatsächlich auch ungiftige Schlingnattern und Mauereidechsen, für die der warme Lebensraum besonders wertvoll ist.

Auf meinem rund 500 Meter langen Anstieg, bei dem ich circa 90 Höhenmeter gewinne, begegne ich aber leider keinem Reptil, dafür doch sehr vielen Sonntagsausflüglern. Ich genieße trotz des doch recht anstrengenden Anstiegs diesen wirklich besonderen Weg. Auf zwei Aussichtskanzeln schaue ich hinunter zur Altstadt und hinüber zum Schloss und beobachte das geschäftige Treiben, während die Sonne immer tiefer fällt und das schöne goldene Herbstlicht immer intensiver wird.

Froh bin ich, heute bei trockenem Wetter und strahlendem Sonnenschein hinaufzugehen, denn bei Nässe möchte ich die glatten und

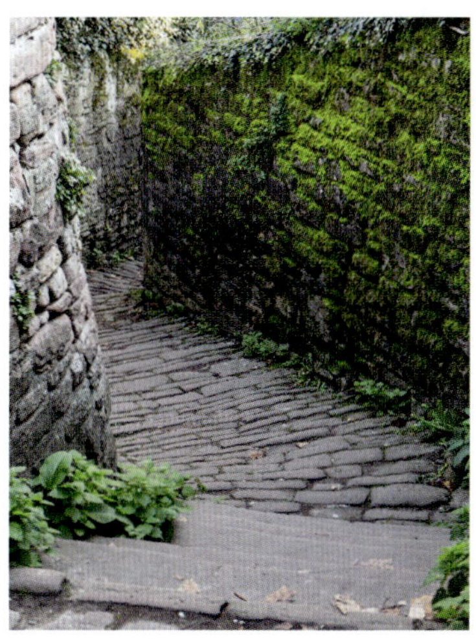

unregelmäßigen Pflastersteine nicht hinuntergehen. Oben angekommen stoße ich auf den berühmten Philosophenweg, den ich nach links weiter gehen werde.

Tipp

Eine Schifffahrt auf der „Weißen Flotte" bietet ganz besondere Blicke auf Heidelberg, das Schloss und das Neuenheimer Flussufer. Schifffahrten entlang der Burgenstraße durch den Naturpark Neckartal-Odenwald bis nach Neckarsteinach sind besonders reizvoll. Die Bootsanlegestelle befindet sich am gegenüberliegenden Ufer, rund 650 Meter flussabwärts von der Alten Brücke. Weitere Informationen auf www.weisseflottehd.de.

97 PHILOSOPHENWEG, HEIDELBERG

Postkartenblick auf die Altstadt

Hinkommen:
49°24'56.5"N 8°42'32.6"E

Mit dem Auto:
Zielort Heidelberg. Parkmöglichkeiten im Parkhaus P13 Karlsplatz.
Von der Hauptstraße rechts auf Mönchgasse, dann links auf Ob. Neckarstraße und über die Alte Brücke den Neckar überqueren. Am Ende der Brücke geht es geradeaus in den Schlangenweg, der später auf den Philosophenweg mündet. **Vom Parkplatz bis zum Beginn des Schlangenwegs sind es 600 Meter.**

Mit dem ÖPNV:
Mit der Bahn nach Heidelberg Bhf. Dann weiter mit Bus 34 Richtung Ziegelhausen Heidelbuckelweg, Heidelberg. Ausstieg in „Neuenheim Alte Brücke Nord, Heidelberg“. **Die Bushaltestelle befindet sich direkt am Einstieg in den Schlangenweg.**

Tourbeschreibung:
Der Philosophenweg ist ein rund zwei Kilometer langer Höhenweg auf dem Heiligenberg, der mit seinem milden Klima für Urlaubsgefühle sorgt. Von dort ergeben sich atemberaubende Aussichten auf den Neckar, die Altstadt Heidelbergs und das Heidelberger Schloss.

Nach meinem doch recht anstrengenden, aber wirklich lohnenden und besonderen Anstieg auf dem Schlangenweg, stoße ich oben auf den Philosophenweg, einem rund zwei Kilometer langer Höhenweg auf dem Heiligenberg, der einen wahren Postkartenblick auf die Altstadt, den Neckar, die Alte Brücke, das Schloss und den Königstuhl, mit fast 600 Metern der höchste Berg des Odenwalds, bietet. Auf der Infotafel, die am Beginn des Schlangenwegs steht, erfährt man, dass der ehemalige „Linsenbühlerweg“ und heutige Philosophenweg wohl der Zugang zu den Rebanlagen war. Eine in der Literatur und auf einer Karte nachweisbare stark verfallene Spur soll von hier bis hoch zum Stephanskloster auf dem Heiligenberg geführt haben. Der Philosophenweg hat seinen Namen allerdings nicht, wie man vermuten könnte, von Philosophen, sondern den Heidelberger Studenten, die den Weg schon früh als idealen Ort für romantische Spaziergänge und ungestörte Zweisamkeiten entdeckten und vor dem Beginn ihres Fachstudiums Philosophie studieren mussten.

Der Südhang erinnert mit dem milden Klima und seiner Vegetation irgendwie an die Toskana. Auf einer der wärmsten Stellen Deutschlands wachsen hier exotische Pflanzen – wie japanische Wollmispeln und amerikanische Zypressen, spanische Ginster und portugiesische Kirschen, Zitronen und Granatäpfel, Bambusse, Palmen und Pinien – ich fühle mich wie im Urlaub. Von hier oben habe ich freie Sicht auf Heidelberg, das Schloss und würde theoretisch sogar bis in die Rheinebene sehen, die heute jedoch unter einem tiefen Dunstnebel liegt. Ich genieße noch ein wenig die atemberaubende Sicht auf die Stadt, die von der untergehenden Sonne immer schöner angestrahlt wird.

Nach einem gefühlten Kurzurlaub in der Toskana begebe ich mich auf dem Philosophenweg wieder hinab nach Heidelberg und beende am Bahnhof den wunderschönen vorletzten Abschnitt durch den Odenwald.

Tipp

Vom Schlangenweg über den Philosophenweg kommend befindet sich am Ende des Philosophenwegs rechts, leicht oberhalb des Weges, ein Bismarckturm, der wie alle anderen Bismarcktürme nicht als Aussichtsturm, sondern als Feuersäule diente.

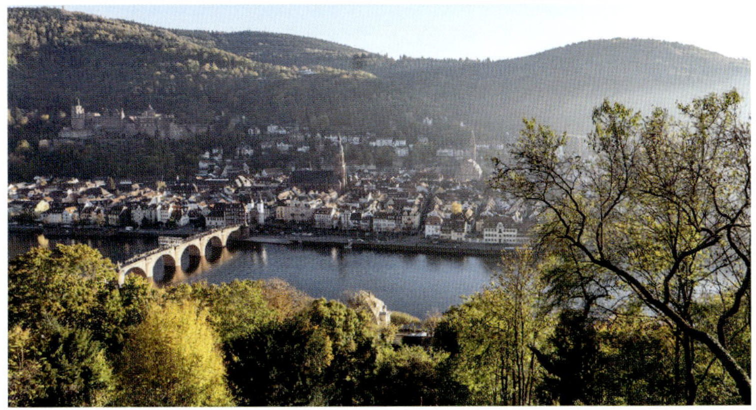

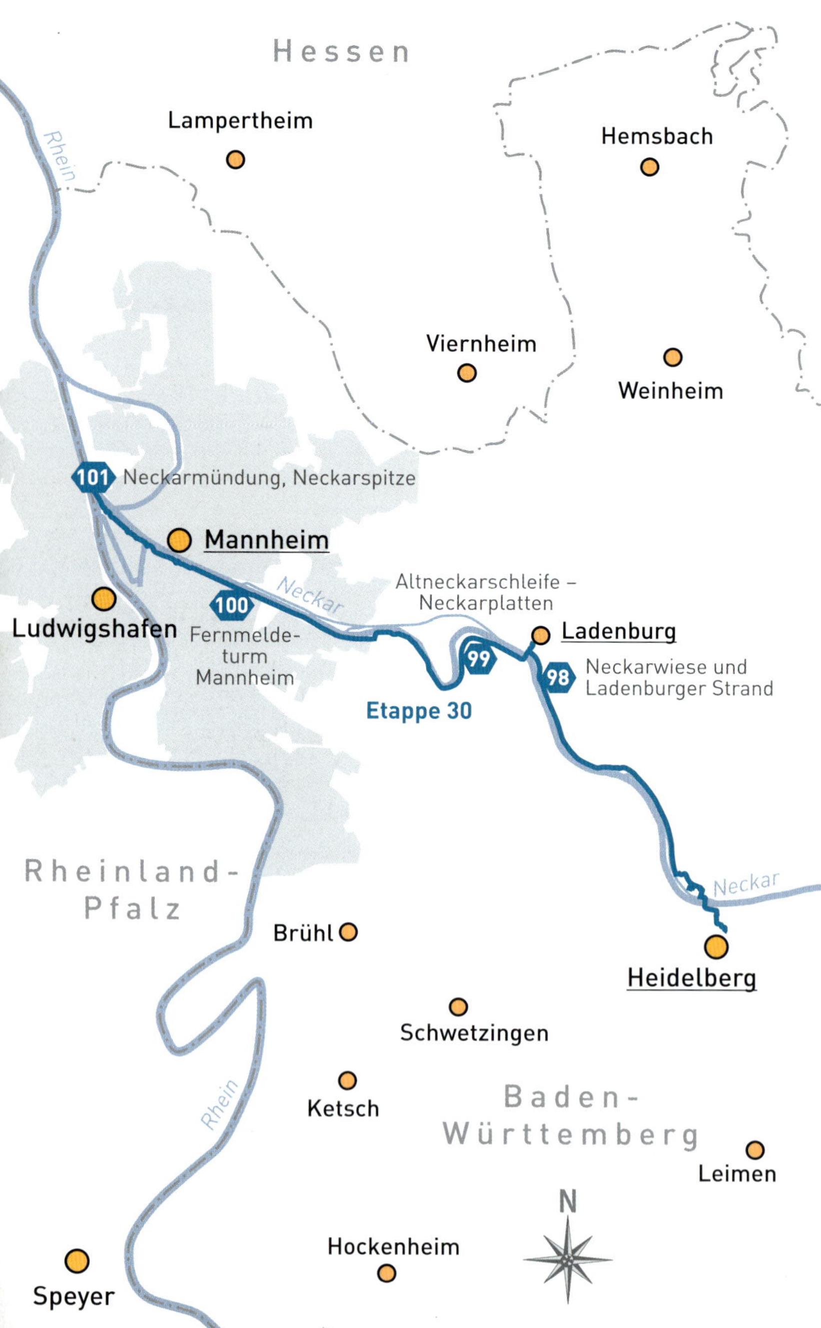
Hessen
Lampertheim
Hemsbach
Rhein
Viernheim
Weinheim
101 Neckarmündung, Neckarspitze
Mannheim
Neckar
Altneckarschleife –
Neckarplatten
100
Ludwigshafen
Fernmelde-
turm
Mannheim
Ladenburg
99
98 Neckarwiese und
Ladenburger Strand
Etappe 30
Neckar
Rheinland-
Pfalz
Brühl
Heidelberg
Schwetzingen
Rhein
Ketsch
Baden-
Württemberg
Leimen
N
Hockenheim
Speyer

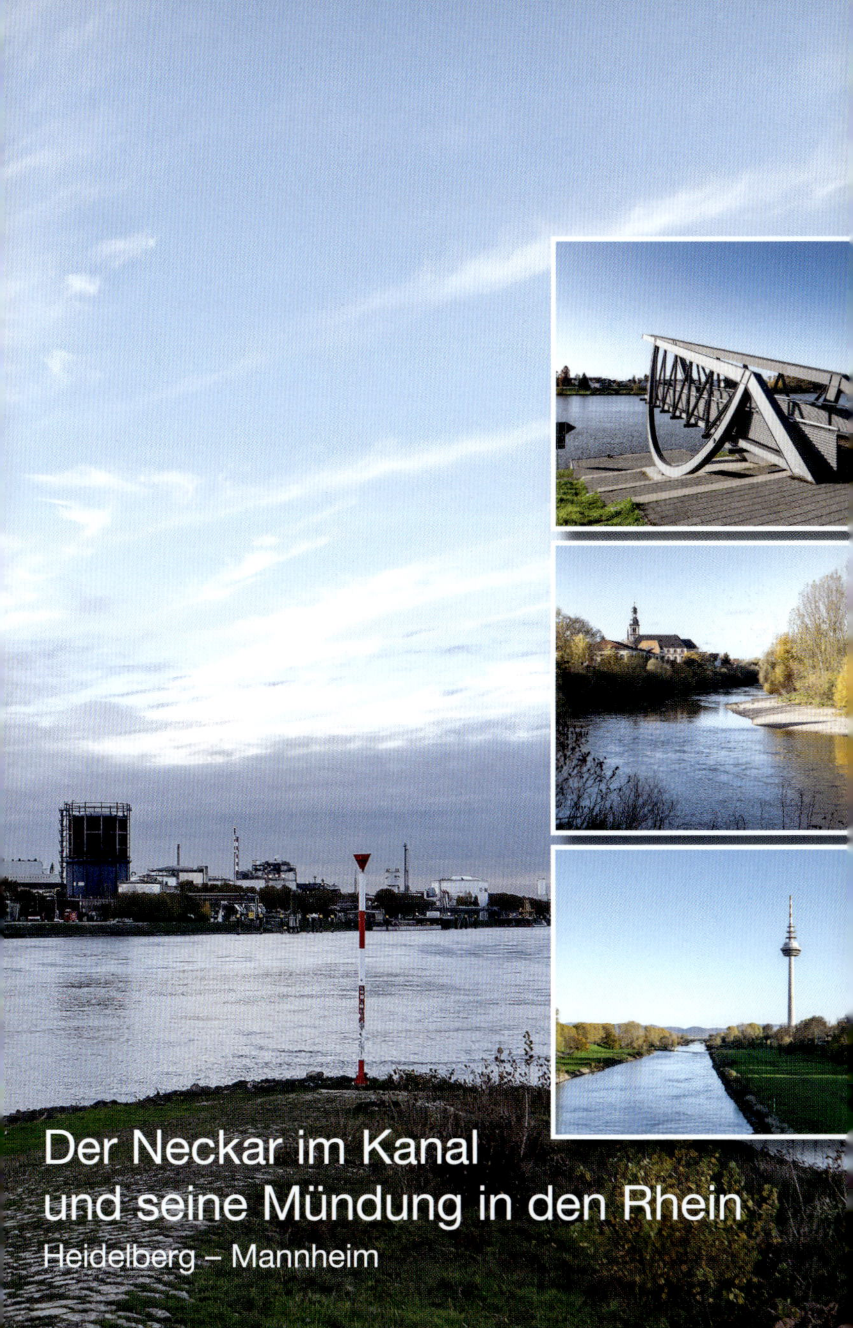

Der Neckar im Kanal und seine Mündung in den Rhein

Heidelberg – Mannheim

98 NECKARWIESE UND LADENBURGER STRAND, LADENBURG

Ein grüner Ring

Hinkommen:
49°27'59.1"N 8°36'25.5"E

Mit dem Auto:
Zielort Ladenburg. Parkmöglichkeiten auf dem Parkplatz an der Neckarwiese, „An d. Beint 3", 68526 Ladenburg. **Der Parkplatz befindet sich direkt an der Neckarwiese.**

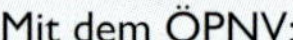

Mit dem ÖPNV:
Mit der Bahn nach Ladenburg. Am Bahnhof links auf Jahnstraße, dann rechts auf Scheffelstraße. Zweite Möglichkeit links auf Bahnhofstraße, dann am Dr.-Carl-Benz-Platz rechts zum Wasserturm. Der Wasserturm befindet sich wenige Meter vor dem Ladenburger Strand. **Vom Bahnhof zum Ladenburger Strand und zur Neckarwiese sind es 800 Meter.**

Tourbeschreibung:
Sowohl die Neckarwiese als auch der Ladenburger Strand befinden sich zwischen Neckar und der Römerstadt mit ihrer denkmalgeschützten Altstadt. Wasservögel und Schiffe beobachten, Sandburgen bauen, am Wasser plantschen – nicht nur mit Kindern ein erholsames und spannendes Areal.

Heute beginnt der letzte Abschnitt meiner Streckenwanderung am Neckar von der Quelle bis zur Mündung. Die Wanderung von Heidelberg nach Ladenburg ist mit nur knapp 12 Kilometern recht kurz und verläuft ausschließlich am kanalisierten Ufer entlang, sodass ich es eventuell bis nach Mannheim schaffen werde. Das Wandern am rechten Neckarufer ohne Steigung ist nach den letzten Etappen ganz entspannt und ich genieße es, einfach Schritt für Schritt zu gehen. Zuerst geht es am Heidelberger Zoo entlang. Nach rund sechs Kilometern unterquere ich die Autobahn A5 und erreiche schließlich Ladenburg. Dort stoße ich auf eine große, grüne Wiese, hinter der ich den markanten roten, runden Wasserturm erkenne, der die Stadt von 1903 bis 1991 mit Wasser versorgt hat.

Die weitläufige Wiese und andere Grünanlagen hier am Neckar wurden 2005 zur „Kleinen Landesgartenschau" Baden-Württembergs im Rahmen des „Grünprojekts" gestaltet und erwecken den Eindruck, sie waren schon immer da. Auf Infotafeln erfährt man jedoch, wie die einzelnen Anlagen verändert und teilweise auch ganz neu gestaltet wurden. Zusammen bilden sie den „Grünen Ring", der vom Benzpark über die Festwiese entlang des Neckars mit einem großen Sandstrand und der weitläufigen Neckarwiese bis zum Freibad und dem Römerstadion verläuft. Weiter geht es an der schönen Bachlandschaft, vorbei am einladenden Reinhold-Schulz-Waldpark, bevor sich der Ring über die Altstadt bis zum Martinstor und dem Hexenturm sowie durch die Bleich am Ausgangspunkt schließt.

Ich schlendere zwischen dem Neckar auf der linken Seite und der Neckarwiese rechts entlang und stoße wenig später auf den „Ladenburger Strand", der einst eine nicht zugängliche Sandbank hinter starkem Bewuchs war – nur wenige Eingeweihte wussten einen Weg dorthin. Hier, direkt am Ufer auf dem Sandstrand, verweile ich einen Moment und stelle mir vor, am weiten Meer zu sein, während ich ein Containerschiff beobachte, das gerade über den Neckar fährt.

Ein markanter Hingucker am Ladenburger Strand ist die wie der

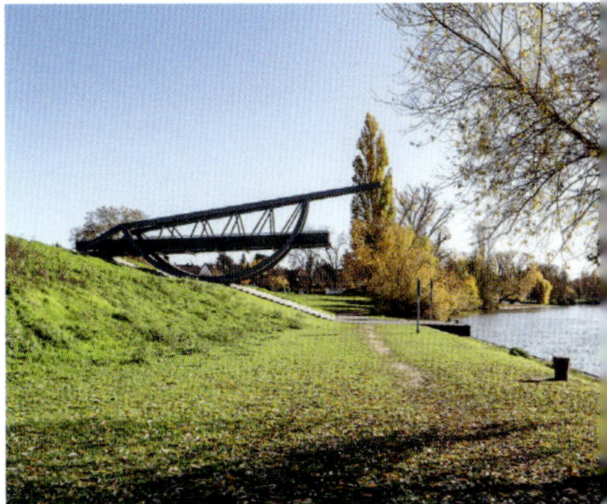

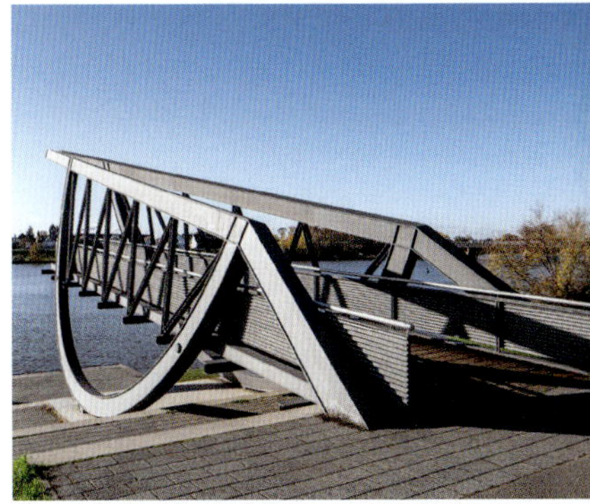

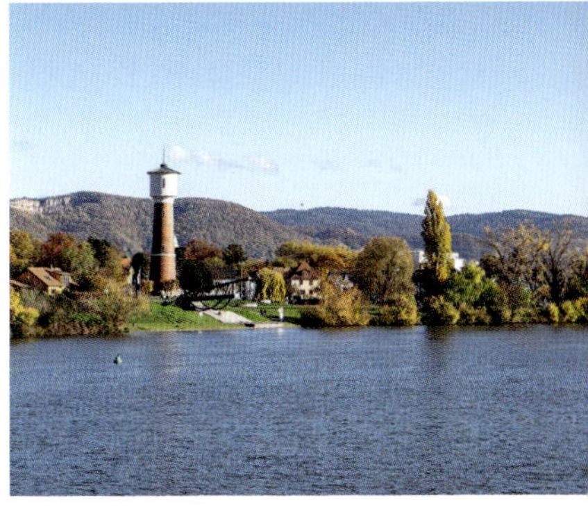

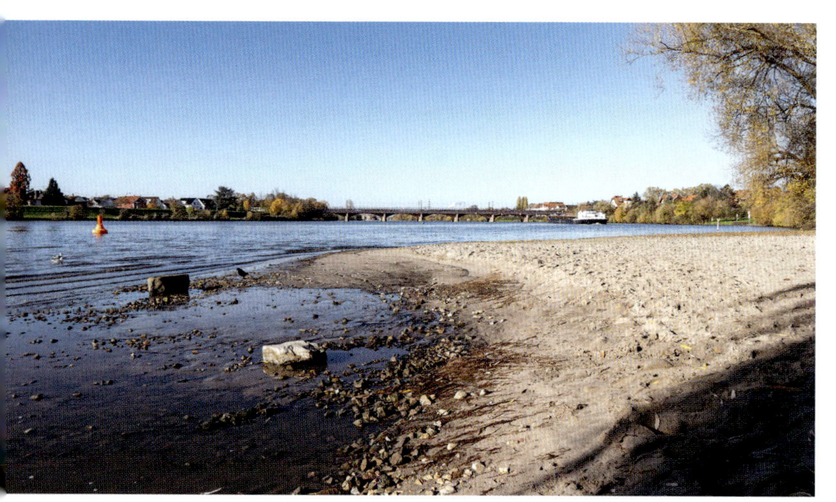

Beginn einer Brücke gebaute Aussichtsplattform direkt an der neuen Schiffsanlegestelle. Sie bietet als „Balkon" der Stadt einen Ort zum Verweilen mit tollem Blick auf den Neckar, den gegenüberliegenden Ort Neckarhausen und hinüber zur Ladenburger Eisenbahnbrücke. Das Projekt „Lebendiger Neckar" hat es geschafft, aus einem vernachlässigten Gelände rund um den Wasserturm einen neckarseitigen Stadteingang mit freier Sicht auf den Fluss, Promenaden zur Schiffsanlegestelle sowie einen kleinen Auwald zu gestalten. Der Tag ist so schön und sonnig und es ist erst Mittag, sodass ich beschließe, weiter bis nach Mannheim zu wandern. Mal sehen, ob ich es zeitlich schaffe …

Tipp

Jeweils am ersten Sonntag im Monat bietet der Heimatbund Ladenburg e. V. eine geführte Besichtigung des Wasserturms an. Die Führungen finden zwischen 14 und 16.30 Uhr im 30-Minuten-Takt statt. Sie kostet 3 Euro und ist pro Tour auf zehn Personen begrenzt. Anmeldung: info@heimat-ladenburg.de unter Angabe des Datums und der gewünschten Tour.

ALTNECKARSCHLEIFE-NECKARPLATTEN, ILVESHEIM

99

Lebenswichtiger Schutzraum für Tiere

Hinkommen:
49°28'17.1"N 8°34'35.1"E

Mit dem Auto:
Zielort Seckenheim. Parkmöglichkeiten am Parkplatz beim Schloss Mediterran, Seckenheimer Hauptstraße 68, 68239 Mannheim.
Weitere Parkmöglichkeiten im Ort. Weiter flussaufwärts am Neckar entlang.
Vom Parkplatz bis ins Naturschutzgebiet sind es 500 Meter.

Mit dem ÖPNV:
Mit der Bahn nach Seckenheim OEG-Bahnhof. Über zum Wörthfelder Weg zum Neckar. Rechts auf Wörthfelder Weg ins Naturschutzgebiet.
Vom Bahnhof ins Naturschutzgebiet sind es nur wenige Schritte.

Tourbeschreibung:
Das Naturschutzgebiet Altneckarschleife-Neckarplatten ist ein Naturschutzgebiet am Neckar und besticht mit einer weiten Wiesenlandschaft. Ideal für ausgedehnte Spaziergänge mit der ganzen Familie.

Über die Ladenburger Eisenbahnbrücke kreuze ich ein letztes Mal den Neckar und gehe bis zur Mündung in den Rhein auf der linken Uferseite weiter. Kurz nach Ladenburg bekommt der kanalisierte Neckar noch einmal einen s-förmigen, natürlichen Flussverlauf, der zwischen den Orten Ilvesheim auf der rechten Uferseite und Seckenheim links davon verläuft. Im Naturschutzgebiet „Unterer Neckar", erfahre ich auf Infotafeln vieles

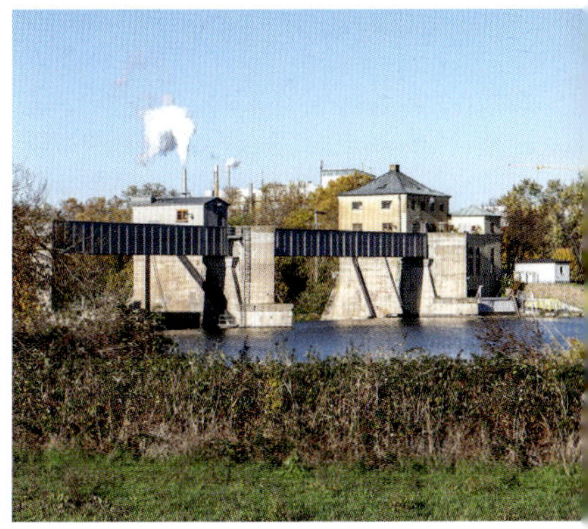

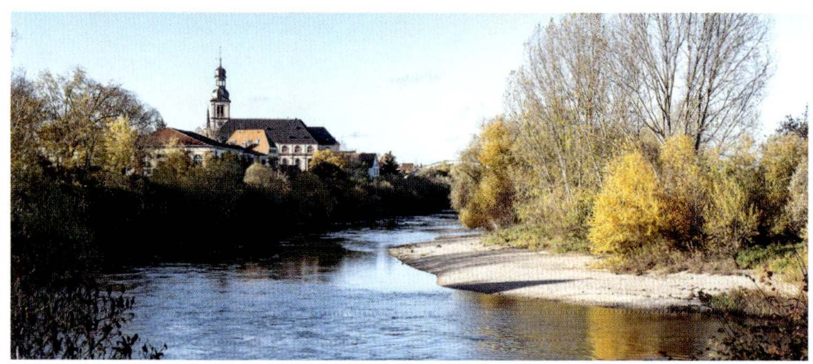

über dessen Besonderheit und großartige Bedeutung.
Der ungestüme Strom forderte im Bereich der Heidelberger Alten Brücke zahlreiche Schiffbrüche. Dadurch entstand aber eine urwüchsige Auenlandschaft mit Kies- und Sandbänken, Prallhängen (kurvenäußere Flussufer) und Gleitufern (kurveninnere Flussufer), Stromschnellen und Stillwasserzonen sowie Wäldern und Flutrasen, in denen unzählige Pflanzen- und Tierarten lebten. Durch die Kanalisierung des Neckars in den 1920er-Jahren wurde der Neckar zahmer und die wilde Flusslandschaft verschwand zusehends – Ausnahmen sind die kleinen Naturoasen, die wertvolle Naherholungsgebiete und Frischluftinseln im Ballungsraum sind. 1986 wurden fünf Landschafts- und sechs Naturschutzteilgebiete ausgewiesen, um diese Kulturräume langfristig zu erhalten. Die Altneckarschleife-Neckarplatten ist dabei das einzige Teilgebiet, das eine erhaltene Neckarschlinge am Unterlauf umfasst und gut ausgeprägte Prall- und Gleithänge aufweist. Hier ist der Neckar noch ein Wildwasser mit Kiesufer, Geröll und kleinen Seitenarmen. Ein idealer Lebensraum für die seltene Kahnschnecke und den Flussregenpfeifer, während auf der prächtig wachsenden Weide im Sommer Grauammern singen. Dieses Naturschutzgebiet ist für zahlreiche Tierarten als Brut-, Rast- und Überwinterungsgebiet von lebenswichtiger Bedeutung. Ich setze nun meinen Weg nach Mannheim fort.

Tipp

Schloss Mediterran ist mit italienischer Küche eine gute Einkehrmöglichkeit mit schattigem Biergarten direkt am Neckar. Seckenheimer Hauptstraße 68, 68239 Mannheim, Tel. 0621/7621055.

FERNMELDETURM, MANNHEIM

100

Einer der höchsten Fernmeldetürme Deutschlands

Hinkommen:
49°29'13.4"N 8°29'33.4"E

Mit dem Auto:
Zielort Mannheim. Hans-Reschke-Ufer 2, 68165 Mannheim.
Parkmöglichkeiten gibt es rund um den Fernsehturm in den Parkhäusern oder auf Parkplätzen.

Mit dem ÖPNV:
Mit der Bahn nach Mannheim Hbf. Von dort mit der Straßenbahnlinie RNV5 weiter Richtung Heidelberg. Ausstieg an der Haltestelle „Fernmeldeturm, Mannheim". **Die Haltestelle befindet sich direkt am Fernmeldeturm.**

Tourbeschreibung:
Der Fernmeldeturm befindet sich direkt am Neckar und bietet von der Aussichtsplattform einen genialen Rundumblick auf Mannheim, den Odenwald, die Rheinebene und die Pfalz.

Nach Seckenheim unterquere ich die Autobahn A6 und stelle fest, dass ich es zu Fuß auf jeden Fall nicht mehr nach Mannheim schaffe. Die Sonne sinkt immer tiefer und die Schatten werden länger. Da kommt es gelegen, dass in Neuostheim die ersten E-Scooter für mich bereitstehen, und ich beschließe kurzerhand, die letzten unspektakulären Kilometer in Mannheim damit zu absolvieren. Stetig am Neckar entlang rolle ich auf die Stadt Mannheim und den direkt am Neckar stehenden Fernmelde-

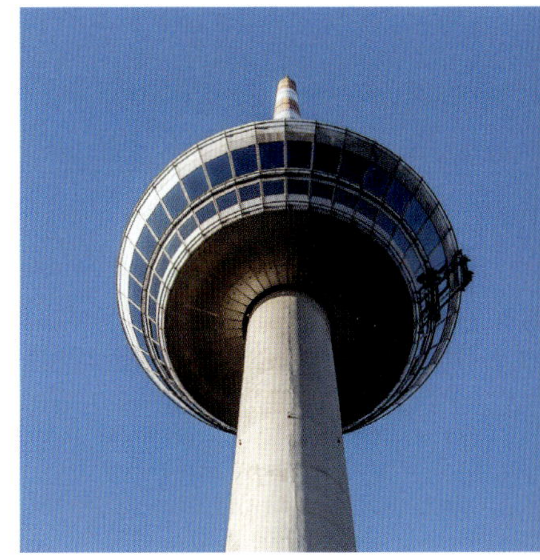

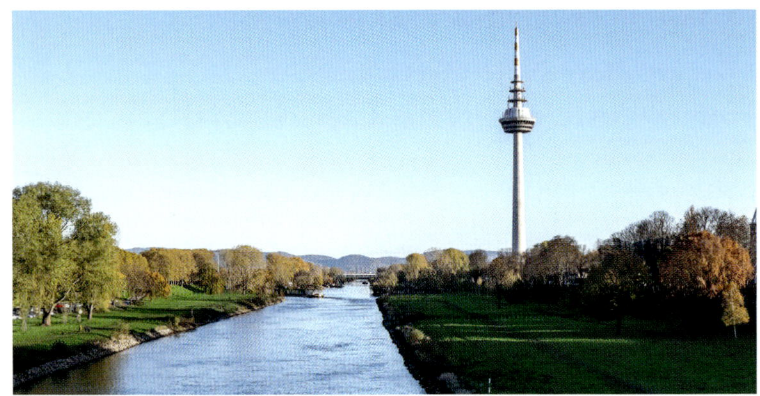

turm zu, der das Wahrzeichen dieser modernen Stadt ist. Er liegt absolut zentral zwischen Neckarufer und dem wunderschönen Luisenpark. Mit seinen 217,8 Metern war er bis 2018 zur Fertigstellung des TK-Elevator-Testturms das höchste Gebäude Baden-Württembergs. Er ist auf jeden Fall aber das höchste Gebäude der Stadt und gehört zu den höchsten Fernmeldetürmen Deutschlands. Zur Bundesgartenschau 1975 eröffnet, versorgt er den Raum Mannheim mit Funk- und Fernmeldediensten. Durch eine Antennenaufstockung 2016 überragt er den Stuttgarter Fernsehturm um Haaresbreite.

Heute befinden sich im Turm neben verschiedenen Sendeeinrichtungen in 121 Meter Höhe eine Aussichtsplattform, von der aus man in den Genuss einer atemberaubenden Aussicht über die Rheinebene bis in den Odenwald kommt, und wenige Meter darüber liegt ein Drehrestaurant. Bevor es für mich weitergeht, mache ich noch aus verschiedensten Perspektiven Fotos des markanten Turms und rolle dann durch das Industriegebiet Mannheims zügig zur Mündung des Neckars in den Rhein.

Tipp

Das SKYLINE im Fernsehturm ist genau der richtige Ort, um in luftigen 125 Metern Höhe mit herrlichem Rundblick vom Odenwald bis in die Pfalz einen unvergesslichen Eindruck von Mannheim und der Rheinebene zu gewinnen. Das Restaurant dreht sich in einer Stunde einmal um 360 Grad. www.skyline-mannheim.de

101

NECKARMÜNDUNG, MANNHEIM

Geschafft! Der Neckar trifft den Rhein

Hinkommen:
49°30'40.6"N 8°26'21.3"E

Mit dem Auto:
Zielort Mannheim. Parkmöglichkeiten auf dem Parkplatz Musikpark. Neckarvorlandstraße 56, 68159 Mannheim. Weiter zu Fuß rechts auf Neckarvorlandstraße. Der Mündungskeil befindet sich am Ende eines etwas schwer zu findenden Privatwegs, der rechts neben der Nord-Abladestelle Mannheim liegt. **Vom Parkplatz bis zum Mündungskeil ist es ein guter Kilometer.**

Mit dem ÖPNV:
Mit der Bahn nach Mannheim Hbf. Weiter mit der S9 Richtung Groß Rohrheim. Ausstieg in Mannheim Handelshafen. Über den Verbindungskanal linkes Ufer geradeaus auf Neckarvorlandstraße und weiter siehe oben. **Von Mannheim Handelshafen bis zum Mündungskeil sind es 1,5 Kilometer.**

Tourbeschreibung:
Die Neckarmündung in den Rhein befindet sich im Industriehafen Mannheims und liegt auf der Grenze zu Rheinland-Pfalz. Das Erkunden des Hafens auf den öffentlichen Straßen ist absolut interessant und kann durchaus einen ganzen Tag füllen.

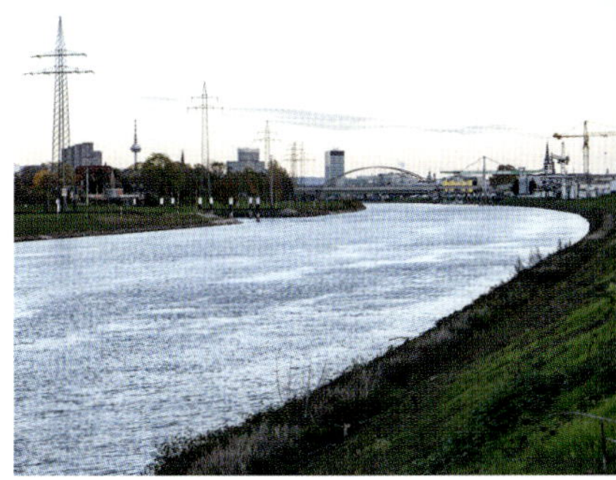

Nach 362 Kilometern fließt der Neckar im spannenden, lebhaften und interessanten Industriehafen von Mannheim bei der Neckarspitze in den Rhein.

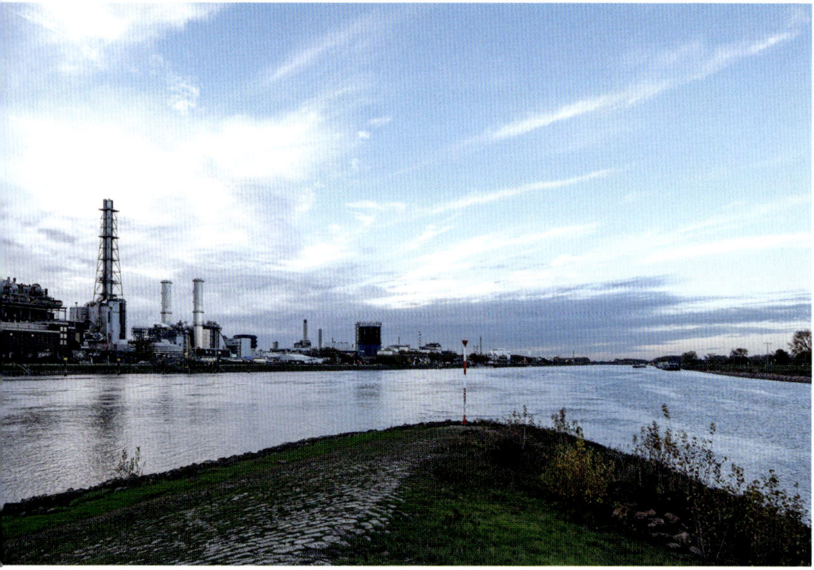

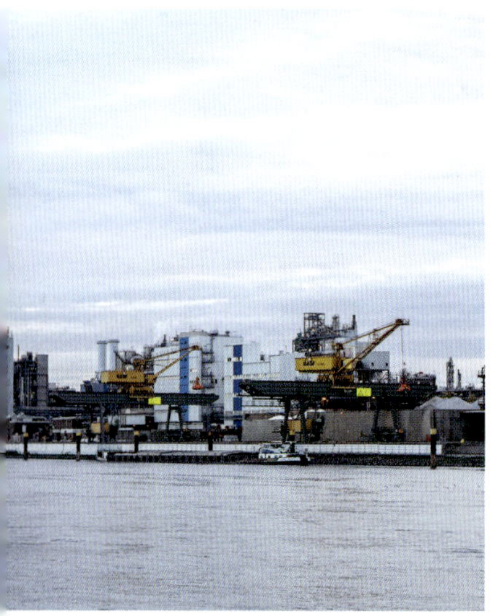

Tipp

Der an den Industriehafen angrenzende Musikpark Mannheim ist auf die Betreuung und Beratung von Existenzgründern aus der Musikwirtschaft spezialisiert und ist die bislang einzige Einrichtung dieser Art in Deutschland. Hier hat die Stadt schon Popkünstler wie Xavier Naidoo und die Söhne Mannheims hervorgebracht. Ein Flanieren rund um den Musikpark bietet einen schönen Kontrast zum Industriehafen.

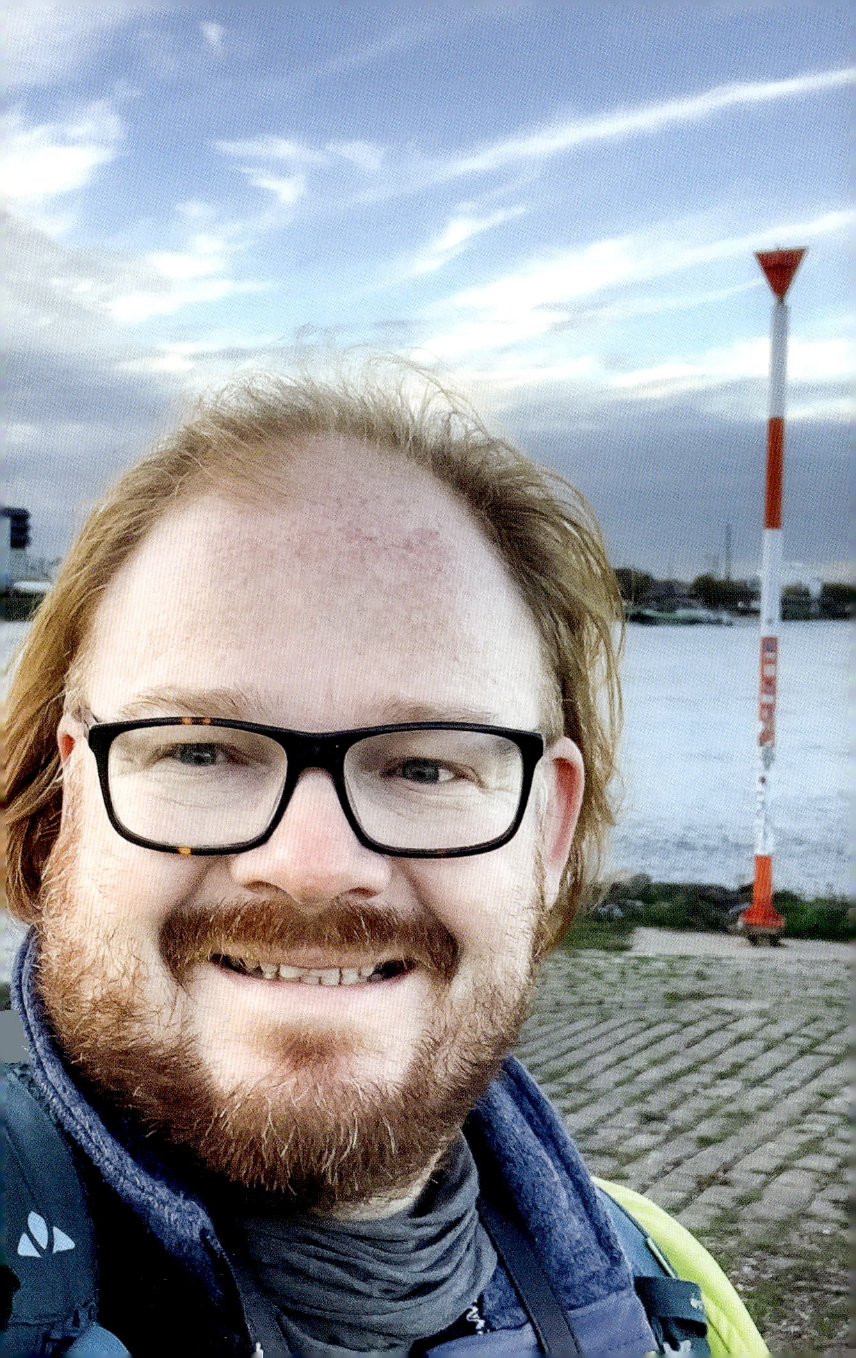

Impressum

Alle Angaben in diesem Buch wurden vom Autor sorgfältig recherchiert sowie vom Verlag geprüft. Für die Richtigkeit der Angaben kann jedoch keine Haftung übernommen werden. Für Hinweise und Anregungen sind wir jederzeit dankbar.

Postfach 1642, 72706 Reutlingen

Umschlag und Aufmacherseiten: PMP-Agentur für Kommunikation
Titelbild: Sebastian Wenzel
Lektorat: Ulrike Weiler
Schlusskorrektorat: Sabine Tochtermann
Kartografie: Anneli Nau
Layout und Satz: Uhl+Massopust, Aalen
Druck und Einband: FINIDR, s.r.o. | Česká republika

ISBN 978-3-96555-135-0

Besuchen Sie unsere Homepage und informieren Sie sich über unser vielfältiges Verlagsprogramm:
www.oertel-spoerer.de

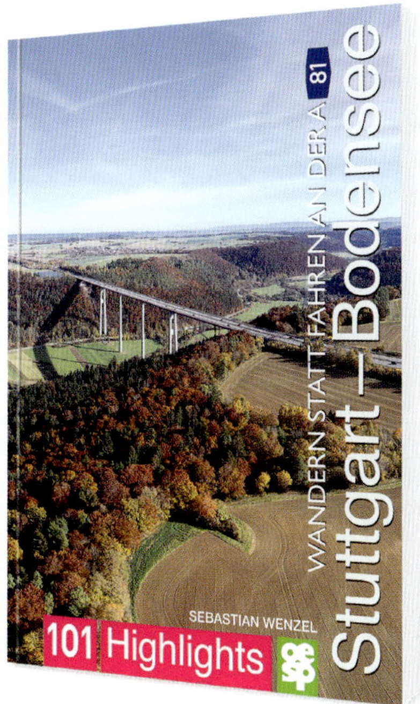

Abwechslungsreiche und überraschende Abstecher links und rechts der A 81.

Der Fotograf Sebastian Wenzel hat sich auf den Weg gemacht, um diese reizvolle Landschaft, an der man normalerweise nur vorbeifährt, mit seinen außergewöhnlichen Bildern in den Blick zu rücken und in einfühlsamen Texten 101 besondere Ausflugsziele vorzustellen. GPS-Koordinaten sowie ein QR-Code, der zu Google Maps führt, helfen, das Ziel auch sicher zu finden.

356 Seiten | 19,95 € (D)

ISBN 978-3-96555-096-4

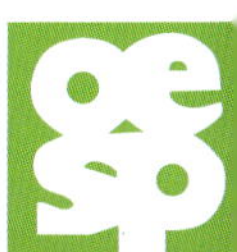